U0275042

营销的

MANAGING MARKETING

四大原则与

IN THE 21ST CENTURY

六大要务

[美]诺埃尔·凯普（Noel Capon）郑毓煌 何 云◎著

刘红艳 施晓峰 马小琴 王进富◎译

余传鹏◎审校

清華大学出版社

北 京

北京市版权局著作权合同登记号　图字：01-2024-2451

MANAGING MARKETING IN THE 21ST CENTURY-4th edition by Noel Capon, Yuhuang Zheng, and Yun He
Copyright ©2017 by Wessex Press, 1 Oval Court, Bronxville, NY 10708, USA
Simplified Chinese translation copyright © 2024 by Tsinghua University Press Limited
ALL RIGHTS RESERVED.

图书在版编目（CIP）数据

营销的四大原则与六大要务 /(美) 诺埃尔·凯普，
郑毓煌，何云著；刘红艳等译. -- 北京：清华大学出
版社, 2024. 7. -- ISBN 978-7-302-66815-2

Ⅰ. F713.50

中国国家版本馆 CIP 数据核字第 2024W761M1 号

责任编辑：宋冬雪
封面设计：青牛文化
版式设计：张　姿
责任校对：宋玉莲
责任印制：丛怀宇

出版发行：清华大学出版社
　　　　　网　　址：https://www.tup.com.cn，https://www.wqxuetang.com
　　　　　地　　址：北京清华大学学研大厦 A 座　　　　邮　　编：100084
　　　　　社 总 机：010-83470000　　　　　　　　　邮　　购：010-62786544
　　　　　投稿与读者服务：010-62776969, c-service@tup.tsinghua.edu.cn
　　　　　质 量 反 馈：010-62772015, zhiliang@tup.tsinghua.edu.cn
印 装 者：三河市东方印刷有限公司
经　　销：全国新华书店
开　　本：187mm×235mm　　　　印　张：28.75　　　　字　数：498 千字
版　　次：2024 年 9 月第 1 版　　　　　　　　　　　印　次：2024 年 9 月第 1 次印刷
定　　价：158.00 元

产品编号：104915-01

　　这是一本关于理解如何发展营销策略以及管理营销过程的书。它以管理者应该或必须知道的与营销有关的问题为导向，对营销策略的优劣进行辨识，并给出明确的指导。

　　本书聚焦于管理者，而不仅仅是营销从业者。对于营销从业者而言，本书的"四大营销原则"和"六大营销要务"可以帮助你们找到工作重心，厘清脉络。对于首席执行官（CEO）、首席财务官（CFO）、首席运营官（COO）等高级管理者而言，"四大营销原则"和"六大营销要务"也将为你们了解营销业务、管理营销部门提供方向和工作重点。

　　营销是商业世界领导和管理的核心。营销连接企业与顾客，也是洞悉市场、顾客、竞争对手、合作伙伴以及总体商业环境的源头。营销既要关注短期的销售活动，也要关注企业与顾客的长期关系。营销必须是主要的组织推动力，而非仅仅属于单一职能部门的任务。因此，本书更强调营销在为顾客创造价值中扮演的核心角色，这也可以促进企业为包括股东以及员工等其他公司利益相关者创造价值。

　　这本书区别于其他营销图书的四大特点如下：

　　1. 四大营销原则和六大营销要务。在本书的第1章，我们就定义了四大营销原则作为企业制定市场战略的指导，同时我们阐述了六大营销要务，这些营销要务是本书整体组织架构的基础。由诺埃尔·凯普教授首先提出的"四大营销原则"（The Four Principles of Marketing）和"六大营销要务"（The Six Marketing Imperatives）受到全球企业界高度认可，曾帮助宝马、欧莱雅、通用、摩根大通等跨国企业摆脱了竞争困境和经营危局，并成功转危为机，获得了突破性的发展。

　　2. 既国际化又聚焦中国。当今，我们都生活并工作在全球化的经济体中。不管未来是在国内工作还是在海外工作，本书都可以帮助你做好应对全球化经济中的竞争的准备。许多国际性教材涉及中国的内容少之又少，而且常常晦涩难懂，本书由中外顶级商学院教授联合写就，除了美国、欧洲和其他亚洲公司的例子，还提供了许多中国企业的案例。

3. 既聚焦营销的根本性问题，也关注营销组合策略。 很长一段时间以来，在学完营销的入门课程后，学生们都认为营销就等同于营销组合策略（4Ps）——产品、价格、促销、渠道以及服务。我们认为一些其他的根本性问题必须先于营销组合受到考量，例如：

- 营销的本质角色是什么？
- 营销在增加股东价值中扮演什么角色？
- 什么是市场战略，企业如何打造一套完整的市场战略？
- 为什么品牌是重要的，以及建立一套品牌战略的关键因素是什么？

只有这些根本性问题先得到解决，企业才可以制定营销组合策略。

4. B2C 和 B2B 的平衡。 很多市场营销教科书主要聚焦于 B2C 营销，而本书没有顾此失彼。得益于本书作者之一诺埃尔·凯普教授对于 B2B 的长期深入研究[①]。本书能够兼顾 B2C 营销和 B2B 营销。那些 B2B 企业管理者阅读本书将极大受益。

本书的中文版由四位从事一线市场营销教学的商学院教师翻译，他们分别是暨南大学的刘红艳博士（第 2、3、4、5、6、7、8、23 章）、南京审计学院的施晓峰博士（第 9、10、11、13、19、20、24 章）、盐城工学院的马小琴博士（第 12、14、15、18、21、22 章）、西安工程大学的王进富博士（绪论，第 1、16、17 章），全书最后由刘红艳博士统稿，并由华南理工大学的余传鹏博士审校。此外，哈佛商学院苏尼尔·古普塔（Sunil Gupta）教授、香港城市大学周南教授、北京大学符国群教授、北京大学彭泗清教授、清华大学赵平教授、中山大学王海忠教授、复旦大学蒋青云教授等多位国内外营销学者在全书的出版和再版过程中给予了大量的帮助和建议。清华大学出版社经管分社社长刘志彬、编辑宋冬雪和中国人民大学出版社的石岩编辑在本书的翻译和出版过程中也一直给予大力的支持，在此谨对他们以及所有支持和帮助本书的学者及业界人士表示最诚挚的感谢！

诺埃尔·凯普，哥伦比亚大学商学院
郑毓煌，清华大学经济管理学院
何云，中山大学管理学院
2023 年 11 月

注：欢迎读者关注微信公众号"郑毓煌"，加入书友群，并与本书作者之一郑毓煌教授交流互动。

[①] 诺埃尔·凯普教授的《关键客户管理》一书被誉为大客户营销的"圣经"，他也因此被誉为"大客户营销之父"。

目录
CONTENTS

第一部分　市场营销与企业

第二部分 战略营销的基本洞察

全书结构图

第一部分　市场营销与企业

第1章　四大营销原则和六大营销要务

第2章　顾客价值

第二部分　战略营销的基本洞察

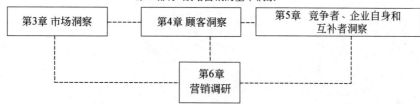

第三部分　六大营销要务

营销要务一　选择市场机会

第7章　识别并选择市场机会

营销要务二　确定目标细分市场

第8章　市场细分与目标市场选择

营销要务三　设定战略方向与定位

第9章　市场战略和市场定位	第10章　基于生命周期的市场战略	第11章　品牌管理

营销要务四　设计营销组合策略

A 提供顾客价值	B 传播顾客价值	C 传递顾客价值	D 获取顾客价值
第12章　产品线管理	第15章　整合营销传播	第17章　分销决策	第19章　影响定价决策的关键因素
第13章　新产品开发	第16章　指导与管理现场销售	第18章　零售和批发	第20章　定价决策和价格策略
第14章　服务和服务质量			

营销要务五　获取其他职能部门支持

第21章　确保营销计划的实施

营销要务六　执行与监控

第22章　企业绩效监控

市场营销与企业

第一部分包含两章内容。第 1 章对本书的思路和脉络进行总体介绍，讨论了将营销理念付诸实践的六大营销要务和四大营销原则。第 2 章则聚焦于顾客价值，通过对实例的演算讨论了提高顾客终身价值（Customer Lifetime Value，CLV）的不同方法，并进一步讨论了客户关系管理（Customer Relationship Management，CRM）的方法。

第1章　四大营销原则和六大营销要务

学习目标

学习完本章后，你应当能够理解和掌握如下内容：

- 市场营销的定义
- 基本的商业模式
- 市场营销对企业的重要性
- 成功吸引和保留顾客能够增加股东价值
- 营销作为一种哲学理念要求企业必须外部导向
- 外部导向与内部导向的区别
- 四大营销原则
- 六大营销要务

开篇案例　华为

　　1988年，任正非，一个44岁的退伍军人及电信工程师，在深圳创立了华为。31年后，2019年，华为的销售收入为8588亿元。其中：运营商业务收入2967亿元，同比增长3.8%；企业业务收入897亿元，同比增长8.6%；消费者业务收入4673亿元，同比增长34%。在受到美国制裁的情况下，2019年华为的销售收入不降反升，同比增长了19.1%。在2019年的《财富》全球500强榜单中，华为排名第61位。此外，在权威的Interbrand全球顶级品牌100强排行榜中，华为是中国唯一入选的品牌，并已连续6年上榜。2023年1月18日，英国品牌评估咨询公司"品牌金融"（Brand Finance）发布"2023年全球品牌价值500强"榜单，华为以443亿美元的品牌价值位列全球第31位，获AAA-评级。

　　支撑华为过去30多年来奇迹般快速成长的根本原因是什么？任正非相信华为成功的关键在于其"以客户为中心"的价值观。"以客户为中心"并非华为独创，而是普世的商业价值观。早在21世纪初，华为内部就在任正非的带领下展开了一场大讨论，讨论的共识是：华为要高举"以客户为中心"的旗帜。在之后形成的华为四大战略内容中，第一条就是：为客户服务是华为存在的唯一理由；客户需求是华为发展的原动力。在 2010 年的一次会议上，任正非进一步指出："在华为，坚决提拔那些眼睛盯着客户，屁股对着老板的员工；坚决淘汰那些眼睛盯着老板，屁股对着客户的干部。"

创新是华为迅速成长的另一个重要因素。从一开始，华为在研发方面就有可观的投入，严格遵循将每年销售收入的 10% 以上用于研发投入的政策。早期，华为拥有 500 位研发雇员，却仅有 200 位生产雇员。为了从顶级院校吸引到最好的人才，华为开发了一个全国招聘系统；研发人员的薪水出奇的高。大约 50% 的雇员在研发部门，其中又有大约 60% 的研发员工拥有硕士或博士学位。在近 10 年里，华为投入研发费用总计超过 6000 亿元。2018 年，华为的研发费用达到 1000 亿元，排在全球第四。2019 年，华为的研发费用进一步高达 1317 亿元，占其全年销售收入的 15.3%。通过高额的研发投入和高质量的研发人员，华为领导了整个行业的产品创新。2009 年 1 月，华为就已成为世界上专利申请数量第一的公司，也成为第一家登上联合国世界知识产权组织（WIPO）名单榜首的中国企业。2019 年 5 月，华为 5G 专利数量高居全球第一，并占全球总量的 15%。2021 年，华为研发投入达到 1427 亿元，占全年收入的 22.4%。2022 年，华为研发投入占全年收入的 25.1%，占比继续上升。

1.1 市场营销在今天意味着什么？

市场营销在现今的商业环境下扮演着举足轻重的角色，特别是在中国这样成长迅速和竞争越来越激烈的市场，如何最大化股东价值成为越来越重要的目标。**营销的本质在于企业如何吸引顾客和保留顾客**。成功传递顾客价值可以直接增加股东价值，促进业务的长期繁荣。在本书中，我们不仅要探索营销的战略层面，还要探索营销人员每天都要做的策略决定。首先，我们研究两个非常不同但相关的营销概念。

营销理念（Marketing-as-Philosophy）认为营销是整个组织的引导力量或

> 要点
> 营销的本质是吸引顾客和保留顾客。

要 点

营销是整个企业的指导理念。

者导向，有营销理念的企业经营过程中伴随着一种外部导向。这样的企业将它们的注意力和资源放在公司外部，即吸引、保留、发展顾客，关注大量的竞争者及更广泛的外部环境。相反，内部导向的企业将重点放在组织内部的问题上，例如产品、服务和流程上。当整个组织以外部因素为导向时，企业将变得强大且高效。这样机敏的企业不仅可以感知到关键环境因素，还能适应和改变环境以促进企业的发展。

除了营销理念，营销人员还必须掌握一些理论和工具来完成企业吸引顾客和保留顾客的任务，这样才能成为一个高效的营销人，为企业带来成功。我们把这称之为营销要务（Marketing Imperatives）。本书给出了企业的六大营销要务：

要 点

六大营销要务——营销必须要做的事。

- 营销要务一：识别并选择市场机会
- 营销要务二：确定目标细分市场
- 营销要务三：设定战略方向和定位
- 营销要务四：设计营销组合策略
- 营销要务五：获取其他职能部门支持
- 营销要务六：执行与监控

我们还应该了解四大营销原则，这些原则是营销决策的基础，是执行六大营销要务的指导原则。四大营销原则分别是：

要 点

四大营销原则——六大营销要务的指导原则。

- 营销原则一：选择性和集中性原则
- 营销原则二：顾客价值原则
- 营销原则三：差异化优势原则
- 营销原则四：整合原则

本章对这些问题的讨论是整本书的基础。

1.2 什么是市场营销

究竟什么是市场营销？人们常常对市场营销感到困惑。它看起来好像很直观，似乎任何人都懂营销，人们经常说：

- "营销就是做广告。"
- "营销就是向潜在顾客赠送 T 恤、样品等促销活动。"

·"营销就是为公司的销售队伍提供支持。"

所有的这些活动都和我们刚才讨论的两个更广义的营销概念有关——将营销视为一种理念，以及将营销分解为六大要务，但它们都没有抓住营销的真正本质。

营销聚焦于顾客，是企业的基础活动，当营销传递了顾客价值、满足了顾客需求，企业就可以吸引和保留顾客。与此同时，如果做好成本控制，企业就会获得利润。利润帮助企业作为一个独立实体存活，并且保证了资源的增长，从而进一步提升股东价值（对于上市公司而言，则是推动股票价格上涨）。提升股东价值使得资金能够用于新的投资上。例如，苹果公司由于提供了卓越的顾客价值，从而也为其股东创造了巨大的股东价值。2018 年 8 月，苹果公司成为第一家市值超过 1 万亿美元的科技公司。

营销的角色包括确定机遇、了解顾客需求、理解竞争、开发吸引顾客的产品和服务，以及和潜在顾客沟通价值。当这些任务圆满完成时，股东价值就会增长。简单说，创造股东财富不是商业的目的，而是创造顾客价值获得的回馈。

图 1.1 描述了企业的基本商业模式和股东价值增加的过程，它既适用于有少量股东的私人公司，也适用于有众多股东的上市公司。企业在短期内增长利润是件容易的事：只要降低研发费用和营销成本，解雇一半的销售人员，但这样操作从长远来看会有问题。对于有远见的寻求长期利润的企业，顾客是其核心资产。当然，竞争者也在寻找同样的顾客资产。吸引和保留顾客是所有商业活动竞争的焦点。

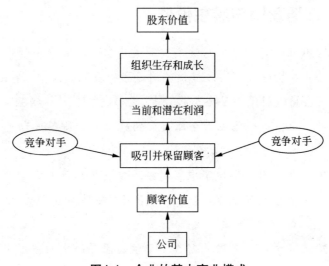

图1.1 企业的基本商业模式

在抢夺顾客的竞争中，企业必须比其竞争者为顾客提供更多的价值。顾客通过购买产品或服务来回报那个提供更多价值的企业。如果顾客感知到企业的竞争对手提供的价值更多，那么企业就会逐渐失去顾客并最终消亡。在美国，每年有超过10万家企业会倒闭，随便问其中一家企业失败的原因，就可以证实作者这一观点。曾领导IBM从其20世纪90年代的绝境中起死回生（1993年，IBM亏损超过80亿美元）的首席执行官郭士纳指出："一切从顾客开始。"

全球管理学之父彼得·德鲁克曾经说过："如果我们想了解一个企业是什么，我们必须从它的目的开始。任何企业的目的只有一个有效的定义：创造顾客。顾客决定了企业是什么，是且只能是顾客，通过愿意为一个商品或服务付费，最终将经济资源转变为财富，把物品转变为商品。"德鲁克接着补充道："对于希望取得成功、获得长远发展的企业而言，思考应该生产什么并不是最重要的事情，顾客认为他在购买什么、认为什么是'有价值的'才具有决定意义……因为企业的目的是创造顾客，任何企业都有且只有两大基本职能：营销和创新。"

营销涵盖了企业吸引和保留顾客的各种各样的活动。当然，竞争对手也正在做同样的事情。如果企业在创造顾客价值上比竞争对手更成功，那将有利于企业获得利润，帮助企业生存和成长，从而提升股东价值。

1.3 市场营销与股东价值

1999年4月，季琦与沈南鹏、梁建章、范敏等人创建了携程网并担任首任首席执行官。通过提供不同地方的航班、住宿、休闲娱乐的信息，携程网成功吸引了大量个人旅行者。2003年12月，携程网在美国纳斯达克成功上市，如今已成为全球最大的旅游电子商务平台之一，2023年全年净营业收入达445亿元人民币。

2002年，由于发现了中国对经济型酒店的巨大需求，季琦离开携程网创办了如家快捷酒店。2006年10月，如家快捷酒店成功在纳斯达克上市。

2005年之后，季琦又创办了华住集团并一直担任董事长至今。2010年3月，华住集团也成功在纳斯达克上市。如今，华住集团在全国运营

5000 多家酒店，遍布全国 400 多个城市，旗下经营汉庭、全季、桔子水晶、禧玥、花间堂、诺富特、美居、星程、宜必思等多个知名酒店品牌。2023 年 6 月，华住集团市值已经约 1000 亿元人民币。

由此，季琦成为中国最著名的连续创业企业家之一，他连续创办了携程旅行网、如家酒店集团、华住酒店集团这三家中国企业，并先后在美国纳斯达克成功上市。今天，季琦被誉为"中国酒店业的教父"，季琦也在《2019 福布斯全球亿万富豪榜》位列第 916 名，在《2019 胡润百富榜》排名第 183 位。到 2023 年年初，季琦身价为 26 亿美元，位居世界第 1160 名。

对股东价值的关注根植于很多资本主义国家，特别是美国。股东价值观对管理工作的定义是最大化股东权益。在这种观点起主导作用的美国，政府的规章制度也更倾向于支持这些公司的拥有者们。当公司在增加股东价值方面表现欠佳时，就会出现股东反对、首席执行官离职甚至恶意收购等行为。

一般来说，公司还会有其他的利益相关者，如管理层、员工和社会大众。在有些国家，这些利益相关者得到的支持会比股东更多。这些国家的规章制度大多有利于经理人，保护他们不受合并和收购等不良企图的威胁。这种利益相关者观点在欧洲和亚洲更加流行，例如在欧洲和中国，员工受到更多的就业保护。

随着全球化的发展，这两种观点也在美国、欧洲和亚洲交融。例如，2019 年 8 月 19 日，代表苹果、百事可乐、摩根大通与沃尔玛等上市大企业的美国工商团体"企业圆桌会议"（Business Roundtable）发表了名为《公司的目的》的宣言。该宣言强调企业将更重视履行对社会的责任，不再独尊股东利益，并希望重新界定企业在当今美国社会中的角色。而在中国，随着 ofo 小黄车拖欠用户押金、乐视网从市值超过千亿元的创业板第一股到股价大跌 95% 并长期亏损退市等的曝光和大量互联网创业公司的破产，越来越多的企业家和创业者意识到，企业不赢利就是"耍流氓"，那种光靠烧钱补贴的商业模式不仅无法持续，而且会伤害到股东（股民）、消费者、供应商等利益相关者。

不管怎样，企业都应该为股东创造盈利和价值。一般来说，我们会在资产负债表上会看到企业的资产——现金、应收账款、存货、土地、工厂、设备等，但是看不到"顾客"。我们认为，工厂、设备、现金等这些固定或流动资产对企业是重要的，但前提是它们能够帮助企业吸引、保留和增加企业的核心资产——买单的顾客。对整个企业而言，最

要点

顾客是企业所有收入的唯一来源，与此相关的所有活动都是成本。

顾客是企业的核心资产，尽管不会出现在企业的资产负债表上。

有些时候，企业资产负债表上的资产甚至可能成为企业的战略负担。

营销思考

你能说出另外一些被资产负债表上的资产拖累转型的公司吗？

关键的资产必须是顾客。因为顾客是企业收入的唯一来源；所有的企业活动都是成本。资产负债表上的资产之所以是资产，是因为这些资产能够为吸引、保留和增加顾客做出贡献。

有些时候，企业资产负债表上的资产甚至可能不是资产，而会变成企业的战略负担。在20世纪八九十年代，巴诺书店（Barnes & Noble）是美国最大的连锁书店，最多的时候拥有超过1000家书店，并于1993年成功上市，还挤进了世界500强名单。但是，随着互联网的发展，巴诺书店对网络电商购书的营销模式反应缓慢。1995年，杰夫·贝佐斯创办了亚马逊，很快成为首屈一指的网络书商，并且逐步发展成为全球最大的电商公司之一，市值超过万亿美元（2023年6月6日，亚马逊市值为1.3万亿美元）。然而，拥有100多年历史的巴诺书店却因为当初的转型迟钝和线下书店固定资产的拖累而逐渐衰败。2018财年，巴诺书店净亏损达1.25亿美元，市值也缩水至不足5亿美元。2019年6月，巴诺书店宣布以6.83亿美元的价值接受对冲基金Elliott Advisors提出的现金私有化收购。与市值高达万亿美元的亚马逊相比，巴诺书店的结局确实令人不胜唏嘘。

1.4 营销作为一种理念：外部导向与内部导向

以上我们讨论了企业通过吸引、保留和不断发展顾客来增加股东价值。从理念的层次上来看，营销是企业每个员工的责任，它关乎所有人。从个人角度出发，顾客是企业唯一的收入来源，因此事实上支付每个员工薪水的也是顾客！再次引用全球管理学之父彼得·德鲁克的话："市场营销占据如此基础的地位，以至于在整个商业活动里它不能被作为一个孤立的功能（即一种孤立的技术或工作）……在商业活动中，首先，它是一个商业活动的核心。从顾客角度来看，它就是全部的商业活动。因此，考虑到营销的重要性和责任，它必须渗透到企业的所有领域……"电信巨头沃达丰的全球营销老总大卫·海恩斯说："市场营销太重要了，不能只把它交给营销部门。它是企业每个人的义务，无论你是一个电话接线员、首席执行官抑或是企业里其他任何一个人。"

将市场营销视为一种理念关乎企业整体的战略导向。一家将市场营销视为理念的企业是外部导向型，其他专注于内部事务的企业则属于内部导向型。

1.4.1 外部导向

1993 年 4 月，路易·郭士纳受命于危难，由美国最大的食品烟草公司首席执行官转变成为 IBM 董事长兼首席执行官，以弥补前任给 IBM 留下的空前亏损记录（1992 年，IBM 亏损高达 50 亿美元）。郭士纳回忆他上任 IBM 首席执行官时说："IBM 一直以来对顾客需求缺少关注，而是全神贯注于内部政策……官僚结构能够保卫地盘但无法促进合作，管理层主持工作而非管理工作。"郭士纳描述了他上任后的一个关键战略决策："把我们做的所有事情转移到顾客身上，把 IBM 变成一个市场驱动的公司，而非聚焦内部、过程驱动的公司。"

郭士纳确实是这么做的。上任之后，他大力倡导"客户第一，IBM 第二"的理念，并以务实的态度，大幅削减成本（半年内果断裁员 4.5 万人），同时积极调整结构，改变了 IBM 的经营模式，使其经营重点从硬件制造转向提供服务。1994 年年底，IBM 获得了自 20 世纪 90 年代以来的第一次盈利 30 亿美元，此后连年获利丰盈。1995 年，IBM 营收突破了 700 亿美元大关。1996 年 11 月 15 日，IBM 股价升到 145 美元，达到了 9 年来的最高点。1997 年 3 月，董事会同意郭士纳再干一个任期，直到 2002 年。而郭士纳也不辱使命，到 2001 年，IBM 总营收达到 884 亿美元，净盈利 77 亿美元，缔造了蓝色巨人 IBM 成功转型的神话。

外部导向型企业看得见外部环境，并知道顾客是企业的核心，郭士纳的确理解了市场营销这一理念的核心。市场营销的重点是人，市场营销必须深入了解顾客、竞争对手以及更广泛的环境变量。外部导向型企业知道它目前的产品、服务、流程是过去和现在成功的原因，也知道当外部环境改变时，它的产品、服务、流程也必须改变。外部导向型企业不害怕改变，它知道改变是不可避免的，新机会是它的命脉。外部导向型公司会在新的能力和竞争力上做投资，探索机遇，创造并服务顾客。

在艰难的经济时期，获利是有压力的，许多企业会消减支出和投资。但外部导向型企业可能会选择投资，它可能投资于研发创新，增加营销预算，或者收购较弱的竞争对手。在 20 世纪初的一些经济衰退中，就有一些外部导向型企

要点
外部导向的企业不仅以顾客为中心，还努力去了解竞争对手、市场以及环境因素，并积极迎接环境的改变。

业通过在顾客和市场上做投资，打败了那些内部导向型的竞争对手：

·2007—2009 年全球金融危机之后，吉利收购了欧洲汽车制造商沃尔沃。菲亚特也宣布和克莱斯勒结成联盟，并最终全资收购克莱斯勒。

·20 世纪初的经济衰退后，2004 年联想收购了 IBM 的个人电脑业务。

·英特尔保持了研发和新产品投入。英特尔前首席执行官克瑞格·贝瑞特表示："当衰退不可避免时，唯一的出路是你必须拥有更多的新产品。"手机芯片制造商高通同样加大研发投入，在危机时期更会加大研发资金的投入。

·在经济衰退期间，塔塔咨询服务（印度最大的 IT 服务公司）改组，建立了一个以顾客为中心的组织，研究顾客关系，最终在行业中处于领先地位。

·施乐公司首席执行官安妮·穆尔卡希说过："我所到之处，贷款人和投资人都要求我削减研发支出，但施乐认为创新是神圣的……坚持对创新的投入是我做过的最好决定。"

首席执行官有责任在企业内部树立外部导向的观念，并将外部导向作为企业的首要推动力。正如世界制药巨头强生公司前首席执行官詹姆斯·伯克所做的那样，只有首席执行官才能使顾客成为企业决策制定的中心。1982 年 10 月的一天，美国某城市有五人因服用强生公司的泰诺感冒药胶囊而中毒死亡。事件立即通过新闻媒体传遍全美，这对强生真是祸从天降，企业的形象受到严重挑战。在原因不明的情况下，为了避免进一步发生悲剧，当时伯克决定强生公司立即回收市场上全部的泰诺胶囊，直到研发出新的安全包装。尽管这使得强生公司损失高达 2.5 亿美元，但是强生公司的这一行为展示了它对顾客的长期承诺和投资，并使得泰诺感冒药的市场份额迅速回到了市场领导地位。后来，警方查明，事件是由于一个疯子在一些泰诺胶囊中加进了氰化物而导致患者中毒，强生公司是无辜的。尽管这样，强生公司丝毫也不后悔所采取的一系列措施。这次震惊美国的事件极大地提升了强生公司的品牌声誉，使它成为美国最有信誉的公司之一。

不少世界上最成功的企业都将市场营销视为一种理念。世界制药行业另一家巨头辉瑞公司的首席执行官比尔·斯蒂尔斯曾说："辉瑞有一个强大的信念：市场营销是投资，而非支出。辉瑞认为投资研发是非常重要的，同时也认为投资市场营销是同样重要的。如果你两者都擅长，那你将不可能被打败！"

要 点
企业应该将市场营销费用视为一种投资，而非一项支出。

1.4.2　内部导向

在一个组织小而简单的公司或个体商户里，公司所有者或个体户老板几乎承担了公司所有的事务，包括寻找并服务顾客、安排资金运转、完成日常运营职能、管理薪酬。因此，小公司的所有者或个体户老板们深刻意识到顾客是重要的资产，几乎都本能地选择外部导向型的运营方式。你可以回忆一下发生在身边的场景，你家街区的干洗店、小卖部、个体户早餐店等小型商户是否将每个顾客看得非常重要和有价值？

随着不断发展，企业通过专业化来提高效率：将企业划分成运营、销售、产品研发、财务、法律、技术及其他具有特定责任的职能部门。通常情况下，这类公司会制定自己的任务、目标、制度、流程以及商业理念。然而，那些用来确保经理们完成部门目标的评估和激励系统往往会鼓励一些没有生产力的分化，而不是通过共同工作来提供顾客价值。长期的内部政治竞争也会恶化这一现象，使得企业内部大部分不和顾客直接打交道的部门都不把顾客作为关注焦点。

通常来说，企业各个内部职能部门有很多互相矛盾的地方。销售部门试图增加销售额，但运营部门努力生产质量可接受的低成本产品，尽量减少产品种类；研发部门认为没有必要着急开发新产品。营销部门希望增加广告支出，但财务部门会减少预算来满足财务目标。当公司运营的方式是垂直型时，传递顾客价值是不被重视的。这类公司遵循的是内部导向。在一家内部导向型公司里，你常常会听到这样的话，"这就是我们这里做事的方式"。不管顾客的需求、竞争对手的行为或者外部大环境如何变化，公司往往会继续其当前的活动。常见的内部导向有：

·**运营导向**。运营导向的公司比较关注降低单位成本。原则上削减成本是没有错的，毕竟低成本可以带来更多的利润。但由于低成本降低了顾客价值，可能导致顾客不满意，这可能是一个更严重的问题。

·**销售导向**。销售导向的公司专注于短期销量。它们把过多的精力放在了让顾客购买公司所提供的产品或服务上，而非像外部导向型公司那样，选择提供顾客想要购买的产品或服务。

·**财务导向**。财务导向型的公司太过于注重短期利润。它往往趋向于避免长期收益性支出，不加选择地减少研发投入、资本投资、营销投入等。

要 点

内部导向型企业可能难以实现长期成功。内部导向型企业往往专注于运营、销售、财务或技术。

· **技术导向**。技术导向公司专注于研究、开发、设计，却并没有重视顾客价值。日本松下就是一家技术导向的公司。其工程师们认为，大量的按钮和专业技术工具会增加摄像机的价值并提高市场占有率。不幸的是，市场上的失败说明顾客想要的是简单实用的产品。

我们可以通过表 1.1 来了解内部导向型公司和外部导向型公司的不同特征。

表 1.1　内部导向型公司和外部导向型公司的特征比较

维度	内部导向型公司	外部导向型公司
看待顾客	交易型	关系型
关注焦点	产品	顾客、市场
专有技术	专利和机械	人和过程
评估	利润、边际效益、数量	顾客价值、顾客满意度、顾客保留率
组织管理	官僚制架构	灵活组织架构
优先权	效率和产能	弹性和应变性
过程	大规模生产	大规模顾客定制化

1.5　六大营销要务

我们现在讨论将营销理念付诸实践的六大营销要务，前三个要务专注于营销战略制定，后三个要务则专注于营销战略实施。这六大营销要务是：

· 营销要务一：识别并选择市场机会

· 营销要务二：确定目标细分市场

· 营销要务三：设定战略方向和定位

· 营销要务四：设计营销组合策略

· 营销要务五：获取其他职能部门支持

· 营销要务六：执行与监控

1.5.1　营销要务一：识别并选择市场机会

简单地说，企业必须选择参与竞争的市场。为了便于做出这些选择，企业应该回答以下问题：

· 我们现在做什么业务？

·我们想要做什么业务？

对企业而言，选择市场具有重要战略意义，选择市场往往比选择技术或产品更为重要。企业必须不断地做出市场决策。快速的环境变化创造了新的市场机遇，但也可能导致企业退出当前市场。市场的选择决策可以完全改变一家企业。例如，诺基亚退出其传统的造纸业、橡胶制品及电缆市场，随后从一个多元化的企业集团逐渐发展成为无线通信业的领导者，但失败在智能手机市场，最后只能将其手机业务出售给微软。

企业必须决定在何处投资，并决定投资多少，也要决定是否参与竞争以及在何处参与竞争。总体来说，企业必须回答有关其业务和市场组合的几个关键问题：

·企业应投资哪些新业务和新市场？

·哪些现有业务和市场应该继续投资？

·哪些市场和业务应撤资或退出？

·不同的业务和市场各自应投资多少？

如前所述，营销并不只是营销部门的事情，这些战略决策意义重大，通常都是由企业董事长、首席执行官等高层管理者做出。而营销部门必须在这些决策上提供好的建议。在"识别并选择市场机会"这一营销要务中，营销部门要扮演好两个关键角色：

寻找市场机会　营销部门是唯一有责任关注企业外部情况（如顾客、竞争对手等）的部门。营销人员应该研究环境变化以发现潜在的商机，并引起高层管理者重视，他们还应该收集和分析可以影响决策的数据，密切参与到当前市场和企业决策中，并就投资、撤资、退出市场给予建议。

对提出的战略行动提供建议　企业的许多部门会主动地进行战略设计。财务部门会建议收购和资产剥离；研发部门会提议战略联盟；销售部门会提议开展新的分销系统。营销部门有责任深入了解这些提议并为企业高层提供建议。如果企业没有完全了解战略决定的营销后果，可能会酿成灾难。

在世界商业史上，很多商业收购最后都失败了，并没有为收购者的股东们产生价值。例如，2000年1月，当时的互联网新贵美国在线（America Online）宣布以1810亿美元收购老牌传媒帝国时代华纳（Time Warner），这是美国乃至世界历史上最大的一宗并购案。这次收购却出现了 1+1<2 的悲剧，美国在线—时代华纳公司在 2002 年亏损额高达 987 亿美元，创下了美国历史上亏损的最高纪录。2003 年 10 月，美国在线—时代华纳公司正式发布公告，自 2003 年 10 月起公司正式更名为时代华纳，从而将美国在线从公司名称中彻底去掉，美国在线仅被看作一个部门。美国在线对时代华纳的收购也成为商业史上一个灾难式的错误。

在中国，联想公司 2014 年 1 月以 29 亿美元的价格从谷歌手里购买了摩托罗拉，以期在全球智能手机市场崛起。然而，直到今天，联想在智能手机市场的份额不仅没有上升，反而被很多智能手机行业的后起之秀如华为、小米、OPPO、vivo 远远超过。当时，如果联想公司的高层在收购前能听到更好的营销建议（或者更加频繁去基层倾听意见和建议），也许就可以做出更好的决策，避免失败的后果。

1.5.2 营销要务二：确定目标细分市场

在任何 B2B 或 B2C 市场，顾客需求都是多样化的，一个供给通常不能满足所有顾客。营销要务二指出市场营销必须确定细分市场——有相似需求、看重相似利益、拥有相似优先权层级的顾客群。各个细分市场的需求、利益点和价值观可能会有很大的不同。企业明确细分市场之后，必须决定选择哪个细分市场作为营销目标。

一个简单的例子是，一个寻求服务整个市场的绿茶生产商可能会选择提供温茶。而一个悟性高一些的生产商可能会发现一个细分市场的顾客想要热茶，而另一个细分市场的顾客想要冰茶。如果有一个生产商基于其能力和技术锁定热茶市场，另一个生产商也基于其能力和技术锁定冰茶市场，那么最初那个提供温茶的生产商就会失去大量顾客。

营销要务二包括两个部分：（1）分析和发现部分——明确细分市场；（2）营销决策部分——以企业提供顾客价值的能力为基础，选择目标细分市场。波音公司曾经购买了加拿大德·哈维兰飞机公司，想通过其 Dash8 系列机型进入整个飞行器市场中的小型地区性细分市场。然而，6 年后，波音损失将近 10 亿美元，于是将德·哈维兰卖给了庞巴迪宇航公司。庞巴迪却使 Dash8 系列飞机的市场份额翻了 3 倍，达到了 35%。波音和庞巴迪都很好地确定了小型地区性细分市场，却只有庞巴迪拥有合适的技术和资源，从而赢得了竞争，而波音没有做到。这个教训十分重要——一个细分市场可能对一个公司而言有利可图，但对另一个公司未必。

市场细分和确定目标细分市场堪称六大营销要务中最重要的营销要务，有效地细分并选择目标市场会带来利润。

1.5.3　营销要务三：设定战略方向和定位

在营销要务三中，企业要确定如何在已选择的目标细分市场中竞争。

首先，对每个目标细分市场，营销活动必须制定绩效目标。这些目标指导企业在目标细分市场的战略决策。

> 要 点
>
> 营销要务三：设定战略方向和定位

其次，企业必须决定其在每个目标细分市场中的定位，明确目标顾客和目标竞争对手，设计比竞争对手更有说服力的价值定位，并且让顾客相信企业可以提供此价值。营销要务三和营销要务二共同组成了完整的 STP 三位一体——细分、目标选择和定位（Segmentation, Target Market Selection, and Positioning）。

最后，每个目标细分市场在不同的发展阶段需要采用不同的营销方式。处理增长型细分市场和成熟或衰退型细分市场的方式往往有很大的不同。此外，战略方向的决策也包括品牌化——企业希望顾客如何看待公司的实体及其产品或服务。高层管理人员越来越多地将企业品牌视为主要的公司资产，有关品牌化的决策变得尤为重要。

当然，企业并不会对营销要务三只做一次性决定。企业面临一个不断变化的环境——顾客需求随时间的变化，竞争对手进入、退出市场以及采用不同的竞争方式，企业自身的产品也会经历成长、成熟和衰退的变化过程。企业必须不断评估其战略方向，并及时做出必要的纠正。

1.5.4　营销要务四：设计营销组合策略

营销要务四关注营销组合策略的设计。营销组合策略是企业提供给顾客的利益，而用来设计营销组合策略的工具是市场营销知识中最知名的部分，即 4Ps 营销组合，它们分别是：

产品（Product） 一般来说，产品是企业满足顾客需求的主要供给——这些供给为顾客提供价值。如果企业比竞争对手提供更大的价值，顾客对该企业产品的购买就会增加。产品通常包括物质产品、服务（如航空旅行）以及包装。

促销（Promotion） 促销涵盖企业与顾客沟通的各种方式，以告知及说服顾客购买企业产品。促销包括大众传播（如传统电视广告、户外广告等）、数字传播（如电子邮件、短信、博客、搜索引擎、社交媒体、网站和移动营销等）、个人促销（如促销人员）和促销活动。除了告知和说服，促销还可以通过提供形象、身份以及再次保证以直接提升顾客价值。

渠道（Place） 渠道关注的是顾客如何及在何处获得该产品。为了与4P框架吻合，营销者有时将渠道称为地点。

价格（Price） 价格由顾客支付。企业参照其通过产品、促销、渠道以及服务所传递的价值高低，设定可行的价格。如果企业可以通过其产品、服务、渠道以及沟通提供显著的利益以及高顾客价值，企业就可以设定高的价格。但如果顾客利益和价值低，企业只能设定低的价格。

服务（Service） 原始的4P组合里并不包括服务。我们将服务作为单独的一项。随着产品越来越同质化，服务在今天的商业竞争中越来越重要，可能成为企业之间最具差异化的一点，而差异化对说服顾客进行购买十分重要。

如果企业的营销组合策略设计得好，顾客就会购买企业的产品。当企业锁定一个目标细分市场后，它可以有无限种方式去组合任意的营销要素——产品、促销、渠道、服务以及价格。因此，市场营销工作非常需要创造力和想象力。

以中国著名的茅台酒为例，其营销组合策略相互之间紧密结合并相互支持。产品的品质高——产于贵州茅台镇，含有独特的菌群；促销非常成功——不管是百年前荣获巴拿马金奖的故事，还是国家领导人和茅台酒的故事，大多数人把茅台视为国酒；渠道触及全国——茅台在全国各地有数千家分销商，而且给分销商非常丰厚的利润空间；茅台的高端品牌形象支持了它的高端价格——比大多数白酒竞争对手高出了100%以上，而且还长期供不应求。这样的营销组合策略，给茅台带来了连续多年增长的高利润，股价也节节升高。截至

2023年6月6日，茅台的市值为2.09万亿元，高居中国A股市场前列。

1.5.5 营销要务五：获取其他职能部门支持

营销要务一、二、三、四都是战略性和指导性的。其中，营销要务一、二、三重点关注企业如何使用资源，营销要务四关注如何利用其资源设计营销策略。营销要务五则关注企业各个部门如何协同工作，以保证设计的营销策略能被正确执行。

市场营销需要两种不同的支持：

· **设计支持**——涉及技术、运营及经济可行性。

· **实施支持**——前提是设计已经通过并确定。

设计支持 营销要务四专注于设计出在目标细分市场最能满足顾客需求的营销组合策略。企业能否执行其营销组合策略取决于其能力和资源。对顾客最好的设计可能是企业无法做到的。当最好的设计不可行时，营销部门必须尽一切努力使企业仍然聚焦于满足顾客需求，并推动企业提高其能力以满足这些需求。

执行支持 我们常称这种支持为内部营销，并获得认同。在许多企业，营销部门设计营销策略，但营销部门没有执行这些设计的权力，营销人员必须具备鼓励和刺激企业不同职能部门之间合作的领导力和人际能力。毕竟，链条的强度取决于其最薄弱环节。如果某个关键职能部门"掉链子"，其他部门的努力就白费了。

1.5.6 营销要务六：执行与监控

营销策略规划是一回事，但执行和监控又是另一回事。营销要务六专注于执行和监控，以确保营销策略按计划实施。在营销策略执行过程中，企业需要监测和控制企业执行与运行情况，让企业了解其是否实现预期的结果。如果企业预期成果完成，应该继续推进；否则，应进行更改。

辉瑞制药在其营销组合支出最优化上享有盛名。辉瑞持续测试不同预算的广告和促销的销售效果。一位辉瑞的高级执行官说："我们很强调测量。我们相信'我们是尺子'。我们测量所有的东西，这是我们业务的根基。"

史玉柱成功创建了三家公司：脑白金，黄金搭档，以及征途。无论是销售保健品还是在线游戏，他将自己的成功都归结于一个原则：先测试，再全国投产。史玉柱说："顾客是最好的营销老师，但除非你自己着手去寻找答案，否则他们不会教你。"

从本质上讲，企业在执行和监控中应该不停自问自答以下三个问题，并采取相应的行动：

· 企业各个职能部门是否都在执行该营销组合策略？

· 企业的市场和财务业绩是否达到预期目标？

· 基于当前的环境，公司目标、营销策略和执行是否在正确的轨道上，是否应该做出改变？

执行 企业可能有很多执行上的问题，比如缺少认同。但是，即使具有良好的支持，过时或不恰当的管理系统仍然会给营销组合策略的执行造成困难。

表现不佳 如果企业没有达到市场或财务业绩目标，营销部门可能需要更多的数据和更深入的分析。如果环境的变化很小，营销部门重点关注的方向应该是过程纠正——微调策略或修正执行计划。

环境变化 企业的目标、策略和执行建立在对顾客需求、竞争对手以及外部环境的准确洞察的基础上。优秀的营销组合策略要适应发展变化，更大的变化则可能需要新的目标和策略。

1.6 四大营销原则

我们刚刚讨论了六大营销要务是市场营销必须做的事情。接下来讨论的四大营销原则是实现这六大营销要务的指导思想。这四大营销原则是：

· 营销原则一：选择性和集中性原则

· 营销原则二：顾客价值原则

· 营销原则三：差异化优势原则

· 营销原则四：整合原则

1.6.1 营销原则一：选择性和集中性原则

识别并选择市场机会（营销要务一）和确定目标细分市场（营销要务二）是企业最高战略，也均为市场营销的主要职责，其基本原则是选择性和集中性原则。

·**选择性**：营销必须谨慎选择企业要努力的目标细分市场。

·**集中性**：企业应该集中资源实现目标。

这一原则关乎企业阵地的选择。企业将有限的资源浪费在太多的选择上是很危险的。任何组织，无论多大或多成功，资源都是有限的。每个组织必须及时做出抉择。选择性原则在营销要务一中就开始发挥作用，即选择市场机会；最显著的表现是在营销要务二中体现，即确定目标细分市场。

随着市场竞争日趋激烈，那些违背选择性和集中性原则的企业，它们试图通过分配少量的资源在多个战场同时作战大概率会失败。例如，2004年成立的乐视网曾经是中国网络视频第一股，通过大批采购正版影视剧版权，乐视网与当时盗版横行的其他视频网站差异化开来，并获得了很大的成功。2010年8月乐视网在国内创业板上市，并且上市不到3年市值就超过优酷土豆。以影视版权起家的乐视，在此之后陆续成立了乐视影业、乐视电视、乐视体育等生态企业，乐视网也在2015年创下1700多亿元的市值新高，成为中国创业板第一股，创始人贾跃亭也因此身价大涨，在2016年的福布斯中国富豪榜上排名第37位。然而，不满足于乐视网在影视体育娱乐业的成功，乐视开始进军智能手机行业和电动汽车行业。由于这两大行业并非乐视的竞争力和资源所在，结果导致乐视投入巨资却无法获得市场成功，整个乐视体系也因此陷入了资金紧张的危机之中。2016年年底，整个乐视体系危机爆发，贾跃亭更在2017年遁身美国以躲避债务，迄今没有回国。2019年10月，贾跃亭宣布主动申请个人破产重组。2020年4月，在乐视网发布的2019年财报中，乐视网全年净利润巨亏112.8亿元，近三年净利润已累计亏损高达290亿元左右。2020年5月14日，深交所宣布乐视网退市。从1700亿元的创业板第一股到连续3年巨亏退市，贾跃亭和乐视违背选择性和集中性原则的教训不可谓不大。

1.6.2 营销原则二：顾客价值原则

根据顾客价值原则，企业市场地位的成功依赖于是否提供价值给顾客。这一原则是营销工作的核心。顾客视角应主导营销组合策略的设计和执行，顾客价值应推动企业的产品决策、投资决策以及绩效评估。企业研发、生产以及传递产品或服务，但顾客感知到的价值只存在于产品或服务所提供的利益里。

顾客价值是一个不断变化的目标。随着环境的变化，顾客逐渐积累经验，他们的需求和所寻求的价值都在变化。世界一流的企业总是在市场调研上持续投资，深入探究顾客需求、优先权、期望和体验。它们将这些调研结果应用于产品研发过程中，以创造更大的顾客价值。

思科（Cisco）是全球网络解决方案市场的市场份额领导者。据一位重要的华尔街分析师说："思科没有最好的技术，但他们有最好的顾客关系。"那些把他们的眼睛从顾客身上移开的企业往往都会陷入困境。美国的西尔斯百货（Sears）和凯马特百货（K-Mart）、英国的塞恩斯伯里连锁超市（Sainsbury's）和玛莎百货（Marks & Spencer），都曾经是强大而成功的零售商，但近年来，它们都陷入了危机。

1.6.3　营销原则三：差异化优势原则

要　点

营销原则三：差异化优势原则

差异化优势原则与顾客价值原则密切相关。差异化优势和竞争优势很相似，即一个独特销售主张（Unique Selling Proposition，USP）或优势。差异化优势是每个成功的市场策略的核心。差异化优势原则说明企业应该为顾客提供一些他们想要却无法从别处获取的东西。

更确切地讲，差异化优势是指企业提供给顾客一项或一些利益，且顾客需要这些利益并愿意付钱购买，同时他们相信无法从别处得到这些利益。为了贯彻这一原则，企业必须在营销组合的基础上精心设计营销策略。差异化优势原则的内涵包括：

强调竞争　差异化优势原则强调竞争。只提供顾客价值是不够的。为了在竞争中获胜，企业必须提供比竞争对手更大的顾客价值。企业必须创造差异化优势以持续击败竞争对手。正如通用电气前首席执行官杰克·韦尔奇所说："如果你不具备竞争优势，就不要竞争。"

差异化优势有不同的级别　有些差异化优势要优于其他的差异化优势。基于自主知识产权的差异化优势、独特的产品设计或产品可获得性的差异化优势，可能比仅基于沟通的差异化优势更持久。

要寻求持续性的差异化优势　即使是最持久的差异化优势最终也会被侵蚀掉。保持差异化优势是营销最根本的挑战，寻求差异化优势必须是连续的。

理想情况下，企业应该有一个潜藏的差异化优势，作为对付竞争对手的制胜法宝！

差异化优势的自我革新　为了在竞争中保持竞争优势，企业必须愿意蚕食自己的差异化优势，进行自我革新。许多企业不愿意这样做，某种程度上是因为当前供给的支持者太强大，或者这样做会降低利润率。然而，不这样做的话，企业可能会面临市场机会丢失或丧失市场竞争主动权的风险。

理解差异化优势与差异的区别　差异化优势与差异是不同的。要设计一个和竞争对手有差异的营销组合并不难。企业的差异化优势是必须创造出顾客认可并愿意付钱购买的差异化价值。

1.6.4　营销原则四：整合原则

整合是所有营销努力成功的关键，它包括以下两个角度：

顾客　企业必须谨慎地整合和协调其给予顾客的所有营销设计和执行元素。例如，糟糕的广告可以毁掉一个优秀的产品，或延迟的促销材料可能会影响一个产品的发布，定价不当也可能造成销售预测被严重破坏。

企业　要想完成在顾客层面上的整合，企业必须同样整合和协调所有的职能活动。这通常是困难的，不同的职能部门常常会为争夺优先权而争吵，而个别职能部门在提供顾客价值的过程中可能专注于捍卫自己的利益。

外部导向型企业更容易实现整合，因为服务顾客的共同价值导向促进了目标的一致性。设计和执行营销策略的人员在优先权上认知一致，能够形成密切合作的工作关系。塔吉特百货（Target）是美国大型零售商之一，整合就是塔吉特百货成功的秘诀。塔吉特前高级副总裁迈克尔·弗朗西斯说："我们每一个人，不管来自哪个职能部门，从店铺到推销，从物流到支持，都认同自己的营销角色。我们都想和顾客建立更好的关系。每个决定都以顾客为出发点，所以每个人都成了营销者。我们的这种态度有着巨大的热情和恒心，董事会主席和首席执行官带头以身作则。我们的核心品牌承诺自 1962 开始就是'得到更多，花费更少'。我们一直在践行这个承诺——公司的每个职能都在践行它。我们在全球搜寻最好的产品来服务我们的顾客，店里的每个员工都有随时满足顾客期望的坚定决心。"

要点

营销原则四：整合原则

营销思考

苹果公司的成功使它成为世界上最受尊敬的公司之一。请你评价苹果是如何坚持做到营销四原则的？

──── 本章要点 ────

1. 比竞争对手传递更高顾客价值的企业在吸引和保留顾客上更成功。

2. 成功吸引和保留顾客的企业获得利润。这样的企业更可能生存、成长并提高股东价值。

3. 价值有两个方面。当企业能传递高顾客价值时，它就吸引和保留了顾客。企业吸引和保留顾客的同时，就为股东创造了价值。

4. 将营销作为一种理念涵盖了外部导向观念——营销是组织中所有成员的责任。

5. 六大营销要务是企业必须要做的事情。

6. 四大营销原则为企业执行六大营销要务提供了指导思想。

第2章 顾客价值

━━━ 学习目标 ━━━

学习完本章后，你应当能够理解和掌握如下内容：

· 界定顾客终身价值的基本要素
· 顾客的盈利性和顾客终身价值
· 计算顾客盈利性和留住盈利顾客的重要性
· 传递顾客价值与长期顾客忠诚之间的联系
· 客户关系管理和顾客忠诚计划
· 放弃部分现有顾客或拒绝部分潜在顾客的理由

开篇案例 星巴克

1971 年，星巴克在西雅图派克市场成立第一家店，开始经营咖啡豆业务。1982年，28 岁的霍华德·舒尔茨加入星巴克，并在 5 年之后联合当地投资者收购了星巴克，从此带领星巴克跨越了数座里程碑。1992 年，星巴克在纽约纳斯达克成功上市。到 2019 年，星巴克已经在 80 多个国家和地区经营超过 3 万家咖啡店。

对于舒尔茨来说，星巴克应该是顾客心目中除家庭、工作场所外的第三个去处。"作为一名顾客，我走进店里拿到一杯咖啡，即使只有一分钟的时间，我的感觉都非常好，因为这是一种经历和体验。作为消费者，能够体会到尊贵这一感觉已经逐渐在我们的生活中消失。所以我们真正需要注意的是，当有人接近我们时要说：我很欣赏你，尊重你，我可以帮助你……我们平均每天开 5 家新店，所以我们必须确保有惊人的一致性，而不是像快餐专营一样，每个专营店都各有不同。保持高度的一致性是星巴克的核心部分之一。"

星巴克通过关注员工来提升顾客价值。舒尔茨指出："文化和价值观是星巴克成功的关键，让我们的员工感受到他们对星巴克的价值，这样才能使他们真诚地想要传达我们所提供给消费者的有价值、特色、优良的服务品质。在过去的20年里，我们已经在培训上做了很大的投资。每年用在培训上的费用都多于广告宣传。更早的时候，星巴克甚至不做广告，而更倾向于通过其门店完成沟通功能。"2014年，舒尔茨推出了星巴克学院成就计划，有资格的员工可以在亚利桑那州立大学完成学士学位的在线学习，公司报销全额学费。这一举措和其他福利不断将所有员工融入星巴克的整体理念：更好地服务顾客。

每一天，世界各地有4000多万位顾客惠顾星巴克，最忠实的顾客光临星巴克次数达到平均每月18次。顾客忠诚度给星巴克带来财务上的显著成功。截至2023年6月7日，星巴克市值高达1128.75亿美元。

在第1章，我们讨论了顾客在企业发展中的核心作用。顾客是企业的核心资产；更准确地说，顾客作为企业的核心资产主要体现在两个方面：当企业为顾客创造价值时，它就能成功地吸引和保留顾客；通过吸引和保留顾客，企业就成功地实现发展并为股东创造价值。忠诚的顾客会购买更多的产品和服务；而企业的核心目标就是传递顾客价值并获得顾客对企业的长期忠诚。

在本章的前半部分，我们将在讨论顾客作为核心资产的基础上，进一步考察如何测量顾客所能带给企业的价值。这涉及一个关键概念——**顾客终身价值**。**顾客终身价值是每个顾客未来可能为企业带来的预期总利润的净现值**。顾客终身价值是企业传递价值到顾客与顾客传递价值到股东的重要纽带。提高顾客终身价值将提升股东价值。下文将展示如何用顾客终身价值提高顾客为企业带来的利润，以及该方法对分析现有顾客和吸引新顾客的启示，并提供方法识别对的顾客和不合适的顾客。

> **要 点**
>
> 顾客终身价值是每个顾客未来可能为企业带来的预期总利润的净现值。

更确切地说，我们将讨论如下两个问题：

· 如何为企业现有顾客以及准备吸引的顾客估算一个合理的现金值？这个现金值就是顾客终身价值。

· 如何用顾客终身价值帮助企业提升股东价值？

在本章的后半部分，我们将讨论顾客终身价值的实际应用，即客户关系管理和顾客忠诚。

2.1 为何顾客对企业如此重要?

2.1.1 顾客终身价值

顾客购买企业的产品或服务,企业获得收益的同时也产生成本。如果收益大于成本,则企业产生利润。企业每年从一个顾客处获得的利润就是**边际利润**(**Profit Margin**)。一般情况下,会有许多顾客包括消费者(B2C)、合作者、分销商和零售商(B2B)长期购买企业的产品或服务。每一年度,企业获得销售收入,减去成本后获得相应的利润。计算顾客终身价值时需考虑企业每年的边际利润。

现有的顾客未来可能会流失,他们可能会选择竞争对手,或者停止购买企业所提供的产品或服务。因此在计算顾客终身价值时,我们必须考虑顾客流失(Customer Defection)和顾客保留(Customer Retention)。顾客的保留率(Retention Rate)是年底的顾客数除以年初的顾客数。如果年初企业有 100 位顾客,其中有 80 位顾客年底依然还购买此企业的产品或服务,则顾客保留率为80%。与保留率相反的即顾客的流失率(Defection Rate),上面例子中顾客流失率为 20%。

2.1.2 计算顾客终身价值

每年企业只赚取顾客终身价值的一部分。第一年,企业所赚取的顾客终身价值为 CLV(1):

$$CLV(1) = m \times r/(1+d)$$

其中:

· **m** 是企业第一年的**边际利润**。

· **r** 是**保留率**,企业年初顾客维系到年底的比例。

· **d** 是**贴现率**(Discount Rate),是企业的资本成本,一般情况下可以参考银行贷款利率或民间贷款利率,也可以由企业的财务总监提供。

为了计算总的顾客终身价值,我们将每一年的顾客终身价值进行连加。计算难度将有所提升。为了简化计算,我们假设每个变量边际利润(m)、贴现率(d)和保留率(r)每年保持不变。根据上述假设,顾客终身价值经过较为复杂

要点

顾客终身价值取决于三个因素:
· 边际利润
· 保留率
· 贴现率

的计算之后等于边际利润（m）乘以**利润乘数**（margin multiple）。

$$CLV = m \times r/(1+d-r)$$

其中，利润乘数 = r/(1+d-r)。用此公式计算顾客终身价值非常直截了当。为了使计算更简单，表 2.1 提供了根据不同保留率和贴现率所得的利润乘数。

表 2.1 利润乘数表

保留率（r）	贴现率（d）			
	8%	12%	16%	20%
60%	1.25	1.15	1.07	1.00
70%	1.84	1.67	1.52	1.40
80%	2.86	2.50	2.22	2.00
90%	5.00	4.09	4.09	3.00
95%	7.31	5.59	4.52	3.80

假设一家公司每年边际利润为 50 万美元，顾客保留率为 70%，企业的贴现率为 12%。根据表 2.1 可查出，利润乘数为 1.67，那么顾客终身价值 =500000 × 1.67=835000 美元。这种计算方法虽然不是完全精确，但大多数情况下这样的大概数值已经足够了。

请注意表 2.1 中的如下方面：

1. 表中的贴现率（d）的范围（8% ~ 20%）和保留率（r）的范围（60% ~ 95%）都相当大，它们覆盖了多数企业的情况——利润乘数的值范围从 1 到 7.31。

2. 利润乘数的中位数值为 2.5。

3. 提高顾客保留率对利润乘数的影响比贴现率的影响更大：

a. 当保留率为 90% 时，贴现率从 20% 降到 8%，将使利润乘数从 3 上升至 5，提高了 67%；

b. 当贴现率为 12%，将保留率从 60% 提高到 90%，利润指数从 1.15 上升至 4.09，利润乘数提高了 3 倍。

4. 所有情况一致的条件下，与降低贴现率相比，企业更易从提高顾客保留率中获益。

5. 因此，保留顾客真的非常重要。

2.1.3　实例：联邦快递一个顾客的终身价值

联邦快递发现了一个细分市场，下列数据适应于这个细分市场的顾客：

假设：

- 每月联邦快递装车的信件总量 =2285
- 联邦快递顾客数量 =140
- 每封信件的边际利润（m）=8.25 美元
- 贴现率（资本成本）（d）=12%
- 顾客年保留率（r）=90%

假设这些数字每年保持不变。

顾客终身价值计算：

每年每个顾客所投递的信件 = 2285×12/140=195.8

每年每个顾客所产生的利润 = 8.25×195.8=1616 美元

贴现率（d）=12%

保留率（r）= 90%

从表 2.1 可知，利润乘数 =4.09。

由此得出，联邦快递每个顾客平均的顾客终身价值：

CLV= 每年每个顾客给联邦快递带来的利润 × 利润乘数 =1616 美元 × 4.09 = 6609 美元

> **营销问题**
>
> 如果你是联邦快递的首席营销官，你认为提升顾客终身价值的方案有哪些？为什么？

从上面的讨论可知，企业有且只有三种方式提高顾客终身价值：

- 提高从顾客那里获得的边际利润（m）；
- 提高顾客保留率（r）（降低顾客流失率）；
- 降低贴现率（d）。

如果企业花费资源提高顾客保留率，则可能会降低边际利润。如果企业通过提高价格增加顾客边际利润，这可能又会降低保留率。尽管如此，我们将单独考虑这些方法。关于资金贴现率的问题，则要交由财务经理来处理。

2.1.4　提高顾客边际利润

企业可以通过提高现有顾客的边际利润从而提高顾客终身价值的方法如下：

·**选择顾客**：精挑细选的优良顾客是产生利润的基础。

·**顾客满意和忠诚**：满意的顾客将会购买更多的产品，企业资产和边际利润因此而增加。而且，满意的顾客会帮助企业从其他顾客获得收益。

·**定制化**：为某细分市场量身定制产品能产生更高的顾客价值。

·**定价**：如果顾客的满意度很高，企业可以设定更高价格。

·**降低运营成本**：企业在学习如何为顾客服务的过程中，将降低运营成本，并从规模经济获利。

不仅如此，满意的顾客还会通过影响其他顾客来帮助企业：

·**学习**：企业在与顾客亲密接触的过程中学习，学会更好地吸引新顾客。

·**网络外部性**：在某些市场中，一些顾客可以为其他顾客带来价值。例如，虽然电视和网站都是免费的，其顾客流量对广告商却是无价之宝。淘宝的卖家越多，淘宝给买家的服务就越有价值。淘宝吸引的买家越多，对卖家就越有价值。

·**正面口碑与推荐**：满意顾客会产生正面口碑，并将产品推荐给潜在顾客。

·**信任**：忠诚顾客能为潜在顾客提供信任。

要点

企业从单个顾客身上获得的边际利润一般会随时间增长。

图2.1是美国信用卡行业的边际利润趋势图。顾客年边际利润随着顾客年限的增长而增长。在第一年，信用卡发行机构平均损失80美元（获得顾客以及开卡的成本）；但到第二年，每位顾客的边际利润为40美元，随后每年的边际利润稳步增长。

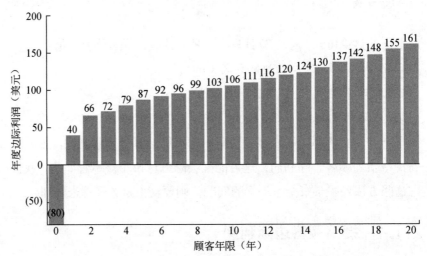

图2.1　美国信用卡行业的边际利润与顾客年限关系图

2.1.5 提高顾客保留率（降低顾客流失率）

如前所述，边际利润的上升将提升顾客终身价值。当然，前提是顾客没有流失。任何企业都会不断地流失顾客，在顾客保留率不变的情况下，第一年流失的顾客最多，顾客流失的实际数量将逐年递减。假设某企业刚开始有 1000 位顾客：

· 90% 顾客保留率：第一年——1000 位顾客

第二年——900 位顾客（流失 100 位顾客）

第三年——810 位顾客（流失 90 位顾客）

第四年——729 位顾客（流失 81 位顾客）

· 80% 顾客保留率：第一年——1000 位顾客

第二年——800 位顾客（流失 200 位顾客）

第三年——640 位顾客（流失 160 位顾客）

第四年——512 位顾客（流失 128 位顾客）

从上述数据可知，顾客保留率对顾客终身价值有重要影响。已有实证研究表明，在美国某些行业，顾客保留率每提高 5%，其顾客终身价值将提高 50%。

2.1.6 顾客保留率如何起作用？

现在，我们已经明白顾客保留率对顾客终身价值的重要影响。下面我们将展示顾客保留率细微的变化如何对销售额和市场份额造成巨大的影响。图 2.2 中有 3 个假设的场景 A、B、C，每个场景都有两家企业，Jane 化妆品百货和 Joe 美丽帮手；两个时间段即第一年和第二年。每个场景说明了顾客保留率（流失率）和顾客获取率。为了便于理解，我们假设总的顾客有 1000 名，Jane 化妆品百货和 Joe 美丽帮手各 500 名。我们需要计算在不同场景下，不同商家最后获得的顾客数量及其市场份额。

场景 A：在第二年，Jane 化妆品百货的顾客保留率为 80%，并吸引了 Joe 美丽帮手 20% 的顾客。Joe 美丽帮手的情况完全一致。这种情景没有很大的变化，却提供了比较基线。Jane 化妆品百货和 Joe 美丽帮手最后的顾客是一致的。Jane 化妆品百货拥有 80% 的顾客保留率，即 500×80%=400 名顾客，并从 Joe 美丽帮手那里吸引了 500×20%=100 名顾客。Jane 化妆品百货最后有 500 名顾客，和最初一样没有变化。Joe 美丽帮手的情况完全一样。它们各自占 50% 的市场份额。

营(销)问(题)

假设一家企业的收入增长目标为每年15%。考虑两种情况：顾客保留率90%和顾客保留率95%。这两种不同情况下企业的顾客获取率应该为多少？这对企业有何启示？

图2.2　长期市场份额场景

场景 B：Jane 化妆品百货做得更好。第二年，Jane 化妆品百货的顾客保留率为 90%，但 Jane 化妆品百货依然从 Joe 美丽帮手处吸引了 20% 的顾客。Joe 美丽帮手的保留率与场景 A 类似，也是 80%，但仅从 Jane 化妆品百货处吸引了 10% 的顾客。Jane 化妆品百货现在有 450 名忠诚顾客：$500 \times 90\% = 450$；同时，Jane 化妆品百货还从 Joe 美丽帮手处吸引了 $500 \times 20\% = 100$ 名顾客。因此，第二年年末，Jane 化妆品百货拥有 550 名顾客。而 Joe 美丽帮手只有 450 名顾客：$1000 - 550 = 450$。

第三年，Jane 化妆品百货的起点更高（$550 > 500$），可以保留 495 名顾客：$550 \times 90\% = 495$。Joe 美丽帮手的起点则更低（$450 < 500$），只有 450 名顾客。Jane 化妆品百货从 Joe 美丽帮手处吸引的顾客为 $450 \times 20\% = 90$ 名，因此第三年年末 Jane 化妆品百货顾客总数为：$495 + 90 = 585$ 名。而 Joe 美丽帮手的顾客则下降到 415 名：$1000 - 585 = 415$。当市场份额变化到 Jane 化妆品百货有 670 名顾客、Joe 美丽帮手有 330 名顾客时基本稳定，即各自占 67% 和 33% 的市场份额。

场景 C：Jane 化妆品百货生意做得比场景 B 还好。在第二年，其顾客保留率为 95%，并从 Joe 美丽帮手那里吸引了其 20% 的顾客。Joe 美丽帮手的顾客保留率为 80%，但仅从 Jane 化妆品百货那里吸引 5% 的顾客。最后 Jane 化妆品百货将有 800 名顾客，Joe 美丽帮手只有 200 名顾客，即各自占 80% 和 20% 的市场份额。具体见表 2.2。

表2.2　稳定状态的市场份额

Jane 化妆品百货的保留率	市场份额	
	Jane 化妆品百货	Joe 美丽帮手
80%	50%	50%
90%	67%	33%
95%	80%	20%

总而言之：

· 顾客保留率上升，市场份额随之上升；

- 顾客保留率越高，同等的保留率增长对市场份额的影响越大。如：
  - 当 Jane 化妆品百货的保留率为 80% 时，10% 的变化（增加到 90%）将提高 17% 的市场份额（从 50% 到 67%）；
  - 当 Jane 化妆品百货的保留率为 90% 时，5% 的变化（增加到 95%）将提高 13% 的市场份额（从 67% 到 80%）。

当然，将顾客保留率从 90% 提升到 95% 比从 80% 提升到 90% 的成本可能也更高。

这个非常简单的练习说明一个非常重要的事实：顾客保留率很重要。顾客保留率的微小变化也将对长期的市场份额产生巨大影响。

> **要点**
>
> 顾客保留率的小提升将显著提高企业市场份额和顾客终身价值。

2.1.7　边际利润与顾客保留率

表 2.3 将图 2.1 中顾客保留率的数据与信用卡边际利润结合起来，假设有 10% 的贴现率。我们发现，在两种不同保留率的情况下，随着顾客关系的延长，企业边际利润都在提升。

> **营销问题**
>
> 假设企业能维持15%的顾客获得率，它的目标是使顾客基数翻倍。在顾客保留率为90%和95%的两种情况下，企业分别何时才能实现目标？

表 2.3　不同顾客保留率下信用卡行业的利润情况

账户年限	每个顾客年度边际利润（美元）	90% 顾客保留率			80% 顾客保留率		
		90% 保留率下的顾客数量（名）	年度顾客边际利润和（美元）	贴现后的年度顾客边际利润和（美元）	80% 保留率下的顾客数量（名）	年度顾客边际利润和（美元）	贴现后的年度顾客边际利润和（美元）
0	−80	1000	−80000	−80000	1000	−80000	−80000
1	40	900	36000	32727	800	32000	29091
2	66	810	53460	44182	640	42240	34910
3	72	729	52488	39435	512	36864	27696
4	79	656	51824	35396	410	32390	22123
5	87	590	51330	31872	328	28536	17719
6	92	531	48852	27576	262	24104	13606
7	96	478	45888	23548	210	20160	10345
8	99	430	42570	19859	168	16632	7759
9	103	387	39861	16905	134	13802	5853
10	106	348	36888	14221	107	11342	4373
			总的 CLV	205721		总的 CLV	93475

表 2.3 说明：

· 当顾客保留率为 90% 时，年利润在第二年达到最高值 53460 美元，随后逐年下降，10 年的贴现利润总和为 205721 美元。

· 当顾客保留率为 80% 时，年利润同样在第二年达到最高值，但低了很多，只有 42240 美元；10 年的贴现利润总和为 93475 美元。

从 90% 到 80% 的顾客保留率差异导致顾客终身价值差异为 112246 美元（205721 美元－93475 美元）。

2.1.8　获取新顾客

到目前为止，我们用顾客终身价值来描述企业现有的顾客。我们已经证明了同时提高顾客利润和顾客保留率可以提高顾客终身价值。但如何计算企业未来潜在顾客的价值呢？我们可以用同样的方法来考虑他们的价值。最大的区别在于，企业目前并没有从这些潜在顾客身上获得任何收益。为了吸引他们，企业不得不付出**获取成本**（Acquisition Cost，AC），在计算顾客终身价值时必须将其考虑在内：

$$CLV = m \times r(1+d-r) - AC$$

现在我们有了这个衡量新顾客的有用方法。在同等条件下，如果上式中的未来顾客的终身价值 $m \times r(1+d-r)$ 大于获取成本，则企业应该努力去获取新的顾客。反之，如果获取成本更高，获取新顾客则会让企业赔钱。

要点

如果期望顾客的终身价值高于获取成本，公司应该努力获取顾客。

2.1.9　提升顾客终身价值

如前所述，这本书的大部分内容关注如何提高现有顾客的终身价值以及如何获取能够让企业获利的新顾客。从第 7 章开始，我们将详细阐述实现上述目标的六大营销要务。这里，我们罗列了对待现有和潜在顾客的一系列方案。

我们将顾客分为现有顾客和潜在顾客（如图 2.3 所示）。企业可以将营销费用分成两部分：一部分用来维系现有顾客，另一部分则用来吸引新顾客。大多数企业通常只关注如何吸引新顾客。当然，企业必须通过吸引新顾客来成长，但其中有一个平衡的问题。很多企业把其现有的顾客视为理所当然，导致花在顾客维系上的费用实在太少了。事实上，留住老顾客的成本通常低于获取新顾客。这并不是说老顾客比新顾客更重要。毕竟，新顾客有可能会带来更大的增长潜力。但我们认为企业应审慎地制定顾客投资决策。

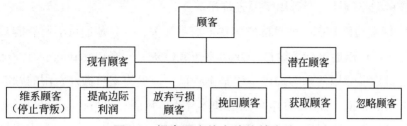

图2.3 提高顾客终身价值的方法

现有顾客

针对现有顾客，图 2.3 展示了三种策略：提高顾客保留率、提高边际利润和放弃亏损顾客。

1. 维系顾客，提高顾客保留率 企业的顾客基础就像一个会漏水的桶，应该塞住漏水的孔。通过更新产品和服务满足顾客不断变化的需要，并采取其他措施更紧密地捆绑顾客，从而提高顾客满意度和减少顾客流失行为。满意、高兴的顾客比不满的顾客更有可能继续购买。例如，盖洛普的一项研究表明，5年时间内，美国富国银行（Well Fargo）的顾客满意度从 5.5 提高到了 6.5（分数范围 1～7），每年的顾客流失率也从 20% 降至 11%。还有很多企业则实施预警检测系统以发现可能会流失的顾客。

> 美国办公用品零售巨头 Office Depot 公司建立了一套监测顾客流失的系统。一位高级管理人员说："对于所有大客户，我们都有自动流失预警信号系统，然后由专人负责这些有特别预警信号的大客户。过去的 12 周里客户有没有下过订单？下订单的频率是不是越来越低了？买方采购经理是否已经改变？每个订单的平均金额是否减少了？销售代表有变化吗？一个客户如果要离开，那么有可能会出现 8 个预警信号。如果出现了 5 个预警信号，我们的首席执行官将会亲自关注并打电话甚至拜访客户，以弄明白究竟发生了什么问题，以确保公司不失去一位有价值的大客户。"

一些企业会将**维系费用**编入预算，通过额外服务为现有顾客提供更大的价值。维系费用会降低企业从现有顾客获得的边际利润，但常常比发生顾客流失

要 点

增加现有顾客的终身价值有三种策略：提高顾客保留率、提高边际利润和放弃亏损顾客。

要 点

很多企业实施顾客流失预警系统以避免顾客流失。

后采取措施更划算。维系费用并不是一笔小支出，但为了实现维系战略，企业还应该考虑将额外的资源用于顾客维系。

2. 提高边际利润　满意的顾客更不容易流失，并且他们可能愿意购买更多产品。企业可以通过**交叉销售**（**Cross-Selling**）提高顾客边际利润。有线电视公司为支付标准费用的顾客提供一些基本频道，但也为支付额外费用的顾客提供高附加值的频道，如 HBO 电影频道和体育赛事频道。亚马逊、京东等都通过交叉销售来提高边际利润。最初，亚马逊只卖书籍，然后卖 CD，现在则提供了各式各样的产品，使顾客可以在其网站上实现一站式购物。类似地，京东商城最初是卖计算机和消费类电子产品，逐渐它也正发展为一个在线百货商店。

3. 放弃亏损顾客　一般来说，企业试图留住和发展现有顾客，以提高从他们身上获得的边际利润。但有些顾客是不值得拥有的。大多数企业都会有一些亏损顾客，应该考虑停止为他们提供服务。我们在下一个章节讨论放弃亏损顾客。

潜在顾客

潜在顾客为企业成长以及出售更多产品和服务提供了一个很好的渠道，但并非所有的顾客都一样。回到图 2.3，关于潜在顾客有三个主要策略：挽回、获取和忽略。

1. 挽回顾客　这是一个特殊的类别。企业对已流失的老顾客的信息常常多于潜在顾客。企业知道老顾客购买过什么产品、他们把钱花在什么方面、他们如何做决定、他们为何离开和其他有助于企业重新为他们提供服务的数据。如果企业了解顾客流失的原因，则可以挽回顾客。

2. 获取顾客　为了实现企业的销售额和利润目标，大多数企业还必须获取有价值的新顾客。有时企业想获得与现有顾客具有相似特征的新顾客，但有时企业又想要完全不同的新顾客。不管是哪种情况，企业都要识别并且获取高获利性和高终身价值的顾客。

3. 忽略顾客　企业必须确定理想顾客的特征，以及对那些会为企业带来价值的潜在顾客进行投资，同样，也要忽略不具有这些有利特征的顾客。企业必须坚持的底线是有选择性地进行新顾客投资。

2.1.10　选择顾客

绝大多数顾客会给企业带来价值，但有些并不会。在这一节中，我们关注

要点

企业可以通过交叉销售提高顾客边际利润。

要点

增加潜在顾客的终身价值有三种策略：挽回、获取和忽略。

顾客的盈利能力和合适性。

评估顾客盈利能力

多数企业能够理解和评估单个产品的盈利能力：收入减去成本。对产品经理来说，产品利润是一个关键衡量标准。大量企业花重金投资于复杂会计系统和数据分析工具以帮助管理者回答下列问题：

- 企业当前的产品是否赢利？
- 企业是否应该停止生产旧产品，如果是，那是什么时候？
- 企业是否应该引入一种新产品？

与此形成鲜明对比的是，很少有企业能回答与单个顾客相关的类似问题。这个问题在多业务的国际化大企业中尤其严峻，因为它们的盈利数据通常在每一个事业部，但各个事业部之间彼此相互独立。事业部之间的系统几乎没有交集，一般很难跨事业部提取和整合与单个顾客相关的销售和利润数据。

如果企业无法衡量**顾客盈利能力**，这就与我们先前把顾客视为企业的核心资产和顾客终身价值形成鲜明对比。产品盈利能力固然重要，但产品及其相关的服务只是企业吸引和保留顾客的一种方式。套用一句关于管理的谚语："如果你不能测量它，你就无法管理它！"

企业可以使用多种方法来收集与评估关于顾客行为和盈利能力的数据。当企业从顾客视角核查收入、运营成本和利润时，他们通常会发现一个二八定律（80/20 定律）：80% 的收入来自 20% 的顾客。许多企业已经实施关键客户管理（大客户管理）来为他们最重要的顾客服务。二八定律还告诉我们，企业有 20% 的收入来自 80% 的顾客。

不管是带来 80% 收入的这 20% 顾客，还是带来 20% 收入的这 80% 顾客，企业都需要思考两个关键且相关的问题：

- 企业服务这些顾客需要付出多少成本？
- 这些顾客能为企业带来利润吗？如果不是，企业应该采取什么行动？

不管是大客户还是小客户，都有可能无利可盈。当小客户无利可图时，通常是服务他们的成本远远高于其创造的利润。大客户可能是一个更大的问题，他们可能需要过分昂贵的定制和服务支持。他们也可能用自己的议价能力把价格压得过低。但是，企业不能轻率地放弃这些无利可盈的顾客。今天的小客户

要点

企业除了要能评估产品的盈利能力之外，还应该能够评估顾客的盈利能力。

要点

二八定律：
在许多企业，20%的顾客提供80%的收入。
同样是这些企业，80%的客户只提供20%的收入。

可能会成为明天的大客户。无利可盈的大客户也许会摊薄很大一部分成本。如果企业放弃这些顾客，成本分摊需重新计算，总体利润也将可能下降。

一旦企业了解顾客的盈利能力，企业就可以开始制定处理无盈利能力顾客的战略。然而，难点在于如何识别不盈利的顾客。这已成为市场营销的关键性问题。图2.4展示了改变顾客分类如何帮助一家金融服务公司更好地区分顾客盈利性。特别是，重要者贡献了公司55%的利润，而不稳定者实际上在亏公司的钱。

> **要点**
>
> 顾客是企业的核心资产，但有些顾客可能是负债，应该被"解雇"。在详细的盈利分析基础上，企业必须要拒绝某些潜在顾客。

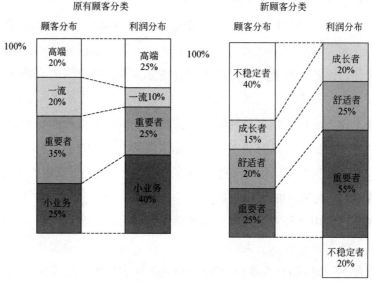

图2.4 一家美国金融服务企业的顾客分类

顾客的合适性

企业可以因为以下原因"解雇"顾客或停止与顾客做生意：

资源约束 企业的资源是有限的，无法满足所有顾客的需求。当企业资源无法满足顾客需求时会导致顾客不满意。企业可能会因此遭受直接损失或受害于负面口碑传播。

恶性竞争 这种顾客是一个现有或潜在的竞争者，顾客能对企业产品或服务进行反向拆解，然后推出一个类似的产品或服务。高新技术企业经常拒绝把产品卖给竞争对手，也会阻止顾客把企业的产品转卖给竞争对手。

发展战略 当企业的发展方向发生变化，产品退市或卖掉一个事业部，顾客也是战略调整的副产品。

影响声誉　顾客不得体地使用企业产品或服务可能会产生负面口碑。例如，可以在沃尔玛卖路易威登（LV）的产品吗？

营 销 问 题
你能举出一些企业在积极拒绝部分顾客的例子吗？

对产品或服务产生负面影响　在许多服务行业，其他顾客也是产品或服务的一部分。一些顾客的负面行为会降低所有顾客的价值，而且会对员工士气产生负面影响。部分吵闹的就餐者会破坏高级餐厅的就餐气氛，商学院的 EMBA（高级管理人员工商管理硕士）招生办公室会筛选出许多不合适的申请者，航空公司会严格限制黑名单上的人乘坐飞机，以免给航班带来危险或影响其他乘客服务体验。

不稳定者　这种顾客可能是有盈利能力的，但是太不稳定了。劳动密集型行业如广告和公关服务机构经常需要招聘新员工服务新顾客。当这些不稳定的顾客离开后，为其服务的员工却不易裁减。

不付款者　如果顾客付款，就是一位有价值的顾客，但不付款的话就不是有价值的顾客。或者有些顾客最终会支付，但是企业追款的成本——钱、人力资源、情绪——太高了。

潜在的成本　和这种顾客做生意的未来成本太高了。卖给顾客产品或服务可能得到短期利润，但未来服务的成本可能会过高，顾客可能要求高成本的个性化产品或服务。

2.2　如何更紧密地绑定顾客？

2.2.1　客户关系管理

良好的客户关系可以驱动和维系顾客忠诚。客户关系管理是指通过关系营销、客户洞察、客户服务、质量管理等来管理企业与客户一系列长期互动的触点（Touch Point）。更准确点来说，客户关系管理是识别新顾客和维系顾客长期关系的过程。客户关系管理能帮助企业更好地了解现有顾客与潜在顾客。客户关系管理通过应用定性和定量数据即视化营销活动，系统地帮助企业建立与培育顾客关系。

一个客户关系管理系统的潜在价值就是理解和提升顾客终身价值。与顾客的互惠关系是企业的核心资产。企业只有实行真正的外部导向，客户关系管理系统才能成功。下面三个方面对于成功实施客户关系管理非常关键：

目标 企业的目标必须非常明确。没有正确的方向，企业无法从海量的客户关系管理系统中选出合适的一个。成本也将螺旋上升，无法控制。

顾客利益 客户关系管理系统必须为顾客提供利益和价值。许多企业往往只关注企业利益，降低成本，忽略了顾客利益。必须通过客户关系管理系统来驱动企业与顾客的互惠关系。

技术 很多人认为，一个有效的客户关系管理系统就是由数据库和分析技术等技术成分构成。虽然技术在收集和分析数据时非常重要，但客户关系管理并不仅仅是技术，还是企业用来与顾客建立长期互惠关系的整体战略导向。

> **要 点**
>
> 客户关系管理并不仅仅只是技术。

开发一个客户关系管理系统

客户关系管理系统的顾客数据库应该是准确、易提取的，也是完整、一致，并且安全和结构化的。为了实施客户关系管理，企业必须有每个顾客每个触点的整合数据库，以便企业对数据进行深入的分析，并使企业与顾客的互动能够自动展开，能够及时地沟通相关问题。例如，今天在中国提供信用卡业务的银行基本上都有 App 或微信公众号可以方便地服务每个持卡人，包括账单查询、积分兑换等。很多中国的航空公司的 App 和微信公众号也能够为每位旅行者提供方便，包括订单查询、航班提醒、提前选位和办理登机手续等。

很多企业的数据库有成千上万名顾客的长期消费数据，应用前沿的数据挖掘技术可以帮助企业获得市场洞察。美国 Capital One 银行应用数据挖掘技术震惊了整个信用卡行业。对于顾客不多的企业来说，顾客数据同样重要。例如当地的洗衣店，可能不需要太前沿的技术，只需纸和笔就够了。

由于顾客数据的重要性，很多企业花重金投入客户关系管理数据库，这些数据库包括：

· 顾客特征。B2C 企业一般需要收集顾客的如下人口统计学特征数据：姓名、性别、年龄、家庭人数、生日、地址、手机号、电子邮箱、微信号等。B2B 企业则收集顾客的如下数据：销售额、员工人数、行业、决策制定者等。

· 顾客接触历史。B2C 企业一般需要记录顾客与企业之间的电话记录、顾客服务要求等；B2B 企业一般需要记录送货次数、电话销售次数、技术服务等。

·顾客购买历史。购买的产品类型，购买时间，支付方式，购买价格，是否有折扣，送货方式，等等。企业应有顾客每次消费的边际利润数据。

·顾客对企业决策的反馈。促销、价格变化等带来的购买变化。

·企业为顾客提供的价值。这一点对于 B2B 企业来说尤其重要。

·顾客对企业的价值。评估顾客终身价值的数据，如消费历史、服务成本等。

客户关系管理数据库还应具有一定的灵活性，在 B2C 市场能追踪顾客的人生转折点，例如顾客搬家和换工作、结婚、家庭成员的变化等。在 B2B 市场，应包括顾客在企业内岗位的调整，以及由此导致的公司和个体需要的变化。

顾客的每一次反馈、联系和消费都应该在客户关系管理数据库中有记录。但企业不能将数据局限于顾客与本企业的关系，还应该寻求顾客与竞争企业的关系数据。一家设备供应商应了解其顾客的所有设备的历史和类型。一家金融服务企业需收集自己的顾客与其他金融服务提供者的关系数据。这些数据可能可以直接从顾客处获得，或从第三方数据提供者处获得。

一个好的顾客数据库是企业的无价之宝。企业层面的数据库可以整合不同事业部的顾客信息，比单个事业部的数据库更有价值。数据的易获得性很重要，但企业一定要有严格的制度来保证顾客数据的隐私和安全性。2014 年，携程网就曾陷入顾客数据"泄露门"，当时携程用户的信用卡信息面临泄露风险，引发无数用户的恐慌。

> **要点**
> 一个好的顾客数据库是企业的无价之宝。但企业要有严格的制度来保证数据隐私和安全性。

评估顾客价值并设计改进方案

客户关系管理实施得好的企业，其关注点将更加聚焦。企业可以根据每个顾客来估计盈利性和顾客终身价值，预测关键的顾客事件并采取行动。一家 B2C 企业可能会给顾客提醒提前预订度假方案，B2B 企业可能会提醒顾客预订季节性库存。顾客数据库越全面，企业就越有创造力，越能提供有价值的产品或服务，为有价值的忠诚顾客提供更有价值的顾客服务。

高价值、高忠诚度的顾客非常重要。因此，顾客忠诚计划（Loyalty Programs）是所有客户关系管理系统的核心部分。好的忠诚计划在保留顾客方面发挥重要作用。所有忠诚计划都有一个类似的结构：顾客通过购买产品和服务获得奖励。简单的忠诚计划如多买多送，而航空公司、信用卡公司和连锁酒店的忠诚计划可能复杂得多，通常有多层次的激励措施。

> **要点**
> 顾客忠诚计划是客户关系管理系统的核心。

以美国联合航空公司（United Airlines）的忠诚计划为例，每年飞行超过一定里程数的旅客就会获得精英卡身份并获得相应的特别权益。每年飞行超过 4 万公里、8 万公里、12 万公里和 16 万公里的旅客会分别获得银卡、金卡、白金卡和 1K 卡的身份，并分别获得诸如免费商务舱休息室、优先登机、行李优先到达等权益。其中，1K 卡身份的忠诚旅客可以每年获得 8 次全球头等舱 / 商务舱的免费升舱权益，并可用于本人或其他亲人朋友。这样的忠诚计划极大地吸引了经常出差的商务旅客不去选择别的航空公司，尽管美国联合航空公司的机票价格可能还更高。类似地，由于中国国际航空公司有数量最多的金卡会员，而且这些金卡会员通常对价格都不敏感，所以即使在北京到上海的同一航线上，中国国际航空公司的机票价格通常就比中国东方航空公司要贵不少，而在北京到深圳的同一航线上，中国国际航空公司的机票价格通常也比中国南方航空公司要贵不少。由此可见，拥有高忠诚度的顾客对于企业非常重要。

―――― 本章要点 ――――

1. 顾客终身价值是向顾客传递价值和为股东创造价值的关键纽带。

2. 企业可以通过提升顾客边际利润（m）、顾客保留率（r）和降低贴现率（d）提升顾客终身价值。

3. 提升顾客的保留率（r）比降低公司的贴现率（d）对顾客终身价值有更大的杠杆效应。

4. 企业有三个策略可以提高现有顾客终身价值：
   · 提高顾客保留率（减少流失）
   · 增加顾客边际利润
   · 放弃不合适顾客

5. 企业有三个策略来赢取潜在顾客的终身价值：
   · 挽回流失的老顾客
   · 开发新顾客
   · 忽视不受欢迎的顾客

6. 企业应该争取了解顾客保留和流失的原因，并采取相应的行动。

7. 在详细的盈利分析基础上，企业必须拒绝某些顾客。

8. 客户关系管理是识别新顾客和维系顾客长期关系的过程。

9. 顾客忠诚计划是客户关系管理系统的核心。

战略营销的基本洞察

在本书第一部分的第 1 章中,我们介绍了营销的两个概念,这也是本书的基础——营销作为一种理念,以及四大营销原则和六大营销要务。第 1 章还展示了顾客价值和股东价值之间的关系。第 2 章则专注于顾客对于企业的价值(顾客终身价值),并讨论了将这种价值最大化的多种方法。

本书的第二部分是战略营销的基本洞察,包括从第 3 章到第 6 章共 4 章。我们将重点放在有效营销决策时所必需的数据、知识和洞察上。**数据**是关于特定主题的事实,例如顾客的人口统计学特征和购买行为数据。**知识**是企业从整合数据中所得到的信息,例如顾客画像。**洞察**来自知识的进一步整合,它为行动提供建议,例如把顾客画像和研发项目联系起来。企业需要数据和知识,但更应该追求洞察。

为制定有效的营销战略,企业必须具备如下几个方面的洞察——市场(Market)、顾客(Customers)、竞争者(Competitor)、企业自身(Company)和互补者(Complementer),我们把这些叫作 M4Cs。

·**市场**。良好的市场洞察可以帮助企业确定目标市场,企业必须了解市场需求、现在市场的参与者和他们所面临的压力,以及这些因素如何随着时间而变化。我们将在第 3 章详细讨论市场洞察。

·**顾客**。企业提供产品和服务以满足顾客需求。企业必须能识别顾客,洞察顾客需求并且了解顾客做出购买决策的过程。我们将在第 4 章详细讨论顾客洞察。

·**竞争者、企业自身和互补者**。企业和它的竞争对手都在吸引和保留相似的顾客群。企业需要学会竞争者洞察并深入了解自己公司的能力,才能做出正确的决策以赢得市场。我们还将讨论企业的互补者——能够帮助企业实现目标的组织。我们将在第 5 章详细讨论竞争者、企业自身和互补者洞察。

在第二部分的第 6 章,我们还将讨论如何通过市场调研获得以上这些洞察。

第3章

市场洞察

━━━━ 学习目标 ━━━━

学习完本章后，你应当能够：

· 分析和了解市场结构

· 理解企业将产品推向市场的多种方式，尤其要区分产品类别、产品形态、生产线和产品项目

· 运用生命周期框架预测市场和产品的演变

· 总结对企业造成压力的行业力量

· 识别影响企业和行业的主要环境因素

开篇案例 阿里巴巴

　　1999 年，35 岁的马云在杭州创立了阿里巴巴。在此之前，马云的教育和职业生涯看起来并不顺利：1982—1984 年连续三年参加高考，才终于在 1984 年考上了杭州师范学院；1988 年大学毕业之后被分配到杭州电子工业学院（现杭州电子科技大学）担任大学老师，教授英文和国际贸易；1992 年马云成立海博翻译社，并受来自西雅图的外教比尔的影响知道了互联网；1995 年马云第一次去美国访问之后，回国就毅然决定辞职并创办中国第一家互联网商业公司"中国黄页"；1997 年马云卖掉中国黄页，和他的团队在北京开发了外经贸部官方网站、网上中国商品交易市场、网上中国技术出口交易会、中国招商、网上广交会和中国外经贸等一系列网站。

　　1999 年 4 月 15 日，阿里巴巴网站正式上线。2003 年，淘宝网成立，开始与当时的全球巨头 eBay 抢夺中国 C2C 市场。2004 年年底，第三方网上支付平台支付宝上线。2007 年，阿里巴巴的 B2B 业务独立拆分在香港上市。2014 年 9 月 19 日，阿里巴巴集团于纽约证券交易所正式挂牌上市。IPO（首次公开募股）首日市值高达2314 亿美元。到 2020 年 4 月，阿里巴巴市值已上升至近 6000 亿美元，在全球所有上市公司里市值排名第 6，仅次于沙特阿美、微软、苹果、亚马逊和谷歌。但 2023

年6月，其市值回落到2218亿美元。

支撑阿里巴巴过去20多年里奇迹般快速成长的根本原因是什么？马云说：阿里巴巴能够发展到今天，离不开其从1999年开始就定下的使命——"让天下没有难做的生意"。阿里巴巴从成立之初就立志为全世界中小企业提供B2B电商交易平台。而在进入C2C行业之后，能够让阿里巴巴超出竞争对手的，同样是其对这一使命的执着：淘宝不收商家交易费，支付宝解决商家和消费者之间的信任问题，天猫让每个企业都可以开设B2C商店，通过菜鸟物流解决配送问题……

但随着互联网的发展，无论是平台还是商家都呈现出竞争白热化的趋势。除了淘宝、天猫、京东，新崛起的还有抖音和拼多多，流量成为最稀缺的资源，淘宝和天猫的生意已经越来越难做。2023年年初，阿里巴巴启动了集团史上最大规模的组织架构变革，该集团也迎来了自马云2019年9月10日卸任以来，最大的一次人事变动。马云认为淘天集团当前面临的竞争局势十分严峻，淘天集团应该回归淘宝、回归用户、回归互联网。尤其是2023年经济下行的趋势下，阿里电商应该"回归淘宝"，淘宝将重回阿里电商板块中的C位，成为对抗抖音、快手、拼多多的主力。淘宝也将更多的资源用于支持中小商家，同时致力于帮助头部商家，让他们的生意"不难做"。

案例问题

马云和阿里巴巴前期取得成功有哪些原因？2023年市值的回落有哪些原因？

界定市场并不是件容易的事。如果市场界定得过于狭隘，企业就可能被竞争对手攻其不备。如果市场界定得过于宽泛，企业就不能有效地分配资源。企业还必须了解市场的变化趋势和主导这一过程的原因。由于大部分原因来自于企业外部，关注客户和竞争对手的外部导向型企业通常会比内部导向型企业能更好地理解其市场。

图3.1显示了**市场洞察**的四个重要方面，它们为了解市场提供了不同视角，是企业开发市场战略的基础，能帮助企业预测市场变化和识别新的机会：

·**市场结构**。我们将对市场进行定义，阐明有效的市场区分可以帮助企业识别机会并获得竞争优势，了解不同产品类别和产品形态如何满足顾客的需求，并探索市场规模的影响因素。

要点

市场洞察包括四个方面：市场结构、市场和产品演变、行业力量和环境因素。

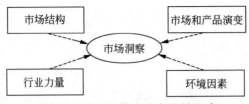

图3.1 市场洞察的四大关键因素

· **市场和产品演变**。市场随着时间不断变化。有些市场的演变趋势是可以预测的，像老年医疗保健市场，从人口统计资料的年龄分布很容易就可以知道。有些市场的演变趋势是无法预料的，如2020年新冠疫情带来的对呼吸机等医疗用品的需求就无法提前预测。产品也会随着时间演变，因为顾客的需求会变得更加精细并且有竞争者在争相为他们服务。科技的发展也会推动市场演变。我们将用一个生命周期框架来说明市场和产品如何演变。

· **行业力量**。行业力量包括各种竞争和供应链的压力。我们用波特五力模型（Porter's Five Forces）来识别五种直接影响企业的行业力量。

· **环境因素**。环境因素影响着企业和行业内的其他参与者。我们使用PESTLE框架进行分析——政治因素（Political）、经济因素（Economic）、社会文化因素（Sociocultural）、技术因素（Technological）、法律监管因素（Legal/Regulatory）和物理环境因素（Environmental）。

当企业寻求上述四个方面的市场洞察时，须记住以下两点：

· **当前状态**。企业必须了解当前的市场。例如：企业今天面临哪些竞争对手？

· **趋势**。企业还必须识别发展的趋势。例如：在两年时间里企业可能会面对哪些新的竞争对手？人口变化将如何影响市场？

良好的市场洞察力可以让企业保持领先并提供重要的差异化竞争优势。例如，2001年"9·11"事件后，美国铝业公司预测到客机驾驶室门安全保障的重大需求而赢得了客机驾驶室门改装市场的绝对份额。

3.1 市场结构

我们将用三个独立的概念来描述市场结构：市场、市场上的产品、企业的产品。我们还将讨论影响市场规模的因素。

3.1.1 市场

市场由顾客——需要产品或服务来满足他们需求的个人和组织构成。通常，有很多供应品在满足这些需求。当然，市场上的顾客必须拥有足够的购买力——还有兴趣——来购买企业所提供的东西。

市场的概念是不固定的，我们可以从不同的层面去认识它。运输市场是将人和物从甲地转移到乙地来满足顾客的基本需要。相应地，运输市场包括几个更狭义的市场：地面运输、空中运输和水上运输。更狭义一些，地面运输可以分为汽车市场、火车市场等。汽车市场又可以分为更狭义的小汽车或者公共汽车（巴士），甚至还可以更狭窄，例如小汽车又可以分为汽油汽车、油电混合动力汽车、电动汽车。

在界定一个市场时，开始最好广泛些，必要时才进行聚焦。一开始把市场界定得广泛一些可以确保不会产生**营销短视症（Marketing Myopia）**——企业对市场界定过于狭隘而导致的风险。例如，可口可乐在中国饮料市场的主要竞争对手是谁？如果你认为是百事可乐的话，那你就错了，它在中国最大的竞争对手可能是王老吉凉茶。广泛地界定市场使企业可以在更大范围内寻找机会。

为了避免营销短视症，我们接下来讨论三个相关的词：需要、欲望、需求。需要（Needs）是人心理或者生理上的一种被剥夺感，因此人们需要一些东西来弥补自己的被剥夺感；欲望（Wants）是满足需要的一种具体产品或服务形式；而需求（Demands）则是给定某一种产品或服务的具体价格之后，会有多少顾客愿意花钱购买你的产品或服务。

根据著名心理学家马斯洛的需求层次（Hierarchy of Needs）理论，人类最基本的需求是生理需求（例如温饱）和安全需求，人类最高级的需求则是自我实现。由此可见，需求并不一定是基本的。因此，"需要"和"欲望"之间的差别并非基本与非基本之间的差别，而是抽象和具体之间的差别："需要"是抽象的，而"欲望"是具体的。

企业能否深刻地理解"需要""欲望"和"需求"这三个词的不同，关系非常重大。很多企业就因为不能够真正深刻地去理解顾客的"需要"，而犯下了一个致命的错误，这种问题被哈佛商学院的西奥多·莱维特（Theodore Levitt）教授称作营销短视症。莱维特教授提到，顾客买一个能够在墙上打孔的电钻，其实不是为了这个电钻，而是为了得到墙上的那个"孔"。如果看不到这一点，企业就犯下了营销短视症。而营销短视症的代价可能非常之大，甚至会导致整个行业的衰败。

例如，自1804年英国矿山技师德里维希克利用瓦特的蒸汽机造出了世界上第一台蒸汽机车之后，火车和铁路就成为现代最重要的交通工具。在美国，19世纪也成为铁路的世纪，自1828年开始兴建铁路到1929年，美国成为全世界铁路网最发达的国家，铁路里程高达70万公里。在此过程中，美国也诞生了著名的铁路大王科尼利尔斯·范德比尔特（Cornelius Vanderbilt）。范德比尔特的财富在其过世时占到当时美元流通总量的1/9，十分惊人。

然而，随着汽车和飞机的发明和兴起，20世纪50年代之后，美国铁路业就陷入了衰败。为什么？莱维特教授在文中作出了这样的评论："尽管需求在增长，铁路却陷入了困境。并非其他运输业——汽车、卡车、飞机夺走了顾客，而是铁路自己没有去满足需求。其他运输业之所以抢走铁路的生意，是因为铁路行业自以为是铁路行业，而不是运输行业。铁路这样错误地看自己是因为它们注重铁路而不是运输，注重产品而不是顾客。"

营销短视症是企业非常容易犯下的一种致命错误，这种错误的代价非常之大，甚至很多著名企业因此而走上没落或破产之路。

作为全球商业历史上曾经最著名的品牌之一，柯达就因为犯了营销短视症这个致命错误而没落了。柯达一度是全球顶级品牌之一，在辉煌时期，柯达曾占有全球2/3的胶卷市场，拥有员工8.6万人，其特约经营店遍布全球各地。20世纪八九十年代，在中国大街小巷到处都能够看到柯达的金黄色招牌。

那么，柯达究竟为什么失败？大多数人把柯达的失败归结于它在胶卷时代的成功没有转化成数码相机时代的成功，即认为柯达的失败是因为胶卷被新的数码相机技术淘汰了。事实上，这么说对柯达并不公平。柯达不仅是胶卷技术的领先者，同时也是数码相机技术在全世界的领先者。

早在1975年，柯达就推出全世界第一个数码相机技术，但是柯达的高层管理者在相当长一段时间里都没有意识到数码相机技术的重要性。为什么？原因很简单，当时他们脑袋里都在打着这么一个简单的小算盘，那就是：到底卖什么更挣钱？是数码相机，还是胶卷？

案 例 思 考

柯达曾经是全球领先的胶卷生产商，却为什么会这样？假设你是柯达公司20世纪90年代的高级主管，你会采取什么行动？

答案很明显，每个星期顾客都需要买胶卷，它是一个易耗品，需要重复购买。而数码相机呢？买一次也许就可以持续两三年。所以当时的柯达基于这样的一个判断，觉得卖数码相机不如卖胶卷挣钱，因此战略上并不重视数码相机技术。也正因为如此，在数码相机、智能手机和社交媒体时代到来后，柯达已经来不及转型了。2012年1月19日，柯达这个拥有131年历史、市值曾经高达几百亿美元的著名企业申请破产保护，走上没落之路。

正是柯达的高层管理者对顾客需求缺乏深刻理解，才导致了后来的失败。顾客不是为了买胶卷而买胶卷。那么，买胶卷所满足的顾客需求到底是什么呢？是留住美好的记忆瞬间。今天，在社交媒体朋友圈分享照片和几十年前用胶卷打印照片本质上都是满足这样一种顾客需求。任何一种新产品，只要能够达到相同的目的，而且能够比现有产品更好地满足顾客需求，顾客都可能转向这种新产品。

3.1.2 市场上的产品

企业和它的竞争者都向市场提供产品（注意这里的"产品"概念指企业用于销售的任何供应物，包括物质产品和服务）。对产品进行以下四个层级分类可以帮助企业识别机会或发现新兴竞争者：**产品类别、产品形态、产品线和产品项目**。一个很好的例子是宝洁公司在21世纪早期以牙齿美白贴片进入牙齿美白市场。市场上消费者的选择有牙膏、漂白剂、牙胶和专业牙科治疗。因为聚焦顾客对便利、易用、安全和经济的需求，宝洁公司以一个新的产品形态在一个看似成熟的市场上迅速使销售额达到每年5000万美元。

> **要点**
>
> 在一个市场上，一种有用的产品分类方式是：产品类别、产品形态、产品线、产品项目。

·**产品类别**（Product Class）。任何市场都会有多个产品类别来满足顾客的需求。例如，戏剧、现场音乐、电视、家庭影院和剧院电影这些不同的产品类别都可以满足消费者的娱乐需求。每一个产品类别提供了独特的顾客利益。

·**产品形态**（Product Form）。几种产品形态构成一个产品类别。喜剧、科幻剧、浪漫剧、动作/冒险剧和恐怖剧是剧院电影产品类别的各种产品形态。一般来说，一种产品形态内的产品彼此之间要比与其他产品形态内的产品更为相似。例如，喜剧电影和科幻电影的相似度比喜剧电影与话剧的相似度更高。因此，产品形态内的竞争要比产品类别内的竞争更为激烈。对每一种产品形态，通常都有几个企业在提供产品。

产品类别和产品形态为洞察市场提供了一个很有用的框架，但事情并不总是那么简单。竞争的变化和科技的发展常常会模糊产品类别和产品形态之间的界限。在娱乐市场，奈飞（Netflix）因引入网上 DVD 订购和送货到家而改变了电影租赁市场，流媒体视频则导致了另一个市场巨变。几年前，在线教育平台如 Coursera 和 edX 主要通过慕课（MOOC）为社会大众提供非学位教育，传统大学则主要提供线下学位教育。今天，两者开始融合，在线教育平台如 Coursera 和 edX 也开始提供学位教育，而传统大学也开始提供线上课程。

3.1.3　企业的产品

产品类别和产品形态包括了来自所有竞争对手的产品。某企业可能在多个产品类别都有提供产品，另一家企业则可能只专营一个或两个产品形态。IBM 公司提供信息系统产品类别下的多种产品形态，但宏碁（Acer）只提供个人电脑（IBM 则不再销售个人电脑）。对于单个企业而言，我们更常用产品线和产品项目概念。

·**产品线**（Product Line）。单个企业提供的一组相关的产品。

·**产品项目**（Product Item）。产品线下的一个子集。一个产品项目具有唯一的标识，比如有一个特定的尺寸和颜色。

3.1.4　市场规模的影响因素

当前和潜在的市场规模是评估企业机会的重要数据。企业应该知道现有和潜在顾客的数量以及他们的购买力。进行这些判断时应该考虑人口规模、人口结构、地理人口流动、收入和收入分配，以及年龄分布。

要点

影响市场规模大小的关键变量包括人口规模、人口结构、地理人口流动、收入和收入分配，以及年龄分布。

人口规模

今天的世界人口接近 70 亿人。以每天增加 20 万人计算，到 2030 年将达到 80 亿人。各国的人口分布不均匀——高至中国和印度的 14 亿人，美国则以 3.3 亿人口排名世界第三，低至瑙鲁的 1.3 万人、图瓦卢的 1.1 人和梵蒂冈的 618 人。

不同国家间的人口增长率也显著不同。在许多发达国家，年增长率低于 1%，有的甚至是负增长，这样的增长率不能维持现有人口规模。主要原因是发达国家提升了女性的教育机会和工作机会，以及生育控制变得更加方便。相反，在很多欠发达国家，特别是在拉丁美洲，人口的年增长率远远超过了 2%。

人口结构

在许多发达国家，移民使人口结构发生了变化。世界上的 2 亿名移民中，美国以 3500 万名移民领先。其他拥有大量移民人口的国家有：俄罗斯（1300 万名），德国和乌克兰（各约 700 万名），法国、印度和加拿大（各约 600 万名），沙特阿拉伯（500 万名）。大多数移民，无论是合法还是非法，都是由欠发达国家迁移到较发达国家。通常，输出国和接收国在地理上接近，如墨西哥和美国，土耳其和德国。欧盟（EU）的成立增加了人口流动，而在中东国家的亚洲劳动力数量正持续飞速增长。例如，阿联酋的外来劳工主要来自印度、巴基斯坦、孟加拉国和菲律宾。外来劳工通过劳务费汇寄的方式给本国经济带来重大影响。

地理人口流动

一般来说，随着国民收入的增长，人们会离开农村地区到城市地区去生活。然后，城市变得拥挤不堪——墨西哥城、孟买、圣保罗和中国的北上广深都是这样的例子。中国的预测数据显示，到 2050 年，将有 5 亿人口从农村涌向城市地区。在发达国家，近年来的趋势是城市远郊的增长——回归农村。人们渴望不拥挤和慢节奏的生活方式，信息技术的发展使这一趋势正在实现。

营销问题

什么行业和企业受人口流动影响？

收入和收入分配

多年来，美国一直是世界上人均收入最高的国家，但现如今卡塔尔、卢森堡、新加坡、挪威和阿联酋都已经超越了美国。还有一些国家正紧随其后，但大多数还远远没有那么富裕。在许多贫穷国家，少数精英们占据着国家的大部分财富。

人口、收入和收入分配影响着许多市场的规模大小。经济发展和人口变化使机会正在从传统市场转移到新兴市场。特别重要的新兴市场为金砖四国（BRIC）：巴西、俄罗斯、印度、中国，印度尼西亚也因其人口总数排名全球第四（2.7 亿人）而日益重要。国际化企业巨头如苹果、微软、可口可乐、耐克、宝洁等正利用它们的国际化来挖掘新兴市场的潜力。此外，新兴市场国家的国际化企业也在崛起，如巴西航空工业公司（Embraer）、中国的华为、印度的塔塔（Tata）等。

营销思考

一份人口、收入和收入分配的报告如何能帮助百事可乐在发展中国家打败可口可乐？

年龄分布

表 3.1 显示有代表性的发达国家和发展中国家的年龄中值（Median Age）都在增加，主要原因是出生率下降、家庭规模下降以及平均寿命的增加。这些变

表 3.1　所选国家的人口年龄中位数

国家	年龄中位数（2000年）	预计年龄中位数（2040年）
日本	41.3	54.2
西班牙	37.4	52.3
澳大利亚	35.2	43.3
美国	35.2	39.0
中国	30.0	44.1
巴西	25.4	38.8
印度尼西亚	24.6	37.4
墨西哥	22.9	38.7
尼日尔	15.1	17.8

化对 B2C 企业的营销有着巨大影响。在发达国家，15 ～ 64 岁的劳动力人群减少，0 ～ 14 岁以及 65 岁以上的非劳动力人群的增加会改变经济形态和市场结构。例如，在发达国家，退休年龄的消费者更活跃，他们具有更多的可支配收入，他们是更高端的买家——游轮和辅助生活设施是正在成长的市场。相比之下，中值年龄在二十几岁的国家如墨西哥、巴西和印度尼西亚，为可口可乐、百事可乐、麦当劳、肯德基等产品吸引较为年轻人群的企业提供了机会。

其他影响市场规模的重要因素还包括结婚、结婚年龄、离婚、再婚、同性恋婚姻、家庭规模、生育、婴儿和成人死亡率以及劳动力组成等。这些变量经常可以帮助企业做出良好的市场规模预测。例如，出生率和婴儿死亡率会影响尿布和婴儿汽车座椅这类产品的需求。

评估和预测市场规模及公司销售额的方法将会在第 6 章讨论。

3.2　市场和产品演变

生命周期是描述市场和产品、产品种类、产品形态、产品线以及产品项目演变的最常见工具。图 3.2 显示了一个描绘销售轨迹的典型 S 形曲线。了解生命周期现象有助于企业预测未来的市场情况和发展稳固的市场战略。通常，我们把生命周期划分成五个时期或阶段：引入期、成长初期、成长后期、成熟期和衰退期。

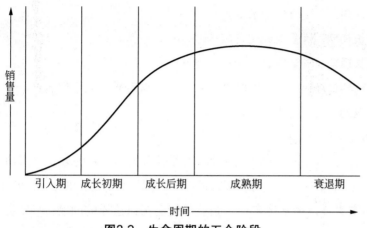

图3.2 生命周期的五个阶段

3.2.1 生命周期家谱

我们所讨论的市场、产品类别、产品形态、产品线和产品项目都有生命周期。根据其持续时间和需求，这几种生命周期有如下区别：

·市场生命周期持续时间最长，一般来说，企业对市场生命周期影响不大。

·产品类别生命周期和产品形态生命周期都比市场生命周期短，理解这两种生命周期有助于制定市场战略。

·产品线生命周期和产品项目生命周期对产品和品牌经理非常重要，因为它们将对产品线和单个产品的绩效产生重要影响。企业行动对这两种生命周期的影响也最大；它们比其他的生命周期短，并且有许多不同的形态。但因为它们不能为深入了解竞争对手提供洞察，所以对于描绘战略蓝图的帮助并不大。

3.2.2 产品形态生命周期

企业可以通过考察产品形态来深入了解市场和产品的演变。虽然产品类别间彼此竞争，但产品形态内部及产品形态之间的竞争通常更为激烈。例如，各品牌的笔记本电脑竞争激烈，但它们的台式电脑也在相互竞争。虽然实际的产品形态生命周期曲线的形状常常偏离图3.2的理想形状，但生命周期阶段从一个阶段到另一个阶段却是非常一致的。因此，产品形态生命周期可以提供重要的战略洞察。

如图3.2所示，我们通常将产品形态生命周期划分为五个阶段：

- **引入期**：一开始销量很低。
- **成长初期**：销量以加速度增长。
- **成长后期**：销量增长，但速率下降。
- **成熟期**：销量与GDP（国内生产总值）以同样的速率增长。
- **衰退期**：销量最终下滑。

阶段1：引入期

产品引入通常经过了多年的研发，并以市场引领者的方式进入市场。本田在1999年推出第一部油电混合动力汽车，但其研发始于20世纪70年代中期。引入期的主要特征是不确定性。企业可能会探讨这样的问题：产品会表现出色吗？什么是最佳的技术？我们的目标应该定位于哪部分市场？什么是最理想的市场策略？客户需求是充分的吗？客户要求哪些具体的利益？哪些竞争者将进入市场，什么时候？哪些资源是必要的？我们成功的机会多大？例如，人类的植入式身份证芯片产品目前就处于引入期。

在引入期，企业为争取有利可图的销量而拼命奋斗。通常情况下，企业提供一个单一的产品设计，价格可能无法覆盖单位总成本。企业期望单位成本会随着销售的逐渐增长而下降，最终可以盈利。引入期需要投入巨大的沟通和培训成本。企业通常用广告和/或销售代表向顾客和经销商展示产品的价值。但是生产问题、产品失败和/或无法扩大生产力则可能造成延误。有时第一版本的产品质量低以及性能很差，但它可能蕴含重要的突破。苹果的iPhone智能手机和iPad平板电脑现在广泛流行，它们的成功是建立在失败的先驱——苹果牛顿（Apple Newton）掌上电脑之上的。苹果牛顿是第一款掌上电脑，于1993年推出，1998年被迫停产。引入期可能持续很多年，但激烈的竞争、全球对创新的需求以及客户愿意尝试新产品正在使得这一阶段缩短。

要 点

引入期可能持续多年，主要特征是不确定性。

阶段2：成长初期

许多产品都无法进入这个阶段，但幸存产品的销售收入在这个阶段以加速度增长。电动汽车现在正处于成长初期，智能手机则正从成长初期转移到成长后期。不断增长的销售收入和高利润吸引了其他供应商，它们往往带来生产力、资源和迅速增长的忠实客户群。当竞争者为市场地位而战时，新的销售渠道被打开，而促销费用也持续高涨。以前，广告和促销强调产生初始需求，如"购买电动汽车"。现在的重点转移到以顾客感知、产品功能和顾客体验为基础的差异化和选择性需求，如"购买特斯拉 Model 3 国产长续航版"。

在成长初期，虽然企业的销售能够增加，但如果竞争对手增长更快的话，企业的市场份额就会减少。因此，企业须提高生产效率和营销效率，价格成为竞争的武器。许多企业致力于提高销量和降低成本。例如，为了提高市场份额，特斯拉 2020 年 5 月宣布把国产 Model 3 的价格下调到 30 万元人民币以下，并且随着国产化带来的成本降低，特斯拉还有进一步降低价格的空间。

要点

在成长初期，企业须提高生产效率和营销效率，价格成为竞争的武器。

阶段 3：成长后期

到成长后期时，曾经影响引入期的不确定性问题已经基本解决。销售继续增长，但增长速度减慢。强劲的竞争对手开始用强硬的措施来保持其增长率——迫使弱势的进入者退出。顾客对产品的体验导致顾客需求更加细化并带来新的细分市场机会。企业通过引入新设计或改进设计及包装变化进行产品差异化。虽然此时的分销渠道已经发展成熟，但渠道对品牌和产品项目更加挑剔。价格是一个主要的竞争武器，挤压着分销商的边际利润。购物条件如信贷、担保和保修服务等变得对顾客更有利。

要点

在成长后期，顾客对产品的体验导致顾客需求更加细化并带来新的细分市场机会。

阶段 4：成熟期

销量增长缓慢或销量毫无变化是成熟期的特征。销量基本由重复购买和忠实顾客创造，如大多数日用品如洗涤剂、厨房电器已经进入成熟期。不同行业的竞争情况差异很大，企业必须有深邃的市场洞察力。有些市场很集中，有些市场很分散：

· **集聚的市场**（Concentrated Markets）：经济学家使用术语"寡头垄断"来描述集聚的市场。几个主要供应商一起垄断了大部分的销量，并存在少量的利基市场参与者。在集聚的市场，领先企业往往享受着进入壁垒如规模经济、品牌偏好和/或分销渠道优势，领先企业的市场地位往往往持续很多年，如大型计算机领域的 IBM，航空发动机领域的 GE，以及剃须产品领域的吉列。在成熟期，许多企业追求产品的差异化，但竞争对手会很快提供相同的产品从而导致一些问题。越来越多的公司采用增值服务、包装、分销、品牌策划与推广等策略。它们简化运营和分销以降低成本，定价也常常很有竞争力。当领先企业未能开发新产品且生产成本也未能降低时，它们将陷入困境。

· **分散的市场**（Fragmented Markets）。在分散的市场，没有哪一家企业拥有非常

要点

销量增长缓慢或销量毫无变化是成熟期的特征。销量基本由重复购买和忠实顾客创造。

大的市场份额。分散的市场之所以存在，通常是因为下面这些因素或者其组合：低进入壁垒、高退出壁垒、法规、多样化的市场需求以及高运输成本。例如牙科、教育等个人服务市场。在中国，啤酒市场就是一个分散的全国市场，各地都有当地的啤酒品牌。

阶段5：衰退期

成熟期可能会持续很多年，但最终销售还是会下降。有些下降缓慢如电话，有些则可能急转直下如胶卷相机、非智能手机。当衰退非常快时，过剩的产能往往导致激烈的价格竞争。成本管理成为当务之急——企业需要削减产品线和减少库存以及降低营销费用。弱小竞争者的退出可能让大企业销售额暂时上升。企业常常通过提价来抵消成本，但销售的进一步下滑导致恶性循环。此时的营销努力应该针对剩下的顾客。当企业具有良好的成本管理能力和拥有一批价格不敏感的忠诚顾客时，其盈利空间还是非常可观的。

有时衰退期的产品还会重生。在发达国家，自行车作为一种运输工具早已不再重要，但作为娱乐消遣之用后重获新生。

总之，产品形态生命周期是一个很有用的框架，但下面两点很重要：

·**生命周期的形状**。某产品具体的销售轨迹取决于潜在客户的需求、产品质量及稳定性、所有参与企业的资源投入承诺。总的来说，生命周期正在缩短。

·**利润曲线**。利润曲线不同于销售曲线。平均来说，成长初期的边际利润率最大——在成长后期和成熟期下降。毛利润可能在周期的后面更高些——边际利润率较低，但销量较高。

3.3 行业力量

图3.3是迈克尔·波特的**五力模型**，营销专业人员常用该模型来识别企业所面临的行业力量：现有的直接竞争者、新直接进入者、间接竞争者、供应商及购买者。有一些力量会影响企业，但有一些可能会影响整个行业，如燃

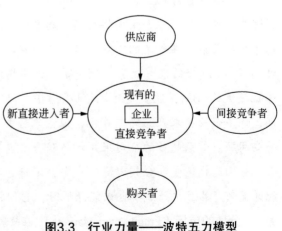

图3.3 行业力量——波特五力模型

料价格对于航空业产生影响。较强的行业力量可能会产生很多无利可盈或盈利甚微的市场参与者，如航空业和全球造纸工业。企业必须对这些力量以及它们的影响有足够的了解。

3.3.1　现有的直接竞争者

企业现有的直接竞争者通过相似的产品、技术和／或商业模式为顾客提供相似的利益。现有的直接竞争者形成竞争现状，是参与者之间一直存在的对抗。在汽车行业，通用汽车、丰田、福特已直接竞争了几十年；在美国银行业，美国银行、花旗银行和摩根大通也一直长期竞争；索尼、松下、三星和飞利浦在电子产品上竞争；波音和空客是在大型客机上竞争。通常情况下，竞争企业间的高层经理们对竞争对手了如指掌。他们观察竞争对手的行为和表现、成功与失败。他们了解竞争对手的优势和弱点以及可能的战略举措，有的甚至还在竞争对手那儿工作过。

现有的直接竞争者可能是传统的，或者通过并购、资产剥离、合并、杠杆收购产生的，它们不断改变着企业的环境。

·**传统的直接竞争者**。他们根据既定的游戏规则而竞争。在成熟市场，很少企业能短时间内赢得优势；较好的市场位置通常是源于长期不断的努力。全球化和产业集聚影响了许多市场的直接竞争。合并导致全球性寡头垄断，几个企业瓜分了大部分的市场份额。在大型客机方面，只剩下波音和空客；在轮胎方面，米其林、普利司通和固特异三家企业在全球市场的份额超过80%。

·**收购和资产剥离**。假设你的一个竞争对手或外部企业收购了另一竞争对手（一家独立企业或剥离出来的企业），这时你的竞争对手已经发生变化，它的目标、战略、行动计划还有可利用的资源很有可能都不一样了。

·**合并**。合并指两家企业以平等的伙伴关系结合成一个更强大的企业。通过取长补短，新的实体往往是一个更强大的竞争对手，其能力超过了合并前的任一企业。例如，大通银行与摩根合并，然后再与芝加哥第一银行合并，称为摩根大通银行，成为美国银行和花旗银行强劲的竞争对手。政府可能会鼓励合并以提高行业绩效。例如，美国政府鼓励银行合并；在中国，在政府的推动下，南车集团和北车集团就合并成为中车集团。

·**私募股权收购**。有时企业会梳理它们的投资组合和分拆一些业务单元；通

要点

企业面临的现有直接竞争者来源于：
·传统的直接竞争者
·收购和资产剥离
·合并
·私募股权收购

常情况下，作为独立的代价，私募股权收购要承担沉重的债务。缺少了企业的资源，"独立"的单元可能需要奋力挣扎，但它也可以专心于减少债务并成为一个更灵活的和强劲的竞争者。

3.3.2　新直接进入者

新直接进入者的产品或服务与企业是类似的，但以前它们不是直接竞争对手。例如，在 20 世纪七八十年代，任天堂（Nintendo）和世嘉（Sega）主导着电子游戏市场，索尼的 PS 游戏机和微软的 Xbox 是新直接进入者。又如，在 2000—2010 年，诺基亚、摩托罗拉、黑莓主导着手机市场，苹果的 iPhone 和谷歌的安卓智能手机系统则是新进入者。进入壁垒显著影响着新企业进入市场，但是它们也可能从很多其他渠道出现：

· **企业员工**。在一些行业中，企业的员工离职会带来重大的竞争威胁。当企业的主要资产是智力资本时，来源于员工的潜在竞争压力最大，例如在 IT（信息技术）、金融服务、广告、咨询等行业。仙童半导体公司（Fairchild Semiconductor）的几位前雇员创办了英特尔（Intel），结果英特尔后来成为全球最大的芯片公司。2011 年，曾在思科旗下的 WebEx 视频会议软件公司任职的袁征离职创业成立 Zoom 公司，现在 Zoom 已经成为全球视频会议软件巨头，2020 年 5 月市值高达 500 亿美元。因此，当公司的主要资产是员工时，留住他们至关重要。

· **地理扩张**。新的直接进入者往往是来自其他地区资金雄厚的盈利企业。它们有雄厚的实力和成本优势，但可能缺乏当地市场的洞察及客户关系。它们可能运用卓越的成本优势来支持低价格策略，积极寻求市场份额。星巴克的大幅扩张就造成了全美国大多数个体咖啡店的倒闭。许多亚洲企业进入美国和欧洲市场，也造成了毁灭性影响，如索尼、松下、三星的消费电子产品，佳能的高速复印机，丰田和本田的汽车，三星手机，以及海尔的家电。

· **新销售渠道**。开发新的分销渠道的企业可能对传统企业构成重大挑战。亚马逊通过互联网与传统企业竞争，而金字塔式的直销队伍如日用消费品中的安利就是传统化妆品公司强硬的竞争对手。雅芳在传统上门推销的雅芳小姐基础上还增加了百货商店分销，从而在化妆品市场中更有竞争力。

· **创业者**。创业者不受现状约束，灵活性能使它成为一个强有力的竞争对手。相比之下，其他企业可能拥有旧设备、技术和工序，以及以它们的旧方式建立或设置的机构和人事部门。

· **战略联盟**。有时企业不想承担进入新市场的风险和成本，它们可能缺乏重要的资产如资本、技能、技术或市场准入。当两家公司集聚资源，战略联盟会比两个企业分开时的任何一个都强。例如，法国雷诺汽车和日本日产汽车就建立了雷诺—日产战略联盟，美国克莱斯勒汽车也和意大利菲亚特汽车建立了菲亚特—克莱斯勒战略联盟（后来菲亚特正式收购了克莱斯勒）。

3.3.3 间接竞争者

间接竞争者为顾客提供与企业相类似的利益，不过是以一种完全不同的方式提供的。这些功能性替代品经常以不同的产品形态或产品类别出现。间接竞争者通常以不同的分销方法、供应商、技术或商业模式来重新界定行业。奈飞的顾客每月支付一定的费用来获取他们喜欢的电影或流媒体视频。Redbox 的顾客则以每晚 1 美元的价格从超市、药店或快餐店旁边的自动售货机买到喜欢的 DVD。更广泛地说，它们又都与电影院、有线电视、体育赛事以及其他的娱乐形式在竞争。

间接竞争者的攻击常常来自不同的行业部门，企业有时会忽略它们。国际纸业公司（International Paper，IP）纸杯的市场份额有所上升，销售量却下降了，因为塑料代替了纸。有时法规会禁止间接竞争者之间进行直接竞争。多年来，美国商业银行不能提供货币基金和共同基金去跟基金业巨头如富达（Fidelity）和先锋（Vanguard）竞争，但现有法律已删除了这一限制，银行业和基金业可以混业经营。

3.3.4 供应商

供应商提供了企业的生产要素。当供应商对企业非常重要——如供应一种关键产品，供应了企业的大部分进货，或供应了一个对企业的顾客来说非常有吸引力的品牌——那么企业潜在的压力就增加了，极端压力下甚至可能导致企业破产。只提供商务舱的 MAXJet 公司和 SilverJet 公司都由于油价上涨而破产。个人电脑买家重视英特尔品牌，PC 制造商就感受到来自英特尔的压力。当供应商是垄断企业时压力是最大的，如本地电话公司、政府服务和铁路运输。供应商的压力可能导致价格上涨，而企业仍然不得不接受差劲的服务和/或延迟交付。有时，多个供应商组成一个卡特尔联盟，例如石油供应商的欧佩克联盟（OPEC）和戴比尔斯钻石联盟（De Beers），它们可能控制供应量和价格。

当然，一个供应商最重要的任务是供应。供应商未能履行它的承诺会扰乱企业的运营。在21世纪早期，日产（Nissan）将其钢铁供应商基地从5个削减到2个——新日铁（Nippon Steel）和日本川铁（JFE）。2004年12月，当这两家钢铁供应商不能满足其需求时，日产只好关闭了部分工厂并削减了成千上万辆的汽车产量。现在很多企业将内部活动外包给第三方，供应商带来的竞争压力越来越大。但作为供应商第一要务是提供合格的原材料或零部件，比如全球汽车行业就由于点火开关故障以及安全气囊问题而受到严重的负面影响。

要 点

来自供应商和购买者最严重的威胁：
· 前向一体化
· 后向一体化

最严重的供应商威胁是**前向一体化**（Forward Integration）——通过从事企业当前的业务，企业的供应商变成了企业的直接竞争者。作为美国和欧洲企业的外包厂商，很多发展中国家的企业正在发展未来前向一体化的技能。例如，和福建的大多数鞋业制造商一样，丁世忠创办的安踏也是从贴牌制造起步，但安踏现在却已成为市值超过2500亿港元（2022年8月）的全球第三大运动鞋品牌，直接与全球巨头耐克和阿迪达斯竞争。又如，在羊绒行业，郭秀玲2004年创立了上海沙娟时装科技公司为Max Mara等国际奢侈品牌代工，但在2012年她结束了供应商角色开始从零创建了自己的Sand River羊绒品牌，目前已成为与国际品牌直接竞争的中国羊绒品牌。

3.3.5　购买者

购买者购买企业的产品。拥有为数众多小买家的企业不需面临购买者压力，但拥有少量大客户的企业可能面临来自买家的巨大压力。购买者压力通常随着其购买份额的增加而增加。当强大的客户要求价格折扣和昂贵的额外服务时，企业的利润空间就会收缩。戴比尔斯设定钻石的买入价，企业要么接受，不接受就拉倒（中止合作）。许多企业对沃尔玛的需求做出让步，领先汽车企业也从零部件供应商那里获得大的让步。来自买者的最严重的威胁是**后向一体化**（Backward Integration）——通过从事企业当前的业务，购买者变成了企业的直接竞争者。后向一体化的购买者带来的竞争尤其艰难，因为它们往往与终端客户有更好的关系。

3.4 环境因素

环境因素影响企业和其他的行业参与者。图 3.4 显示了这些 PESTLE 因素——政治因素、经济因素、社会文化因素、技术因素、法律监管因素、物理环境因素，以及这些因素与行业力量的关联。一些 PESTLE 因素会影响单个事业部，一些 PESTLE 因素如世界贸易组织（政治）、汇率波动（经济）和互联网（技术）影响着整个企业甚至行业。

要 点

企业受PESTLE环境因素的影响：政治因素、经济因素、社会文化因素、技术因素、法律监管因素和物理环境因素。

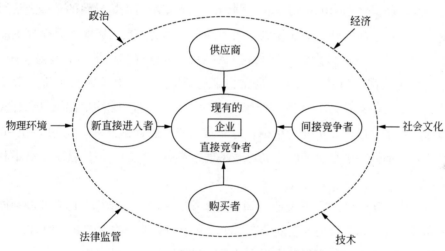

图3.4 PESTLE模型：作用于行业的环境因素

有远见的企业会根据环境变化趋势进行战略改变。特斯拉很早就看到了环保和新能源汽车这一未来趋势，并率先带头进行电动汽车的研发和生产。2019年，特斯拉 Model 3 在美国的销量已经远超同级别的奥迪 A4、奔驰 C 级和宝马 3 系；2020 年 3 月，特斯拉 Model 3 在中国的销量也已经开始超越同级别的奥迪、奔驰和宝马。类似地，看到 2020 年新冠疫情导致世界各国对口罩等医疗防护用品的大量需求，中国的电动汽车巨头比亚迪迅速转型成为世界口罩生产大王，单在 2020 年 4 月就和美国加州政府签署了一份超过 10 亿美元的订单。

3.4.1　政治

各国不同的政治制度和政治因素对商业环境有非常大的影响。一般情况下，政府通过财政和金融政策干预经济是为了达到政治目的，刺激投资，或通过创造一个公平竞争的环境来提高消费者福利。有些时候，政府机构也是大型的购买者，用于投资公共物品。

在很多西方国家，企业或贸易协会通过影响选举而影响政治活动，企业还通过雇用说客来影响立法和政策制定过程。

3.4.2　经济

经济环境会影响市场的需求。例如，2020 年新冠疫情导致的全球经济增速放缓，就让中国的外贸行业受到很大的冲击。而受到更大影响的是全球的航空业和旅游业，拉美最大的航空公司 LATAM、全球汽车租赁巨头赫兹（Hertz）等大量企业都申请破产保护。通常，高通货膨胀率、利率高且上涨、股价下跌、货币贬值被认定为经济不健康的指标。有一些经济指标的影响是双向的。高通货膨胀率通常是负面的指标，但非常低的负通货膨胀率，像 20 世纪 90 年代的日本那样，也是负面的。高储蓄率通常都是积极的，但储蓄率太高不利于消费。

人均 GDP、人均可支配收入通常是市场需求的良好指标，但企业必须同时考虑其在人口和人口规模上的分布。印度和中国的平均收入较低，但 GDP 增速很快，现在中国和印度都已成为全球重要的市场。

3.4.3　社会文化

文化是一个社会或群体独特的风俗、面貌和生活方式等。文化是个体早期在生活中学习到的，很大程度上受到来自家庭、学校和宗教机构的影响，并且文化规范不易改变。通常，人们不会注意到他们日常生活中的文化，但是与不同的文化比较就可以看出文化的价值。在一种文化中很正常的行为在另外一种文化中可能会显得很奇怪。例如，狗和猫在欧美和中国都是受欢迎的宠物，但是在中东国家，穆斯林家庭不能养狗，猫却非常受欢迎（猫在伊斯兰世界是纯洁的象征）。

营 销 思 考

崔巢熟食（Nestlé Prepared Foods）发现了几个社会文化趋势：双收入家庭的时间压力不断上升；烹饪技巧急剧下降；空巢家庭增多；人们越来越重视健康和希望减肥。你对崔巢有何建议？

文化群体（CULTURAL GROUPS）

一个文化团体可能居住于一个单一民族国家（如日本），居住于一个国家的某个地理区域（如摩门教徒主要集中在美国犹他州），或遍布世界各地（如犹太人）。

一个文化群体可能包括不同的亚文化群，每一个都反映着群体文化和亚文化元素。例如，重要的中国亚文化有：20 世纪 50 年代生人（经历"文革""上山下乡"），20 世纪60 年代到 70 年代生人（高考改变命运），"80 后"和"90 后"（独生一代），"00 后"（社交媒体一代）等。每一个亚文化都代表着不同的市场机会。例如，哔哩哔哩（bilibili，B站）就是中国年轻世代高度聚集的文化社区和视频平台。

本土化与全球化

当代文化的一个重要问题是本土化与全球化的紧张关系。旅游的增多、通信的改善、互联网和全球范围提供的电视和电影作品都是全球化的"润滑剂"。在过去几十年里，诸如可口可乐、耐克、麦当劳、星巴克、苹果等美国各大企业无疑是全球化最大的受益者，而中国也在 2001 年加入世界贸易组织后受益于全球化而成为全球制造大国。

但有许多个人和团体抵制全球化，例如 2016 年特朗普就因为那些反对全球化的选民的支持而当选美国总统，从而导致了 2017 年后美国与各国的贸易战。2020 年新冠疫情的全球蔓延进一步让更多国家对全球化产生怀疑，全球化进程大幅受挫。

3.4.4　技术

"二战"以来，科技创新已产生了许多我们现在习以为常的产品和服务，例如彩色电视机、干式复印机、合成和光学纤维、电脑、移动电话、智能手机、互联网、集成电路、微波炉、喷气式客机、通信卫星系统、ATM（自动取款机）、各种塑料以及抗生素药物。这些创新改变了个人、家庭和组织生活，重组了产业，推动了经济增长。

今天，技术更新的速度不断加快。数字化和互联网改变了许多行业的竞争方式，并提供了以前难以想象的利益给用户。Coursera 和 edX 这两家慕课平台免费提供了全球许多顶级大学的优秀课程，并且开始和许多大学合作提供在线学位教育。类似地，可汗学院（Khan Academy）这样的机构将全球许多国家的教师和学生组织起来，给学生提供低廉的在线家教服务。

有一些科技创新是特定行业的，其他一些则影响到整个经济。摩尔定律说计算机芯片的晶体管密度和微处理器的速度每 18～24 个月翻一番；不断提高的性价比正改造着工业和商业。随着计算机和智能手机使用的进一步增加，计算能力的提升也会影响很多产品。汽车、飞机、手术设备等都已经开始使用计算机技术从而更有效、更可预见以及更安全地进行运作。

技术的变化可以是持续性的或者颠覆性的：

· **持续性技术**（Sustaining Technologies）往往是渐进的。它们基于现有顾客重视的维度来提高现有产品的性能，如无线吸尘器和手机的无线充电技术。

· **颠覆性技术**（Disruptive Technologies）带来新的和非常不同的价值主张。它们通过找到新的应用以及发动全新的顾客来改变顾客行为。例如，个人电脑彻底颠覆了打字机，把数字音乐下载到 iPod 等设备彻底颠覆了在商店购买 CD 等。颠覆性技术对整个行业的产品产生威胁促使其改变。对于顾客而言，颠覆性技术的早期产品版本性价比通常比较低，如第一部数码相机比化学胶卷相机更加昂贵和复杂。但是随着成本收益比率的提高，颠覆性技术将优于老技术。当颠覆性技术成为主流，它就会威胁到那些不能适应的老技术企业。一个很好的例子是数码相机的出现严重影响了市场领导者柯达胶卷，并且改变了它所在的行业。

通常，现有的供应商发展持续性技术来服务现有顾客的需求，新进入者引进颠覆性的技术，初步满足新的和不同的顾客。例如，在高等教育行业，传统大学主要满足学生的学位教育需求，而 Coursera、edX 以及中国全新出现的许多知识付费平台主要满足成年人的终身学习需求。

近年来，最重要的技术创新就是互联网的发展。像活字印刷、电话、汽车一样，互联网正在改变着社会运转的方式。汽车改变了人们生活、购物、工作和休闲的方式——互联网正在做着同样的事情。从降低成本和促进互动沟通的角度来说，互联网对企业具有重要意义。表 3.2 显示了互联网对个人金融服务的巨大影响。

表 3.2　美国零售银行的平均交易成本

模式	交易成本（美元）
柜员	2.50
电话	1.00

续表

模式	交易成本（美元）
ATM	0.40
语音应答	0.24
互联网	0.10

3.4.5　法律监管

法律监管是商业的规则，它的目的是保护社会利益，规范市场力量，阻止相互勾结，并防止欺诈行为。法律监管在各个国家都不同，但一般管理兼并与收购、资本流动、消费者权益保护以及员工雇佣条件。

个人、企业和政府都可以用法律来保护自身的利益。个人可以起诉设计或制造不当的产品，企业可以控告供应商、客户和竞争对手，政府也可以提起诉讼。例如，美国司法部曾起诉微软违反了反垄断法，欧盟曾起诉谷歌涉嫌垄断。

3.4.6　物理环境

自然和人类以一种让人焦虑的平衡方式共存着。一方面，人类很少能够控制或不能控制的自然现象包括海啸、地震、瘟疫、小行星撞击地球、季风、飓风和龙卷风以及每天的天气模式等。近年来，来自冰岛和智利的火山灰搅乱了欧洲的气流，给阿根廷的旅游业带来毁灭性打击。2020年新冠疫情的全球蔓延以及之前的美国飓风、日本海啸、泰国水灾和中国台湾地震都突显了全球供应链的脆弱性，这些事件对全球经济和商业活动都产生了负面影响。另一方面，人类行为正在破坏雨林和湿地，导致全球变暖、海岸线后退、污染、原材料短缺和臭氧层缩小。

来自政府、环保主义者、社会团体和广大公众的压力越来越大，企业被要求为它们的产品、包装和生产系统承担更大的环境责任。一些企业正在积极制定绿色战略。惠普每年回收7万吨废旧产品，约为其销量的10%。

3.4.7　PESTLE因素之间的互动关系

图3.5显示了每个PESTLE因素——政治、经济、社会文化、技术、法律监管、物理环境——彼此之间都有互动，并共同影响着企业及其所处的行业。

营 销 思 考

选择一家企业，分析这家企业的PESTLE因素——政治、经济、社会文化、技术、法律监管和物理环境，是如何影响的产品或市场的？

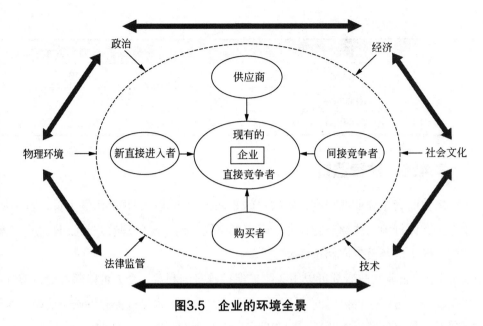

图3.5 企业的环境全景

这些相互关联的力量，形成了企业的环境全景。随着环境的变化和动荡的提升，环境因素之间的相互联系将会增加。

———— 本章要点 ————

要获得市场洞察力，企业应关注四大领域：市场结构、市场和产品演变、行业力量和环境因素。

市场结构：

· 市场由购买产品或服务来满足自身需要的顾客组成。

· 企业应在不同水平上对市场进行界定。

· 产品类别和产品形态指包括所有企业提供的产品。产品类别是一个比产品形态更宽泛的概念。

· 企业向市场提供产品项目——一条产品线包括多个产品项目。

· 影响市场规模的基本因素是人口规模及其购买力。

市场和产品演变

· 生命周期框架是分析市场和产品演变的有效工具。

· 生命周期的长度顺序依次为：市场 > 产品类别 > 产品形态。

·生命周期有几个阶段：引入期、成长初期、成长后期、成熟期和衰退期。

·利润率的生命周期不同于销售量的生命周期。

行业力量（波特五力模型）

·波特五力模型是分析行业力量的有效工具。

·五种行业力量分别为现有的直接竞争者、新直接进入者、间接竞争者、供应商和购买者。

环境因素（PESTLE）

·环境因素对企业和行业中的其他参与者都有影响。

·环境因素包括政治、经济、社会文化、技术、法律监管和物理环境。

·PESTLE 因素不断变化且相互关联。

第4章 顾客洞察

学习目标

学习完本章后，你应当能够：

- 定义和描述顾客洞察
- 区分宏观层面顾客和微观层面顾客
- 区分直接顾客和间接顾客
- 识别顾客在购买决策过程中扮演的各种角色
- 会用本章所学框架来了解顾客价值
- 分析购买决策过程中的关键阶段
- 关注顾客如何在备选方案中进行选择
- 根据顾客购买过程进行分类，以帮助企业制定市场战略
- 了解影响消费者和组织购买决策的关键因素

开篇案例 宜家

宜家（IKEA）是世界上最成功的全球性零售商之一。1943年，17岁的英格瓦•坎普拉德（Ingvar Kamprad）在瑞典创立宜家。"IKEA"是一个缩写，代表Ingvar Kamprad（创始人）、Elmtaryd（他长大的农场）以及Agunnaryd（他的家乡）。

最初，宜家只是瑞典乡下小村庄阿姆霍特的一家小公司，通过邮购目录出售家具产品。然而，通过邮购目录销售笨重的家具不是件容易的事，不仅成本高昂，产品还常常会被损坏。1956年，宜家产生了自行组装和平板包装的想法，以降低运输成本。宜家的愿景是"创造更美好的日常生活"。为了实现这个愿景，宜家的经营理念十分明确："提供种类繁多、美观实用、老百姓买得起的家居用品。"

全球的中产阶级是宜家的目标客户。宜家为他们提供实惠的现代家具陈设产品。宜家拥有庞大的产品线，横跨20多个品类9500个产品，包括浴室用具、床和床垫、书柜和储存柜、宠物用品、照明设备、电视柜及家庭影院等多媒体娱乐解决方案、

桌椅以及工作区等。

是什么让宜家如此与众不同？答案就是宜家概念！宜家通过关注设计和功能，通过大规模生产最大限度地降低成本，从而进一步降低价格。宜家的每个产品，其设计师都是从功能性需求和价格出发。他们避免没有价值的属性，例如凳子背面和桌子背面的昂贵装饰。专业的设计和低成本生产使宜家的供应商能将供应价格降到最低，同时低成本和大规模的销量使得价格和成本可以进一步下调。为了降低运输成本，宜家在运输中推行平板包装。回家后，顾客可以根据宜家提供的扳手和说明书，经过简单的组装后就可以使用。宜家的口号是："动动手，我们一起来省钱。"这种方式强有力地支持了它的低价策略。

宜家每个店铺都是蓝黄色调的风格，面积近 30 万平方米。宜家希望顾客对其所提供的家具解决方案感到舒服。因此，宜家在真实的房间面积中展示产品，并鼓励顾客试坐、试躺、开关抽屉、比较不同家具风格、比较家具价格和想象家具方案的各种可能性。一个典型的宜家店铺展示的产品超过 1 万件。为了不让顾客迷路，宜家提供了一条单向的、穿过所有展示厅的大通道。每个店铺在入口处有一个儿童游戏室，父母可以把小孩放到这个游戏室，然后很轻松地去采购家具。大部分宜家商场还提供饮食，顾客在采购间隙还可以去餐厅就餐和休息。每年有近 7 亿人次顾客吃过宜家的美食，其中最著名的是出口处的 1 元冰激凌。1 元冰激凌看似赔本，却为宜家带来了极佳的购物终点体验。仅在中国，宜家 1 年就能卖出 1600 万支甜筒冰激凌。

通过密切关注顾客的需要，宜家已成为家居装饰行业的典范。每年印刷量高达 1 亿本的宜家商品目录中，收录有大约 1.2 万件的商品，号称是除了《圣经》之外最被广为散布的图书。2022 年，宜家在 Interbrand 全球品牌价值排行榜上名列第 28 位，价值 219.28 亿美元。

> **案例思考**
> 宜家传递给顾客的价值有哪些？
> 你如何评价宜家商场引进食品这种做法？

宜家的成功在于为顾客提供巨大价值的理念。顾客是公司的核心资产。当企业能够为顾客提供价值，企业就能吸引顾客，留住顾客并发展新顾客；而顾客能使得企业现在以及未来获利、生存下去并得到发展，同时提高股东价值。

要 点

洞察顾客需要
企业对顾客有
深刻而独特的
认识。

企业最开始面对的挑战就是要形成良好的顾客洞察力，对顾客有独特而深刻的认识。如何洞察顾客，就是本章的主题。

要想有良好的顾客洞察，企业必须回答图4.1中的三个核心问题：

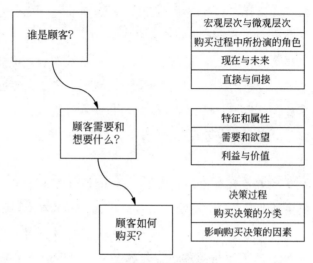

图4.1　顾客洞察

要 点

良好的顾客洞
察需要回答三
个问题：谁是
顾客？顾客需
要和想要什
么？顾客如何
购买？

·**谁是顾客？** 到目前为止，我们对于顾客这一概念的使用相当宽泛。在本章中，我们主要关注直接顾客和间接顾客、现有顾客和潜在顾客。企业必须知道在某个特定购买决策中的参与者，以及他们在决策单元（Delision Making Unit，DMU）中扮演的角色。

·**顾客需要和想要什么？** 传递顾客利益和价值的关键是了解顾客需要。为获得顾客洞察，需要深入的顾客调研以及对顾客价值的深刻理解。

·**顾客如何购买？** 企业必须知道顾客如何采取购买行为，进行复杂的**决策过程（Decision Making Process，DMP）**，及其影响因素。消费者购买（B2C）和组织购买（B2B）的决策过程差异很大，本章将分开进行介绍。

4.1　识别顾客

要 点

为了获得顾客
洞察，企业必
须正确识别顾
客。

识别顾客是**顾客洞察**关键的第一步。那么，什么是顾客？

顾客是那些处在销售渠道和决策流程中的，行为可以影响对企业产品或服务的购买的任何个人和组织（竞争对手除外）。

如图 4.2 所示,我们之所以如此宽泛地定义顾客,是因为识别顾客往往像是一个侦探的工作。很多个人都可能参与到购买企业产品或服务的这一决策中。该定义反映了以下几点:

- 宏观层面中的组织以及微观层面中的个人都是顾客。
- 顾客在购买决策中扮演各种角色(影响者和决策者)。
- 企业既要考虑现有顾客,还要考虑未来顾客。
- 除了支付企业产品或服务的直接顾客外,直接顾客的顾客,也就是间接顾客,也会影响购买。

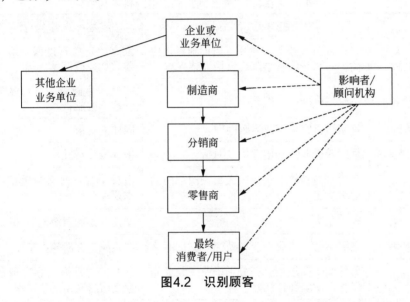

图4.2 识别顾客

一些双边市场既包括为产品付费的顾客,还包括接受免费产品的顾客。例如,广告商给电视台支付费用,消费者免费观看电视节目。类似地,广告商给谷歌或百度等搜索引擎、网易或今日头条等新闻网站或 App、脸书或微信等社交媒体支付费用,消费者免费使用搜索引擎、阅读新闻和社交媒体。

4.1.1 宏观层面的顾客和微观层面的顾客

为了获得顾客洞察,企业必须了解顾客的购买过程。**宏观层面的顾客**是指购买产品或服务的组织单位、制造商、批发商、零售商、政府机构和家庭。**微观层面的顾客**是指在宏观层面的顾客中会影响购买或者拥有决策权的个人。当微观层面的顾客共同做出购买决策时，他们则被称为**决策单元**。

4.1.2　购买决策中的角色

宏观层面的顾客和微观层面的顾客在购买决策中扮演着不同的角色。宏观层面的顾客，如购买企业产品的分销商和零售商，他们也出售、交付、储存或维护产品；政府、标准制定机构和咨询公司等顾客可能会影响其他宏观层面的顾客去购买企业的产品。表 4.1 展示了组织和消费者购买决策中的各种角色。

表 4.1　组织和消费者购买决策中的各种角色

	组织购买（B2B）	消费者购买（B2C）
购买决策角色	北京一家大企业寻找高管培训项目供应商，对清华经管学院高管培训感兴趣	家庭决定旅行度假，对是否要乘游轮度假感兴趣
发起者	人力资源部总经理	家庭医生建议为了母亲健康全家出去旅行
守门人	首席执行官秘书或行政助理	同住的管家
信息提供者	百度或企业高管培训信息网站	携程或旅行社
细化者	开发本高管培训项目的人力资源部门的初级员工	祖母（有一些必须满足的基本要求）
影响者	资深业务主管	女儿、参加过游轮的邻居
拥护者	高级主管，毕业于清华经管学院	二表妹，在游轮上工作
干扰者	另外两个高级主管，分别毕业于北大光华管理学院和长江商学院	女儿的男朋友，在三亚的一家度假村有份暑假工作
决策者	首席执行官	母亲
购买者	采购经理	父亲
使用者	中层管理人员	母亲、父亲、女儿、祖父母

> **要点**
>
> 购买决策中包括很多顾客角色：发起者、守门人、信息提供者、细化者、影响者、拥护者、干扰者、决策者、购买者及使用者。

宏观层面的顾客在组织购买和消费者购买下角色完全不同，而微观层面的顾客的角色是相似的：

·**发起者（Initiator）**：意识到问题并发起采购动议。

·**守门人（Gatekeeper）**：有权阻止接触决策者和影响者的人。秘书或行政助理往往扮演这一角色。

·**信息提供者（Information Provider）**：为顾客提供关于企业的重要信息。

·**细化者（Specifier）**：通过提供专业知识（如设定规格），从而间接地产生影响。

·**影响者**：决策者重视影响者的意见。在家庭购买中，影响者可能是邻居、朋友、同事、配偶、子女、祖父母或者外祖父母。在组织中，影响者包括运营部管理者、工程部管理者、营销部管理者或者其他一般的管理者。有两种比较特殊的影响者即拥护者和干扰者。

·**拥护者**：他们基于与供应商的良好人际关系或积极的使用经验，增进企业利益。

·**干扰者**：试图阻止购买企业产品，如心怀不满的前任雇员或与其他供应商有关系的个人或组织。

·**决策者**：有正式的权力做出购买决策。

·**购买者**：具体执行采购决策的人。

·**使用者**：在采购决策中没有什么直接的作用，但是往往具有否决权。年幼的小孩对于早餐麦片往往有很强烈的意见。

营 销 问 题

如果你正在销售一个产品，请识别顾客购买决策中的各种角色。

营 销 问 题

你家的度假决策有哪些人参与？

4.1.3 现有顾客和未来顾客

现有顾客提供收入和利润。正如我们在第 2 章讨论的，保留顾客对企业有着巨大价值。但这还不够，专注于现有顾客的同时，企业还必须得找出潜在顾客。一些企业致力于识别和创造未来顾客。例如，欧莱雅的校园策划大赛问世至今，已吸引了来自全球 200 多所院校的 2 万多名学生。这项活动有助于欧莱雅未来的招聘，而且可以在未来顾客中建立品牌忠诚度。

要 点

企业必须关注它的现有顾客以及未来顾客。

4.1.4 直接顾客和间接顾客

通常情况下，企业的直接顾客用金钱直接购买企业的产品或服务，而间接顾客会从那些直接顾客或者从其他间接顾客那儿购买企业的产品或服务。一部分直接顾客既是购买者又是产品或服务的最终使用者，另一部分直接顾客会改变企业的产品形态后再销售给间接顾客。例如，宝洁公司的直接顾客是其各级经销商和大客户零售商（如沃尔玛），而使用宝洁产品的消费者则是其间接顾客。

区分直接顾客和间接顾客是十分重要的。企业往往与直接顾客建立密切关

要 点

间接顾客可能比直接顾客更重要——他们常常是最终使用者，最终驱动产品的需求。

系，却可能不知道它的间接顾客，所以很少能洞察到间接顾客所追求的利益和价值。在客户关系管理技术被广泛使用前，像宝洁这样的快速消费品公司通常无法辨认它们的间接顾客——购买它们产品的消费者。现在，宝洁公司通过有奖竞答、促销活动和网站来了解它的间接顾客。雀巢公司也鼓励消费者在其网站上注册，来了解菜谱和菜单，相应地，雀巢能更好地洞察顾客需求。

为了进一步强调间接顾客的重要性，在此我们引用 UPS 高级执行官的话："作为一个企业，我们不仅要专注于我们的直接顾客和能帮他们做什么，还须关注能帮我们顾客的顾客做什么。我们一直通过自己的顾客来了解顾客的顾客。我们不断地问我们自己……我们的技术，我们的产品以及服务怎样才能将我们与顾客的良好关系传递到顾客与顾客的顾客之间的关系上。如果他们能为他们的顾客提供更好的服务，实现低成本以及商业愿景的目标，帮助他们的顾客成功……那么我们与顾客的关系就会因此而更加坚固。"

4.2　顾客需要和想要什么？

企业通过为顾客提供独特的价值满足他们的需求，以吸引顾客、留住顾客以及发展新顾客。**顾客价值**是指顾客通过购买商品所得到的收益减去顾客花费的成本（包括货币、时间、经历和情感）所得到的差额。两种企业行为是至关重要的：

- 提供满足顾客需求的价值
- 向顾客阐述这些供给的价值（顾客沟通）

如果企业只是提供价值，但顾客并没有认识到这些价值，他们不会购买。如果企业过度宣传其提供的价值，但顾客并没有感知到相应的价值，他们也不会购买。下文将讨论顾客需求，它们如何影响产品的特征和属性，以及顾客感受到的利益和价值。

4.2.1　显性需求与隐性需求

有时顾客会意识到他们自己的需求，即显性需求，而有时候他们并未意识到，即隐性需求。显性需求可能被表达出来，也有可能未被表达出来：

- **表达出来的需求**。顾客经常会寻求一些关于如何满足他们需求的建议。

要点

为了吸引、留住和发展顾客，企业必须：
· 提供满足顾客需求的价值
· 向顾客阐述这些供给的价值（顾客沟通）

要点

顾客有显性需求和隐性需求。显性需求包括表达出来的需求和未表达出来的需求。

·**未表达出来的需求**。顾客有时不表达出自己的需求（如年轻女性暗自思考购买避孕套）。

有些时候顾客不能自觉地意识到他们的隐性需求。随着技术创新的推动，一些隐性需求会浮出水面，顾客表示出了他们之前未表达过的利益和价值诉求。20多年前，几乎没有消费者需要手机，但手机普及后，保持即时联系这一隐性需求被激发了出来。

4.2.2 特征和属性 vs 利益和价值

很多企业用特征和属性来定义自己的产品或服务，比如广告上常常看到的"经过改进的新一代"。但我们要告诉你非常重要的一件事：顾客可能并不关心你的产品或服务——他们对特征和属性并不感兴趣。顾客关心的是你的产品或服务是否能满足他们的需求，以及你的产品或服务提供的利益和价值。你必须把这些向顾客阐述清楚。我们必须明确了解和区分这些概念：

·**特征和属性**。企业赋予其产品或服务的设计元素或功能。

·**利益**。产品或服务提供的、能满足顾客需求的东西。

·**价值**。产品或服务提供给顾客的、比利益更广泛的东西。

大部分企业通过销售产品或服务提供给顾客利益和价值。最近，一些企业开始直接销售利益和价值。例如，"云"提供存储空间，企业不需要购买硬件产品。

需要、特征、利益和价值的层次

心理学家们深入地研究了个人的需求。我们下面用广为人知的马斯洛需求层次理论来说明不同层次的个体需求。营销者常常用马斯洛需求层次理论及其作为基础对特征、利益、价值的延伸来理解购买行为。

马斯洛需求层次理论 马斯洛的经典框架确定了五种需求层次，从低到高依次是生理需求、安全需求、社交需求、尊重需求以及自我实现需求。一般情况下，我们认为个人会先满足低层次的生理、安全等需求，之后才寻求满足更高层次的需求如尊重及自我实现。

一般来说，生活用品、服装及住房等产品能满足低层次的生理需求；体育器材和教育服务能满足更高层次的社交需求、尊重需求和自我实现等需求。但

营 销 问 题

哪个产品是企业专门为你设计的，但并没有满足你需求？
这个产品没有满足你什么需求？你认为原因是什么？

要 点

根据马斯洛需求层次理论，个体的需求从低到高依次是生理需求、安全需求、社交需求、尊重需求以及自我实现需求。

企业也可以通过营销组合策略（包括产品、定价、沟通、渠道和服务等）提供同时满足更高的社交需求和尊重需求的生活用品、服装以及住房，例如有机食品、名牌时装以及高档住房。事实上，即使是同一件服装，摆在高级时装专卖店的橱窗里，和摆在大卖场里，就会因为产品包装、购物环境、销售人员服务、定价、广告传播等的不同造成顾客感知的不同（大卖场里主要满足生理需求，高级时装专卖店里则同时满足生理需求、社交需求和尊重需求）。

同时能满足低层次需求和高层次需求比只满足低层次需求的产品能让顾客忠诚度更高。例如，与只能洗干净头发的洗发水相比，女性更乐意购买那些能让她有魅力的洗发水（满足尊重需求）。类似的情况，星巴克咖啡和哈根达斯冰激凌除了满足解渴或充饥的生理需求之外，也满足了消费者更高层次的需求（例如尊重需求和社交需求）。表 4.2 用马斯洛需求层次理论对星巴克咖啡和哈根达斯冰激凌的购买行为进行了分析。

表 4.2　用马斯洛需求层次理论来分析两个产品的购买行为

产品满足的需求	星巴克咖啡	哈根达斯冰激凌
自我实现 （达成自己的理想、愿望）	品位	新兴文化的一部分
尊重 （声誉、成功、自尊）	自信，成就，精英群体	成功，年轻，时尚一族
社交 （爱情、亲情、友情、归属感）	与朋友和商业伙伴欢聚	浪漫，表达爱意
安全 （保护、秩序、安全）	安全，质量好，胃舒服	安全，质量好，使用优质牛奶
生理 （食物、饮品、空气、住所、性）	解渴，提神，让人暖和	解渴充饥，甜甜的口感

特征、利益和价值阶梯　很多市场营销者结合分析个体的马斯洛层次需求理论，用前面所讨论的特征、利益和价值的区别，形成一个特征、利益和价值阶梯。图 4.3 表明了这个阶梯的三个主要特点：

·**重点关注顾客价值**。企业通常将特征和属性融入其产品或服务中。特征、利益和价值阶梯将特征转化成利益和价值。例如，百得电钻（B&D）的钻孔机提供了很多的利益和价值。

·**为与顾客沟通提供多种选择**。利益和价值的多样性增加了企业与顾客沟通的选项。

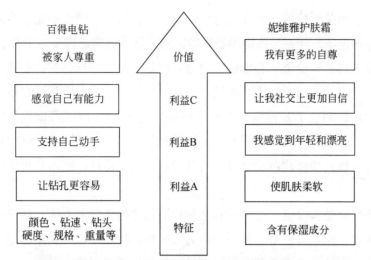

图4.3　百得电钻和妮维雅护肤霜的特征、利益和价值阶梯

怎样与顾客沟通最好，取决于市场发展的阶段和竞争对手的行为。例如，百得电钻的沟通可以聚焦在钻头硬度和速度、让钻孔更容易、支持自己动手做以及获得家人尊重等利益和价值。

　·**扩大竞争视野**。当企业专注于特征时，企业的竞争视野往往只有直接竞争者；而专注于顾客利益和价值能扩大企业的竞争视野。当只专注于特征时，百得电钻的竞争者是其他电钻制造商。如果关注的是"让钻孔更容易"这一利益，则引进了如炸药、廉价劳动力、钉子、激光、水钻孔器、木楔等竞争者。高层次的利益使竞争视野更宽阔。

　一般来说，最终顾客关注的是企业的产品或服务所提供的利益和价值。经销商如分销商、批发商和零售商，更感兴趣的则是经济效益（如利润、净利润和投资回报）。不同类型的顾客追求不同的利益和价值，因此企业应该开发多种特征、利益和价值阶梯。

4.2.3　利益和价值：功能性、心理性及经济性

　综上所述，顾客是基于不同层次的需求进行购买决策。企业须将其产品或服务提供的特征转化成与顾客需求相对应的利益和价值。我们有必要更进一步探索三种利益与价值。

要点

企业的产品或服务为顾客提供三种利益和价值：
· 功能性利益和价值
· 心理性利益和价值
· 经济性利益和价值

功能性利益和价值　企业设计产品或服务是为了提供能满足顾客需求的功能性利益和价值，如方便面能满足饥饿需求，汽车能满足代步需求。

心理性利益和价值　心理性价值通常满足地位、归属、安心、风险及安全需求。企业常常能同时提供功能性利益和心理性利益。高级餐厅提供高质量的食物（功能性利益）和声望（心理性利益）。一辆汽车除了可以提供快速、效率和舒适（功能性利益），同时也能提供地位（心理性利益）。通常来说，心理性利益和价值往往超越功能性利益和价值，位于特征、利益、价值阶梯的较高层。

经济性利益和价值　经济性利益和价值关注的是财务方面，如价格及信贷条件。价格往往是最主要的购买驱动力或障碍，特别是经济困难时期，顾客会权衡功能性利益和心理性利益以确保最低价格。沃尔玛、好事多、一元店以及廉价航空公司通过低价格提供经济利益。在 B2B 的市场中，价格往往是至关重要的，但有时企业会通过提供更多的功能性利益，以提高价格。**顾客经济价值**（ Economic Value for the Customer，EVC ）是指顾客愿意支付的最高价格所代表的产品的经济价值。顾客经济价值等于竞争品的价格加上企业产品的附加价值（正面的差异化价值 - 负面的差异化价值）。下面我们举例说明如何计算顾客经济价值。

要点

顾客经济价值是顾客愿意支付的最高价格。

顾客经济价值等于竞争品的价格加上企业产品的附加价值（正面的差异化价值 - 负面的差异化价值）。

顾客经济价值计算示例

工业运传输带是用橡胶包裹覆盖的织物制成；织物强度对于运输传送带的寿命至关重要。传统意义上说，7 支棉纱是核心；750D 聚酯纱线是一个可能的替代品。计算运输传送带中 750D 聚酯纱线的价值的关键数据是：

· 7 支棉纱的价格是每公斤 12 元。

· 750D 聚酯纱线的强度是棉纱线的 4 倍。

· 加工聚酯纱线的额外成本是每公斤 4 元。

顾客经济价值可以回答这个问题：一个传输带制造商愿意为聚酯纱线支付的最大价格是多少？（我们假定用聚酯纱线取代棉纱线时，传输带的寿命并不会改变）因为涤纶线的强度是棉纱线的 4 倍，顾客可以使用 4 公斤棉纱线或者 1 公斤的聚酯纱线。

· 7 支棉纱线：每公斤 12 元——参考价值。

· 聚酯纱线等价：1 公斤 750D 聚酯纱线 = 4 公斤 7 支棉纱线 = 48 元。

· 处理聚酯纱线的额外费用：每公斤 4 元——负差异价值。

· 聚酯纱线净等价：48－4 = 44 元——总经济价值。

总之，根据经济价值分析，顾客在以下两种情况下的偏好是无差别的：

a. 7 支棉纱线，每公斤 12 元；

b. 750D 聚酯纱线，每公斤 44 元。

因此，聚酯纱线的最高价格就是每公斤 44 元。当价格高于每公斤 44 元时，传输带制造商用棉纱线会更好。

注：7 支棉纱线是工业用的标准棉线类型。

很多顾客经济价值的计算比这个简单的例子更加复杂，要考虑的因素有顾客的维护成本、融资成本以及收益的变化。企业所面临的挑战是如何传递功能性、心理性以及经济性利益和价值的正确组合，以吸引顾客、保留顾客和发展新顾客。

要 点

企业必须传递正确的功能性、心理性以及经济性利益和价值组合给顾客，以吸引顾客、保留顾客和发展新顾客。

4.2.4　利益和价值的特点

顾客什么时候认识到价值

顾客什么时候会认识到利益和价值通常具有不确定性。某些情况下，企业提供产品的同时顾客就知道了产品的利益和价值。但很多情况下，顾客只有在长时间使用后才能评估产品的价值。搜索利益、使用利益以及信任利益的分类可以说明这种不确定性，并提供重要的洞察。

· **搜索利益**。企业或独立第三方平台可以提供产品或服务的大量数据和信息，如出版社官网或豆瓣网上的书籍信息，餐厅官网或大众点评网上的餐厅信息，航空公司官网或者去哪儿网上的机票价格信息，等等。很多时候，企业还可以提供产品试用，如汽车制造商及其经销商提供汽车试驾、知识付费平台提供免费的体验会员等。

· **使用利益**。就很多服务而言，在购买前的顾客价值数据非常少。通常，顾客在使用产品或服务时才能感受到价值，例如听一场演唱会或者在高档餐厅

营 销 问 题

分别选择三种产品，它们各自主要提供搜索、使用以及信任利益。请问，你会如何向你的顾客说明它们之间的区别？

的一餐美食。

·**信任利益**。购买产品或服务很长一段时间后顾客才能评估价值，如投资股票或者基金的经济价值，以及医学治疗的健康价值。

延期的利益和价值

·**实际价值与潜在价值**。企业提供的关键价值可能不在于产品或服务本身，而在于需要的时候，顾客能够获得附加价值。招商银行的白金卡为持卡人提供了机场 VIP 休息室、司机路边救援、紧急医疗救助、机票代订和秘书服务，以及提供餐饮建议等服务。大多数持卡者很少使用到这些服务，但这些服务的可获得性具有很高的价值。

营销问题

什么产品有未来价值、潜在价值、稀缺价值或存在价值？

·**现有价值与未来价值**。一般来说，顾客购买产品或服务是为了立刻获得他们所期望的利益和价值，但顾客可能也会为未来可得到的利益和价值而购买。例如，影响技术行业 B2B 顾客购买的一个关键因素是能否获得供应商新技术的试用权。戴尔从英特尔而不是 AMD 购买 CPU 芯片，这是因为英特尔为戴尔提供了提前了解其新技术的利益。

存在价值　一家企业只要产品或服务是可以接受的，价格是合理的，它就有存在价值，就能向顾客提供相当大的价值。当市场上只存在一家强大企业和一家弱小企业时，弱小企业的存在使得强大企业必须诚实，也避免了垄断。多年来，空客在与波音的竞争中，就扮演着这一角色；AMD 在与英特尔的竞争中，也扮演着同样的角色。

稀缺价值　当产品的供应有限时，顾客更容易感知到价值。例如，很多哈雷·戴维森车型都需要漫长的等待时间。耐克虽然每隔几个月会发布新产品，但经常严格限制供应以开发稀缺价值。

为谁提供的价值　在 B2C 市场中，消费者常常是为他们自己、朋友、同事、家庭成员购买产品。在 B2B 市场中，购买可能同时满足组织或者个人的需要。为了确保组织价值，沃尔玛等企业严厉禁止采购人员接受来自供应商的任何个人利益，即使一顿午餐也是不允许的。

4.2.5　在顾客利益和价值之上——顾客体验

随着竞争的加剧，企业开始越来越重视顾客体验——影响顾客购买行为的状态、条件或者事件。同样的一个事件能创造许多不同的体验。纽约芭蕾舞团粉丝对波修瓦芭蕾舞团的巡回演出的体验往往不同于其他人观看平生第一次芭蕾舞演出时的体验。此外，体验可能比产品或服务本身更有价值。麦当劳的一杯咖啡大概 99 美分，而星巴克的一杯咖啡大约需要 7 美元，但是星巴克提供了麦当劳所没有的难忘的体验。

顾客体验分为五种形式：

· **感官**。通过视觉、声音、味觉、嗅觉、触觉创造感官体验。

· **情感**。对消费者内在情绪和感觉的吸引，试图创造情感体验，包括从温和的积极情绪到强烈的喜悦和自豪感。

· **思考**。为消费者创造认知和解决问题的体验，以创意的方式引起顾客的兴趣。

· **行动**。呈现做事情的其他方法、其他的生活方式与互动，以丰富消费者的生活，从而使消费者被激发或自发地改变。

· **关联**。包含前面所提的四种体验形式，但它超越了个体的感觉，延伸到个人状态之外。

该框架提供给企业一套系统的方法，帮助企业决定将哪种顾客体验方式同企业产品或服务进行关联。

营 销 问 题

想想你最喜欢的娱乐方式——剧院、餐厅、音乐会或者体育赛事。哪一种形式——感官、情感、思考、行动、关联——最能描述你的体验？企业如何提供这些体验？

4.3 顾客如何购买？

购买决策过程有可能是相对简单的，如上午买一个小点心；也有可能是高度复杂的，如政府购买新式战斗机。决策过程可能很快如冲动购买，也有可能要花上数月或者数年。营销者必须了解各种影响的可能性，以及顾客是如何经历这个决策过程的。

4.3.1 购买决策阶段

图 4.4 表明了购买决策过程的六个阶段。每个阶段可能包含阶段内或者阶段间的多个反馈回路。顾客一般先从认识问题开始，但也有可能在收集信息和评价备选方案后才确定问题。有些购买决策是提前计划好的，而有些购买决策是临时决定的，例如在逛街或网上浏览过程中的冲动购买。

要点

购买决策过程包括六个阶段：
· 认识问题
· 搜寻信息
· 评价备选方案
· 做出决策
· 购买产品
· 购后流程

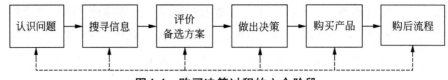

图4.4 购买决策过程的六个阶段

第一阶段：认识问题

顾客的某些需求是必需的，例如食品和饮料对于个人，原材料和设备对于企业，其他的需求则是可选的。顾客可能自己会发现未满足的需求，也有可能由潜在的供应商指出来后顾客才会意识到该需求。

第二阶段：搜寻信息

顾客认识到一个问题后，一般会先搜索信息来确认：

· 特征：可以满足需要的特征或属性。

· 标准：对特征或属性能否满足需要的评价标准。

· 意识集：可以满足需要的各种备选方案。

· 程度：每个备选方案满足特征或属性标准的程度。

顾客可以获取外部信息和内部信息。**外部信息**包括个人来源（如同事、家人、朋友和销售人员）和公共来源（如广告、新闻或者互联网）。外部信息搜索的程度与顾客现有的知识储备、购买涉入度以及感知风险有关，而**内部信息**是指顾客自己所感知的信息储存，包括记忆和经验等。

第三、四阶段：评价备选方案和做出决策

顾客通过他们在第二阶段获得的信息来评价备选方案。通常情况下，顾客会基于购买标准在意识集的备选方案中进行排除，并生成一个更短的考虑集。顾客从考虑集中进行选择可能是理性的，也可能是非理性的。通过了解顾客的评价过程，企业可以主动影响购买决策。下面我们来了解一下理性决策方式以及一些非理性决策方式。

要点

进入顾客的考虑集对企业至关重要。

营销问题

请描述你选择目前自己或孩子的教育培训机构的决策过程，确定各个阶段。你在各个阶段又是如何做的？

A. 理性决策

这种方式意味着顾客：

· 能识别那些传递他们想要的利益和价值的特征或属性。

· 能确定这些利益和价值的相对重要性。

· 对各个备选方案提供利益和价值的程度有自己的认识。

·结合上述的知识和重要性，选择价值最高的备选方案。

企业可以采取以下行动，以改进其所提供给顾客的价值：

·改进重要属性的感知表现。

·增加新的尤其是重要的价值属性。

·让顾客明白，在重要属性的表现上，企业能比其他竞争者做得更好。

·向顾客传达企业产品或服务中表现优秀的属性是非常重要的。

一些属性可能是前提要求，只有得分足够高的备选方案才能进入考虑集。例如，航空公司的安全记录往往就是一个前提要求，顾客不会用免费饮料或累计里程来交换安全属性。

B. 非理性决策

行为决策理论和行为经济学方面的研究已经识别了许多非理性的购买过程。在组织购买和消费者购买中，顾客常常基于毫不相干的因素做出非理性决策。例如，研究表明存在**折中效应**，即顾客倾向于回避极端价格的选项，而选择中间价格的选项。在一个实验中，顾客在两种微波炉中进行选择：低价——109.99 美元，中间价——179.99 美元，结果有 43% 的人选择中间价的微波炉。后来，又增加了一种微波炉：高价——199.99 美元，顾客需要从三种微波炉中进行选择，结果有 60% 的人选择了中间价的微波炉。

> **营销问题**
> 选择一个顾客非理性决策的购买场景，并对企业给出营销建议。

本书作者之一清华大学郑毓煌教授的另一著作《理性的非理性》中有更多关于顾客非理性决策的现象和案例，感兴趣的读者可以自行阅读。

第五阶段：购买产品

在超市购买产品过程中，支付以及拿到产品是显而易见的。但在某些情况下，这个过程却并不确定。例如是在网上还是实体店下单。有时候产品可能缺货或者要排很长的队等待拿到产品。

如果顾客的产品是定制的，则可能需要等更长的时间。供应商要设计和制造产品。即使有现货，递送也要耗费时间。递送时间太长的话，顾客可能会重新评估这个产品，甚至取消这次购买。

第六阶段：购后流程

顾客通常会产生一些购后体验，这些可能会影响以后他们自己的或者他人的产品或服务购买行为：

> **要点**
> 口碑和重复购买非常重要。

·**使用**。有些企业可能只关注产品的销售，但信用卡不一样，使用过程更重要。药的使用更是关键，每年因不遵医嘱而死亡的人数高达 12.5 万。

·**使用体验**。顾客可能对所购买的产品或服务表示满意或者不满意。

·**降低失调**。如果产品并不符合预期，顾客可能通过改变对于产品性能的看法以降低这种认知失调。降低失调多发生在顾客花费很多时间和金钱去获得产品的情况下。

·**口碑**。顾客购后的口碑非常重要，许多公司甚至聘用专人去刺激产生口碑。互联网使得口碑的传播变得更加容易。要注意，负面口碑比正面口碑更容易传播，像 walmart-sucks.com（沃尔玛太差劲）这样的网站对于企业来说是一个很严重的问题。

·**重复购买**。重复购买将创造顾客终身价值。顾客高满意度会提升顾客忠诚度和重复购买。

·**产品和包装处理**。环保主义者越来越重视产品和包装的最终处理。在许多国家包括中国的北京、上海等城市，法律或监管已要求垃圾分类处理。在法国和德国，企业必须回收包装和用过的产品。惠普公司鼓励顾客返还使用过的打印机墨盒。

4.3.2　消费者购买决策过程中的影响因素

下面将探究影响消费者需求及其购买决策过程的重要因素，深刻理解这些因素的影响可以帮助企业积极地制定战略。如图 4.5 所示，影响消费者购买决策的环境因素包括：文化、社会阶层、相关群体、家庭和情境。

文化

消费者的购买行为和产品选择都要受到文化和亚文化的影响（第 3 章）。跨国企业一定要慎重，不能与当地文化冲突。在世界上大多数国家，传统的家庭一般都是家庭主妇

图4.5　影响消费者购买决策的环境因素

采购，但在孟加拉国的农村地区，一般都是男人采购。在全世界大多数地方，周六、周日是休息日，但在穆斯林文化国家，周五、周六是休息日，周日则是工

要 点
一系列环境因素会影响消费者购买决策，包括：文化、社会阶层、相关群体、家庭和情境。

作日。猫和狗是全世界各国最流行的宠物，但是穆斯林家里不能养狗。印度尼西亚每年消费了 2000 亿支香烟，但是只有 10% 的香烟是标准的"白烟"；90% 的香烟是丁香烟，一种除了烟草还加入肉桂、甘草、咖啡、菠萝汁和巧克力的香烟。在美国，商务休闲服装政策已经影响到纤维、成衣、洗涤剂以及洗衣机的制造商。

《COSMOPOLITAN》是著名的主要针对女性读者的时尚类杂志，它在全球有超过 50 个版本发行。各地的版本都考虑了当地的文化敏感性和法律规定。印度版本就没有任何关于性的文章，在中国版本里，性也很少被明确提及。在中国香港，大多数模特都是亚洲当地的名模；但是在中国内地，大多数的模特都是西方人。

墨西哥水泥生产商 Cemex 有一个名为 tandas 的传统社区储蓄计划。在其 PatrimonioHoy 项目中，70 人组成一个团体，每人每周支付 120 比索，一直支付 70 周。每周，该计划会选取一个获胜者，提供建材在其住宅上修建一个额外的房间。Cemex 还为居民自己建房提供技术支持。通过这个项目，Cemex 水泥的销售额增长了 3 倍。

社会阶层

所有社会都存在阶层。财富、收入、教育、职业和居住地是社会阶层的重要影响因素。在这些因素里，职业特别重要，因为根据职业可以大致推出一个人的收入和教育等信息，但从收入和教育等其他因素无法反推出职业信息。有时候，个体会在各个阶层中流动。同一社会阶层的价值观、兴趣爱好、购买偏好（如购买服装和休闲活动）往往都是相似的。

相关群体

一些相关的人和群体会影响消费者。消费者个人常常会与**重要参照群体**有面对面的接触——家庭成员和工作群体。**二级参照群体**包括俱乐部和教会成员以及专业组织机构。**渴望参照群体**是人们由于声望等原因想要加入的群体。足球运动员贝克汉姆在许多青少年中是非常有影响力的，他的足球水平非常高且非常时尚，属于青少年消费者的渴望参照群体——职业足球运动员。

家庭

核心家庭（父亲、母亲、孩子）或大家庭（祖父母外公外婆、公婆岳父母、姑姑阿姨、伯伯叔叔舅舅、堂或表兄弟姐妹、姻亲等）可能会对购买决策产生相当大的影响。文化决定小家庭和大家庭的相对影响力：在西方，核心家庭的影响占据主导地位；而在很多亚洲国家，大家庭的影响是非常重要的。

情境

顾客每天都受情境的影响——如商品的现场展示方式或在线展示方式、时间约束、购买地点等。美国大学生在足球比赛、聚会和春假时，会比平时购买和消费更多的酒。当人们享受免费午餐和其他福利时会容易冲动购置度假房产。拉斯维加斯的度假房地产开发商会提供免费的加长林肯豪华车从酒店接游客去看度假房产，并提供免费美食和代金券激励。

除了以上几个因素，个人因素也会影响消费者购买决策，包括：经济资源，身体和心理健康状况，欲望冲突，生命周期阶段以及生活方式等。

4.3.3　组织购买决策过程中的影响因素

> **要点**
>
> 组织购买决策过程中的重要因素有：
> - 企业对采购的加强重视
> - 采购过程的改变
> - 买卖双方之间关系的演进
> - 供应商数量的减少

组织购买常常比消费者个人或家庭购买涉及的金额更大、时间更持久也更复杂，涉及的人也更多，甚至会卷入政治斗争。组织机构通常用程序和条例来管理组织购买或者采购者与供应商之间的联系。

企业对采购的加强重视

对于很多企业来说，采购支出与企业收益的比例正在显著增加。传统的采购从一个不重要的管理死角演变成了高度重视的战略采购。以下这些因素推动了采购率的上升：

品牌化　由于品牌越来越重要，很多企业主要聚焦于研发和品牌，而选择让其他厂商代工自己的产品。作者写这本书是用苹果笔记本电脑，然而苹果公司并不生产电脑或任何配件。所以，苹果公司需要从代工厂那里大量采购。

外包　外包能帮助企业提高生产率和灵活性，以及减少固定成本。许多大公司将它们的数据中心和其他业务流程外包给像 IBM 和惠普这类的公司。还有很多美国大企业外包软件开发、人力资源、会计职能以及客户服务中心给印度。

组织精简　许多企业在缩减劳动力规模，并逐渐用资本替代了劳动力。相对于其他成本来说，设备、原材料以及其他供应的支出都在显著增加。

采购过程的改变

采购范围的拓展　传统来看，采购部门主要是购买生产要素。但是，现在采购部门也要负责汽车租赁、咨询服务和差旅等。

集中管理　通信技术的发展、计算机以及互联网为企业采购人员提供了更多的手段和方法。他们可以从企业分散的事业部获得每个供应商完整、准确、及时的采购数据，并根据基准数据库跟踪采购绩效。

全球化 我们刚刚讨论的集中管理正在全球范围内扩大，跨国公司在全球范围内搜索供应商。跨国公司希望获得全球合约，随时根据价格差异改变其供应商。

互联网 利用逆向拍卖，基于互联网的B2B交易对标准产品的购买产生了巨大影响。买家有了更好、更便宜的信息渠道，市场更加有效率。阿里巴巴和找钢网都是这样的B2B交易平台。

采购专业化 熟练的采购人员引进了诸如战略性采购的新战略来降低成本、提高质量和提高效率。要成为一个首选供应商，企业必须完成一个详细的信息邀请书（Request For Information，RFI），才能获得一个详细的招标书或需求建议书（Request For Proposal，RFP）。当采购人员对于供应商的成本结构有着很深的了解，并咄咄逼人地就价格进行谈判时，长期的稳定关系已经没有多大意义。

买卖双方关系的演进

一些企业正在不断改进与客户之间的关系，从卖方角色转换到优质供应商，甚至是伙伴关系。

卖方 买卖双方在这个传统的敌对关系中互相保持一定的距离。合约常常是短期的，不断频繁协商的。价格是关键，买方常常由于小的价差和更好的交货条件更换供应商。卖方的销售人员经常需要与采购代理进行谈判，这些采购代理往往会对供应商隐瞒信息，以获得谈判优势。

优质供应商 供应商和客户都相信他们接收到的价值，比如高品质成品，来自密切的长期合作关系。双方都会为持续的质量改进而努力。供应商通过提供比竞争者更大的价值而获得优势。

伙伴 买卖双方共同分享和开发未来的战略、技术以及资源。双方都关注整个价值链，并根据价值和价格来做出购买决策。双方企业都深度卷入对方产品的开发周期。随着供应商参与客户重要问题的解决，日常信息和敏感信息在双方之间互相自由流通。

供应商数量的减少

传统的采购部门会发出许多的招标说明书给潜在供应商，然后基于一些标准如价格和交货速度进行选择。由于改进的供应链系统提高了从原材料到成品的效率，许多企业只与少数几个供应商建立更密切的联系。

───── 本章要点 ─────

为了吸引顾客、保留顾客和发展新顾客，企业应该通过回答下面三个关键问题来深刻洞察顾客。

谁是顾客？

企业在识别顾客方面，应该探究的几个问题：

· 宏观层面的顾客——组织；微观层面的顾客——个人。

· 直接顾客——用钱来购买企业产品或服务；间接顾客——通过中间商从企业产品中获得价值。

· 现有顾客和未来顾客。

· 顾客在购买决策中的角色。

顾客需要和想要什么？

企业通过提供价值来满足顾客需求。企业应该从以下几个方面洞察顾客：

· 显性需求和隐性需求。

· 接受企业传递价值的是组织或者组织中的个人。

· 企业在产品中设计特征和属性，企业提供给顾客的是利益和价值。

· 价值类型：功能性价值、心理性价值和经济性价值。

· 超越顾客利益和价值的顾客体验。

顾客如何购买？

企业从顾客购买决策过程中洞察：

· 顾客购买决策过程包含六个阶段——认识问题、搜寻信息、评价备选方案、做出决策、购买产品、购后流程。

· 顾客购买过程中既有理性决策，也有非理性决策。

· 影响消费者购买决策的环境因素包括文化、社会阶层、相关群体、家庭以及情境。

· 影响消费者购买决策的个体因素包括经济资源、时间资源、认知资源、身体和心理健康状况、生命周期阶段和生活方式等。

· 影响组织购买决策的关键因素有：企业对采购的加强重视、采购流程的改变、买卖双方关系的演进、供应商数量的减少。

第5章

竞争者、企业自身和互补者洞察

学习目标

学习完本章后，你应当能够：

- 定义竞争者洞察，并阐明获得竞争者洞察的重要性
- 识别企业当前的竞争者和潜在的（未来的）竞争者
- 识别企业的直接竞争者和间接竞争者
- 描述竞争者的优势和劣势
- 预测竞争者的目标和未来行动
- 评估企业自身的竞争地位
- 了解互补者的来源以及类型

开篇案例 ▶ 波音和空客

　　波音和空客是大型喷气式客机市场的竞争对手，总部分别设在美国芝加哥和法国图卢兹。波音成立于 1916 年，在 1958 年推出第一架现代喷气式飞机，在运营的客机数量达到 2.5 万架；空客成立于 1970 年，有 5000 架飞机在运营。自 1930 年以来，波音一直是市场领导者，但空客不断挑战波音的领导者地位。到 2016 年，波音与空客基本平分飞机行业的市场份额。

　　波音 737 和空客 320 一起占据了飞机行业 80% 的市场份额。波音和空客彼此竞争，高管常常诋毁对方的产品，两家公司还陷入政府补贴的长期争夺。

　　但是，2019 年 3 月 10 日，埃塞俄比亚航空一架波音 737 MAX 8 型飞机在起飞阶段坠毁后，全球所有 737 MAX 机型在 4 天之内均遭停飞。受737 MAX 机型停飞事件影响，波音 2019 年的交付数量仅 380 架，较上年度的 806 架减少超过一半。同时，这一年净订单数量为 -87 架，这是 30多年来波音首次出现订单减少。这给了空客超越的机会。2019 年，空客

> **案例思考**
>
> 如果你负责波音（或空客）的竞争对手研究，你想获得关于空客（或者波音）的哪些洞察？你将如何获得？

获得 768 架新订单，并趁势取代波音成为全球最大的飞机制造商。

最近几年，波音被称为梦幻客机（Dreamliner）的 787 的交付不断增多，737 也有增长趋势。到 2023 年第一季度，由于 737 和 787 交付增多，波音商用飞机交付了 130 架，同比增长 37%。这是自 2018 年第二季度以来，即近五年来波音首次在单一季度交付的飞机数量超过空客，表明这家美国飞机制造商的生产在多年来遭受干扰后正在回归正轨。市场也对此做出了反应。2023 年 4 月 26 日美股盘前，波音公布 2023 年第一季度财务业绩。第一季度其实现营收 179.2 亿美元，上年同期 140 亿美元，同比增长 28%，高于市场预期。

空客 A350 是空客最新的飞机，是空客为了和波音 787 竞争而推出的机型。A350 是最先在机身与机翼同时使用碳纤维强化聚合物的民航飞机，亦是目前全球越洋飞行许可级别最高，以及航程最远的一款民航飞机。截至 2020 年 1 月，空客获得了 935 架 A350 订单，并已交付 349 架。

但是，最近几年空客的增长乏力。2023 年第一季度空客向 54 家客户交付了 127 架商用飞机，收入为约 127 亿美元，同比下降 2%。

除了空客和波音之间竞争激烈外，潜在竞争对手也在崛起，如加拿大庞巴迪公司（Bombardier）、巴西航空工业公司（Embraer）以及中国商用飞机有限责任公司（COMAC）等。

在本章，我们将以第 3 章的波特五力模型为基础，讨论企业面临的竞争挑战，确定具体的竞争对手，呈现获得竞争者洞察的过程。**竞争洞察**为深入了解竞争者提供了独特的战略视角。

通过竞争洞察，我们的最终目的是了解：

· 什么是竞争者没有能力做的？

· 什么是竞争者不会去做的、不愿意做的？

· 什么是竞争者即使做了，但也具有劣势的？

具体来说，我们开发了一个竞争洞察理论框架来探讨：

· 如何来描述竞争对手——他们的优势和劣势（能力和困难）；

· 如何评估竞争对手——他们的战略选择；

· 如何预测竞争对手的行动——推测他们会做什么；

- 如何管理竞争对手——影响其行为从而使企业受益；
- 企业自身洞察——了解竞争对手的同时也了解自己；
- 互补者洞察——了解可以帮助企业实现目标的互补者。

5.1 竞争者

5.1.1 提升竞争者洞察

几乎所有行业的竞争强度都在不断增加。几乎每一个管理者都会告诉你，竞争加剧是一个全球现象。竞争在下列领域尤其激烈：取消管制的行业，产品、工艺或技术迅速变化的行业，国有企业私有化，政府开始降低或消除关税、配额和其他竞争壁垒。在监管和限制越来越多的行业，如金融服务和药品行业，竞争亦面临挑战。这些企业必须更加努力和敏捷，以获得深入的竞争者洞察，并将此融入战略营销决策之中。这样才能通过发挥差异化优势来吸引顾客、保留顾客和发展新顾客。

研究表明，许多企业很少关注竞争者洞察。它们可能以缺乏时间或资源为借口，或是目光短浅，或是集体思维短路，从而不了解竞争者的威胁。良好的竞争者洞察可以降低决策制定的不确定性。营销最基本的任务是吸引顾客、保留顾客和发展新顾客，但其他人也正在做同样的事情。企业应该知道今天谁是自己的竞争对手，明天又将是谁；竞争对手现在在做什么，未来可能会做什么。在本章中，我们提出形成竞争者洞察的框架并展示其对企业的价值。

要获得完善的竞争者洞察并不容易，但许多大公司如 IBM、施乐和花旗银行为获得竞争者洞察不遗余力。企业为获得竞争者洞察面临的挑战有：

- 企业用过时的数据进行分析。
- 企业认为获取高质量竞争者数据的成本太高。
- 企业不投入必要资源去获得竞争者洞察。
- 企业无法深入了解竞争者。
- 企业专注于当前的竞争者，但忽略了潜在的竞争者。
- 管理者获得了正确的竞争者洞察，但不采取行动。

图 5.1 展示了获得竞争者洞察的五步骤框架。第一步是识别竞争对手，第二步是描述竞争对手，这两步至关重要但还不够。不幸的是，很多企业止步于此。识别和描述竞争对

手是评估竞争对手（第三步）、预测竞争对手（第四步）、管理竞争对手（第五步）的基础。为了获得卓越的竞争洞察，企业必须在每个步骤都表现优秀，对于竞争者的已知和未知都了如指掌。

营 销 问 题
根据图5.1的分析框架，为你的企业完成竞争洞察。

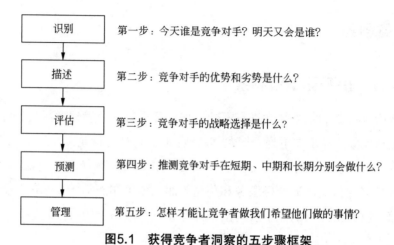

图5.1　获得竞争者洞察的五步骤框架

5.1.2　识别竞争者

竞争者指其产品或服务提供与本企业类似或更好的利益和价值，吸引、保留和发展与本企业类似顾客的企业。当然，顾客通过购买决定谁与谁竞争。今天，企业面对的是**当前竞争者**，明天企业面对的可能是当前的**潜在竞争者**。我们主张从广义角度来看竞争者，正如在第4章中我们主张从广义角度来了解顾客一样。许多企业过于狭隘地理解竞争者，只关注与自己类似的企业。例如，好莱坞曾经没有意识到电视会是其竞争对手，纸杯制造商没有应对来自塑料企业的竞争。当企业对竞争者的认知过于狭窄，那么它可能无法识别许多中期和长期的威胁。识别竞争者必须考虑以下三个关键领域：

· 竞争结构

· 竞争动态

· 企业自身作为竞争者

竞争结构

图5.2展示的是第3章中提及过的波特五力模型。五种力量中有三种是竞争力量：当前的直接竞争者、潜在的新加入者和间接的竞争者，另外两种力量

是供应商和购买者。我们前面了解到供应商和购买者可能给企业带来巨大压力，分别来自向前和向后一体化：通过开展企业目前经营的业务，供应商和购买者将成为企业直接的竞争对手。

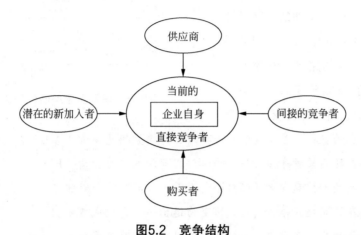

图5.2　竞争结构

接下来，我们简化了波特五力模型，用两个分类维度以帮助企业评估竞争者并获得深刻洞察。

直接和间接的竞争者　直接竞争者以相似的产品、技术和商业模式为类似的顾客提供同类利益和价值。间接竞争者为类似的顾客提供类似的利益和价值，但提供不同的产品、技术或商业模式。

当前的和潜在的竞争者　今天，企业面临的是当前的竞争者，而明天企业可能面对的是潜在的竞争者——一些今天甚至还不存在的竞争者。

图5.3用两个维度来标识这四种类型的竞争威胁，它可以帮助企业决定哪些威胁最严重，应该在哪里部署其资源：

·**当前的直接竞争者（单元A）**。竞争现状——现存公司之间的传统竞争。

·**当前的间接竞争者（单元B）**。比单元A的竞争者更难识别。它们以不同的方式行动，并以不同的方式提供顾客利益和价值。

·**潜在的直接竞争者（单元C）**。其行动类似于单元A中的竞争者，但可能来自不同行业或区域。

·**潜在的间接竞争者（单元D）**。最难识别的竞争者。现在它们不与你展开竞争，也无法预知其何时何地会出现。

> **要点**
>
> 最严重的竞争威胁可能是最不明显的。

> **营销问题**
>
> 以比亚迪汽车为例，谁是当前的直接竞争者？谁是当前的间接竞争者？谁是潜在的竞争者——直接的还是间接的？

竞争动态

我们可以拓展图5.3来展示竞争如何演变。下面这些情况可能导致竞争局面发生巨大变化：新竞争者进入、本地的或区域性的竞争对手成为全国或跨国公司。图5.4显示了竞争对手可能变化的路径，并帮助企业预测一种竞争威胁可能转变为另一种竞争威胁。一共可以识别出八种转变：

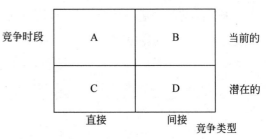

图5.3 识别竞争威胁的框架

- **转变1**：从潜在的直接竞争者（C）转变为当前的直接竞争者（A）。
- **转变2**：从潜在的间接竞争者（D）转变为当前的间接竞争者（B）。
- **转变3**：从潜在的直接竞争者（C）转变为退出——不再构成威胁。
- **转变4**：从潜在的间接竞争者（D）转变为退出——不再构成威胁。
- **转变5**：从当前的直接竞争者（A）转变为退出——不再构成威胁。
- **转变6**：从当前的间接竞争者（B）转变为退出——不再构成威胁。
- **转变7**：从当前的直接竞争者（A）转变为当前的间接竞争者（B）。直接竞争对手已经采用了一些新的方法来满足客户的需求。

- **转变8**：从当前的间接竞争者（B）转变为当前的直接竞争者（A）。间接的竞争对手转变为提供类似产品或服务的直接竞争对手。

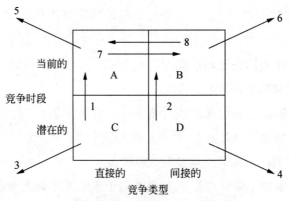

图5.4 跟踪竞争威胁演变的框架

企业自身作为竞争者

我们往往理所当然地认为，所有的竞争对手都来自其他企业。对产品和品牌经理来说，最艰难的竞争可能来自企业内部。不同的业务部门争夺企业有限的资源，如销售队伍的时间，财务、人力资源和系统预算，甚至竞争顾客。企业可能会鼓励**内部的竞争**。

有意引发的内部竞争　有些企业有意培养达尔文式的内部竞争，以提高抵御外来竞争的能力。他们相信，竞争产生的创新足以弥补资源的重复配置，尤其是顾客可以在同一家公司下选择不同产品或品牌。宝洁公司定期开发和引入平行产品（如宝洁公司旗下不同品牌的洗发水），以推出更好的产品并快速地推向市场。腾讯公司的 QQ 和微信之间也存在竞争，甚至在微信研发过程中也有多个团队在互相竞争。

> **要点**
>
> 要关注来自公司内的潜在竞争。

偶发的内部竞争　内部竞争往往随着时间发生变化。假设企业以两个细分市场为目标，为细分市场 A 提供产品 1，为细分市场 B 提供产品 2。随着时间的推移，这些细分市场可能合并，企业的产品和服务也会变化。两个原本独立的产品可能会变为互相竞争。

上面我们讨论了竞争洞察框架的第 1 步，即识别竞争对手。接下来，我们讨论竞争洞察框架的第 2 步至第 5 步，企业应该专注于最严重的竞争威胁并形成深刻的竞争洞察。

5.1.3　描述竞争者

描述竞争者时要关注以下四个关键领域：

· 应该收集竞争者的哪些数据？

· 竞争者数据来源有哪些？

· 收集竞争者数据应使用哪些流程？

· 使用什么框架来描述竞争者？

收集竞争者数据

要有效地描述竞争者，企业必须决定自己想知道什么，想根据这些数据做出何种决策。获得好的竞争洞察需要获得正确的数据。我们将从**数据层次**和**数据类型**两个方面进行介绍。

> **要点**
>
> 收集竞争者数据时，企业应该清楚自己需要的数据层次和数据类型。

数据层次　企业应考虑如下四个组织层次的数据：企业层、业务单元层、市场层和细分市场层。如果一个家电企业以海尔为竞争对手，那么描述海尔的数据档案应包括如下四个层次：

第一层：企业 海尔如何在消费电子产品、家用电器、个人计算机和房地产等主要业务单元分配资源？有何收购和资产剥离计划？海尔在创新与提高效率投入方面如何部署？

第二层：业务单元 海尔的家电产品组合包括洗碗机、微波炉、电磁炉、冰箱、洗衣机、烘干机、热水器等，海尔如何分配资源？

第三层：市场 在冰箱市场，海尔的战略是什么？海尔如何细分市场？关注哪个细分市场？海尔冰箱研发有哪些成果？海尔的冰箱产能如何？产能利用率如何？

第四层：细分市场 在企业与海尔展开竞争的细分市场上，海尔提供哪些品牌？海尔如何定位？海尔生产哪些型号？海尔的价格是多少？海尔的消费金融信贷条件是什么？零售商如何展示海尔产品？海尔的促销重点是广告、销售人员还是电商等？海尔的核心信息是什么？目标顾客如何评价海尔产品？海尔在这个细分市场的盈利能力状况如何？

收集竞争者数据的负责人通常因数据层次不同而异。在企业层和业务单元层，竞争情报小组通常通过直接接触行业分析师和咨询公司获取数据。产品经理和市场经理则通常负责市场层和细分市场层的数据。相关的负责人应发展他们自己的数据网络。不同数据层次的数据类型不同，相应的数据收集方法和分析方式也有很大差异。

数据类型 定量数据和定性数据都应该收集。定量数据包括盈利能力和市场份额：证券交易所通常有上市公司的相应数据；商业数据服务公司也会提供其他企业的相关数据。定性数据包括竞争对手公司管理者的特长以及预期的战略行动等。互联网提供了很多方法来获得定性数据。

竞争数据收集不应该只集中于营销问题。企业需要的竞争者数据应该包括竞争者的产品或服务、运营、财务、成本核算系统、物流、经营理念（包括创新和承担风险的意愿）、研发等信息。例如，施乐公司通过从经销商处购买竞争对手的产品计算出竞争对手的客户价值和制造成本。企业应密切关注竞争对手的非法行为，如专利和商标侵权行为、掠夺性定价、价格垄断、误导消费者的广告等。

竞争者数据的来源

如果企业内部已经掌握了一些竞争者数据，应该让这些数据为营销人员和分析师所用。企业还必须从外部渠道寻求竞争对手的数据。无论是内部数据还是外部数据，都有两种类型：**二手数据**可以通过公开报表、申报文件或互联网得到，企业必须收集和整理，根据相关问题解释这些数据的含义；**一手数据**需要通过客户访谈和调查获得。对于重要的数据，营销人员和分析师应该寻求多来源数据，交叉验证以确保可靠性。表5.1列出了不同竞争问题的数据来源。

要　点
公司可以从许多外部和内部渠道获得及时的竞争者信息。

表5.1　数据的内部和外部来源

竞争者数据类型	企业内部数据	企业外部数据
产品线	·销售、市场、工程人员 ·行业研究	·竞争对手的产品目录 ·贸易展览 ·贸易协会、新闻、顾问 ·制度和专利申报文件
产品可获得性	·分销和物流人员 ·销售人员报告	·顾客满意度调查 ·第三方（行业分析师）研究 ·访问经销商
特征	·销售、市场、工程人员 ·内部数据分析和试验	·产品评论的行业出版物 ·竞争对手的文献和顾问 ·竞争对手的网站
功能	·产品比较研究 ·逆向工程	·消费者报告 ·专业贸易报告/行业观察员
形象和声誉	·市场、销售和广告人员 ·追踪调查	·顾客感知和第三方研究 ·竞争者广告、促销和公关
价格	·市场、销售和服务人员 ·销售人员报告	·竞争对手的价格清单 ·访谈终端客户
销售和关系	·销售人员报告 ·管理评估	·访谈客户和渠道成员
服务	·服务人员比较 ·比较研究	·客户，第三方评估 ·神秘购物者报告
一般信息	·企业的高级主管	·竞争对手的网站 ·网络社区和论坛 ·投资银行家/行业分析师 ·媒体（本土，全国性） ·年度报表，资产披露报告等

获取竞争者数据的流程

许多收集竞争者数据的努力都因流程不合适而失败——资源太少，缺乏交叉验证，企业需要长期视角的数据却关注短期竞争行为。竞争者数据收集方案需因关注点和所需资源不同而不同。

竞争 有时了解竞争对手的最佳方式是观察就够了。通过在市场上日复一日的竞争，企业就可以观察到重要的竞争洞察。

竞争情报部门（Competitive Intelligence Department，CID） 该部门负责竞争者信息的收集、分析和发布。该方法使情报收集工作高度集中，但成本昂贵。

竞争情报系统 所有员工都应该为竞争情报负责，并形成一种企业文化。他们每天接触竞争对手的数据，关键是要将这些数据与竞争情报部门分享。小组成员核对、分类和整理他们所收集到的数据，然后发送给那些需要该数据的成员。这种做法的成本低于上一种方案，但焦点和精力过于分散。

战略计划的正式开发 当企业的主要竞争对手很少时，它可以站在竞争对手的立场制订战略计划。这种高度集中的方法通常在只有一个或两个竞争对手的情况下使用。波音用这种策略应对空客，AMD也用这种策略应对英特尔，反之亦然。

多团队对抗游戏 在这些对抗游戏中，对抗组分别扮演两个角色：企业自身或竞争对手。每个团队制订和展示其战略和行动计划；企业和竞争对手然后制订反击战略和行动计划。用一天或两天时间集中召开会议的形式进行，这个过程可以形成重要的竞争洞察。

回顾业务丢失和业务获得（复盘） 企业应该寻找赢得或者失去某个订单的原因。在管理规范的公司，这一过程属于标准流程之一。通常情况下，客户也愿意分享此信息。

影子系统 要求个别高管或团队成员以全职或兼职的方式盯住某个特定的竞争对手。当追踪成为一种责任时，它可以相对较低的成本有效地关注竞争对手的情况。

企业还应关注竞争者数据收集的伦理性和合法性。在本书中，我们的立场是明确的：有许多合乎道德和合法的手段来获取竞争者的数据；企业不应使用不道德或非法的手段如盗窃、贿赂、秘密录音、失实陈述、故意损害某人的工作或安排间谍于竞争企业中。一些手段尽管是合法的，但可能是不道德的，如企业不招聘员工，却通过工作面试来搜罗竞争对手数据。

事实上，不用违背任何原则，企业就可以获得良好的竞争者数据，因为大多数组织会自己泄露。当企业的竞争者数据收集努力失败时，其原因通常是没有利用足够的资源或没有重点。但是，如果竞争对手会泄露信息，你的企业也会泄露！反情报工作也是至关重要的，企业应采取积极措施保护其数据：

1. 根据保密程度对信息进行分类。

2. 执行**竞业禁止协议**，不允许离职员工在规定的时间内为竞争对手工作。

3. 培训那些"大嘴巴"员工，尤其是参加行业会议及社交活动时，教他们成为很好的倾听者——多听少说。

4. 使用**保密协议**，禁止向第三方泄露信息。企业顾问以及其他合同签订者都应该遵守。

描述竞争者的框架

为了获得竞争洞察，企业必须用有效的框架来组织竞争数据。通过对企业与竞争者的差异化诊断可以获得良好的竞争洞察。我们将用到四个基本板块即竞争者的组织、竞争者的优势和弱点、竞争者的环境、竞争者的思维方式。这四个基本板块的分析能帮助企业了解第五个板块，即竞争对手的当前战略和绩效；同时还能洞察竞争者的未来战略。当然，这个框架还应根据分析层次如企业层次、业务单元层次、市场层次或细分市场层次不同而进行调整。

◎竞争者的组织

描述竞争者组织如何运作。

文化 行为、规范、理念和价值观一起描述竞争对手的状态和其成员如何运作和行动。

组织结构 各个职位的基本职责和从属关系。

工作流程 会计流程、信息流程、控制与监管、奖励制度和流程。

◎竞争者的优势和弱势

描述竞争者的资产、能力、胜任力和弱点。

资产 包括形成竞争者品牌资产和顾客忠诚的财务、物质、组织、人力、政治、知识和感知资产等，这些资产可能是专属的或非专属的。企业还应该评估竞争对手的债务、情感承诺或是一些商业决策的盲点。

能力、胜任力和弱点 竞争者能胜任的领域，包括其丰富的当地经验，广泛的能力范围，以及哪些领域竞争者表现比较差。专业能力包括构思和设计、生产、营销、财务和管理能力。竞争对手应对风险的方式以及它们的响应速度都可能成为一种胜任力。

◎竞争者的环境（包括和其他组织的关系）

价值链 竞争对手主要的工作以及它们如何联系外部实体，例如供应商和

营销问题

选择一个企业，识别其主要竞争对手。使用互联网和其他资源，为你选择的企业完成竞争分析框架。

消费者。企业必须分析以下四个核心问题：

· 竞争对手的成本优势在哪里？

· 竞争对手的成本劣势在哪里？

· 竞争对手的价值优势在哪里？

· 竞争对手的价值劣势在哪里？

联盟和特殊关系 联盟是竞争对手和其他实体如供应商、消费者和分销商之间建立的正式的经济关系。特殊关系是指竞争者与政府机构、政治团体、公共利益团体、供应商以及消费者之间非正式的关系。

网络 联盟以及各种关系的集合。企业的竞争对手可能是一个网络，而不仅仅是一个单独的竞争者。

◎竞争者的思维方式

竞争对手的思维方式以及做决策的基础，它们的假设是什么？它们认为什么是理所当然的？

◎当前战略和绩效

描述竞争对手是如何行动的及其结果。

市场战略 企业要观察竞争对手的行动，并推导出其市场战略。

其他主要资源部署 竞争对手可能新建工厂、扩建现有厂房以及大量增加某种研发投入。竞争对手还可能对不同业务类型投入不同水平的资源。

绩效 绩效指标或为财务数据，或为市场导向数据。财务指标包括股价表现到产品线盈利能力，市场导向指标则包括市场份额和顾客满意度。

企业用上述的分析框架搜集到的数据会不会非常多？对！描述竞争者的工作心脏强大的人才能胜任。记住：竞争者正在努力地吸引、保留和发展你的顾客！如果它们能够成功，将得以存活和发展，而你的企业将被淘汰，你也将失去在这个企业的工作。因此，这个任务对于企业和你来说都非常重要。

聚集信息

有时企业会直接从它们收集的数据中洞察竞争对手。有时，洞察竞争对手须整合多个数据。企业获得竞争者的产品、广告、服务、分销和价格数据，但是无法看到这些数据背后的真正含义，必须对这些数据进行推断。表5.2展示了如何用指标进行推断。

表 5.2　根据指标进行推断

指标	推断
聘用新的客户服务经理	竞争对手准备提高服务质量
重组客户支持和服务部门	初步确认竞争对手开始提高服务
客户支持和服务部门向营销副总裁汇报（而不是销售副总裁）	服务重要性提高的标志
为销售队伍开发新的培训项目	提升对所有关键细分客户的服务
通过广告来强调顾客服务	服务对吸引、留住和发展新顾客是有价值的
董事长评论："顾客对产品质量和服务质量有着同样的期待。"	服务已经成为竞争对手的一种经营理念，服务将被制度化
顾客对我们的销售人员说："×××公司正在为我们做以前他们做不到的事情。"	确认竞争对手正在制度化管理服务质量并着力于发挥服务的杠杆作用

注意，做决策的不是竞争对手，而是在竞争对手企业工作的人。企业要确定竞争对手的决策制定者和影响者。

5.1.4　评估竞争者

评估竞争者是为了洞察竞争者的战略可选方案。根据战略可选方案，就可以推测竞争者的行动。确定竞争者（第一步）以及描述竞争者（第二步）非常重要，但这只是企业洞察竞争者的基石。只有了解竞争者的未来行动才能准确判定竞争者的能力。竞争者评估分析帮助企业回答下面三个关于竞争评价的问题：

· 为了成功，竞争者有哪些方案？

· 为了完成每个方案，竞争者需要做什么？

· 竞争者有能力完成吗？（它是否拥有完成某一方案的资源？）

竞争者评估分析

竞争者评估分析（Competitor Assessment Analysis，CAA）是一个强有力的分析工具，可以用这个工具分析一个市场或细分市场中的单个竞争者或多个相似竞争者。竞争者评估分析将顾客视角与企业资源对应，企业和竞争者通过传递利益和价值来满足顾客需求。企业和竞争对手必须拥有资源来传递这些利益和价值。企业必须要确定自己的差异化优势和识别竞争对手的差异化优势。

差异化优势是提供给某个细分群体愿意支付的一个利益或一群利益，在其他地方无法获得或者顾客认为在其他地方无法获得（见第1章）。识别差异化优势有五个步骤。表5.3展示了一个细分市场的竞争者评估分析。

表5.3　竞争者评估分析示例

顾客要求：需要，利益，价值（A）	重要性排序（B）	必要的能力或资源（C）				
		高效率的生产	良好的分销	即时交付	资金充沛的研发	可获得低成本原料
产品容易获得	1	*YN	*YYY			
低价格	2	*YN				*YYN
少存货	3			*N		
含有尖端科技	4				*YYN	
其他						

· 步骤1：根据需求、利益和价值确定顾客的要求。用头脑风暴法和市场调研法实现。

· 步骤2：根据重要性排序。将第一步中得出的顾客要求减少到企业可以控制的条目，以6～10项为佳。再依据顾客要求的重要性排序，将要求和排序数字分别填在A栏和B栏中。

· 步骤3：确定必要的能力和资源。任何企业都必须有能力和资源来满足A栏中的顾客要求。例如，产品容易获得需要企业高效率的生产和分销能力；提供低价格产品需要企业具有高生产效率和可获得低成本原料。在C栏中填入这些能力和资源。

· 步骤4：识别匹配。如果A栏中的顾客需要、利益或价值与C栏中的企业能力或资源匹配，在A栏和C栏交叉的方格中填上星号（*），结果可以获得一个分散分布的矩阵。对于特定的顾客需要、利益或价值，某些能力和资源是无关的。例如，对于产品容易获得这个要求而言，即时送货、资金充沛的研发和可获得低成本原料都不是决定性因素。但是某些能力或资源可以满足多种顾客要求。

· 步骤5：检查匹配。检查每个填写星号处的方格内容，回答下列三个问题，是否回答下一个问题取决于上一个问题的答案：

要点

竞争者评估分析是评估企业与竞争者之间优劣势的好方法，可以帮企业获得竞争者的可能行动方案。

a. 相关性。企业是否拥有满足这种顾客需求、利益和价值的能力或资源？有，填 Y；没有，填 N。

b. 优越性。检查每个已经填写 Y 的方格。企业拥有的能力或资源是否优于竞争者？有，填 Y；没有，填 N。

c. 可持续性。检查每个已经填写 YY 的方格。竞争者模仿企业拥有的能力或资源是否有难度？有，填 Y；没有，填 N。

表格中标记的含义：

· YYY。企业拥有可持续的差异化优势，其能力和资源可以满足顾客的需求、利益和价值，而且能力优于竞争者，难以被竞争者追赶和模仿。

· YYN。企业的能力和资源可以满足顾客的需求、利益和价值，有一定优势，但容易被竞争者追赶和模仿。

· YN。企业的能力和资源可以满足顾客的需求、利益和价值，但没有优势。

· N。企业有显著的弱点和劣势。

通过分析表 5.3 中的结果，企业可以探究竞争者的选择。

· YYY：企业的产品容易获得、具有良好的分销系统。在顾客最重视的领域，企业拥有差异化优势。如果竞争者重视这个细分市场，则将投入更多资源来改进其分销系统。

· YYN：在顾客第二重要的需求（低价格/可获得低成本原料）和第四重要的需求（含有尖端科技/资金充沛的研发）上，企业领先于竞争者。竞争者可能在采购上加大投入或是增加研发的支出。

· YN：在顾客第一重要的需求（产品容易获得/生产有效率）和第二重要的需求（低价格/生产有效率）上，企业和竞争者都能很好地满足顾客。竞争者可能通过改进生产工艺超越企业。

· N：在顾客第三重要的需求（少存货/及时交付系统）上，竞争者占据主导地位。预计该竞争者将会从即时交付的角度来与顾客进行沟通，保持其领先地位。

以上的示例展示了企业如何从竞争者视角来看细分市场，并预测某个竞争者最可能采取的行动方案。企业应该这样一个一个地重复分析其所有竞争对手的行为。

5.1.5　预测竞争者行为

上述的竞争者评估分析产生了竞争者的一系列可能性方案，企业必须评估竞争者会采取哪个方案。竞争者会继续执行当前战略,还是会做战略转变——短期的、中期的还是长期的改变? 竞争者可能会做哪些具体改变? 竞争者试图实现的目标是什么? 具体的问题包括:

· 竞争者在这个市场的目标是什么? 了解竞争者的目标有利于预测其资源分配。

· 竞争者将进入哪个细分市场? 竞争者将如何实现其目标: 价格领导者、运营领先者、产品领先、分销优势还是其他? 竞争者关注顾客哪些行为?

· 竞争者的持续竞争力是什么? 是长期投入吗? 还是当遇到阻碍时可能会退出? 有时竞争者的退出并不见得对企业有利,因为竞争者剥离的业务单元可能发展成一个更强有力和更难对付的竞争者(例如,被别的企业收购)。

场景法是评估竞争者方案特别有效的一种方法,可以帮助企业理解和预测竞争者的行动。场景是关于一个合理的选项未来如何演化的描述,企业应该为每个选项开发一个场景。根据不同情况和假设,企业可以比较这些场景来洞察竞争者可能的行动。这个方法通过从多个备选场景中选择竞争者最有可能的行动来预测其未来行为。场景有以下三种主要类型:

· **紧急场景**: 从当前战略出发,考虑可能出现的紧急情况。

· **无约束场景**: 基于开放式的假设问题,推测可能发生的结果。

· **有约束场景**: 猜测不同市场和行业约束条件下竞争者会如何行动。

有效的场景应该具有以下重要特征:

· **清晰的情节和逻辑**: 故事由一系列逻辑清晰的事件组成。

· **逻辑内在一致性**: 故事情节连贯。

· **特定的时间框架**: 故事中每个关键事件、行动和结果发生在一个特定时间。

· **决策 / 行为导向**: 企业必须能从中获得关于竞争者近期和将来决策的启示。

企业在建立场景时,还必须包括下列要素:

· **结果状态**: 在未来某个时间的结果。

· **情节**: 竞争者必须做什么事情才能结束。

· **推动力量**: 所有可能塑造和推动故事情节发展的条件、趋势、事件和情境等。

· **逻辑**: 情节发展和最终结果的证据及原理。

以上关于场景及其特征的描述相当抽象，下面我们用一个例子来加以说明。日光公司是一家虚构的酸奶生产商，其主要竞争对手月光公司正考虑实施低价进入战略。我们从预测月光公司的战略选项即低价策略开始，月光公司实施该策略的逻辑及其环境状况使我们能够确定月光公司实施该策略的结果。这些结果对日光公司将产生直接的启发。

预测的月光公司战略选项

· 为价格敏感的顾客增加一条低价产品线。

· 该定价产品将使用新品牌名。

· 保持高服务水平，并使用高效的全国分销系统。

· 价格与低端竞争对手相同，定位为日光公司低端产品的竞争对手。

· 一年内达到财务收支平衡，三年内占据 10% 的低端市场份额。

月光公司支持该战略的逻辑

· 月光公司必须延长产品线以获得范围经济（Scope Economy）和竞争上的先发制人。

· 月光公司能从有声誉的供应商获得产品。

· 月光公司声称，有能力与相关企业建立联盟。

· 该进入战略符合月光公司的核心假设即存在独特的细分市场。

· 该进入战略可以利用月光公司优秀的营销和销售能力。

· 月光公司的组织文化——成为行业领先者——支持了该进入战略。

月光公司的环境支持该战略的逻辑

· 月光公司当前细分市场的增长率无法支撑它公布的盈利计划目标。

· 低端细分市场具有更高的增长率。

· 渠道要求供应商有更广的产品覆盖率。

· 在低端市场上的成功竞争者可能正考虑增加高端产品。

· 新的供应商专门为品牌竞争者提供产品。

· 如果月光公司能够以优质低价的好形象迅速打响新品牌，并辅以强有力的渠道支持，那么该预期战略就能成功。

月光公司实施该战略的结果

月光公司将需要：

· 确定产品内容。

·开发产品。

·组织销售力量。

·获得供应商。

·建立自己的生产线。

·制定营销方案。

·为新产品线建立新的贸易关系。

·早期的市场渗透预计将让月光公司获利颇丰。

·月光公司需要面对如下重要问题：如何差异化定位其产品、如何建立品牌形象和如何最优化利用其分销渠道等。

·月光公司需要监控每一步骤的执行效果。

对日光公司的启发

月光公司的新市场进入：

·将会对日光公司当前的市场战略造成直接威胁。

·将彻底改变当前的市场格局。

·可能使潜在的供应源减少。

·可能危害到潜在的联盟伙伴。

·相似产品将通过同一渠道卖向同样的顾客。

·日光公司现有能力不足以维持销售增长。

·日光公司需要制定新战略方案。

·日光公司需要比原计划更快地推出新产品线。

注意该场景是如何满足我们上文所提及的要求的。它有清晰的情节、连贯一致的逻辑、特定的时间框架和决策／行为导向。当然，该场景只是日光公司所假想的可能性场景之一。为了更准确地预测月光公司的行动，必须为月光公司每个可能的、合理的战略选项都制定一个场景。日光公司再从多种场景中选择月光公司最有可能采取行动的场景。

5.1.6　管理竞争者

识别竞争者的战略选项和预测其战略可以使得企业在市场竞争中占据有利位置。要是能改变甚至管理竞争者的行动就更好了！在试图使竞争者朝着对企业有利的方向行动时，企业需要回答以下两个问题：

· 企业希望竞争对手采取什么行动？

· 企业希望竞争对手不要采取什么行动？

2002 年，美国个人电脑制造商戴尔公司曾试图影响其竞争对手惠普公司的行动。尽管戴尔公司和惠普公司在 1998 年签订了 8 年的供应合同，戴尔公司可以销售惠普公司的打印机产品。但 2002 年 7 月，戴尔公司却突然宣称和美国利盟公司（Lexmark）结成联盟来销售戴尔公司自有品牌的打印机。仅仅 4 天后，惠普公司撕毁了与戴尔公司的供应合同，不再将打印机等多项产品出售给戴尔公司。观察者普遍认为戴尔公司通过在打印机市场上发动价格战，使得惠普公司无力支持其正在亏损的个人计算机业务，从而赢得与惠普公司在个人计算机市场上的竞争，以保持戴尔公司的头号个人电脑制造商的位置。

信号

企业可以向竞争者发出信号，以期竞争者会依据这些信号并采取相应的行动。

先发制人信号　企业发送先发制人信号，从而使得竞争者做出有利于企业的决策。如在成熟行业，市场份额近似于产能份额。为了维持市场份额，企业会阻止竞争对手增加产能，宣称自己将扩充产能。2006 年，AMD 公司副总裁达利尔·奥斯特兰德宣称："我们将在 2008 年完全拥有三分之一的市场份额。我们将一如既往地提升产能。我们不会多建，但也不会少建。"

有时，企业必须决定是否以及如何来应对竞争者的行动。有许多竞争者的行动，不需直接回应。一旦要回应，企业必须做出如下相关决定：

· 在哪里回应？在同一市场还是不同市场回应？

· 回应速度多快？迅速回应还是等市场评估后再回应？

· 如何回应？企业需要追赶竞争对手还是超越竞争对手？

本章内容为回答上述问题建立了坚实的基础。回应信号有以下两类。

警告信号　这类信号告诉竞争者，如果它们的行动超过一定界限，企业会采取严厉的措施来阻止它们，让竞争者自己估量可能的后果。某牙膏的市场领导者企业的高级主管说："我们认为，天然牙膏在市场上占有一席之地。但如果

> **要点**
>
> 企业可以通过发送信号来管理竞争者。对于企业来说最主要的信号是先发制人信号、警告信号和以牙还牙信号。

其市场份额达到 3%，这将成为一个严重的问题！我们必须及时保护本公司的市场地位。"这个警告的含义是："你的市场份额不要超过 3%。"

以牙还牙信号　企业采用这类信号是为了使竞争者的行动回归正轨，阻止它们获得单边利益。这个信号确保竞争对手行动得当，不过激。

误导信息

误导信息是一种误导竞争者的信号。上文提及的产能提升的例子，在化工行业很常见，但事实是产能从未提升。误导信息为企业制定战略赢得了时间，但过度使用误导信息会导致信誉问题。

5.2　企业自身洞察

企业应将自我评估与竞争者分析结合起来，在获得竞争者洞察的同时，企业还应获得良好的企业自身洞察（Company Insight）。有两种方法可以帮助企业洞察自己：企业描述和企业自身评估分析。

5.2.1　企业描述

我们使用前面描述竞争对手的框架来描述企业。这个框架包括企业的组织结构、优势和劣势、企业所处的环境、思维定势、企业战略和绩效。了解这些要素有利于理解企业如何制定当前的战略和实现业绩目标，只需将该框架中的竞争者相应地替换为企业自身就可以了。

5.2.2　企业自身评估分析

该评估分析将识别企业拥有哪些差异化优势，应当在哪里部署资源以获得差异化优势。这与之前我们讨论的竞争者评估分析是一致的。在此，我们只是从企业自身视角而不是竞争者视角来解释评估分析结果。下面从表 5.3 开始：

· YYY：在顾客最重视的领域（产品容易获得／有效的分销系统），企业拥有差异化优势。企业应该投入更多资源来提升其分销系统并保持这种优势。

· YYN：在顾客第四重要的领域（含有尖端科技／资金充沛的研发），企业领先于竞争者。企业应该密切关注竞争者，做出必要的投资以保持其领先地位。

· YN：企业无法满足顾客第二重要的需求（低价格／有效率的制造系统），这是企业的一个劣势。企业和竞争对手都有此劣势，但如果竞争者有效投入，就可能超越企业。企业无法承受这个代价。

·N：在顾客第三重要的领域（少存货/及时交付系统），竞争者占据主导地位，竞争者通过其良好表现来影响顾客。企业可能无法在该领域与竞争者抗衡。

这两种方法可以让企业很好地洞察自身与竞争者的市场地位。在描述企业的过程中，企业必须收集大量数据。对于企业自身评估分析，只需从企业角度简单地重新阐述上文竞争者评估分析中已经完成的分析结果即可。

5.3 互补者洞察

互补者是其行动会影响企业销售的组织。独立机构、顾客、供应商和竞争者都可能成为互补者。

5.3.1 独立机构作为互补者

互补者能帮助彼此增加销售，它们之间可以开发互惠互利的战略。关于互补产品的经典例子是面包和黄油、咖啡和奶油、打印机和墨盒、电脑和视频游戏等。例如，IBM 与软件公司 SAP 建立了互补关系，IBM 和 SAP 交叉销售对方的产品，并一起开发软件来整合各自的产品。SAP 25% 的销售额来自与 IBM 的合作关系。

关于互补者的另一个例子：苹果公司的 iPhone 应用商店里有成千上万的开发人员作为苹果公司的互补者开发软件应用。类似地，微软、任天堂和索尼都成功说服它们各自的互补者在其各自的平台上开发游戏。

有时企业会收购非常重要的互补者。美国通用电气公司是医疗影像设备的全球领先者，Amersham 公司制造提高扫描效果的设备。2003 年，通用电气公司花费了 95 亿美元收购了 Amersham 公司。类似地，2020 年视频会议公司 Zoom 收购了纽约的一家创业公司，后者提供视频会议安全软件服务。

5.3.2 顾客作为互补者

当顾客能提升企业产品或者服务的表现时，顾客就是互补者。例如，大众点评上的用户点评提高了大众点评对其他用户的吸引力。亚马逊、京东、淘宝等电商平台上的商家无不非常重视用户的点评或留言反馈。

5.3.3　供应商作为互补者

供应商经常帮助企业提高销售额。汽车制造商希望供应商进行研发以提高汽车性能。例如，宁德时代的高性能电池一旦研发成功，将帮助电动汽车生产商提升电动汽车性能，从而提高其销售额和扩大其市场。供应商不能仅仅传递产品，必须要做更多!

5.3.4　竞争者作为互补者

一般情况下，竞争者往往被认为是企业的敌人。竞争者试图吸引、保留和发展与企业同样的顾客。但有些情况下，竞争者也可以成为互补者（在不违反反垄断规定情况下）。我们将竞争者互补分为强互补、弱互补和不受欢迎的互补者三类。

强互补：前台

有时竞争者会采取合作以更好地满足顾客需求，比如统一技术标准。如果没有这类合作，顾客会经常无法确定哪种技术会成功并延迟购买。一家拥有新技术的企业在制定市场进入策略时有两种选择，它可以独立进入市场或是将技术提供给竞争对手，即市场合作。如果企业采取独立进入策略，它须肩负开拓整个市场的重任。如果它决定进行市场合作，市场发展会更快，但是企业必须接受市场地位的下降。这是一个棘手的权衡问题。

在个人计算机的操作系统市场上，苹果选择以麦金塔（Macintosh）操作系统独立进入市场。许多观察者认为，这个决定使得苹果在个人计算机业只占有很小的市场份额;几乎所有其他公司都使用英特尔的芯片和微软的 Windows 操作系统。类似地，在录像带市场上，索尼公司单独用 Betamax 格式进入录像带市场。而竞争对手 JVC 公司将 VHS 格式提供给其竞争对手。JVC 公司的许可协议拓宽了其接受范畴，最终导致索尼公司只能终止 Betamax 录像带业务，而选择加入 VHS 格式。多年来，花旗银行一直成功地运行自己专有的 ATM 系统，但当国内和国际网络如 Cirrus、Maestro 和 Star 发展起来后，花旗银行最终还是加入了这些网络。

强互补：后台

竞争者在市场上或前台与企业激烈竞争，但是在后台可能与企业开展广泛地合作。不面对顾客行动中的后台合作可以帮助所有参与企业降低成本，提高效率。例如，不同航空公司在不同航线之间经常合作运输行李，不同生产商也会共同运输产品以减少运输费用。

弱互补

前台互补和后台互补一般需要正式的协定。其他类型的互补性虽弱但是也会起到积极作用。

成本削减　当多个竞争者有相同的供应商时，一个竞争者的行动会影响其他竞争者。戴尔公司和惠普公司在个人计算机领域展开竞争，无论谁的销售总量增加，所购买的芯片总量都会增加。芯片制造商实现了规模经济从而降低了成本，这样一来，所有个人计算机制造商的芯片价格都下降了。

更高的顾客价值　当一个企业的产品或服务与竞争者的产品或服务结合时可能会给顾客提供更高价值。互补性药物现在正成为流行趋势，如药物鸡尾酒，其中包含来自不同公司的药品组合，成为治疗艾滋病的主要药品。百时美施贵宝公司（Bristol Myers Squibb，BMS）最初为了对抗竞争对手的产品即阿司匹林而发明了血液稀释剂氯吡格雷（Plavix），现在它将该稀释剂定位为阿司匹林的互补品。

需求增长　竞争者合作参与广告宣传和其他推广活动以带来共同利益。大型购物商场经常吸引远距离的顾客，所有商铺都能获利。

保持警惕　激烈的竞争会使企业保持警醒。一些企业特意寻求难以对付的竞争对手。一家德国工程技术公司经常在日本发布新产品。

市场开发　竞争者的市场开发也对企业的市场开发有利。许多美国农场主接受了来自行业领袖孟山都（Monsanto）公司的转基因农产品种子。同时也接受了孟山都公司的竞争对手杜邦（DuPont）公司的产品。

政治行动　竞争对手联合起来游说政府部门以获得有利的政策支持。

不受欢迎的互补者

有时企业不希望自己的产品和其他企业联系起来，这些企业被称为不受欢迎的互补者。汽车制造商和飞机制造商都在与非授权的零部件生产商进行激烈的争斗，它们认为这些零部件降低了自己产品的档次。卡拉威高尔夫公司（Callaway Golf）因数量庞大的Big Vertha 高尔夫俱乐部取得了非凡的成功。斯伯丁公司（Spalding）在广告上宣称其 C 系列高尔夫球在 Big Vertha 高尔夫俱乐部使用效果更佳。卡拉威以商标侵权、虚假广告和不正当竞争为由起诉斯伯丁，最终这个案子得以庭外解决。卡拉威之后推出了卡拉威系列高尔夫球。

————— 本章要点 —————

1. 在追求差异化竞争优势的过程中，企业必须有深刻的竞争者洞察。

2. 为了洞察竞争者，企业应以结构化的竞争者洞察流程询问如下问题：

   识别：谁是企业当前的竞争者？谁是潜在的竞争者？

   　　　谁是企业直接的竞争者？谁是间接的竞争者？

   描述：企业的竞争者有哪些优势和劣势？

   评估：企业的竞争者有哪些战略选择？

   预测：企业预测竞争者会做些什么？

   管理：企业如何能使竞争者做我们希望他们做的事？

3. 回答上述问题并非易事，可以用一些框架来回答上述问题并提升企业对竞争者的洞察。

4. 企业还必须了解自身。

5. 企业必须了解互补者，即那些能帮助企业实现目标的组织。

6. 所有独立的机构、顾客、供应商和竞争者都可能从不同的方面成为企业的互补者。

第6章 营销调研

学习目标

学习完本章后，你应当能够：

· 把营销问题转化为可行的研究问题

· 系统地思考营销调研的过程

· 熟悉营销调研的相关语言和术语

· 可以与营销研究专家有效地互动

· 了解大数据的重要性

· 用营销调研资料洞察顾客需求

· 识别可以获取竞争优势的新调研技术

· 评估市场和销售潜力，并做出市场和销量预测

· 认清营销调研的局限和缺点

开篇案例 达英35和妈富隆

在德国先灵制药公司（Schering Plough）的女性日常避孕药达英35（Diane 35）进入中国市场前，一些皮肤科医师已经用该药的副作用来治疗严重的痤疮。为了更好地了解潜在用户，先灵制药公司在中国多个城市进行了长达数年的市场调研，主要探究中国女性关于避孕的知识、态度和观念，选择何种避孕方法，如何购买避孕药。

研究结果的确令人震惊，研究表明：

· 只有很少一部分女性（少于2%）使用日服避孕药，而在西方国家，这一人数比例是40%。

· 虽然医学专家都认为选用其他的避孕方法会更好一些，但由于缺乏避孕药知识和信息，许多女性曾经使用过长效避孕药或紧急避孕药。

· 不同于西方国家，在中国，女性通常和她们的伴侣共同决定和选购避孕用品。

基于这一发现，先灵制药公司决定将男性也包括进其调研范围。

· 药店销售人员在女性选购避孕产品的过程中起很大的作用。

基于这些调研结果，先灵制药公司调整了其营销和沟通策略，改以顾客教育为主。他们也积极与政府机构合作，致力于女性避孕常识的普及。因此，先灵制药公司非常成功地打入了中国市场。

先灵制药公司达英35的直接竞争者——妈富隆（来自荷兰欧加农制药公司），也获得了类似的顾客洞察。妈富隆雇佣了一家负责零售业点对点数据采集和货架管理的公司——尤尼森上海分公司。尤尼森调查了中国数千家药房，密切关注周围的社区人口和附近的地方医院。相应地，妈富隆也组织了药品销售人员在女子医院附近的高收入小区开展了一些有效的知识普及。

对任何一个企业来说，获得顾客洞察都至关重要。德国先灵制药公司和荷兰欧加农制药公司（先灵制药公司2006年被拜耳公司收购；荷兰欧加农制药公司2007年被先灵葆雅公司收购，2009年随着先灵葆雅公司并入默克公司，2014年默克公司又将旗下消费保健部门出售给德国拜耳公司。因此，目前达英35和妈富隆均为拜耳公司旗下产品）都发现了其他竞争者的遗漏点，也找到了最有效的营销方式——顾客教育。它们的沟通策略都是以直接向女性提供精确而详细的信息为主。这种方式与其在本国市场（德国、荷兰）所采用的情感诉求方法完全不同。

在有些方面，中国消费者的消费行为和决策习惯与西方消费者大同小异。在某些方面，二者又完全不同。营销调研，尤其是针对消费者决策过程的调研，对于企业制定正确的营销策略至关重要。有时，企业复制其他地区已获成功的营销方案也并无不可；但中国企业不能一味地盲目模仿。在模仿之前应该先做一份细致的营销调研，确认在其他国家或地区获取成功的营销方案背后潜在的假设在中国也行得通。记住，营销调研并不能保证企业成功，但能协助做出更好的营销决策。

案例问题

从先灵公司的营销调研经历中，你对营销调研有了哪些更深入的理解？

营销调研（**Marketing Research**）是一个收集、分析和解释数据并帮助企业改善营销决策的过程。调研对象既包括现有顾客也有潜在顾客，还会对影响顾客决策的个体或组织如立法者和监管者进行调查。有时，营销调研是针对顾客的行为；有时也对顾客的心理状态如意识、感知、态度、意图、在各阶段的消费体验等进行研究。当然，营销调研还包括如第5章讲述的收集竞争对手的情报和测量营销效果。与营销调研相关的术语"市场调研"（Market Research）的含义则狭窄很多，主要是收集当前市场和潜在市场的数据。

在中国，营销调研尚处于发展初期。据欧洲市场研究协会（ESOMAR）估计，中国的营销调研支出在全球排名第9位，而广告支出在全球排名第2位（第1名均为美国）。不得不说，与广告费用相比，中国在营销调研上的支出还相对较低。我们希望竞争日益激烈的中国市场可以鼓励更多的企业在制定战略前先做营销调研。

本章的目的并不是让你成为营销调研专家。如果这是你的目标的话，有很多的书籍和课程可以帮助你实现。我们认为，要成为一个优秀的营销者，你必须先成为营销调研的"精明客户"。你需要知道哪些地方的营销调研可以帮助你，哪些地方不能。你必须学会向你的营销调研供应商询问问题以及诠释他们给出的答案。营销调研也越来越重视大数据的重要性。最后，对于营销人员来说，还需要在以下几个意义重大的议题上花些时间：评估市场和销售潜力，以及如何做出合理的营销战略和销量预测。

6.1 营销调研的步骤

双鹿公司于2002年在上海成立。在2002年的时候，双鹿还是靠租来的产品线、工人、营销和销售队伍才让第一批电冰箱顺利上市。到2007年，双鹿已经达到100万个单位的年销售量（海尔是700万个单位）。但是与海尔相反，双鹿定位于中国的农村市场。营销调研结果告诉双鹿，这些农村顾客有着与城市居民相同的要求——美观、节能和确保食物新鲜。但令人惊讶的是，农村顾客更喜欢把冰箱放在卧室里，而非厨房或客厅。因此，安静的冰箱成了双鹿的最大卖点。

百时美施贵宝公司做营销调研的目标是"精准地使用资讯和分析数据以客观地识别机会，设计并验证战略选择，监控结果，提供洞察，并积累知识"。百时美施贵宝公司认为，深入了解客户需求以为其制定决策提供重要洞察。百时美施贵宝公司不但拥有业界领先的技术，其对市场的了解和预测也为其战略决策提供了重要依据。对营销调研的深刻洞察为百时美施贵宝公司赢得许多引人注目的项目，使其获得了卓越的营销和财务业绩，并培养和留住了许多商业领袖和精英。上述这些成就为我们揭示了及时有效的营销调研对企业未来发展的重要性。

营销调研的目的就是帮助企业更好地制定营销决策。营销调研的步骤其实就是一个解决问题的过程。毕竟，没有问题就没有必要做调研。管理者和研究人员之间的关系是决定能否取得调研成功的关键因素。营销调研对帮助企业做出决策起辅助性作用，而管理者才是决策和结果的最终负责人。我们知道的很多案例里，管理者实际上把需要调研的问题束之高阁，不对调研做任何指示和建议却期待着能得到答案。这种行为是管理渎职，常常会导致所有参与者的沮丧和不满，使营销调研无法开展。

营销调研的责任绝不仅仅是营销调研部门、某个经理或业务单元的责任。美国塔吉特百货公司的一位高级主管与我们分享了他们的做法："我们有一个专门的潮流跟踪小组负责每天在世界各地寻找新潮流，从服装到家居装饰再到食物。我们用一个叫作潮流生命周期曲线的工具，帮助了解什么时候这个东西会卖得最火。这样，我们就可以在正确的时间段在商店向顾客推出。潮流的跟踪却不仅局限于这个部门。只要有人出国旅行，他们总会花些时间走访和了解所到城市有什么新鲜事儿，无论是伦敦、柏林、东京、布拉格或者别的什么地方。我们需要知道：时下什么最时髦？新潮餐厅是什么？年轻人都怎么打扮自己？青年艺术家们想表现什么？虽然我们的潮流跟踪小组是极棒的，但公司的每一领域都会有人在某个小环境中发现新潮流，每个人都参与其中。我们希望的是，每个人都有一双发现的眼睛。"

为了确保营销调研与营销决策制定紧密相关，营销调研的步骤必须遵循一套始终如一的方法。图 6.1 列出了相关关键要素。

6.1.1　明确商业问题

作为一个企业管理者，你有明确商业问题的基本义务。调研人员（无论是企业内部部门还是外部调研公司）也会鼓励你更深入地思考问题。有时现有的或紧急的问题只是一种症状或表象，并非问题本身。比方说，你或许认为差劲的销售业绩是由销售人员的懒惰造成的，但营销调研可能建议还有其他一些潜在原因，如一线销售经理缺乏培训或者产品线不理想。表 6.1 展示的是全面质量管理中的一个方法，用五个"为什么"来探究问题的根源。如果没有足够的资料可以解决问题，你就要尽可能清晰、简略但完整地陈述你的问题，然后让营销调研来帮助你。

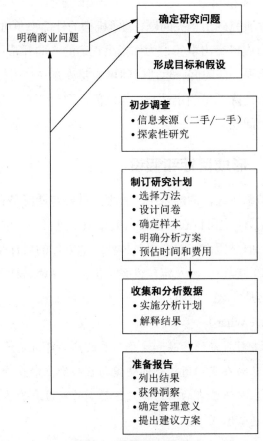

图6.1 营销调研步骤

表 6.1 界定商业问题的实例

序号	明显的商业问题（症状）	问题（原因）
1	我们的销售业绩未达标	为什么
2	销售人员不够努力	为什么
3	很难说服顾客购买我们的产品	为什么
4	产品没有真正满足顾客的需要	为什么
5	产品在设计过程中缺乏顾客洞察	为什么

6.1.2 确定研究问题

营销调研也许并不能解决企业所有的问题，但是一个好的营销调研员可以帮你罗列出所面临的困难和问题，只有这样营销调研才有用（有时管理者期望的太多，须先用探索性研究列出相关问题；调研机构的外部视角可以起一定的作用）。卓越的营销调研应该突出事实，为你指出正确的方向并帮你降低不确定性。但完成调研往往需要一段时间，这段时间可能要放弃一些销售额和竞争行动。所以，管理者需要权衡降低不确定性与成本之间的取舍关系，然后与营销调研员好好沟通界定研究问题。

6.1.3　形成目标和假设

在与营销调研人员的配合中，管理者需要与调研员在如下两个方面达成共识：目标和假设（也可以在探索性研究结束后进行一定的修正）。目标和假设通常是相关的，但是假设一般会更具体些。如果你的目标是确认一个新产品的市场机会，特定的假设会涉及定位方案、价格和品牌名称等。管理者必须清楚自己需要的洞察是什么。例如：

·是什么（What）
- ·消费者对我们的产品和竞争对手的产品评价是什么？
- ·他们认为在我们所提供的关键利益和价值中最特别的地方是什么？
- ·我们在与消费者的沟通中应该强调的利益和价值是什么？

·为什么（Why）
- ·为什么一些消费者喜欢在品牌间转换？
- ·为什么一些消费者有强烈的品牌忠诚？

·怎么样（How and How Much）
- ·消费者多久购买一次我们的产品？
- ·消费者更喜欢什么样的购物方式？
- ·在一次购物中消费者会花费多少钱？
- ·在一次使用中消费者会消耗多少量？

·谁（Who）
- ·谁为购买这些产品做决策？
- ·谁会影响这些购买决策？
- ·谁来消费这些产品？

·何时（When）

·消费者何时做出决定购买这些产品？

·消费者何时购买这些产品？

·消费者何时消费这些产品？

·何地（Where）

·消费者在哪里购买这些产品？

·消费者在哪里消费这些产品？

不同的研究问题需要不同的调研方法，例如"为什么"的问题需要用探索性研究法或因果研究法；"是什么""怎么样""谁""何时"与"何地"的问题可以用描述性研究法。

6.1.4 初步调查

在直接对调研对象进行一手数据调研之前，通常应该先查看已有的二手数据。企业内部可能有二手数据或资料，但大多数情况下二手数据来源于企业外部（我们会在下文更详尽地探究一手数据和二手数据的差别）。比起一手数据，二手数据可以更快、更省钱地得出所研究问题的部分甚至全部答案。如果在进行一手数据调研之初先与你的同事们交谈，在组织内部和组织间进行信息交流，或许就可以恰巧遇到某个过去碰到过类似问题的人帮你解决疑惑。你就只需做一个探索性研究来验证这个观点，通过比对满足调查目标的匹配数据和已有数据之间的差距来缩小调研范围。通常，这类信息缺口是大规模和定量研究的基础，其成本也会随即攀升。跳过初步调查阶段可能会让调研变得既费钱又不讨好。

6.1.5 制订调研计划

作为你的研究蓝图，详尽的调研计划需要包括数据收集方法、数据测量工具（例如问卷调查）和一个确定谁是样本的抽样计划。简而言之，你需要确定在正确的时间从正确的人那里得到可靠的数据。当然，你也必须预先计划好需要使用的分析法。这也许有些难度，但你不能收集好了数据才挠着头为难不知道如何分析。调研计划还需要包括企业内部审批及与外部调研公司洽谈合约的时间预算和成本预算。当然，经验丰富的企业会为内部调研项目和调研公司提供相应的模板。

6.1.6 收集和分析数据

调研计划做好后，就可以开始准备调研了。必须确保使用的是正确而不是最容易的方法，例如：

· 应该确定样本能代表目标受众，而不是因为容易调研才选择他们。

· 应该注意问卷的响应率。

· 要采用合理的流程处理无应答问卷，无应答者的观点或许与应答者的观点存在系统差异。

· 应该关心数据的完整性。

· 应该确保数据收集人员的诚实性。

无论你的研究计划多么周详，事后的跟踪分析都是有必要的。但是这也会增加时间和费用，你必须在预期结果和调研计划的范围之间做出取舍。

管理者和营销调研员应该协力分析和解释调研结果。营销调研人员应该负责问卷设计、抽样方法、分析技术和解释统计显著的结果。管理者则应该对调研员关于问题的解释进行限定，因为他们很可能不理解问题的背景。管理者负责最终的决策，不能强求调研员做出超越专业范围的建议。

6.1.7 准备报告

作为一个管理者，你可能会经常审阅各式各样的调研报告。准备报告的人可能会列出详尽的调研结果，而你的目标和责任是获得洞察。许多企业有堆积成山的数据和信息，却无法获得知识和洞察。

知识源自对原始数据或经过加工的信息的准确推理。许多企业投入了大量的努力将知识数字化并使员工容易获取（一般有多层不同的获取级别和权限）；一些企业甚至还指定了特定的信息负责人，如首席知识官（Chief Knowledge Officer，CKO）。

洞察与知识不同，获得洞察需要综合知识的不同要素，或用知识来创造新的涵义。弗雷德·史密斯（Fred Smith）发现使用客运航班进行货运代理无法实现隔夜交货的速递方式，他创办的联邦快递公司根据这个洞察采用专用航班运输包裹。由于史蒂夫·乔布斯（Steve Jobs）和史蒂夫·沃兹尼亚克（Steve Wozniak）对个人使用计算机的洞察，他们联合开创了苹果电脑公司和个人电脑产业；也正是由于杰夫·贝佐斯（Jeff Bezos）和里德·哈斯廷斯（Reed Hastings）对电子商务和在线娱乐的独特洞察，才分别有了今天的亚马逊公司和奈飞公司的创新与成功。

优秀的研究报告应该含有简明易懂的假设，呈现清晰明了的调研结果，并提出相应的管理启示，还可以就那些尚未解决的问题提出未来研究方向。一份好的报告应该提供可供选择的方案和具体的建议；毕竟，任何研究的目标都是为了改善实践。改善既可以是小错误的更正，也可以是大的创新。如果研究结果不能带来改善，你最好改变研究方向。最坏的情况就是你根本没找到真正存在的问题。同时，你还应该当心那些仅仅是例行公事的研究和忽视结果的管理者。最后，请记住：营销调研只能减少而不能完全排除不确定性，营销调研可以提高成功的可能性但不能保证成功。任何宣称可以100%保证你成功的都是骗子，毕竟任何人都无法100%准确地预测未来。

6.1.8 大数据

近年来，在互联网和社交媒体的驱动下，我们听到最多的词就是——大数据。从营销的角度看，企业面临的挑战是如何从大数据获得洞察以做出更好的决策。企业通过识别相关数据并运用合适的分析方法来获得洞察进而取得成功。

驱动营销人员使用大数据的三个趋势（3Vs）是：

· **数量（Volume）**。数据的数量增长迅速——每天有2.5艾字节（Exabyte，EB；1EB=1024PB，1PB=1024TB，1TB=1024GB）数据被创造出来，每40个月翻一倍。

· **速度（Velocity）**。企业可迅速获得数据，甚至可以即时获得，这使得企业可以采取实时的行动。

· **多样性（Variety）**。数据资源和数据类型多样化。

下面我们用一个有关图书零售商的简单例子说明大数据带给企业的机会。

传统的图书零售商一般没有单个顾客的数据，因此能做的最多也就是通过有效的忠诚度计划获得会员的购买数据，从而帮助企业推出针对会员的促销活动。相比之下，当今的在线图书零售商掌握了个体层面的图书购买数据，包括个体的图书评价、样章试读以及网页浏览情况。企业因此能够评估促销、顾客点评、页面布局对个体消费者购买决策的影响。在线零售商能够自动给顾客提供建议、个性化优惠甚至提高服务水平。通过比较个体消费者和群体消费者的相似性，在线零售商能够更加准确地预测未来销售情况，并且持续更新自己对顾客的洞察。

对营销人员来说，大数据带来的好消息是数据数量、速度和多样性的增加；坏消息是许多数据资源是非结构化且难以驾驭的、原始且碎片化的。值得注意的是，企业层面的数据特征可能也是如此——内部数据像外部数据一样储存在很多部门、业务单元以及不同区域。

如果企业能够将多样化的数据资源联结起来，那么大数据分析所创造的价值的回报是巨大的。例如，利用手机设备的位置数据以及个人浏览网页记录的购买数据，企业将能在正确的时间和地点识别并联系到正确的顾客。传统上，西尔斯百货商店（Sears）将Sears、Craftsman 和 Lands'End 等不同终端品牌的数据储存在不同的数据库中。因此，西尔斯想要筹备综合的跨品牌促销活动是非常困难的，成本高昂且非常费时。通过同步化这些数据，西尔斯能够识别机会并且设计更好的促销方案（更加及时、细致以及个性化）。西尔斯可以将筹备综合促销的时间从八周减少到不到一周。

营销调研者可以通过**数据挖掘（Data Mining）**来寻找数据的价值。数据挖掘使用强大的统计方法和算法来建立模型。对品牌经理来说，一种非常流行的数据挖掘方法是**情感分析（Sentiment Analysis）**。通过挖掘社交媒体上巨量的用户内容，企业可以了解到顾客目前如何感知其品牌。企业能够跟踪变化并且发展新的方法来增加与顾客的情感连接。

使用大数据和先进的数据挖掘等技术，营销调研的目标是在巨大的干扰中分离出信号，以便获得前瞻性的判断。当然，企业必须确保它发现的关系是有价值且可复制的，并且明确区分相关性关系与因果性关系之间的不同。

也许理解大数据最好的比喻就是一条河流（数据）来源于很多支流（数据类型）；周围的地形环境不断塑造了新的支流（新的数据类型）。营销人员在河里捕鱼，试图在视线之外捕捉到一条美味可口的鱼（洞察）。这时候，只有好的捕鱼技术（好的数据分析方法）和毅力才能够保证捕捉到一条美味可口的鱼而不是旧靴子！

6.2 区分营销调研中的几个关键概念

作为一个管理者，你需要负责管理所有的营销调研员和营销调研流程。这里，我们将区分几个关键概念，帮助你更好地制订调研计划。

6.2.1 二手数据调研和一手数据调研

实践表明，企业应先评估可获得的二手数据，确定无法从二手数据中获得信息后再去收集一手数据。

二手数据调研

二手数据调研主要是应用二手数据——其他个人或组织出于其他目的收集的数据。二手数据主要有以下三种类型：

· **企业数据**。包括企业与客户和供应商交易产生的常规数据；内部企业数据库记录的关于成本、生产和产能有关的信息；顾客清单；销售电话记录；客服电话记录；交货、维护和修理报告；顾客付款历史和以往的营销调研报告。这类数据还包括企业向现有顾客收集来的数据，如条形码扫描器数据和射频识别（RFID）跟踪数据。

· **公共数据**。包括所有可以找到的与行业趋势、顾客、竞争者、供应商和高新技术相关的信息。数据来源一般有商业类媒体和书籍、特定行业的媒体和书籍、供应商白皮书、展会文献报告、政府部门和行业协会报告、已发表的学术研究、竞争对手的年度报告、竞争对手网站、行业协会网站、其他数据库和网站（如 LexisNexis.com）以及法律和政府文件。当然也包括一些半公开数据，如著名营销调研公司 AC 尼尔森（AC Nielsen）公司和 IRI 公司提供的营销调研报告、产业和财务分析报告等。虽然查找这些数据有一定的难度，但是订阅式数据库和网络搜索引擎已经将这项工作简易化了。

· **技术分析**。包括产品和服务的描述以及客观的生产能力，通常由企业内部工程师收集评估。例子包括企业基准产品的设计和对竞争对手产品进行逆向工程，以估计生产成本和供应链流程。

一手数据调研

通常，一手数据调研要比二手数据调研的成本高。在已有的二手数据无法满足企业的决策要求时，企业常常会为了某个特定目的收集一手数据。一手数据的样本一般取决于研究的问题，通常会包括过去的、现在的和潜在的顾客，特别是那些在购买和消费的过程中充当各种角色的人群；也有行业专家及贸易协会的成员；还可以包括经纪人、分销商、批发商、零售商等分销渠道上的成员。有时企业为了降低一手数据获得成本，会加入具有同类数据要求的企业组成的联盟集团。

所有的一手数据调研都应该是问题导向的。一般情况下是研究人员需要找

> **要点**
>
> 二手数据调研法是指运用过去出于其他调研目的已经收集到的、但与本次调研需求息息相关的数据。
>
> 一手数据调研法要求收集新的数据。

到某个问题的答案。有时也是出于企业对广告、定位、产品属性、销售业绩和竞争对手的资料/产品的认知需要而进行的。

6.2.2　定性研究和定量研究

企业有两种主要的营销调研方法——定性研究和定量研究。

定性研究（Qualitative Research）

定性研究不关心与数字有关的问题。它具有灵活、方便的特点，但它缺乏结论力并且不适合大样本调研。企业一般应用定性研究的方法探究一些有兴趣的问题，揭示顾客需要，识别购买行为，协助理解商业问题和顾客的特定用语，开发解决问题的创意，以及帮助定义和优化研究问题。定性研究还可以用来评估顾客对产品和供应商的感觉。在执行大规模定量数据收集前，企业通常都会先展开小规模探索性的一手数据的定性研究。

定性研究中的一个重要问题是研究者需要区分**自我报告式（self-report）**的数据和实际行为的数据。这两类数据都可能非常有价值，但是研究者需要对自我报告式的数据保持警惕。毕竟，调查对象说"我做了××"或者"我愿意做××"并不意味着他真的做了或者真的会去做。调查对象或许会有意迎合甚至误导调研人员。事实上，自我报告式数据和实际行为的不符大多数是由健忘、偏见和问题模糊造成的。调研人员应该将两种数据结合使用。

下面这个来自美国金佰利公司（Kimberly-Clark，KC）的例子中也许可以给你些启发：焦点组访谈未能为金佰利公司旗下的好奇牌（Huggies）婴儿湿巾销量下滑的真正原因提供任何洞察。于是他们引进了一种新观察技术——让消费者在家佩戴装有摄像机的眼镜。在焦点组访谈中，妈妈们虽然也探讨过如何在尿布台为宝宝更换尿布，然而通过眼镜上的摄像头，研究人员却可以从多个角度观察妈妈们更换尿布的过程。研究人员发现，妈妈们处理尿布的过程往往非常狼狈，在各种器具间拿放更是显得手忙脚乱。于是金佰利公司决定改善其湿巾、洗发液、乳液等多个产品的包装，以方便妈妈们单手操作。

定量研究（Quantitative Research）

定量研究通常用数值数据和数学分析方法，这些数据往往源自代表性的大样本。营销调研人员用定量研究的方法检测前期开发的假设。一些分析相当的简单，有一些却高度复杂。研究人员在收集和评估定量数据时应询问下面三种类型的问题：

- **内部效度**。这些数据是否测量了我想要测量的？
- **信度**。如果我重复收集数据，会得到相同的结果吗？
- **外部效度**。我所得到的结果是否可以推广到其他群体？

有时，明确区分定量研究和定性研究是非常困难的，例如许多定性分析的数据也同样适用于定量分析。图6.2的二维矩阵展示了一手数据研究和二手数据研究如何与定性研究和定量研究结合起来。

一手	二手	
就顾客的产品选择进行焦点组访谈	查询消费者对广告活动的评价的媒体报道	定性
对顾客的产品选择进行大样本调查，用定量分析方法检验假设	搜寻有关消费者产品选择的独立报告，并进行定量分析（数据挖掘）	定量

图6.2 研究类型示例

获取定性研究的数据

现在让我们来了解一些常见的可以洞察顾客需求和动机的一手数据调研法。

◎焦点组讨论法（Focus Group Discussion）

焦点组讨论法是最常用的定性数据收集法。通常，讨论小组由8～12个成员（一般是付费招募的，成员根据个人的兴趣、与话题相关的知识或经验选取）和一位经验丰富的主持人组成。主持人谨慎地提出要讨论的问题，保持参与者之间良好的互动，并且确保每个成员都可以参与其中。焦点组讨论法的优势是某个成员的意见可能激发其他成员的思维火花。但可能存在的问题是讨论可能会被强势个体主导，诚实回答减少、心理防御行为和保守回答倾向会大大增加。设定讨论中心可能会限制成员的参与度，如果没有谨慎地选择参与成员，可能会产生有误差甚至偏见的讨论结果。管理者和研究者可以通过单向玻璃观察焦点组的讨论并得到及时的反馈。通常，研究人员会对焦点组的讨论对话进行录音摄像并进行文字转录。虚拟焦点组（通过网络或视频会议系统）是现在的新

要点

定性研究的方法主要包括：
- 焦点组讨论法
- 一对一访谈法
- 互联网
- 投射法
- 观察法
- 民族志研究法
- 计划外的观察

趋势。该方法解决了部分参与者时间宝贵（例如希望邀请医生参与）、地理位置分散而且交通费用高（例如希望邀请的参与者分布在各个不同国家）等问题，但也有使参与者互动受限的弊端。

◎一对一访谈法（One-on-One Interviews）

一对一访谈法联合使用直接问题和间接问题来探寻顾客的需求和潜在购买动机。通常，调研人员会亲自上门（被访者的办公室或家里）或打电话进行一对一访谈，也可以在公共的地方例如购物中心、咖啡厅等开展。一对一访谈可以避免焦点组讨论中出现的集体偏见，也可以询问到一些敏感话题，但是时间和费用成本也相对高昂。虽然在一对一访谈中不能听取他人意见，但是谈话方式可以更加开放，并且经验丰富的调查员可以从中得到独特见解。

◎互联网：网络论坛、社区、博客和社交媒体

互联网时代的一个重要特点是，顾客越来越多地在互联网和社交媒体上发布对品牌、企业或产品的正面或负面评论。企业可以通过提供网络论坛、社区和社交媒体的方式从中获得有价值的顾客反馈。当然企业还需密切关注一些独立的网络博客和社交媒体大V，他们有很多粉丝和跟帖者，非常有影响力。现有的数据挖掘技术可以从一些独立网站上抓取顾客的评论，统计并分析关于品牌、企业和产品的特定网络用语。因此可以将定性数据量化进行情感分析。企业可以因此获得顾客对企业、品牌和产品的感知，并对相关方面采取改进措施，产生关于新产品或服务的创意。但由于跟帖者一般是匿名的，调研人员必须慎重权衡这些定性数据的效度。

◎投射法（Projective Techniques）

投射法又叫作动机研究法，主要是为了揭示潜在的顾客需求。这些方法是由心理学家研制的，在营销领域得到了广泛应用。主要包括：

词语联想法　研究者提供一个引导性的词语，被调研者说出由此联想到的第一个词语。这个方法主要应用于品牌形象研究。例如，被调研者需要说出见到"海尔"或"三星"等品牌时各自所联想到的第一个词语。

句子完成法　被调研者将句子补充完整。例如，被调研者需要完成"与格力空调相比，美的空调是 _____"这个句子。

角色扮演法　研究人员要求被调研者假装是某个品牌的朋友，给这个品牌写一封信，或解释其邻居或同事是否喜欢某特定产品。角色扮演法和故事测验法都要避免引起被调研者的潜意识防御。

故事测验法 研究者向被调研者展示一幅与调研话题相关的图片或一个与之相关的场景。被调研者需要利用其中的一个或多个刺激物构造一个故事。

拼贴法 研究者要求被调研者从报纸和杂志上收集图片,用来表达相关主题的情感。

意象法 研究者要求被调研者就自己和产品间的关系画一幅画,然后解释图片的意义。

◎观察法(Observation)

用观察法,研究者不需要询问问题,只通过观察和记录被调研者在自然状态下的行为(一般通过摄像机)就可以获得洞察。观察法可用于评估被调研者的行为,包括情绪反应、肢体语言、人际互动和家庭环境。只要研究人员使用恰当,观察法是一种值得信赖的方法。虽然观察资料很难被编码,但是观察资料都是客观、准确且不因调研人员影响而产生偏见的。因此,观察法获得的数据往往比其他类型的数据更加准确。

本书作者之一郑毓煌教授曾在哥伦比亚大学的几家校园咖啡厅进行过观察研究,发现咖啡厅的忠诚度计划可以显著提高顾客的满意度。当持会员卡的顾客在购买咖啡时展示会员卡以获得盖戳时,他们脸上有更多的笑容,同时会更多地和店员聊天问好并给小费。一家烘烤型葵花籽公司在家乐福超市做了一项观察型研究。研究发现,顾客会花时间阅读竞争对手产品的贴纸信息,于是该公司也为自己的产品设计了醒目的贴纸。

◎民族志研究法(Ethnographic Research)

从人类学研究方法中发展而来的民族志研究法是一种研究人员与顾客一起生活一天的观察法,类似于人类学方法中的"与部落一起生活"。观察者通过了解顾客的主体文化和信仰体系来获得洞察,并了解到这些顾客是怎样将产品融入自己的生活中的。负责向青少年推广里维斯(Levi's)牛仔裤的汤姆·卡岑曾在周六早上与十几岁的青少年在旧金山的菲尔莫礼堂前排队买票,只为了观察这些青少年如何在他们自己的牛仔裤上定制处理(例如在牛仔裤上挖个洞)。还有许多公司雇佣"猎酷者"(Cool Hunter)观察在诸如市中心篮球场地、时尚夜总会等自然环境下人们的行为和衣着,或者将这些观察的照片上传到脸书和推特等社交网站上。

营 销 问 题

去你所在地的一家超市并仔细观察选购方便面的消费者的行为。你可以观察出什么?又可以得出什么可以用定量方法检测的假设呢?

在专为美国市场设计的豪华轿车——雷克萨斯 LS400 上市之前，丰田的首席工程师和他的团队在南加州奢华的拉古纳山庄居住了好几个月。他们参观了美国许多的高档大都会区，包括迈阿密附近的科勒尔盖布尔斯（Coral Gables）、芝加哥的湖滨大道（Lake Shore Drive）、纽约州的韦斯特切斯特（Westchester）等。他们领会了豪华轿车的车主们是怎样驾驭和看待自己的爱车，甚至像处理代客泊车这样的小事。因此，他们精准地指出豪华汽车在这些人的生活中扮演了怎样的角色，以及这些人对他们的产品和服务的期望。丰田通过民族志方法获得的洞察设计出的雷克萨斯 LS400 豪华汽车在美国市场获得了巨大的成功。

◎计划外的观察

有时管理者或营销人员往往意外发现市场、消费者或竞争者的洞察，简单的观察可能所获甚多。

弗吉尼亚州前州长杰拉尔德·巴莱尔斯（1986 年至 1990 年在任），曾经说过："多年以前我在中国的时候，完全被用在汤里、食物里或是在市场上出售的鸡爪震撼住了。当我回来后找人去了解我们的家禽加工厂如何处理鸡爪时，才知道它们已经在生产线上被砍下并丢弃掉。今天，弗吉尼亚州每月出口 40 吨的鸡爪到远东地区。"

获取定量研究的数据

定量研究的数据获取有下列几种方法：

◎问卷调查法（Surveys）

问卷调查法是定量分析中收集一手数据最常用的方法。选择的样本能否代表目标总体至关重要，评估基于理想精准度所需样本大小的估计参数同样重要。这两个话题超出了本章的讨论范围，但有一个基本准则，即需要在**时间、成本和灵活性**三个方面进行权衡。企业可以通过利用外部调研公司的综合性调研数据来节约成本，也可以选择用自己的市场部门进行调研。调查问卷的设计是调查成功与否的关键，营销研究者和管理者都应该参与其中。好的调查问卷应该既包括开放式的问题又包括封闭式的问题。注意必须慎重思考后才能确定最终问卷。调查问卷设计时应该避免那些不假思索就会给出肯定答案的问题、模棱两可的问题、难以作答的问题、易于曲解的问题等。并且，在投放问卷之前应该先做预测验。

表 6.2 列出了常用的几种提问方法及相应的量表类型。

表 6.2　常用的几种提问方法及相应的量表类型

方法	举例	注释
开放式问题 （Open-Ended Questions）	你的身份证号码：＿＿＿＿＿＿＿＿＿	量表类型：定类（Nominal） 注意：数字本身没有意义，仅表明样本之间的不同身份
排序法 （Rank Ordering）	在你最有可能购买的笔记本电脑品牌下标注"1"，第二可能的标注"2"，以此类推，直到给所有的品牌排序： 惠普　戴尔　联想　苹果　索尼	量表类型：定序（Ordinal） 注意：品牌的次序可能会影响结果，研究者必须变化品牌的次序
配对比较法 （Paired Comparison）	在以下每一对品牌中勾选你最希望购买的笔记本电脑： 惠普 或 戴尔 戴尔 或 苹果 联想 或 索尼	量表类型：定序（Ordinal） 注意：对比会受疲劳的影响
李克特量表 （Likert Scales）	你是否同意以下陈述：索尼笔记本很容易保养 1 非常同意　2 同意　3 无所谓　4 不同意　5 非常不同意	量表类型：定距（Interval） 注意：小心正向偏差；可以使用多个问题以增加信度
语义差异得分表 （Semantic Differential Scales）	对于苹果 MacBook Air 笔记本电脑，在最能反映出你的想法的分数等级上画圈 笨重的 1 2 3 4 5 6 7 8 9 10 轻巧的 劣质的 1 2 3 4 5 6 7 8 9 10 优质的 传统的 1 2 3 4 5 6 7 8 9 10 创新的 易用的 1 2 3 4 5 6 7 8 9 10 难用的	量表类型：定距（Interval） 注意：可以通过蛇形图分析不同品牌之间在这些维度上的差异
固定总和法 （Constant Sum）	对于笔记本电脑的以下各个属性，请将 100 分进行分配，分数越高表明该属性对你越重要： CPU　硬盘大小　内存大小　屏幕大小　重量　价格	量表类型：定比（Ratio）

◎固定样本小组（Panels）

对于大多数的营销调研项目，向不同的调查对象收集数据便已足够。但有时企业希望深入了解个体受访者，对其随着时间的变化进行一个**跟踪研究**（纵向研究），这就需要由同意周期性提供反馈的被调研者形成一个固定样本小组。维持这样一个固定样本小组具有一定的挑战性。固定样本小组提供的数据可以使企业把握消费者的动向，进行更精细的分析，并更好地确认各种因果关系。由于获取固定样本小组提供的数据费用高昂，像 AC 尼尔森和 IRI 这样的公司通常会提供形成和管理固定样本小组的一条龙服务。这样不仅可以让几家企业分摊费用，这种外部专业公司的运作还保证了数据的独立性。在美国，一些在线营销调研公司都会有大的固定样本小组，企业可以从中抽取某个分组为某个专题调研提供服务。

固定样本小组可以提供不同深入程度的数据。小组成员有责任记录购物经历，定期填写调查问卷，或者同意安装一个简易监控系统观测他们的电视观看情况。实际使用数据和自我报告式的数据相结合可以提供非常深刻的顾客洞察。

◎客观的销售数据

企业的销售报告系统可以提供有价值的定量数据。当产品通过不同销售渠道投向市场后，终端客户的销售数据就变得极难获取。在超市里，条形码和零售扫描仪的广泛推广，使得销售数据以 SKU（Stock-Keeping Unit，即保存库存控制的最小可用单位，例如纺织品中一个 SKU 通常表示规格、颜色或款式）的形式变得易于收集和储存。IRI 公司和AC 尼尔森公司都是通过在众多城市的成千上万家超市里的扫描仪获取数据并整理和有偿提供给制造商。收集和使用自动采集的销售数据的公司变得越来越多。例如，企业通过远程监控自动售货机的销售情况，更好地安排交货时间，调整产品结构，动态定价以及通过手机实现定制化销售服务。公路通行电子收费系统也会自动测量你所行驶的里程。电子商务公司甚至可以直接通过个人收集销售数据，用信息记录程序（Cookies）来搜索数据，并根据消费者的购买特性定制推荐信息。

◎行为测量

越来越多的企业倾向于使用先进设备进行营销研究。红外传感器、录像机和数字录音机能够监控超市过道的人流情况；出口扫描仪可以测量顾客的购物量；电子数字系统能记录收音机的接收情况和电视机的观看情况，GPS（全球定位系统）定位手机可以识别顾客的地理位置。一些研究人员用数字录像机测量顾客，另一些用电流表测量顾客的生理或心理反应。视速仪测量顾客短时间内的识别速度，而广告商常用眼动仪来跟踪顾客对广告的反应。

◎实验法（Experiments）

实验法允许研究者研究确定的 X 影响 Y 这样的因果关系。研究者操纵如广告计划、价格水平等自变量，并测量品牌知名度、产品销量等因变量。一个优秀的实验设计应包括一个对照组，因为有许多不可控和不可测的变量会影响实验结果。为此，研究者通常会随机分配样本到实验组和对照组。

实验法可以是采用小范围的实验室研究，也可以是大型现场实验。在费用和得出期望结果之间寻求平衡至关重要。相对而言，只有少数公司会选择实验法，即便选择大多数也会在实验室进行。快速消费品公司经常通过现场实验测试和评估新产品的推广和促销计划。实验法在辉瑞公司也是一个非常重要的调研方法，他们已经花费了数百万美元用于测试不同的宣传策略和销售方案。亚马逊公司也不断地用实验法测试不同的电子邮件传播方案。

很多企业没有意识到的是，日常商业生活也可以看作一个自然实验。比起操控大量的自变量，企业可以用做决策时自然产生的变量寻求与结果的相关关系。数据储存和分析的成本将大大降低，并且企业可以在适当的时间采取行动。领先企业用自然实验的方式处理整套营销活动，并由此发展成为学习型组织。

分析定量研究数据

定量调研法的数据可用多种统计分析方法进行计算。如果基本假设有效，定量分析的预测效果明显，这对企业制定营销决策非常有帮助。这是一个很难通过几页篇幅详细尽述的复杂话题，感兴趣的读者可以进一步深入学习《营销调研》这门课。

6.3 市场潜力与销售潜力预测

现在，你已经掌握了许多可供选择的营销调研方法，它们可以为你提供对市场、顾客、竞争者和合作者的深刻洞察。这些洞察可以帮助你制定出更强大的市场战略和实施方案，以及向顾客传递价值和发掘差异化优势。我们还没有涉及营销调研在市场规模预测和企业销售量预测上的意义。

我们在第 3 章即市场洞察中还留有一个重要问题没有讨论，即预测市场规模和企业销售额。这些预测至关重要，因为它们对识别市场机会的吸引程度到产品计划的制订再到公司财务、人力和其他部门的预算都影响重大。

潜力和预测是评估市场需求和企业自身业绩非常重要的两个相似的概念。不幸的是，许多管理者都搞不清楚这二者的区别。潜力和预测完全不同，虽然它们两者都属于定量研究的范畴。**潜力**是指一种能力或一种未来状态。**市场潜力**是指市场的未来走向；**销售潜力**是指公司未来可能的销售状况。相比之下，预测是指一种期望。**预测市场规模**是指某一特定时期内的预期市场销售量；**销售预测**是指企业某一特定时期内预期的销售。

营 销 问 题

如何设计一个测量广告支出和产品价格对销量影响的实验？（自己选择产品）

营 销 问 题

1999年，空客公司预测A380喷气式飞机的市场需求是1440架，并预测10家美国航空公司会订购281架。在2007年春天，空中巴士预计10月交付第一架飞机，空客公司已经收到了来自14家航空公司的156架飞机的订单，但是没有一张订单来自美国。你如何解释这个现象？

下面，我们对潜力和预测进行更进一步的介绍。

评估市场潜力

市场潜力是指企业预计未来某个时间段内整个市场可以达到的最大销售水平。因为所有的产品都会经历生命周期，所以企业希望了解在不同成长期和成熟期可以获得的市场销售业绩。市场潜力是基于未来市场状况的一系列假设所得出的一个实际销售量的上限。市场潜力在衡量是否开拓新市场时尤为重要。

为了评估市场潜力，企业需要先预估顾客数量和他们可能购买的产品总数。当然，随着市场和产品的不断改进，顾客人数和他们所购买的产品数都会有一定的变化。具体有以下三步：

·**确定可能的细分市场**。大多数市场都包含有若干个细分市场。企业必须对这些子市场的演变有一定的了解，即使有些子市场现在可能还没有购买力。

·**估测各细分市场的顾客数量**。企业为确定市场潜力需要预估一定时期内的潜在顾客数量。

·**估测购买量**。企业也需要估计在相应时间段内每个细分市场的顾客可能购买的产品数量。

表 6.3 展示了典型的新产品投放后 3 年、6 年和 10 年市场潜力预测的计算方法。在下表中假设了三个细分市场。

要 点

市场潜力是指企业预期在一定时期内整个市场（所有供应商）取得的最大销售水平。

表 6.3　市场潜力计算

时间段	细分市场	子市场内顾客总数（百万人）A	预测购买人数百分比（%）B	预测购买人数（百万人）C=A×B	预计每人购买量 D	子市场的市场潜力（百万个）E=C×D	总市场潜力（百万个）
投放后3年	1	10	50%	5	5	25	
	2	6	20%	1.2	2	2.4	27.4
	3	8	0%	0	0	0	
投放后6年	1	11	70%	7.7	6	46.2	
	2	6	40%	2.4	4	9.6	58.6
	3	7	10%	0.7	4	2.8	
投放后10年	1	12	70%	8.4	7	58.8	
	2	6	50%	3.0	6	18	93
	3	6	30%	1.8	9	16.2	

这张表中有几处有意思的地方：

· 企业认为各细分市场的顾客数量会随着时间变化而改变：子市场 1 增加了，子市场 2 维持不变，子市场 3 有所减少。

· 各细分市场的顾客购买的百分比也会随着时间有所变化：子市场 1 在增长后保持平稳，子市场 2 持续增长，子市场 3 起初为零后来才有所增长。

· 企业预测每一个细分市场只有一小部分顾客会购买。

· 每个细分市场的购买人数都有所增加，子市场 3 尤为显著。

· 每个时间段内，市场潜力是各细分市场潜力的加总。

· 为了评估每个时间段市场潜力的金额，企业可以用市场潜力的销量数乘以预期的市场价格。

评估销量潜力

销量潜力指企业在特定时间段内可以取得的最大销售水平。当然，销量潜力是在市场潜力、企业可能付出的努力、竞争者数量和竞争强度等未来市场状况的假设基础上产生的。

企业可以直接通过估算市场潜力和可得市场份额来计算销售潜力。企业的潜在份额取决于其可投入的资源和它认为的竞争者将采取的行动。如果企业预计在定期内资源增加（或竞争对手减少资源投入），企业潜在的市场份额就应该增加。表 6.4 展示了通过表 6.3 中估计的市场潜力计算出的销售潜力。

表 6.4　销量潜力计算

时间段	市场潜力 （单位：百万个） A	企业潜在市场份额 （%） B	销量潜力 （单位：百万个） C=A×B
投放后 3 年	27.4	10	2.74
投放后 6 年	58.6	20	11.72
投放后 10 年	93	30	27.9

预测市场规模

市场预测通常是短期预测，如预测来年的情况，企业可以用一个相对精准的数据评估市场状况。为了预测市场规模，企业可以关注整体份额，也可以先研究子市场再把情况汇总。一般来说，如果数据可靠，分段研究的预测效果更好。预测市场规模主要有如下三种方法：判断法、时间序列法、因果预测分析法。

◎判断法

预测市场规模的最简单方法，又包括以下两种方法：

高管判断法　由于企业高层如董事长或总经理对产品档次、竞争者情况、顾客需求、顾客满意度，以及许多外部因素都非常熟悉，所以可以凭借直觉进行判断。

德尔菲法（Delphi Method）　当发现一些人对市场有自己的看法时，这是一个非常管用的研究方法。首先，每一个人都对市场做一个预测并解释原因。然后，把所有人的预测及其原因再反馈给所有人，并让每个人修改和完善自己的预测。通常经过几个回合后就可以获得趋同的预测结果。

◎时间序列法

直接用已有的市场大小数据预测未来市场大小的方法，包括以下四种方法：

判断外推法（Judgmental Extrapolation）　高管判断法的一种特例，用历史数据对变化率进行预测，然后根据上一年度的市场数据得出今年的市场预测。基准是最近年度的同比变化量，用简单平均法或加权平均法汇总近 2 年（或者 3、4、5 年）的改变量。当然，年份越近权重应该越大。

线性外推法（Linear Extrapolation）　用双变量线性回归分析估测每年市场的变化。市场预测等于上一年度的市场数据加上今年的增加值（或减少值）。外推增量值是由数学方法计算得来的，但是预测人需要事先规定沿用多少期的往年数据。

移动平均法（Moving Average）　管理者利用往年的市场数据进行平均计算；这个平均值一般用来预测。下一年度时，管理者减去最早年份的市场数据再加上最近的上一年度的数据。因此，多年以前的市场数据对于预测影响不大。但管理者还是需要抉择应用多少期的往年数据。

指数平滑法（Exponential Smoothing）　与前面几种方法仅使用往年的市场数据不同，指数平滑法是用去年的实际市场数据和预测的市场数据进行计算。它计算的是一个往年市场数据的平滑指数 a：

预测市场数据 t+1=a × 去年实际市场数据 t+（1-a）× 去年预测市场数据 t

平滑指数 a 的数据取决于往年实际市场大小和预测市场数据间的相对权重；它的范围是 0 到 1。如果历史市场数据相对较稳定，则预测市场数据的权重就会较大，平滑指数 a 的值就会较低。如果历史市场数据变化幅度较大，例如处于一个快速成长的市场，平滑指数 a 会接近于 1。

表 6.5 展示了如何用这些方法预测笔记本电脑的全球市场规模。

表 6.5 笔记本电脑的全球市场规模预测

年份	实际销售量	判断外推法		线性外推法		移动平均法		指数平滑法	
		预测值	与实际偏差值	预测值	与实际偏差值	预测值	与实际偏差值	预测值	与实际偏差值
1	8791	—	—	—	—	—	—	—	—
2	11148	—	—	—	—	—	—	—	—
3	14043	—	—	—	—	—	—	—	—
4	15482	—	—	—	—	—	—	—	—
5	19858	—	—	—	—	—	—	—	—
6	26352	25470	（882）	21805	（4547）	13864	（12488）	19858	（6494）
7	27968	34970	7002	28224	256	17377	（10591）	26352	（1616）
8	30799	29683	（1116）	32357	1558	20741	（10058）	27968	（2831）
9	39365	33917	（5448）	35715	（3650）	24092	（15273）	30799	（8566）
10	48926	50313	1387	41907	（7019）	28868	（20058）	39365	（9561）
11	65271	60809	（4462）	51646	（13625）	34682	（30059）	48926	（16345）
12	82314	87076	4762	70286	（12028）	42466	（39848）	65271	（17043）

第二列显示的是实际销售量；右边各列分别是用判断外推法、线性外推法、移动平均法和指数平滑法预测的市场规模。在每种方法中，第一期都是对第6年的预测。判断外推法是基于最近一年市场规模情况的实际变化率计算的。而其他方法则是用前5年的市场规模数据进行预测的。例如，根据第1年到第5年的数据预测第6年的值；根据第4年到第8年的数据预测第9年的值。我们可以对这些数据做如下推断：

· 实际市场总销售量在第9年以后大幅增加；对所有的预测方法而言，以后几年的偏差值都应该增加。

· 由于实际市场销售量在往后的几年都有较高增长，简单的判断外推法的预测效果也很好。又由于所有方法都是使用早年的市场销售数据作为基准，所以其他的方法也都有或大或小的不足。这点在五年平均移动法上尤为明显（数据较少的情况下用移动平均法效果较好）。

· 指数平滑法预测的所有年份的数据都是上一年度的实际销售额。销售增长明显并且趋势稳定，平滑指数 a=1。

◎因果预测分析法

使用因果预测分析法预测市场规模时最常用的做法是采用多元回归分析。研究者选用一些与市场规模相关的自变量（预测变量），并认为这些预测值将影响因变量（市场规模）。通过历史数据确定预测变量与市场规模之间的关系，然后用这些关系预测未来的市场规模。

定义和实施销售预测

销售预测是企业在未来一段时间的预期销售，通常是针对下一年的。销售预测对企业的很多日常运作流程都非常重要。当然，许多因素都会造成实际销售和销售预测之间的不一致。下面的对话阐释了销售预测的重要意义。这是本书作者之一诺埃尔·凯普教授在为美国一家大型电脑公司开内部研讨会期间发生的一段真实对话。一个参会者问了很多关于销售预测的问题，然后有了如下的交流：

凯普："你怎么对销售预测这么感兴趣？"

参会者："嗯，我们有一个销售预测部门，我觉得我应该来你这里学点儿相关的东西。"

凯普："这很好，请告诉我，你在公司担任什么职务？"

参会者："生产总监。"

凯普："哦！这可有点儿不可思议。我觉得销售预测部门应该归属市场或销售类啊。"

参会者："当然，他们的确也有一个。但是我们根本不相信他们的话，所以就自己设置了一个。"

大多数企业会采用这样三种销售预测法：自上而下、自下而上和综合法。

◎自上而下的销售预测

自上而下的销售预测受市场潜力分析、市场规模（各细分市场）预测、市场份额的影响，通常会包含在营销计划中。这种方法计算非常简单，但调研人员必须对瞬息万变的市场十分了解才行：

$$销售预测 = 预测市场规模 \times 预测市场份额$$

◎自下而上的销售预测

自下而上的销售预测从单个顾客的销售开始，这一点是自上而下的销售预测所不具备的。进行预测的销售人员可以亲自了解顾客的需求，企业则汇集每个销售人员的预测并整合成整体预测（在有些企业，销售预测是由销售渠道系统完成的）。自下而上的销售预测的缺点是，如果企业采用自下而上的销售预测来确定影响工资绩效的销售配额，那么销售人员会虚报低于实际值的预测值。

◎综合销售预测

综合销售预测结合了自上而下预测和自下而上预测的优点。企业在营销规划的过程中得出自上而下的预测结果；销售部门则独立准备自下而上的销售预测。如果两组数据大体一致，则任务结束。在大多数情况下，自上而下销售预测的值会偏高，销售经理和销售代表就得逐个客户地排查是否有提高销售业绩的可能。这些可调节的预测就成了自下而上销售预测的基石。同时，营销部门也需要对自上而下的销售预测进行返工，直到两边修订后的数据达成一致。如果还是不能一致，就由一个高层管理者进行决策来决定最终的销售预测，多出的销售会按比例安排到底层销售员身上。

本章要点

1. 营销调研的结果必须行动导向。
2. 好的营销调研可以给企业带来竞争优势。
3. 营销调研人员应该提供分析和洞察，而最终决策则由管理者做出。
4. 营销调研应遵循严格的过程。
5. 营销调研人员应该明确区分一手数据和二手数据研究，以及定性和定量研究。
6. 营销调研人员应该掌握收集调研数据的各种方法。
7. 营销调研人员应该掌握进行市场预测和销售预测的方法。

第三部分　六大营销要务

从第 7 章到第 22 章都属于六大营销要务的内容。这些内容可以分成两大块。

第一大块是第 7 章到第 11 章的战略营销部分，它包括：

·营销要务一：选择市场机会。第 7 章提供了评估市场机会的标准，并阐述了获取机会后的不同成长战略选择。

·营销要务二：选定目标市场。为了清楚哪些市场是可以进入的，哪些是公司不能进入的，公司需要首先识别出细分市场，然后在此基础上选择某一个或几个细分市场作为自己的目标市场（第 8 章）。

·营销要务三：确定战略方向与定位，包括三章内容。第 9 章的重点是找到公司的市场战略目标，并进行市场定位。第 10 章是基于生命周期的市场战略，目的是基于产品生命周期和竞争性定位帮助公司制定抢先战略。第 11 章则讨论了公司获得强势品牌的策略。

第二大块是第 12 章到第 22 章的市场战略应用及实施部分，它包括：

·营销要务四：设计营销组合策略（第 12 章到第 20 章），它包括 A、B、C、D 四小块内容：

·A 提供顾客价值：产品线管理、产品创新以及服务和服务质量。

·B 传播顾客价值：整合营销传播以及指导与管理现场销售工作。

·C 传递顾客价值：分销决策与零售和批发。

·D 获取顾客价值：分析影响定价的关键因素以及定价策略。

·营销要务五：获取其他职能部门支持（第 21 章），聚焦于探讨如何建立一个外部导向型组织。

·营销要务六：执行与监控（第 22 章）。通过监督和控制企业的职能和绩效，揭示推动公司按计划的轨道发展的方法和路径。

第7章 识别并选择市场机会

学习目标

学习完本章后，你应当能够：

· 理解营销在识别新市场机会时的作用
· 确保企业制定战略决策时要考虑营销因素
· 决定成长战略的基本要素
· 制定评估市场机会的标准
· 评估执行成长战略的备选方案

开篇案例 Enterprise和Zipcar租车服务

案例问题
分析你所在的行业，思考还有什么新的市场机会。

美国全国性汽车租赁公司包括 Advantage、阿拉莫（Alamo）、安飞士（Avis）、Budget、Dollar、赫兹（Hertz）、National、Thrifty 等。其中安飞士、赫兹和 National 三家企业主要面向出差的商务旅客，在机场和火车站提供租车服务，优势是高端品牌和便利的机场租车点；而 Advantage、阿拉莫、Budget、Dollar 和 Thrifty 公司主要面向个人和家庭旅客，也在机场和火车站提供租车服务，主要优势是价格比较低廉。

美国的汽车租赁市场竞争非常激烈。那么，汽车租赁市场是否已经饱和？Enterprise 公司和 Zipcar 公司在汽车租赁市场发现了新机会。

尽管都是汽车租赁市场，Enterprise 公司选择进入的主要市场并非机场的外地旅客，而主要是为本地车主服务。本地车主为什么还需要租车呢？其实，每个车主都或多或少会有汽车租赁需求，例如爱车出了意外事故或者机械问题需要维修，或者平时在外地读大学的儿女寒暑假或节日回家时需要一辆车等。这些本地人的汽车租赁需求才是 Enterprise 公司的目标市场。当车主因汽车维修而需要一辆替换车的时候，美国的汽车保险政策都会承担车主的汽车租赁费用，对车主来说，这是"免费"的汽车租赁。

由于选择进入的市场是本地车主的替换车市场，Enterprise 公司就不需要租赁场地昂贵的机场服务网点，也不需要像机场汽车租赁那样提供 24 小时服务，而是把汽车租赁网点设在汽车修理厂附近，以方便爱车出现问题的车主们。如果车主的爱车在路上或者家里出了问题，Enterprise 公司的标志性承诺是："我们会开车接你。"

尽管 Enterprise 公司一直保持家族私营而没有公开上市，外界因此对其知之甚少，但经过多年的发展，Enterprise 公司从 20 世纪 90 年代末在营业额上超过赫兹公司之后便一直遥遥领先，成为全美最大的汽车租赁公司。

在机场汽车租赁竞争激烈以及 Enterprise 公司占据本地车主的替换车租赁市场之后，汽车租赁市场还有别的机会吗？Zipcar 公司发现了一个新的市场机会——城市里的短租市场。传统上，汽车租赁都是以天、周或月为单位的，然而这一点明显不适合住在纽约等大城市里的一些短时需求：没有车的年轻人可能希望租 3 小时车用于约会（为什么出租车不行？因为年轻恋人们会不喜欢出租车司机这个"大灯泡"），一周去一次开市客（COSTCO）超市买菜的无车家庭也需要租大约 2 小时的代步车……

2000 年，Zipcar 公司在美国成立，以"你身边的轮子"（Wheels when you want them）为口号，在纽约等各大城市提供短时汽车租赁服务。Zipcar 公司以会员组织的形式成立，会员每年支付 50 美元的会费，租车费用则以小时计算。Zipcar 公司的汽车租赁网点主要设在大城市的各大居住社区，会员可以通过上网或打电话预定，他们用会员卡在租车地点启动汽车和登记还车。租车费用大概每小时 10 美元，包括燃油费和保险。Zipcar 的员工很少，通过无线设备和电脑技术控制车辆，以尽量减少人员费用。大学生市场也是 Zipcar 公司非常重视的市场，因为许多住校的大学生都没有车，但他们也经常有短时的用车需求。

2011 年，Zipcar 公司在美国成功上市。2013 年，Avis Budget 集团收购了 Zipcar 公司。今天，尽管仍然面临盈利压力，Zipcar 公司已拥有上百万会员，成为全球年轻人最喜爱的共享汽车平台之一。

从第 3 章到第 6 章，我们已经学会从 M4Cs 即市场（Market）、顾客（Customers）、竞争者（Competitors）、企业（Company）和互补者（Complementers）五个方面去深入分析并获得洞察。从这一章起，我们将转换到决策制定阶段，关注六大营销要务。第一个营销要务也是最重要的企业必须要做的事情就是选择市场机会。市场选择决策无论是对一家企业或是一个业务单元都具有重要的战略意义。企业的首席执行官或总经理通常需要亲自决定哪个市场机会是最吸引人的，而营销在其中发挥着至关重要的作用。

营销通过系统地筛选多个选项从而识别市场机会。企业可以在其核心业务领域中或者与核心业务有关联的领域中寻找市场机会。例如，在消费者卡车租赁业务中，U-Haul 公司的车型陈旧、维修成本高、价格又低，因此只能勉强维持盈亏平衡。但当行业排名第二的 Ryder 公司退出市场后，U-Haul 公司通过附属产品和服务开始赢利，如工具箱、保险、拖车租赁、储存空间等。其他市场机会或许存在于一些关联性较小的领域，那里或许有顾客需求未得到满足的空白市场。本章的开篇案例 Enterprise 公司和 Zipcar 公司都进入了汽车租赁市场的空白区域而取得成功。

营销应该在企业筛选市场机会和确定投资组合中发挥重要作用。它应该评估市场潜力、市场规模及其成长性，评估可能的竞争和挑战，并评估市场机会如何与企业的战略性目标相一致。营销还应该像内部企业家一样组织资源用于开发机会，包括市场开发、研发、战略联盟和兼并收购。一些机会从短期来说或许无法赢利，但从长期来讲意义重大。

新市场机会的提议可能来源于整个企业的合作。研发部门开发满足市场需求的新技术或新产品，财务部与工程部也许会提出实行战略联盟或者收购、出售或技术授权。营销应该参与到这些讨论中，以帮助企业根据市场洞察做出更好的决定。不幸的是，很多企业完全是由财务部门促成收购和资产剥夺决策，完全不考虑营销视角的建议。

图 7.1 展示了一个识别、开发、选择和执行机会的系统的三阶段方法：

1. **成长战略：** 为寻找机会提供指导和分析。
2. **筛选标准：** 用来评估和选择单个机会。
3. **实施执行：** 企业为实现目标而做出的具体行动。

成长战略 ➡ 筛选标准 ➡ 实施执行

图7.1　确保高成长机会的全面分析方法

7.1 成长战略

一些比萨连锁店利润很高，但是 IBM 不做比萨；智能手机市场成长迅速并有利可图，但沃尔玛不生产手机。网络的流媒体音乐是个正在成长的市场，但中国工商银行并不提供这个服务。每个机会看起来都很有吸引力，但这些企业不去投资，为什么呢？

原因很简单，每个企业有适合自己的**成长战略**，它们的战略并不包括这些选择。一个成长战略需要使用一套框架来帮助企业评估其现有业务，决定经营或不经营哪些业务。图7.2 显示了企业可通过四个方面来找到有吸引力的成长机会，即**愿景、使命、成长路径和进入时机**。

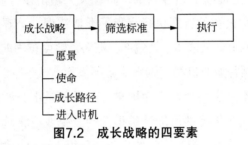

图7.2 成长战略的四要素

> **要点**
> 成长战略包括四要素：愿景、使命、成长路径和进入时机。

7.1.1 愿景（Vision）

愿景是对企业未来理想状态的描述，对未来蓝图的描绘。**企业愿景**把企业当作一个整体来看，而业务单元的愿景集中在个别业务单元。愿景应该能从长远的角度鼓舞企业员工。一个好的愿景确定了一个大方向，不会过于宽泛，又不会太具体，或者容易达到。

> **要点**
> 愿景是对企业未来理想状态的描述。企业愿景能为企业提供一个大方向。当员工都参与时，愿景长期地激励着整个组织。

愿景描述

迪士尼——成为全球的超级娱乐公司

福特汽车——每个车库有一辆轿车（20 世纪 20 年代）

微软——每张桌子上有一台个人电脑（20 世纪 80 年代和 90 年代）

谷歌——全世界的信息变得更加普及和有用

亚马逊——成为世界上最以客户为中心的公司

上述这些例子都说明优秀愿景的力量。福特汽车 20 世纪初的愿景是"每个车库有一辆轿车",这促使其设计 T 型车,开发流水生产线系统,不断降低价格。到 20 世纪 20 年代中期,福特在美国的汽车市场份额超过 50%。微软 20 世纪 80 年代和 90 年代的愿景是"每张桌子上有一台个人电脑",当这个愿景实现之后,微软创造了一个新的更广泛的愿景,即"使全世界的人们和企业充分发挥潜能"。吉利汽车的愿景是"制造普通大众买得起的汽车,并驾驶吉利汽车到世界的任何地方"。

营销应该确保企业的愿景是外部导向的。如果没有营销,愿景可能会过于狭隘,仅关注企业内部如何做得好。当然,企业的行动必须支持愿景,陈述一个目标并不意味着你就能实现它。有一家企业的首席执行官曾公开宣布企业的愿景——"成为顾客在所有购买选择中最青睐的供应商"。这提高了顾客期望,而且大大超出该企业实现目标的能力,最后造成顾客不满。英国航空公司的首席执行官犯了类似错误,公开承诺为顾客提供卓越服务,然而他一心一意地追求降低成本、外包部分服务、解雇英国航空公司的员工。随之而来的罢工导致成千上万顾客滞留机场,顾客非常不满意。

提出企业愿景后,员工不一定就会积极拥护它。如果只是由企业的首席执行官和公司顾问独自开发企业愿景,员工接受的可能性是很低的。企业应将员工也纳入进来开发愿景,虽然这样可能耗时更长一些,但是广泛的参与度和投入会产生更优秀的愿景。苹果公司在开发愿景时,乔布斯要求最优秀的 100 位员工来完善企业愿景。长期担任星巴克董事长和首席执行官的霍华德·舒尔茨(Howard Schultz)也认为:"人们希望成为比自己更强大的组织的一部分,希望成为让他们自豪的组织的一部分,并愿意为此奋斗和献身。"

甲骨文公司创始人兼首席执行官拉里·埃里森(Larry Ellison)曾经在未经任何讨论的基础上提出了一个新的企业愿景:"成为一家基于互联网的企业。"他命令甲骨文公司将所有企业软件转换成基于互联网的应用,甲骨文将停止开发基于客户端的产品,而且要求销售员告诉客户甲骨文公司将淘汰那些基于客户端的产品。几个月后,拉里·埃里森发现,他的产品开发建议直接被员工忽视了,销售人员还告诉顾客,甲骨文公司不会撤掉基于客户端的产品。拉里·埃里森尴尬地发现,由于新的愿景没有任何员工参与讨论,员工们显然不把这个新的愿景当回事。

成功的企业家都有非常清晰的愿景,并能够成功地说服周围人接受他们的观点。最近成功的例子如下:

脸书(Facebook)——赋予人们分享的权利,世界因此而更开放

优步（Uber）——通过租车将司机和乘客联系起来，乘车共享服务

爱彼迎（Airbnb）——将需要空间的人与有多余空间的人联系起来

照片墙（Instagram）——记录和分享世界的重要时刻

由此可见，企业创始人清晰的愿景能使企业更成功。

7.1.2 使命（Mission）

愿景为企业提供了崇高的、令人向往的未来蓝图，使命则更直接地引导企业寻找市场机会。优秀的使命使企业集中精力于成功概率更高的有限领域。使命使企业的股东、员工、顾客和其他利益相关者聚焦于一个有价值的领域。使命可以避免企业在多个领域分散精力和资源。一个理想的使命应该从企业做得好或立志做得好的领域来表达。拥有多个业务单元的企业应该在公司和业务部门层面上分别开发使命。企业使命必须包含单个业务部门的使命。

要点

企业的使命应该指导其寻找市场机会。优秀的使命使企业集中精力于成功概率更高的有限领域。

表达使命

使命表达了企业或者业务部门所要做的，同时也表明企业不会去做的事情。在表达使命时，企业可以从三个内部资源维度和两个外部关注维度去考虑。

内部资源维度——核心要素或自然资源 企业的使命聚焦于使其核心要素或自然资源的价值最大化。一个使命为"我们是森林产品公司"的企业能够利用许多技术向多个市场销售产品，只要该产品是由木头制成的。

内部资源维度——产品或服务 企业的使命聚焦于其产品或服务的价值。使命为"我们是一家汽车公司"引导该企业制造使用不同燃料的汽车，包括酒精、柴油、乙醇、汽油、氢气或天然气；该企业还可以利用多种技术包括机电、燃料电池、燃气涡轮机、内燃机、混合动力或蒸汽等。

内部资源维度——技术 企业的使命聚焦于其核心技术。使命为"我们是大数据公司"的企业在大数据方面寻找机会，并向任何市场销售产品或服务，只要其核心技术是大数据方面的。

外部关注维度——顾客需要 企业的使命聚焦于企业如何利用其产品和技术满足顾客需要。以"我们满足人们交通的需要"为使命的企业可以制造自行车、私人汽车、公共汽车、地铁、高铁、直升机或者喷气式飞机。奥的斯电梯的使命是短途运输，即"比世界其他同类企业以更高可靠性为顾客提供上行、下

营销问题

根据网上调查所得的信息，分别找出华为、阿里巴巴、腾讯、美团、拼多多、京东、工商银行、中国平安、中国联通、海尔、美的、格力的愿景和使命，并评价这些企业的愿景和使命。

行和平行的短距离运输方式"。

外部关注维度——市场或者细分市场　以市场为使命的企业可以利用各种原材料和技术生产很多产品。快速消费品企业如宝洁和联合利华进入的是家用日化品市场，主要提供的是家用及个人护理用品。

企业或者业务部门可以从以上这些维度出发，或者将它们结合起来，设计自己的使命。万豪酒店的使命是"为关注经济和品质的商务旅行者提供一流的住宿设施：始终如一的整洁、舒适、精致和愉悦的环境，以及友好、细心和高效的服务"。这个使命把万豪酒店的产品和服务与市场及市场细分结合了起来。

总而言之，每个使命都陈述了企业或者业务部门要做的事情，外部导向型使命还会指出具体的顾客对象。使命还表明企业不会去做的事情。

使命演化

一般来说，成功的企业会不断发展它们的使命。如果目前的使命减少了企业的成长机会，企业应该考虑扩大使命范围。例如，亚马逊公司从网上书店到网上零售，苹果公司从个人电脑发展到 iPod、iPhone 和 iPad，美团从团购发展到了包含外卖、电影、酒店等的多种业务。

一些企业通过放弃一些产品或剥离业务单元缩小使命范围，它们这样做的目的是把注意力重新聚焦到核心业务上来，主要原因包括资源不足、财务状况恶化、竞争日益激烈或面临收购威胁。来自资本市场的压力可能是资产剥离的主要原因，甚至是业务相对集中的企业也如此。例如，惠普公司最后就拆分成为两家公司：以个人电脑和打印机为核心业务的惠普（HP Inc.），以及以服务器等企业级产品为核心业务的慧与科技（HP Enterprise）。其他例子包括杜邦公司退出了石油和纺织纤维业务，康宁公司（Corning）剥离了其个人健康服务和消费者产品，通用电气退出了金融服务业务，等等。

一些企业成功缩小了自己的产品范围，转而扩大销售的地理范围。快餐连锁店真功夫放弃炸鸡和薯条，把菜单主要集中在蒸的食物上，目前已经从广东地区扩大到全中国各地。

7.1.3　成长路径

使命提供了识别潜在机会的大体方法，而成长路径更加具体，它关系到预期收益和风险的权衡。企业需要考虑三个因素：

· 相对于所需投资，机会的收入和盈利潜力；

· 从业务、技术、产品和市场中体现出来的核心竞争力；

·风险评估。

企业的竞争力和机会带来的预期财务收益和风险共存于一个动态关系中。通过投资于新机会，企业也会形成新的竞争力。提升的竞争力可能使之前看起来不太好的机会变得有吸引力，预期财务收益和风险也会发生变化。

成长路径矩阵利用两个维度来分析机会：市场和产品/技术，如图7.3所示。我们将每一维度进一步分为：现有的、相关的、新的，形成一个从A到I的3×3矩阵。每个小方框代表一种不同类型的机会。为便于阐述，我们把小方框结合起来，组成四个广义上的成长战略：市场渗透战略、产品开发战略、市场开发战略、产品和市场多元化战略。

新的	市场开发战略2： 市场扩张（G）	业务扩张： 同心圆产品（H）	联合战略 （I）	市场
相关的	市场开发战略1： 市场延伸（D）	业务延伸 （E）	业务扩张： 同心圆市场（F）	
现有的	市场渗透战略 （A）	产品开发战略1： 产品延伸（B）	产品开发战略2： 产品扩张（C）	
	现有的	相关的	新的	

产品/技术

图7.3 成长路径矩阵

市场渗透战略（方框A）

企业将精力集中于现有（或者稍微改进）的产品和现有的市场。企业依靠核心竞争力获得成长，把知识风险最低化。当然，它面临着激烈的市场竞争。大多数企业把主要资源用在市场渗透战略方面。

产品开发战略（方框B和C）

企业开发新产品投放于现有市场。滑雪胜地通过增加滑冰、下坡滑雪、雪地机动车运动和管道滑雪开发滑雪运动种类，实行产品开发战略。产品开发战略1（产品延伸，方框B）和产品开发战略2（产品扩张，方框C）在产品新旧程度上有所不同。产品延伸战略与现有产品有关，而产品扩张战略与现有产品无关，因此面临更多风险。对于一个擅长企业贷款业务的银行来说，保险箱服务属于产品

要点

四个基本成长路径包括市场渗透战略、产品开发战略、市场开发战略、产品与市场多元化战略；这四种战略又衍生出九种具体路径。

延伸，而复杂的金融衍生品开发则需要更重要的新技术，因此属于产品扩张。

市场开发战略（方框 D 和 G）

企业通过市场开发向新市场销售现有产品。市场开发战略 1（市场延伸，方框 D）和市场开发战略 2（市场扩张，方框 G）在市场新旧方面不同。同样对于擅长企业贷款业务的银行来说，给政府部门、公共或非营利机构（如大学、医院）贷款是一种市场延伸，而给个人消费者贷款属于市场扩张。总的来说，市场扩张的风险高于市场延伸。更多企业选择市场延伸战略，比如海尔和联想都采取了这种方法。

地理区域扩张是一个比较受欢迎的成长路径——市场开发战略，例如连锁店的全国或全球扩张。

产品与市场多元化战略（方框 E、F、H、I）

市场渗透、产品开发和市场开发战略一个最重要的特点是总有一个市场或产品是现有的，但对于产品和市场多元化战略来说，市场和产品 / 技术这两个维度方面都是新的。这样的市场机会风险更大，企业是在整体战略上有所改变。业务延伸（方框 E）要求在市场和产品、技术上有适度的改变。耐克在其核心运动鞋产品生产线上增加运动服装系列是一种产品延伸（方框 B），相比之下，耐克增加休闲服装系列就是一种业务延伸（方框 E），即相关产品投放到相关市场上。业务扩张则需要新产品和相关市场（同心圆市场，方框 F），或者新市场和相关产品（同心圆产品，方框 H）。比亚迪投资于电池技术，并将其应用于汽车市场（以前汽车不是用电池作为动力的），是同心圆产品策略（方框 H）的一个成功案例。联合战略（方框 I）——开发新产品和新市场的风险是最大的。桂格麦片公司（Quaker）用 17 亿美元从 Triarc 公司收购了斯奈普饮料（Snapple），但在渠道和促销方面犯了重大错误。结果，3 年后 Triarc 公司用 3 亿美元又把斯奈普饮料收购回来。下面是另一个联合战略失败的案例。

在首席执行官保罗·梅西耶的领导下，一家法国水力公司更名为威望迪公司（Vivendi），并开始收购娱乐、媒体和通信公司，包括环球影城（Universal Studios）和美国网络（USA Network）的部分娱乐资产。2002 年，威望迪公司面临破产，董事会解雇了梅西耶，并开始出售公司资产。

选择适合的成长路径

识别并区分有价值的机会通常需要深入的市场调研和分析。企业需要识别

营 销 问 题

举一些除了自己国家之外的其他国家企业在该国家超过三个地区获得盈利收入的例子，这些企业都采取了何种多样化形式？

机会所涉及的领域、竞争，并评估它提供顾客价值的能力。企业需要评价各种成长路径成功的可能性。例如，该企业可能在市场开发方面表现良好，但产品和市场多元化却做得很失败。如果是这样的话，该企业应该倾向于选择市场开发机会，并避免产品和市场多元化。

在开始制定如何选择新市场机会的决策规则之前，企业应该做一个回顾性的成长路径分析。例如，企业可以根据成长路径矩阵分析最近 5 年所选择的市场机会，具体属于哪个方框，并评估其成功和失败的原因，从而发现哪些领域企业做得好和哪些领域做不好。很多企业应用这种分析方法取得了长足的发展。

7.1.4 进入时机

识别正确的成长路径之后，什么时间抓住机会，即"进入时机"同样重要。在第3章，我们讨论了产品的五个生命周期阶段——引入期、成长初期、成长后期、成熟期和衰退期。早期阶段在产品和市场方面都有很大的不确定性。随着生命周期的发展，不确定性逐渐降低，但相应地竞争压力也逐渐增大。图7.4探索了前四个生命周期和选择进入市场时机的关系，以及相应的具体策略——开拓者（Pioneer）、追随者（Follow-the-leader）、市场分割者（Segmenter）和模仿者（Me-too）。

> **要点**
>
> 进入时机的四个策略即开拓者、追随者、市场分割者、和模仿者，分别对应产品生命周期的四个时期，即引入期、成长初期、成长后期和成熟期。

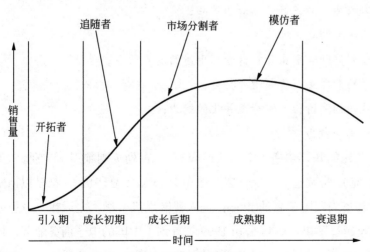

图7.4 市场进入时机

开拓者

开拓者通过持续大量的研发投资开拓新市场。它们承担风险，认为失败通常伴随着成功。开拓者具有持续开发新产品的研发能力和内部流程，以及打开新市场的营销能力。开拓者有足够的资源支持其巨大的研发支出并投资于市场开发。有时候它们的市场进入成本甚至超过研发成本。开拓型企业的例子有苹果、杜邦、英特尔、3M、辉瑞、特斯拉等。在中国，比亚迪在电动汽车方面是开拓者，华为是 5G 的开拓者。

当然，即使开拓者为市场带来了新产品，但开拓者并不总是会成功。苹果公司 20 世纪 90 年代开发的个人数字助理 Newton（牛顿）就失败了。法国和英国联合开发的协和超音速飞机（Concorde）也因市场推广不成功而在 2003 年永久停飞，空客 2019 年也宣布其空中巨无霸 A380 因市场需求不足而永久停产。

追随者

追随者跟随开拓者的步伐进入快速成长的市场。开拓者用了大量的研发投资来开发创新性产品，追随者则致力于改进这种新产品。追随者让开拓者做第一个吃螃蟹的人，如果开拓者没事，追随者就跟着吃；如果开拓者出事了，追随者就放弃。追随者得益于开拓者在研发和市场方面的大量投资，它们迅速跟随继续研发，关键在于其敏锐的市场洞察力。开拓者成功后，追随者应该及时进入。一个成功的追随者必须拥有：

- 服务大众市场的愿景；
- 有效的竞争情报，能尽快开发自己的产品；
- 优秀的开发工程师，能完善开拓者的产品；
- 对顾客需求的深刻洞察；
- 积极主动的专利律师识别出开拓者专利申请的弱点所在；
- 愿意在进一步的开发上花费超越开拓者；
- 通过提供卓越的顾客价值，实行差异化的能力；
- 追求成功的意志和毅力。

许多行业领导者比如联邦快递（空运快递服务）、吉列（剃须刀）、英特尔（微处理器）、微软（操作系统）、帮宝适（一次性婴儿尿布）、施乐（复印机），都是以追随者身份进入市场的。三星和华为跟随苹果的 iPhone 进入智能手机市场，之后在全球智能手机市场的出货量份额都超越过苹果。8848 公司 1999 年首创了中国的电子商务业务，但马云的阿里巴巴如今已经占据了市场领先地位。许多管理者相信，相对于开拓者，作为一个快速追随者进入中国市场会是一个更好的策略。

市场分割者

市场分割者在成长后期时进入，为特定市场增加价值，该战略在成熟市场上显得非常有效。随着顾客获得更多的知识和经验，他们的偏好通常会变得越来越具体。通过深入的市场洞察，市场分割者会发现特定顾客群体的特殊需求，并专为他们设计特别的产品和服务。例如，上海家化采用季节分割市场，为夏季沐浴露市场开发六神沐浴露产品，并获得成功。

市场分割者的技能和核心竞争力与开拓者和追随者有很大的不同。专业技术和创新不再是驱动力量。市场分割者需要市场洞察能力，以识别未被满足的市场需求，并灵活地满足狭窄的利基市场需求。市场分割者通常低成本同时进入多个细分市场，用模块化设计战略或技术平台，并与灵活的运营体系结合起来。例如，医疗设备制造商美敦力公司（Medtronic）运用了市场细分战略和技术平台，成功获得心脏起搏器和植入性心脏电击去颤器的市场份额。

模仿者

模仿者以有限的产品线进入成熟市场。基于低价 / 低成本战略，它们高效地大批量生产（通常是在低成本国家）、低开销、积极采购和关注细节。模仿者一般也是流程创新的领导者，并实行集中式营销。它们研发投入很少，其产品与知名产品类似。它们与价值增值者相互竞争时会给细分市场带来混乱。戴尔就运用过这种方法，最大限度减少库存，不断降低成本，只在收到订单后生产个人电脑。

选择正确的进入时机战略

与选择成长路径一样，企业应该识别哪种进入时机战略与其能力相适应，并与市场机会相匹配。当然，随着市场的发展，企业必须进一步发展其能力。

7.2 筛选标准：评估机会

我们已经知道成长战略的组成成分包括：愿景、使命、成长路径和进入时机，我们也已经讨论了如何用成长战略识别各种类型的成长机会，但是企业应该投资哪个特定的机会呢？图 7.5 显示了评估机会的五个标准——目标、兼容性（匹配度）、核心竞争力、协同作用和对投资组合的贡献——以帮助企业评价机会并做出选择。

要点

当企业在评估市场机会的时候，需要考虑五个筛选标准：目标、兼容性（匹配度）、核心竞争力、协同作用、对投资组合的贡献。

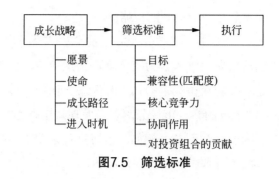

图7.5 筛选标准

7.2.1 目标

一个投资机会必须满足企业的目标。收入和利润增长率对创造股东价值非常重要，但毫无节制的增长可能产生严重问题。企业需在考虑风险、时机、稳定性和灵活性的基础上控制增长欲望。

收入和利润成长

为了评估收入和利润潜力，企业需要考虑使用多种财务或非财务指标。标准的财务指标有：现金回流的时间点、投资回报率（ROI）、边际利润、净现值和内部回报率（IRR）等。利润指标有市场规模、预期的市场成长、市场潜力、预期的成长率、促使市场成长的力量、竞争者的数量和实力、市场份额预测。上述市场因素都会影响收入、成本和利润预测。

企业可能由于预期绩效表现不如现有产品的历史绩效而拒绝新机会。这样对比是不对的。企业应该比较有无新机会的预期市场份额、收入和利润额的差异。例如，尽管惠普是高端激光打印机市场的领先者，但还是引入了低端的喷墨打印机（拥有较低的利润）以避免损失低端市场份额。

风险

企业必须权衡预测收入、利润与风险和所需投资。企业必须考虑机会的收益—风险组合以及该机会对总体投资组合的影响。一般来说，潜在收益和风险是相关的，但也有些机会在低风险的情况下能提供良好收益回报。

时机

除了考虑财务回报与风险，企业还需考虑产生利润的时机。在中期就能获得中等回报的机会，可能比到后期才能获得高额回报的机会更有吸引力。

稳定性

假设某企业必须在以下两个机会中选择：A——高成长、高波动性；B——低成长、低波动性。企业可能更倾向于选择低成长机会，因为后者具有更高的稳定性。施耐德电气（Schneider）墨西哥公司更关注能利用已有经销商提供服务的市场，因为它们相信该市场收益会比需要大量资金投资的大型电力生产项目更加稳定。

灵活性

所有企业都面临着不断变化和复杂的市场环境。无论企业的预测能力如何精准，都可能由于意外事件而防不胜防。以下策略在一定程度上可以使企业更灵活地处理变化的市场环境。例如：

· **收购**。谷歌、微软和脸书公司会收购邻近市场的企业。

· **技术联合协议**。石油公司经常会与其他企业在石油开采平台和运营上合作，如墨西哥海岸的壳牌公司和德士古公司。

· **部分所有权**。大型药品公司频繁使用这种方法与生物技术公司合作。比如百时美施贵宝公司购买癌症药物发展商 ImClone 公司的股份。在中国，百威公司已经持续投资青岛啤酒多年。

· **研发**。企业在竞争领域进行研发投资防止失败。很多传统汽车企业目前都在投资电动汽车技术。

· **风险资金**。企业为创建新的企业提供风险资金，但要求持有能够在将来增加自己股份的期权。思科公司就是运用这个方法的先驱。

7.2.2 兼容性（匹配度）

企业能否抓住机会取得成功？企业应该考察如下三个维度的兼容性（匹配度）。

产品—市场匹配

这个产品是否适合市场？换句话说，该产品是否能比竞争对手更好地满足目标市场的顾客需求？企业经常通过市场调研和市场预测试来评估其产品—市场匹配程度。随着企业和环境的不断演变，时机对于评估产品—市场匹配尤为重要。

> **要点**
>
> 兼容性（匹配度）的三个重要维度分别是：
> · 产品—市场匹配
> · 产品—企业匹配
> · 企业—市场匹配

产品—企业匹配

匹配也涉及企业。企业是否具备足够的资金、人力、技术和资源保障其可以进入目标市场？企业是否可以随市场变化成功地更新产品？有时产品—市场匹配程度高，但企业缺乏足够的分销渠道将其产品或服务传递给最终顾客。创业公司经常会遇到这样的问题——产品—市场匹配不错，但缺乏产品—企业匹配。

企业—市场匹配

企业在市场中能否有效地竞争？企业是否有足够的顾客洞察、企业声誉与核心竞争力打败竞争对手？企业可能有高度的产品—市场匹配和产品—企业匹配，但可能由于其市场—企业匹配度过低而错过大好的机会。地域扩张中经常出现这样的例子。假设一个外地市场对某企业产品具有很高吸引力（良好的产品—市场匹配），并且该企业具有成熟的生产、促销和分销其产品的技能（良好的企业—产品匹配），但该企业完全不了解外地市场（缺乏企业—市场匹配），这时候企业应该决定不进入外地市场。

7.2.3 核心竞争力

核心竞争力是企业有所拥有的能力、知识、技能和资源。用核心竞争力这个标准对市场机会进行评判时非常直接：企业能为市场带来什么？企业又能从市场里获得什么？或者更正式地说，该机会是否能有效地利用企业现有的核心竞争力？能否使企业发展出新的核心竞争力？如果两个问题的答案都是"不"的话，就可以拒绝这个机会了，反之，只要有一个答案是"是"，就可以继续。

一般来说，企业更容易利用现有核心竞争力优势从机会中获益。企业可以更容易地获得差异化优势，如可口可乐公司引入一款新的运动饮料，青岛啤酒引入新款啤酒，或者丰田公司开发一款新型汽车。

但核心竞争力并不是评价企业投资市场机会的唯一标准，该市场机会必须满足其他的评价标准。有时即使企业无核心竞争力，机会仍然具有吸引力——核心竞争力可以通过投资获得。英特尔公司放弃了它在存储芯片行业的核心竞争力，但获得了微处理技术和制造的核心竞争力。当杰夫·贝索斯离开纽约的二手车公司，在西雅图创建亚马逊时，他毫无核心竞争优势可言，但亚马逊还是成为领先的网络零售商。苹果作为一家电脑制造商，连续推出 iPod、iPhone 和 iPad。华为从 B2B 电信运营设备商，发展成为全球领先的智能手机品牌。三星从一家低成本的制造商发展成全球知名的电子产品品牌，今天，三星的市值是索尼的好几倍。

7.2.4 协同作用

协同作用探索如何让市场机会与企业的已有能力和资源进行联系。积极的协同作用会使 2+2 的结果大于 4！协同作用出现在企业利用已有资源追逐新机会时，如通过已有分销渠道销售新产品。宝洁公司为超市提供新产品时就会获得分销渠道的协同。当企业用已有设备生产新产品时就会获得制造协同。当然，企业不要因为缺乏积极协同而放弃投资机会——但积极的协同确实能提高其投资回报。

当 2+2 的结果小于 4 时，说明产生消极的协同作用，追求新的市场机会将会侵蚀企业从现存产品中的获利。在 20 世纪 90 年代，消除过敏症状的处方药开瑞坦（Claritin，也译为氯雷他定）是先灵公司的主要盈利产品。2001 年，先灵公司开发出开瑞坦的非处方品种。截至 2002 年，所有开瑞坦处方药品的销量下降了 43%，从 31.6 亿美元降至 18 亿美元。

7.2.5 对投资组合的贡献

除了从上述四个方面评估市场机会的价值，企业还需从投资组合的角度评估所有机会。如果企业现金流充足，但并没有高盈利性的业务单元，可能花重金投资长期、高风险的机会。现金流有限的企业则可能更关注风险较低或风险适度的机会。一般来说，保守经营的企业倾向于投资低风险的机会并且希望能尽快地获得投资回报。激进的企业更偏好高风险、更长期的机会以获得更高的投资收益。一般情况下，潜在的回报和风险是相关的，但也有机会实现低风险高回报。

7.3 执行成长战略

宝洁公司以 2.5 亿美元的种子基金成立内部创业平台。通过宝洁公司内部一个名为"我的创意"的协作网络，员工可以将自己的创意提交到创新评审小组，被接受的项目可以使用宝洁的全球资源。结果，在这么做的两年内，宝洁公司就发布了 58 个新产品。其中一个名为 Swiffer 的清洁产品成功在 10 个月内上市，比一般的新产品开发流程节约了一半时间。

图 7.6 展示了在执行企业成长战略和投资组合时的几种选择：

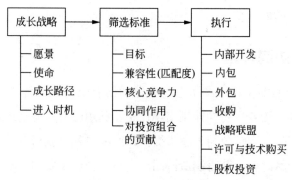

图7.6　执行成长战略

7.3.1　内部开发

许多企业投入巨大的人力和资本进行新产品的内部开发。内部开发适用于成长路径矩阵中所有的方框和进入时机的各阶段。有研究表明,研发投入与企业盈利能力之间存在较强的正相关。内部开发不仅仅针对技术人员和工程师;营销的内部开发能使企业整合不同发展阶段的市场洞察、顾客洞察和竞争者洞察,对投资有方向引领的作用。

内部开发的优势包括:

· **控制**。企业能控制内部开发的全过程。企业购买和租赁所需的资源,制定所有关于供应商和经销商的决策。

· **成本**。内部开发的成本远远低于通过收购或其他手段获得新产品的成本。

内部开发的劣势包括:

· **专业知识**。企业必须很好地领导研发方向,否则研发出来的可能是企业缺乏商业化专业知识的产品。

· **资源可获得性**。有些资源难以获得,或者开发的成本太高。

· **时机**。产品市场化的窗口期越来越短,但内部开发的周期较长。

7.3.2　内包

企业通过内部承担研发、生产和营销中的额外活动,可以在供应链中获得更多附加价值。企业还可以通过从事供应商的活动向上游扩张(即后向一体化),或通过从事与顾客相关的活动向下游扩张(即前向一体化)。与企业核心竞争力密切相关的活动是内包的首选目标，这样还能帮助企业发展新的核心竞争力。

可口可乐公司最初仅专注于可乐原浆制造和品牌建设。在 20 世纪 90 年代，可口可乐公司的首席执行官罗伯特·古兹维塔（Roberto Goizeuta）通过收购一家罐装公司显著地提升了股东价值。这可以使可口可乐公司更好地管理其超市价值链。可口可乐公司彻底重组了其物流体系，直接从超市和自动售货分销渠道获得价值。

7.3.3 外包

与内包相反，外包是雇用其他企业来从事原来在企业内部执行的活动。外包可以使企业将资源更好地集中于增加顾客价值和保护其差异化优势。企业可以外包的活动很广泛，包括：生产制造、管理信息系统、技术基础设施，独立的商业流程如应付账款、收益管理、发工资，以及一些采购流程。

美国企业经常用离岸外包，即美国公司与非美国企业签订合同，外包一些业务活动。美国企业外包最普遍的领域就是顾客售后服务。美国的消费者拨打美国公司的售后服务热线，往往发现在与来自印度或马来西亚的客服人员通话。降低成本是离岸外包的主要原因之一，同时与多个不同时区的企业达成合作关系可以为企业提供灵活的人员配置。当然，外包的质量控制非常重要，特别是与顾客相关的业务。

7.3.4 收购

企业可以通过收购——单个业务单元或者整个企业——获得核心竞争力，帮助企业提供客户价值和差异化优势。收购战略具有速度优势，即企业可以迅速获取新产品或新市场。企业还能获得企业的基础设施——运营能力、人力资源和组织流程——以支持企业成长。许多企业都通过收购兼并迅速成长，包括思科、通用电气、强生、联想、吉利汽车和青岛啤酒。

IBM 前首席执行官郭士纳曾说过："在我任职期间，IBM 就进行了 90 次收购。最成功的是那些匹配企业有机成长的收购。IBM 收购 Informix 公司就是一个很好的例子。我们在数据库业务领域与甲骨文公司并驾齐驱，而 Informix 作为一家数据库公司已经失去了发展势头和市场领先者地位。我们收购 Informix

营销问题

一家刚成立的生物技术企业拥有一项研发技术：保证产出一种可以降低皮肤癌发生概率的产品。你会如何建议该企业推进药品研发和营销？

公司并不是为了进入数据库业务或是为了弥补 IBM 的弱势。相反，我们是为了更迅速地获得大量顾客，这样比我们单独行动战略更有效率。"

但收购不是万能的。收购成功企业或其业务单元成本高昂，收购与被收购企业之间的文化融合困难。最重要的问题是收购能否增加价值。价值创造依赖于特定的收购情况，我们可以将收购分为以下两类：

大型收购 这种数百亿美元的收购往往会成为头条新闻：比如 21 世纪初美国在线公司（AOL）收购时代华纳公司，惠普公司收购康柏公司。但是，越大并不总是越好，许多学者都反对这种形式的收购。学术研究指出，70% 的大型收购都会稀释收购方的股东价值，在竞争激烈的情况下收购方往往会超额偿付。

小规模补充式收购 企业通过这种类型的收购补充企业当前的战略。亚马逊公司在线业务中鞋子产品销售不成功，因此收购了 Zappos.com（领先的网络鞋店）。有研究表明，适度收购最容易取得成功。小规模收购更容易执行、以更小风险获得更好交易。企业通过多次小型收购积累经验，在识别收购对象、管理投标和整合收购企业方面将会做得更出色。思科和 IBM 就是成功进行多次小规模收购企业中的突出例子。

7.3.5 战略联盟

一般情况下，战略联盟适用于缺乏资本进行收购，且缺乏产品—企业匹配或缺乏企业—市场匹配的企业。一个好的联盟伙伴将会增加企业的优势或弥补企业的劣势。组合企业比单个企业单独行动要更强大。由微软和英特尔组成的 Wintel 联盟就是最著名的战略联盟之一：Wintel 联盟字面上是指由微软的 Windows 操作系统与英特尔的 Intel 微处理器所组成的个人计算机。自 20 世纪 80 年代以来，Wintel 联盟就主导着全球 PC 市场。更典型的联盟是小型、具有创新性的企业与营销能力卓越、顾客声誉良好和财力雄厚的企业结盟。

有一些联盟包括多个企业。在航空领域，航空公司间的联盟有利于旅客预订国际旅行行程，并相应地为联盟成员提供顾客。全球最大的航空联盟是星空联盟（Star Alliance），有近 30 家航空公司成员，包括美国联合航空公司、德国汉莎航空公司、新加坡航空公司、中国国际航空公司、深圳航空公司等。天合联盟（Sky Team）规模略小，有 19 家航空公司，包括美国达美航空公司、法国航空公司、中国东方航空公司、厦门航空公司等。

战略联盟在获取所需资源并降低投资风险方面是较具吸引力的一种方法。但正如收购一样，战略联盟也不是万能的。由于计划模糊、缺乏关注、组织间文化不相容、资源不足和联盟伙伴的目标改变等，也有很多联盟以失败告终。

7.3.6 许可与技术购买

许可与技术购买是获得他人技术成果的另一种方法。许可协议中，原公司拥有这项技术。一般情况下，许可协议要求支付最低特许使用金（无论是否使用都要支付的固定费用）和基于交易量、交易额或利润的专利税收入。技术购买一般要求支付一定的固定费用。无论哪种方法，购买技术可以避免技术研发成本和风险，但购买成功的新技术需要支付高昂的费用。购买许可是进入全球市场成本最低的一种方法，然而这个企业很少使用。

7.3.7 股权投资

许多企业为了进一步鼓励其内部技术研发，以股权形式投资企业内部创业。有时企业会孵化新企业，与企业自有的研发分离开来。一般情况下，企业为保持股权地位会追加投资。在20世纪90年代，施乐技术创新投资的回报率超过50%。海尔近年来也一直在鼓励员工内部创业。

──── **本章要点** ────

1. 营销的第一要务是选择市场机会，这也是企业最关键的战略决策之一。
2. 开发机会、选择机会和执行新机会的系统方法包括以下三个要素：

成长战略

帮助企业决定进入和不进入某个市场的框架。

- 愿景：企业或业务单元未来理想状态的描述。
- 使命：直接引导企业寻找市场机会。
- 成长路径：识别机会、权衡风险和收益。
- 进入时机：市场进入时间与产品生命周期阶段的联系。

筛选标准

评价市场机会的方法，关键考虑因素包括：

- 目标：包括成长、风险、时机、稳定性和灵活性。
- 兼容性（匹配度）：产品—市场匹配、产品—企业匹配、企业—市场匹配。

· 核心竞争力：竞争中实现差异化优势的能力。

· 协同作用：2+2>4。

执行

执行企业成长战略的几种选择包括：

· 内部开发：通过企业的努力开发新产品和服务。

· 内包：获取更大的附加价值：向上游的后向一体化、向下游的前向一体化。

· 外包：雇用其他公司执行必要活动，保证企业专注于传递更多顾客价值。

· 收购：购买整个企业或者一个业务单元。

· 战略联盟：与合作企业签订协议以共同开发市场。

· 许可与技术购买：获取他人技术的不同方法。

· 股权投资：投资新创企业并获得股权。

第8章 市场细分与目标市场选择

学习目标

学习完本章后，你应当能够：

- 把市场解构为易于辨别的顾客群体
- 认识到市场细分和顾客细分之间的差别
- 理解每一个细分市场独特的需求和偏好
- 为有效的市场细分和定位设立标准
- 评估识别各个细分市场的特征
- 解决进行市场细分中的难题
- 确定要投入营销资源的目标市场

开篇案例 万豪酒店

　　万豪酒店集团是全球首屈一指的酒店管理集团，由威拉德·马里奥特（J. Willard Marriott）创办，首家万豪酒店于1957年在美国华盛顿市开业。然而，一直到1985年，万豪酒店还只是美国的一家中型连锁酒店，当时它管理着美国的160家酒店和67034间客房。

　　是什么帮助万豪在随后短短的30多年里快速成为今天全球酒店业的旗舰呢？答案是市场细分。当时，万豪决定开始启用许多新品牌，通过市场细分和目标市场选择来提高其在旅客心里的价值。其中，万豪是一个旗舰品牌；而每一个新品牌不但具有独特性，还都要支持万豪的整体品牌形象——致力于卓越的顾客服务，并培养员工对服务的热情。

　　万豪相信所有的顾客都需要基础服务水平，但不同的顾客在为舒适与豪华的支付意愿上是存在差异的。万豪还了解到：许多顾客只在酒店待几个晚上，但是也有越来越多的顾客诸如有任务在身的商务人士往往需要住宿几个星期。万豪是最先根据顾客的不同需求制定相应的市场细分战略的大型连锁酒店。万豪有计划地发展其新品牌，并通过收购来实施该战略。

1987 年，万豪收购了 Residence Inn 套房酒店；1995 年，万豪收购了全球顶级豪华的丽思卡尔顿酒店，使万豪成为首家拥有各类不同档次优质品牌的酒店集团；1997 年，万豪又完成了对万丽酒店的收购；2016 年，万豪斥资 136 亿美元收购喜达屋酒店集团，从而成为全球最大的连锁酒店集团。2023 年 5 月，万豪完成从墨西哥酒店管理公司 Hoteles City express 收购其子品牌 City Express 的交易。通过此次收购，万豪国际集团成功进军经济型中端酒店市场，并推出旗下第 31 个品牌——City Express by Marriott。

万豪的每一个品牌都服务于某个特定的目标市场。总体而言，万豪的酒店品牌主要分为以下四大类细分市场：

·奢华酒店：面向名门政要等上流社会，提供精雕细琢的卓越设施与私人服务。包括经典奢华酒店品牌——丽思卡尔顿酒店（Ritz-Carlton）、瑞吉酒店（St. Regis）、JW 万豪酒店（JW Marriott）等，以及特色奢华酒店品牌——豪华精选酒店（The Luxury Collection）、W 酒店、艾迪逊酒店（Edition）等。

·高级酒店：面向各界精英提供精致周到的设施与服务。包括经典高级酒店品牌——万豪酒店（Marriott）、喜来登酒店（Sheraton）、德尔塔酒店（Delta）等，以及特色高级酒店品牌——艾美酒店（LeMeridien）、威斯汀酒店（Westin）、万丽酒店（Renaissance）、盖洛德酒店（Gaylord）等。

·精选酒店：商务旅客想要一个价格适中并提供一些便利设施的酒店，像健身房、免费 Wi-Fi 和提供早餐的餐馆。包括经典精选酒店品牌——万怡酒店（Courtyard by Marriott）、福朋喜来登酒店（Four Points by Sheraton）、SpringHill Suites 套房酒店、普罗提亚酒店（Protea）、万枫酒店（Fairfield）等，以及特色精选酒店品牌——AC 酒店、雅乐轩酒店（aLoft）、Moxy 酒店等。

·长住酒店：主要面向入住数周、数月或更长时间的全球旅客，房间里通常配备美食厨房、专用办公区和客厅等设施。包括经典常住酒店品牌——万豪行政公寓（Marriott Executive Apartments）、Residence Inn 酒店、

TownePlace Suites 套房酒店公寓等，以及特色常住酒店品牌——源宿酒店
（Element）、万豪别墅（Homes & Villas）等。

　　万豪品牌都具有鲜明个性与风格。万豪努力将各品牌的核心理念和优
势传递给目标顾客，从而使目标顾客知道期待什么。尽管有一些顾客重
叠，但每一品牌都致力于一个特定细分市场，内部竞争较小。

　　市场细分是一个最基础的营销概念。简单地说，市场中的顾客通常有多种
不同的需求，或对同样的需求有不同的侧重点。企业的工作就是要把顾客分到
有类似需求的相对同质群体。

　　通常，一个特定的产品能满足具有同质需求的一个顾客群体，有着不同
需求的顾客群体则需要不同的产品来满足。我们将这些具有相似需求的顾客
群称为细分市场。为了有效地开发市场，企业必须理解每个细分市场里顾客
的不同需求。希望满足一个大规模市场如零食市场的企业需要提供多种不同
的产品供应给市场，至少为一个细分市场提供一种产品来满足该细分市场
消费者的偏好。通常，单一产品如薯片无法满足不同零食购买者的多样化
需求。

　　由于不同的顾客有不同的需求，企业必须进行 3 个分开但彼此相关的战略
任务：

　　·**识别细分市场**。找出最好的方法将顾客分组并形成细分市场。市场细分
的基础是市场洞察、顾客洞察和竞争者洞察，这些话题在第 3、4、5 章已有阐
述。在市场细分过程中，我们将使用第 6 章讨论过的方法。

　　·**选择目标细分市场**。资源总是稀缺的，所有企业都必须确定目标市
场，决定将资源投入哪个或哪些细分市场。很少有企业能服务于所有细分市
场。值得注意的是，市场是动态变化的，现在的小市场将来可能成为重要的大
市场。

　　上述两项任务有重要区别。识别细分市场需要创造力和分析力，而选择目
标细分市场则是一个战略性的决策，企业决定将资源投放到一些细分市场并忽
略其他细分市场。识别市场并选择正确的目标细分市场是营销战略中至关重要
的任务。

要点

企业的3个关
键战略性营销
战略任务包括：
·识别细分
　市场
·选择目标细
　分市场
·设计细分市
　场战略

·**设计细分市场战略**。对于每个目标的细分市场，企业必须设计一套包括定位在内的具体细分市场战略。定位至关重要，但细分市场战略不仅仅是定位。企业的整体市场战略由多个细分市场战略构成。

在设计细分市场战略和整体市场战略之后，企业必须决定如何实施战略并设计营销组合策略。这本书接下来的内容都将围绕这个主题展开。

8.1　市场细分过程

当华润雪花啤酒收购很多区域啤酒品牌时，观察人士认为它将失去重心。但华润雪花啤酒按地理区域将市场进行了细分，用独特的宣传策略使每个品牌定位于一个单独的区域细分市场。雪花是一个全国性品牌，但其旗下的扎西德勒品牌聚焦西藏地区，太湖水品牌聚焦太湖区域。华润雪花啤酒已经取代青岛啤酒成为中国啤酒市场的领导者。2018 年，华润雪花啤酒在中国的市场份额为 23.2%（青岛啤酒和百威啤酒分别以 16.4% 和 16.2% 排名第二和第三），销售额高达 319 亿元。

美国 National 汽车租赁公司的大部分顾客是企业高管，而阿拉莫汽车租赁公司的大部分顾客是闲暇旅行者。由于 National 和阿拉莫两个品牌属于同一家母公司，该公司出于节约成本的考虑联合运营这两个品牌，两个品牌在机场有共同的服务柜台和穿梭巴士，两个品牌的标志也一直都并列在一起被进行广泛宣传。结果，很多顾客无法区分这两个品牌，特别是 National 的顾客经常抱怨，因为他们支付 National 的价格比阿拉莫的价格更贵。

市场细分是对开发和执行市场战略至关重要的概念性和分析性过程。在市场细分过程中，企业将聚集在市场中的实际顾客和潜在顾客分为不同的细分市场。在市场细分之后，企业需要选择以要进入的细分市场为目标市场，并投入资源。在每个目标市场，企业都应为自己定位并设计一个细分市场战略。市场细分（Segmentation）、选择目标市场（Target Market Selection）、市场定位（Positioning）这三者又简称为 STP。当细分市场战略确定后，企业就开始设计产品、价格、渠道、沟通、服务等营销组合策略（Marketing Mix Strategies）。

图 8.1 描述了为各个目标市场设计并实施市场战略的 STP 过程。这个过程的良好实施将为企业带来：

·更好地洞察市场、顾客、竞争者、企业自身和互补者，特别是顾客需求，形成更稳健的规划设想，并由此转向战略营销步骤。

· 通过选择特定的细分市场，开发更聚焦的市场战略。

· 识别为目标细分市场提供个性化产品的机会。

· 将产品、价格、渠道和沟通结合起来为顾客设计更好的营销组合策略。

· 获得更卓越的差异化优势，更高的顾客满意度和忠诚度。

· 更有效的资源配置和更高利润。

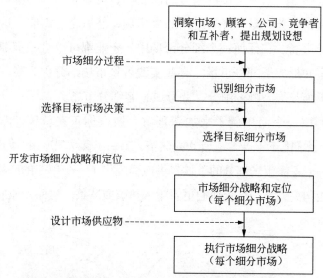

图8.1 市场细分、目标市场选择和市场定位（STP）

市场细分的基本前提是，在任何一个广义的市场，顾客的需求是不同的。企业的一个产品不可能满足所有顾客的需要。顾客有不同的需求或不同优先级的需求。基于这些不同需求，顾客寻求不同的利益和价值。市场细分的任务就是把市场分成几个离散的顾客群，每个群体有相对同质或类似的需求。每一个细分市场的顾客需求都不相同，所以单个的顾客能且只能归入一个细分市场。前面所述的阿拉莫和National两个汽车租赁品牌联合运营的问题在于，其母公司似乎并没有意识到这是两个完全不同的细分市场。

通常，市场细分是一个折中战略。一种极端情况是，企业向整个市场推出单一策略、单一定位和单一产品——通常称为**大众营销**。这种一刀切的方法的优点是效率最高和成本最低。但由于顾客的需求往往不同，因此会导致许多顾客不满意。另一种极端情况是企业为每一位顾客开发独特的产品称为**个性化或定制化**，使顾客需求与企业产品高度匹配，但很少有企业能赚取足够收入来抵消市场开发和实施的成本。市场细分介于这两种极端之间，企业根据相似的需求将同质顾客群体分为细分市场，然后选择其中一个或多个细分市场作为自己的目标市场，企业再为其开发特定的产品来满足顾客需求。

8.2　市场细分层次

市场细分是从整个市场中分离出更小、更独立的顾客群体。前一章里我们讨论的营销要务一是选择要进入的大市场，然后企业需要在这个大市场中识别几个细分市场。在任何一个细分市场中，企业都可以进一步细分，瞄准其中的目标顾客并形成子细分市场。有些实践者将市场细分称为第一级细分，更精细的第二级细分称为顾客细分，并形成顾客细分市场。

我们用一个简单例子来加深理解。假设你正在就读商学院的 MBA 或者 EMBA，你们班有一半学生喜欢喝热茶，另一半喜欢喝冰茶。如图 8.2 所示，左图显示了一个不懂市场细分的茶饮料供应商提供了一个单一的产品——温茶。所有学生只能购买温茶，尽管他们更希望喝热茶或冰茶。然而，他们没有其他选择。

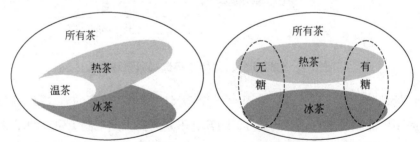

图8.2　精细市场细分的好处：以茶饮料市场为例

假设市场出现了一个懂得市场细分的新供应商。如果新供应商提供热茶，喜欢喝热茶的学生将从购买温茶转向购买热茶。这时候，如果还有一个供应商提供冰茶，喜欢冰茶的学生也将转向购买冰茶。由于竞争对手更善于洞察市场需求和市场细分，温茶饮料的供应商将会很快失去原有顾客。

那么，原来的温茶供应商应该如何应对这两家新供应商的竞争呢？对策之一就是进行更深入的细分。一些学生可能喜欢加糖的茶，另一些学生可能喜欢无糖的茶。图 8.2（右）显示了如何将市场细分成四个子市场：有糖热茶、无糖热茶、有糖冰茶、无糖冰茶。聚焦其中一个或多个细分市场将能更好地满足顾客需求。

8.3　如何进行市场细分？

企业可以从两个方向进行市场细分：顾客需求或者描述变量。开发市场细分的最佳方法是根据顾客需求的不同对顾客进行分类，然后再用描述变量来识别不同的细分市场。

8.3.1　顾客需求

企业寻找不同的顾客需求，并通过这些需求来形成顾客群。每一组顾客有同质的需求，但不同群体之间存在差异。企业还必须选择细分变量来识别这些有不同特点的群体。

例如，AT&T（美国电话电报公司）的数据系统部门在分析了顾客的沟通需求复杂程度的基础上定义了三个细分市场：

- 第一层细分——通过普通的现有产品可以满足的需求。
- 第二层细分——通过现有产品再加一些其他选项可以满足的需求。
- 第三层细分——要求定制的方案才能满足的需求。

在上述 AT&T 的例子中，三个细分市场分得很好——每一个细分市场的需求都区别于另一个细分市场。AT&T 的挑战就是要定义出每一个细分市场中顾客的需求特点。例如，第一层细分市场：是什么需求特征使顾客喜欢现成的产品？是小公司还是大公司呢？他们在具体产业中有竞争吗？他们位于特定地区吗？

8.3.2　描述变量

企业用各种描述变量来将顾客分群。企业寻找的是顾客群内的同质需求组合和顾客群间的异质需求组合。如果企业找不到区分度良好的需求配置使得组内需求差异小和组间需求差异大，则应该用其他的描述变量再次尝试。

细分最常使用的描述变量有地理变量和人口统计变量。地理变量可以是国家、省份、城市或者同一个城市的不同地区（例如，市区与郊区）。MTV（音乐

要点

开发市场细分的最佳方法是根据顾客需求的不同对顾客进行分类，然后用描述变量识别不同的细分市场。

要点

四种描述变量或市场细分变量分别为：
- 地理变量
- 人口统计变量
- 行为变量
- 社会心理变量

电视）经常使用国家或地理区域来细分。MTV 设有 38 个独立的国际频道，例如罗马尼亚音乐电视和印尼音乐电视。

人口统计变量可以是民族、种族、年龄、性别、收入、职业、受教育程度、家庭人口数等。菲律宾当地的汉堡、热狗和炸鸡连锁餐厅快乐蜂（Jollibee）用民族和人口统计变量进行细分更好地满足了菲律宾人的需要，其市场份额（69%）远远超过了麦当劳（16%）。现在快乐蜂在亚洲其他国家如阿联酋和美国都有分店，目标顾客是菲律宾移民。

用地理变量和人口变量进行细分相对来说是比较容易的，但对很多行业来说这样的市场细分往往效果不佳。行为变量和社会心理变量可能是更有效的细分指标。假设一家运动鞋公司有四名顾客：20 岁男子、40 岁男子、20 岁女子、40 岁女子。如何细分他们呢？按性别还是按年龄呢？可能 20 岁大学生男子每天打篮球，40 岁职业女性为了减肥每天运动，但 40 岁男子由于工作繁忙经常出差而没空运动，20 岁女子则因为身材非常好也没有动力运动。显然，按性别或者年龄进行细分都是无效的。更好的细分应该将顾客分为运动爱好者（经常运动的人）和非运动爱好者（不经常运动的人）。由此可见，用行为变量或社会心理变量进行细分可能更有效。

营 销 问 题

如何用以下两种不同的方法为狗粮市场进行细分？
· 狗的描述变量
· 狗主人的需求

哪种方法更容易呢？哪种方法能更深入了解狗粮市场呢？

图 8.3 显示了一个制药公司试图用两个行为变量细分医生市场。每一个变量有两个水平：治疗的方法包括激进法和保守法；数据类型包括依靠科学证据或临床经验。该制药公司得出四个细分市场：冒险者、固执者、开拓者、胆小鬼。这样很容易通过一些医生的特征将其进行归类。这种方法比用地理变量和人口统计变量更准确。

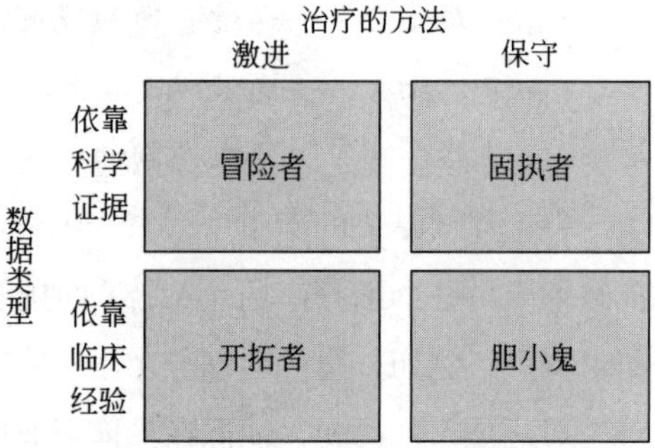

图8.3 医生市场的细分变量举例

描述变量方法的主要困难是每个群体内的顾客可能没有独特的需求。某些描述变量可能根本无法产生细分市场，企业可以用其他描述变量重复这个过程。上述制药公司细分医生市场的例子说明行为变量或社会心理变量比地理变量和人口统计变量更加有效。但该情况下将顾客归类为不同细分市场的难度较高。一般来说，以顾客需求为起点进行市场细分的方法更受欢迎。

8.4　市场细分方法

方法主要分为两大类。

8.4.1　定性方法

市场细分是一项需要较高判断能力的任务，要求具有较强概括能力。通过对现有顾客和潜在顾客进行现场营销调研，或调用客户关系管理系统的资料，可以获得市场细分的洞察。

8.4.2　定量方法

大规模的市场细分研究需要使用大量的顾客调研数据，并对数据进行复杂的多元统计分析。**聚类分析（Cluster Analysis）**就是一种专业的分组方法，它有如下步骤：

- ·开发出描述顾客需求的变量；
- ·开发出一套识别顾客的问卷或变量；
- ·从现有顾客或潜在顾客随机抽取样本回答这些问题；
- ·用聚类分析方法分析顾客的需求反应，选择顾客需求最佳分类的细分市场数目；
- ·检查每个顾客群，或者说细分市场，用典型特征描述该群。

美孚石油公司（Mobil）就使用了聚类分析的过程来细分汽油购买者市场。在与埃克森石油公司（Exxon）合并之前，美孚的利润压力很大：汽油价格很低，而且美孚也不是低成本制造商。美孚进行了一次大规模的细分研究，识别了汽油买家的5个细分市场，如表8.1所示。这五个细分市场都满足有效市场细分的标准。美孚决定进入其中3个市场，分别是道路战士（Road Warriors）、忠诚的保守派（True Blues）和F3一代（Generation F3）。美孚最后采取了以下行动：

- ·升级便利商店，使它们成为目的地便利店。
- ·提高加油速度，引入基于新技术的美孚快速加油卡。
- ·大规模培训员工的顾客服务技能。
- ·进行了一个直销计划，来识别忠诚顾客并提升顾客的忠诚度。

营销思考

很多人认为电动汽车的市场份额将大幅提升，你将如何对电动汽车市场进行细分？

表 8.1　汽油购买者的细分市场

细分市场	占所有消费者的比例（%）	描述
F3 一代 （Generation F3）	27	向上层移动的男性和女性；有一半人未满 25 岁；常开车且常从便利店购买快餐
家庭主妇 （Homebodies）	21	通常是白天围着孩子转的家庭主妇；她们使用城里的或路边上的任意加油站
节省型顾客 （Price Shoppers）	20	一般既不忠于品牌，也不忠于加油站；很少买优质产品；预算紧张；曾是美孚的目标群体
道路战士 （Road Warriors）	16	一般是高收入的中年男性；每年开车里程是 25000～50000 英里；用信用卡购买优质汽油；从便利店购买三明治和饮料，有时会洗车
忠诚的保守派 （True Blues）	16	通常是中高收入的男性和女性；有品牌忠诚度，有时也有加油站忠诚度；常用现金购买优质汽油

通过市场细分，美孚在竞争激烈的成熟市场中提高了市场份额和利润。当埃克森和美孚合并后，埃克森美孚采用了美孚的创新方法。

市场细分的基本任务是将顾客需求与适当的描述变量联系起来。如果市场细分做得很好，每一细分市场就会有一个明确的需求组合，且很容易用细分变量描述出来。通常，企业会连续尝试对一个市场进行多次细分。每一次尝试都使用顾客需求组合和候选描述变量来进行，最终会在某个中间位置汇合。

8.5　良好细分市场的标准

良好细分市场
的标准：
·差异性
·可识别性
·可进入性
·规模合适性
·可测量性
·稳定性

上文讨论了市场细分的过程，但这就算已经成功了吗？良好的细分市场是企业投入一定的营销资源就有相对高的成功机会的目标市场。到目前为止，我们一直关注两个重要的细分准则：

·差异性：不同细分市场中的顾客有不同的需求。相应地，他们应该对不同的产品和价格等营销组合有不同的反应。

·可识别性：企业能够通过用于细分的描述变量识别顾客，从而用自己的产品和价格等营销组合接近顾客。

此外，良好的细分市场还应满足如下四个标准：

·可进入性：企业能够凭借合适而有效的营销战略，并通过沟通策略和渠道策略接近目标市场。

·**规模合适性**：不同的企业喜欢不同规模的细分市场。一般来说，大企业喜欢规模大的细分市场来证明它们的能力和覆盖它们的高成本。相比之下，小公司喜欢规模小的细分市场，这样它们可以避免与大而强的对手竞争。

·**可测量性**：细分市场的规模和购买力等重要特征可以测量。

·**稳定性**：顾客会在这个市场停留相当长的一段时间。

企业必须记住，市场细分没有绝对的正确或错误，也不是一成不变的。顾客的脸上并没有印上某个细分市场成员的标记。市场细分源自适当的数据收集和分析以及创造性的洞察力。良好的市场细分需要顾客数据，例如 B2C 中顾客的购物和媒体习惯数据。市场细分可以引导企业将资源配置到可能成功的细分市场。

8.6　市场细分的关键问题

在我们的研究和咨询中，企业经常对细分市场和市场细分过程提出一些问题。下面这些问题是最常见的。

8.6.1　要多少细分市场才足够？

通过多个细分市场提高顾客满意度，还是通过少量细分市场降低成本？如何在两者之间进行权衡？核心的选择有：

·**大量的细分市场**。随着企业开发更多的细分市场，每一个细分市场中顾客需求的相似性增加了。因此，企业通过服务于专门的目标市场而能获得高的顾客满意度，但这样很难实现规模经济，并且产品开发和营销成本也很高。同时，大量细分市场的管理是一个困难的过程，需要相当多的资源。

·**少量的细分市场**。当企业只开拓少量细分市场时，顾客需求更分散。若企业以更少的细分市场为目标，一般来讲顾客的满意度更低，但企业的成本也更低，而且企业的管理也较为简单。

在航空业，传统大型航空公司如美国联合航空往往通过市场细分为不同的顾客分别提供头等舱、商务舱、超级经济舱和经济舱等不同舱位。而廉价航空公司聚焦于经济舱一个细分市场，由于成本低，不少廉价航空公司如美国西南航空其利润反而领先于传统航空公司。

在市场细分方面经验丰富的企业一般选择数目相对较少的细分市场，通常是 5～8 个。在细分的过程中，企业可能会发展很多的离散细分市场，但接着会采用合理步骤将离散的市场进行归类，降到一个更小的数字。（如前面所提到的，企业在市场细分中进行更精细的顾客细分。）

在一些行业中，企业对市场进行精准细分，使用模块化的方法将几个细分市场作为目标市场。模块化常用来形容产品设计，即在多个产品中都使用某个部件满足多个细分市场。波音公司和空客公司在飞机制造上就都使用了模块化设计、零部件标准化和先进的信息技术。波音 727、737 和 757 满足不同的顾客需求，但机身的某些部分都是相同的，与 707 机型一样。

科技的发展提高了设计和生产的灵活性。CAD（计算机辅助设计）加速了产品开发，CAM（计算机辅助制造）减少了组装时间。CAD 和 CAM 的创新使产品变化的成本更低，在不增加单个制造成本的基础上允许顾客个性化。亚马逊是使用信息技术来进行用户体验个性化并降低差异化成本的一个极好例子。它使用基于历史购买模式的推荐系统为顾客推荐产品，以满足他们的偏好并且提醒他们生日和节假日等其他能触发购买的事件。

8.6.2　单个顾客可以成为一个细分市场吗？

要点

B2B企业常常将核心顾客看作单一细分市场。在B2C市场中，许多企业正在践行大众定制。

以 B2B 市场为目标市场的企业或那些通过大型连锁零售企业销售产品的公司经常将它们的努力聚焦于单个顾客，即所谓单一细分市场。这时候，企业将单个战略顾客（大客户）作为它的一个细分市场。

传统来看，在 B2C 市场上，个体工艺师如裁缝为个人定制产品，价格通常比较昂贵。如今，很多企业将个体设计与大规模生产技术结合起来，即大众定制，从而实现两头兼顾。第一，为顾客精确定制的产品提高了顾客满意度和忠诚度；第二，企业通过其生产和分销系统减少了成品的库存。

松下自行车的零售商会测量消费者的身高，就像裁缝制作西服一样。零售商将测量结果传送到松下自行车的工厂，几天内量身定制的自行车就能送到消费者家里。同样，李维斯与 Lands' End 通过互联网为顾客提供定制的裤子。眼镜零售商 Lens Crafters 能在几个小时内按照个人的要求制作时尚的眼镜。

许多互联网公司使用模板选择生产个性化的产品。戴尔的顾客可以设计自己的笔记本电脑。美泰的顾客可以设计自己的芭比娃娃。全球最大的贺卡公司贺曼（Hallmark）收藏对于顾客重要的一些日期（如家人的生日和结婚纪念日等），贺曼会在这些日子之前发送提醒邮件，以帮助顾客预订贺卡并及时送达。

8.6.3 细分市场会随时间变化吗？

我们强调市场细分对企业至关重要。如果两家企业都同样精通于设计产品，那么市场细分更有效的企业会胜出。它的产品将会比竞争对手的产品更加精确地满足顾客的需求。

但是顾客的需求是不断变化的，所以企业的市场细分必须在良好的顾客洞察、竞争者洞察和市场洞察的基础上不断变化。在早期市场，先进入者常常通过提供基本功能利益而获得成功。随着产品生命周期的演化，竞争者会进入市场而且产品的基本功能利益成为进入成本。企业通过识别顾客需求并向顾客提供适当的利益和价值来获得差异化优势。

> **要点**
> 随着顾客需求的不断演化，企业亦必须不断地变化市场细分。

智能手机就是一个好例子。在智能手机产品生命周期的早期，最重要的利益是触摸屏等。后来，触摸屏这一利益成为基本的功能利益，在顾客购买决策中变得不是那么重要了。一些细分市场的需求侧重于一些附加功能，如 OPPO 手机的"前后两千万，拍照更清晰"的拍照功能；一些细分市场的需求侧重于为黑人拍照，如传音手机在非洲大受欢迎；其他一些细分市场专注于设计和时尚元素，如华为 Mate 30 RS 手机的保时捷设计。

随着市场的发展，深层细分常常是成功之道。在 20 世纪二三十年代，通用汽车公司就用了深层细分战略，最终超过了福特汽车公司。1913 年，福特汽车创始人亨利·福特（Henry Ford）受屠宰场启发，开发出了世界上第一条流水生产线，大幅提高了福特 T 型车的生产效率并显著降低了成本，从而使得福特 T 型车在市场上所向披靡。1918 年，半数在美国行驶的汽车都是福特 T 型车。然而，与亨利·福特"顾客可以选择任何颜色的车，只要它是黑色的话"的理念不同，通用汽车认为不同的消费者有不同的需求，必须通过品牌对市场进行细分。彼时，正值美国社会阶层分化、中产阶级迅速崛起，消费者对个性化汽车的追求成为一种潮流，而当时福特汽车提供给消费者的基本上是千篇一律的汽车。1923 年，通用汽车的市场占有率仅 12%，远远低于福特汽车；1924 年，通用汽车总裁艾尔弗雷德·斯隆（Alfred Pritchard Sloan）提出了著名的"不同的钱包、不同的目标、不同的车型"市场细分战略，根据价格范围对美国汽车市场进行细分，最终目标是通用汽车每个品牌的产品针对一个细分市场。最后，通用汽车的深层细分战略获得了成功，1928 年市场占有率达到 30% 以上，超过福特汽车成为美国最大的汽车公司。

8.6.4 顾客生命周期如何影响市场细分？

一般来说，把产品卖给现有顾客（老顾客）的成本比卖给新顾客的成本要低。企业越来越认识到现有顾客的终身价值并且不断努力提高顾客对企业的长期忠诚。B2B 顾客也许会永远忠诚，个体消费者的忠诚度却有一种可预期的生命周期。B2C 企业有两个极端的选择：

·**关注一个固定的年龄群**。企业的目标顾客是某个固定年龄段的顾客群。随着现有顾客年龄不断增长并不再需要或者喜欢企业的产品时，新的顾客将会不断增加。杂志经常采用这种方法，如美国的《少儿体育画报》（*Sports Illustrated for Kids*）等杂志。教育类机构如国际幼儿园、各种 K12 培训机构也经常用这种方法。

·**随着顾客年龄的增长，持续维系顾客**。企业不断改进自己的产品来满足顾客不断变化的需求并得到消费者的忠诚。例如，家庭医生与病人之间的关系，可以持续几十年。但最终，很多已有顾客还是会停止购买。

8.6.5 顾客细分市场和顾客群组有区别吗？

我们对细分市场有着明确的定义。在一个细分市场中，顾客有着类似的需求；这些需求与其他一些细分市场的需求不相同。顾客群组是不同的概念；顾客群组可以通过许多方法形成，例如产品不同使用程度、购买创新产品的倾向和顾客的忠诚度都可以形成顾客群组。群组对理解顾客购买行为是很重要的，却不是细分市场。

例如，许多企业将顾客按使用程度来划分：重度使用者、中度使用者和轻度使用者。这种分组对分配营销资源通常是很有用的。一般来说，企业会花费大量资源在重度使用者身上而非轻度使用者身上。但重度使用者不是市场细分，顾客可能因为很多种原因而成为重度使用者。频繁的汽车租赁顾客至少有两类细分市场：在机场需要一辆车的出差的商务人士和那些因为车去维修而需要一辆过渡车辆的本地居民。每一个细分市场都有不同的需求并且适合用不同的营销方法。麦当劳有一个重度使用者群，但那些顾客来自不同的细分市场，包括有年幼小孩的家庭和蓝领单身男性。总的来说，企业应该在细分之前先将顾客分群。

8.6.6 是否可以只在现有顾客基础上进行市场细分?

大多数企业是对整个市场来进行市场细分的,包括现有的顾客和潜在的顾客。但当企业有许多现有的顾客时,企业就会利用客户关系管理的方法将顾客的购买交易信息编入数据库中,然后就可以根据顾客购买习惯和购买产品的情况使用数据挖掘技术将顾客进行分群。

英国的乐购超市(Tesco,仅次于沃尔玛和家乐福的全球第三大超市)是一个很好的使用数据挖掘技术的例子。1995年,乐购推出了一个忠诚卡的活动,即根据顾客的累积购买给予1%的季度回扣。乐购现在有超过1600万个忠诚卡用户,1000万名顾客每周使用忠诚卡。乐购对6亿多个购物筐的购买数据进行分析,并将顾客分成4万个群组。乐购通过每年向这些群组中的消费者邮寄3600万个性化的邮件来奖励和鼓励消费者。

> **要点**
> 对于每一个目标市场,公司必须要精确设计能满足该市场中顾客需求的独特产品。

8.7 选择目标细分市场

任何一家企业都永远没有足够的资源和能力服务于所有的细分市场,所以企业必须选择目标细分市场。一些细分市场能得到很多的营销支持和资源,另一些细分市场却只能得到很少甚至没有。通过有效地选择目标细分市场,企业可以更好地满足顾客的需求并减少直接竞争。在进行目标细分市场选择决策时,企业必须要意识到第1章提及的选择性原则和集中性原则。

- 选择性原则:营销必须根据企业资源谨慎地选择目标细分市场。
- 集中性原则:企业应该将自己的资源集中于目标细分市场。

选择性原则和集中性原则对于营销要务一和营销要务二都很重要,但其作用还是有区别。对于营销要务一,即选择市场机会(例如以生产方便面闻名的康师傅决定进入饮料行业),营销的角色是顾问,帮助企业做出决定。对于营销要务二,即确定目标细分市场(例如对饮料市场进行细分并选择某种特殊功能饮料作为目标市场),营销要担当决策者的角色。当企业选择了细分市场以后,营销就有明确的责任来定义目标细分市场了。

在竞争激烈的超市行业中,美国连锁超市全食公司(Whole Foods)是一个成功地利用市场细分和目标细分市场选择战略的例子。全食公司的目标细分市场是那些关注健康的顾客。它有着超市风格的天然有机食品商店,提供一站式购物和教育资料（在全食超市，几乎每一样食品都附有一个小故事，全食超市为迎合讲究健康饮食的消费者而精心制作宣传手册摆放在各种食品旁边）。凭借这种独特的目标细分市场选择和相应的营销战略，全食公司从1980年时只有一家商店发展到今天拥有500家连锁超市的全球最大有机食品超市。它平均每平方英尺销售额接近普通超市的两倍。

主营国际文件和包裹递送的DHL公司（敦豪速递公司）就使用了选择目标细分市场的方法。首先，DHL公司根据顾客的需求把市场细分为以下三个：

- **临时市场**——非常规的小型运输或是偶尔的买家
- **常规市场**——不需要供应链解决方案的大批量运输顾客
- **高端市场**——需要供应链解决方案的运输顾客

细分之后，DHL公司决定选择高端市场，因为这个市场可以给DHL公司带来高收入和利润潜力及良好的合作伙伴。DHL公司之所以选择这个细分市场，另一个原因是其专业的知识可以为顾客提供专门的供应链解决方案。之后，DHL公司选择了10个细分的行业作为目标市场，因为它可以向顾客提供专业的行业知识和解决方案。最后，DHL公司选择为这些行业中的一些特定企业提供服务。

在中国的B2B市场中，选择目标细分市场的关键问题很可能是对可能存活顾客的选择。中国现在有100多家汽车公司、300多家啤酒公司和5000多家药物经销商，其数量远远超过美国和西欧国家。中国的行业将会进一步整合和集中，选择能够生存的目标顾客是至关重要的。否则，作为供应商，企业将面临无法收回应收账款的巨大风险。

有时，最成功的企业往往是选择了其他公司忽略的细分市场。美国西南航空公司就是这样的一个成功案例。美国西南航空公司只选择经济舱顾客，专注于低成本和高效率运营，成为全球廉价航空的鼻祖。令人意外的是，美国西南航空公司不仅是美国乘客数量排名前三的航空公司，而且还是美国盈利能力最强的航空公司，也是1973—2019年间美国唯一一家连续盈利的航空公司。

8.8 如何选择目标细分市场：多因素矩阵（战略定位分析）

多因素矩阵（战略定位分析）是一种能帮助企业决定要进入哪个细分市场的分析方法。对于每一个备选的细分市场，企业必须要回答两个问题：

要点

在选择目标细分市场时，企业要问两个问题：
- 这个细分市场吸引力如何？
- 企业拥有能赢得这个细分市场的优势吗？

- 细分市场吸引力：这个细分市场吸引力如何？
- 商业优势：企业是否拥有优势赢得这个细分市场？

细分市场吸引力因企业不同而不同，商业优势也因细分市场不同而不同。表8.2列出了用来评估细分市场吸引力和商业优势的一般标准。

表8.2　选择目标细分市场：评估细分市场吸引力和商业优势的一般标准

细分市场吸引力	商业优势
利用可获得的资源	品牌价值
进入壁垒	分销能力
退出壁垒	财务杠杆
顾客服务价值	政府关系
垂直整合程度	流动资金
竞争者行动	细分市场份额
细分市场的增长率	营销能力
细分市场潜力	工厂和设备的现代化
细分市场规模	产能
潜在的边际利润	利润记录
管制约束	原材料
社会因素	销售力
技术变革	服务水平
	技术特长

8.8.1　细分市场吸引力

企业需要识别出一些能评估细分市场的因素。有些时候侧重于企业层面上的吸引力因素，另一些时候则侧重于事业部层面上的吸引力因素。一个有着成长战略和市场份额目标的企业所关注的细分市场吸引力因素，可能不同于侧重现金流的企业。

对于每个吸引力因素，企业还应该考虑方向。以细分市场的大小为例，大企业可能更喜欢大的细分市场，小企业可能更喜欢小的细分市场。全球电池标签领导企业斯泰恩拜斯公司（Steinbeis）的首席执行官迈克尔·斯泰恩拜斯（Michael Steinbeis）说："我们要在小市场中做领导者。如果市场太大我们甚至会退出。我们的规模和资源有限，宁为鸡头不做凤尾。"又如，虽然许多企业将政府过度管控视为一种负面因素；但对于那些具有与政府机构打交道经验的企业而言，过度管控很可能是有利的，即政府管控可以作为潜在竞争者的一个进入壁垒。

表 8.3 勾列出了评估细分市场吸引力的五个步骤。

表 8.3　细分市场吸引力得分

顺序	步骤	描述
1	确定因素	企业根据以下描述寻找评估因素（一般是 5 ～ 8 个）。"考虑到企业的历史、目标、文化、管理风格、成功和失败等因素，细分市场能提供的是……"
2	分配权重	将 100 分根据每一因素对企业的重要性程度分配权重。因素权重总和为 100 分
3	给细分市场打分	根据每个细分市场在每一因素的表现打分（1= 极差；10= 极好）
4	计算因素得分	对每一个细分市场而言，将第 2 步和第 3 步的得分相乘得出每个因素的得分。因素得分 = 权重 × 分数
5	计算细分市场吸引力得分	将每一个因素得分相加

第 1 步和第 2 步一次完成。企业得到的结果对想要评估的不同细分市场都是相同的。企业在这些不同细分市场中都有类似的目标。第 3 步，转到分析单个的细分市场。第 4 步，企业得出了所有细分市场的吸引力得分（范围从 100 到 1000）。越有吸引力的市场获得的分数越高。表 8.4 展示了一家塑料制造商如何评价塑料配件市场，这个细分市场的吸引力得分是 595 分。

表 8.4　分析塑料配件市场的吸引力

因素	权重	塑料配件市场得分（1 ～ 10 分）	因素得分（权重 × 分数）
形成新优势的能力	10	6	60
容易接近顾客	15	9	135
高市场增长率	20	7	140
高发展潜力	20	5	100
较少管制	10	8	80
利用过剩的资源	10	2	20
竞争小	15	4	60
总计	100		595

8.8.2　商业优势

每个要评估的细分市场所要求的商业优势都是特定的。首先，企业必须识别出那些对任何一个想要成功的竞争者都需要的优势。其次，企业必须评估自己是否拥有这些优势。表 8.5 勾画出在一个细分市场中五步评估出企业商业优势的步骤。

表 8.5　公司商业优势评分

顺序	步骤	描述
1	确定因素	对于每一个细分市场，企业根据以下描述选择几项因素（一般是 5～8 个）。"要想在该市场中取得成功，每一个竞争者都需要具备的优势是……"
2	分配权重	将 100 分根据每一因素对市场成功的重要性程度分配权重。因素权重总和为 100 分
3	给企业打分	根据企业对该优势的拥有程度打分（1= 极差；10= 极好）
4	计算因素得分	对每一个因素而言，将第 2 步和第 3 步的得分相乘得出每个因素的得分。因素得分 = 权重 × 分数
5	计算商业优势得分	将每一个因素得分相加

第 1 步和第 2 步集中指出企业要想在细分市场中取得成功必须要具备的优势，第 3 步转而评价企业拥有这些优势的程度，第 4 步计算出因素得分，第 5 步得到企业的商业优势得分（范围从 100 到 1000）。越高的分数表明企业在该细分市场中有着更强的竞争优势。表 8.6 演示了上述塑料制造商如何评价自己在塑料配件市场中的优势，其商业优势得分是 645 分。

表 8.6　一家塑料制造商评价自己在塑料配件市场中的商业优势

因素	塑料配件市场权重	企业得分（1～ 10 分）	因素得分（权重 × 分数）
雄厚的资金	10	9	90
快速反应的组织	5	3	15
优秀研发能力	25	7	175
高质量的服务	15	6	90
良好的分销能力	20	5	100
低成本运营能力	10	4	40
训练良好的销售力量	15	9	135
总计	100		645

需要注意的是，这个分析只是对企业和市场的一种短期描述。企业和市场都在变化。吸引力因素、其重要性权重或者对单个市场的评估都是会改变的。因此，这种分析过程并不是一劳永逸的，需要企业定期更新。

8.8.3 选择哪些目标市场?

图 8.4 展示了一个多因素矩阵,即细分市场吸引力和商业优势矩阵。我们将两个坐标轴都分为高、中、低三个水平,于是得出从 A 到 I 共九个单元格。下面我们以如下三个单元格来举例说明:

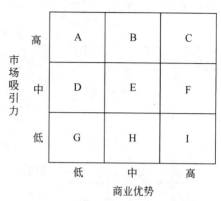

图8.4 多因素矩阵(战略地位分析)

C 单元格:细分市场吸引力高,商业优势程度高。当一个细分市场具有这样的特征,企业无须多考虑,应该毫不犹豫选择这个细分市场为目标市场。

G 单元格:细分市场吸引力低,商业优势低。对于这样的细分市场,企业也无需多费脑力,绝对不能在这个细分市场浪费资源。

E 单元格:细分市场吸引力中等,商业优势中等。是否进入这样的市场?非常难决策。

根据类似的多因素矩阵分析,企业应该考虑将右上角的 B、C、F 三个单元格作为目标市场,而避免左下角 D、G、H 三个单元格作为目标市场。对角线上 A、E、I 三个单元格是具有争议的,每一个既有优势又有弱势。

多因素矩阵为评估每个市场提供了两个指数:细分市场吸引力和商业优势。在前面的塑料供应商例子中:细分市场吸引力分析中塑料配件市场得 595 分,商业优势分析中得 645 分,处于图 8.5 中的"X"位置,在 E 单元格里。"X"的位置并不是固定的。我们必须评估这家塑料供应商企业能否从 E 单元格转到 B、C 或 F 单元格。这家塑料供应商企业有两个选择:

·**水平移动**:为了从 X 移到 Y,这家塑料供应商企业必须提升商业优势。回到表 8.6,我们可以发现优秀的研发能力(权重 25)和良好的分销能力(权重

要点

企业可以通过投资那些决定成功的商业优势来改善其在细分市场的地位。

企业还可以通过改良的细分方法来识别出更加具有吸引力的细分市场。

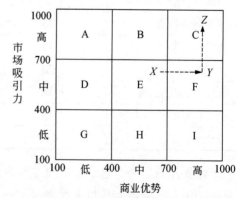

图8.5 一家塑料制造商对塑料配件市场的多因素矩阵分析

20）都特别重要。这家塑料供应商企业在这两个维度的得分分别为 7 和 5。 因此，通过加强研发能力或者分销能力，都可以提升商业优势。

·**垂直移动**：从 Y 进一步转向 Z 更微妙。这家塑料供应商企业需要获得更深刻的市场洞察以识别出更加具有吸引力的细分市场。

8.9 目标细分市场选择和企业规模

大企业通常比小企业拥有更多的资源，因此若一家大企业实行了很好的市场细分和目标细分市场选择战略，那么这家企业是很难被打败的。在本章的开篇案例中，全球酒店行业领导者万豪酒店集团用不同的品牌定位于不同目标细分市场。在这个行业中，万豪的经营模式已成为标杆。

对于小企业而言，市场细分和目标细分市场选择为它们提供了一个同大企业竞争的机会。许多大企业没法做到专业地聚焦于某个目标细分市场。大企业也会忽视、减少服务或放弃它们认为缺乏吸引力的市场。大企业内部决策流程冗长，常常被拖延。大企业也可能选择了太多的目标细分市场而分散了自己的资源，这样那些小型的更加聚焦于目标细分市场的竞争者就可以获得优势。例如，在美国航空市场上，廉价航空公司捷蓝航空（Jet Blue）和美国西南航空都聚焦于经济舱乘客，给美利坚航空、联合航空和达美航空带来了很大的竞争压力。又如，在客机市场，加拿大庞巴迪公司和巴西航空工业公司聚焦于那些短途飞行的小飞机市场。这种飞机主要服务于那些在主要航空枢纽和小型地区飞机场之间旅行的顾客。加拿大庞巴迪公司和巴西航空工业公司避免了与大型飞机公司波音和空客之间的残酷竞争，从而获得了较好的盈利。

由于资源比较少，小企业只能选择少数几个目标细分市场，可以与顾客建立良好的关系。它们并不是只想选择较少的细分市场，而是没有足够的资源去服务于更多的细分市场。但成功的小企业必须意识到它们的成功源于聚焦战略。当一个小企业不知道自己为什么成功时，它就很可能会扩张到那些竞争激烈且拥有丰富资源的竞争对手的市场上去。乐视公司就因为扩张到智能手机（要和苹果公司竞争）和电动汽车（要和特斯拉公司竞争）领域，而导致这家市值曾经高达 1600 亿元的中国创业板第一股公司到现在已跌掉 95% 的市值并已被强迫退市。

小企业往往还面临三个其他问题：

> **要点**
>
> 大企业和小企业在目标市场选择时各有优势。选错目标市场将导致企业失去竞争地位。

· **需求不足**。小企业定位于较少的目标市场。如果这些市场需求下降，小企业就会因缺乏其他市场受到严重冲击。

· **高成本**。狭窄的目标市场可能会导致高成本。

· **太成功了**。小企业如果太成功了就会吸引大竞争者的注意。

初创公司 Guiltless Gourmet 曾经开发出一种低脂肪的墨西哥玉米片，销售额高达 2300 万美元。后来，食品业巨人百事集团旗下的 Frito-Lay 公司进入并推出相似的产品，结果导致这家初创公司的销售额急剧下降。

当小企业在细分市场取得成功后，被大企业收购有时候是非常好的结果。这些收购会给小企业股东带来巨大的财富。例如，亚马逊曾以 12 亿美元收购 Zappos，谷歌曾以 17 亿美元收购 Youtube 和以 31 亿美元收购 Doubleclick，脸书更曾以 218 亿美元的天价收购 WhatsApp。

──── 本章要点 ────

1. 市场细分是开发市场战略的基础。企业有三个独立但相关的战略任务：

· 进行市场细分过程来识别细分市场。

· 决定选择哪些细分市场作为企业的目标市场。

· 为每一个目标市场开发一个市场细分战略并定位。

我们在本章主要讨论了第 1 点和第 2 点，第 3 点将在第 9 章讨论。

2. 市场细分是将整个市场分成具有相似需求的顾客群的过程。

3. 一个细分市场中的所有顾客有着类似的、同质的需求；其他细分市场中的顾客有着不同的需求。

4. 企业可以采用两种不同的方法来细分市场：

· 通过需求不同识别顾客群。

· 通过细分描述变量来分群组，然后检查这些群组的需求是否相同。

5. 有效的细分市场必须满足 6 个标准：差异性、可识别性、稳定性、可衡量性、规模合适性和可进入性。

6. 市场细分是一个创造性的分析过程，需要具备良好的顾客洞察力。相比之下，目标市场选择要求企业制定决策。

7. 多因素矩阵是进行目标市场选择决策的很有用的方法。

8. 大企业通过选择多个目标市场取得成功，小企业则聚焦于少数几个目标市场。

第9章 市场战略和市场定位

———— 学习目标 ————

学习完本章后，你应当能够：

· 陈述市场战略和各细分市场战略的目标与功能

· 知道如何获得差异化优势

· 选择战略重点，设计定位陈述

· 列出细分市场战略的构成要素

· 识别有效与无效的市场和细分市场战略

· 制定和管理针对多个细分市场的市场战略

开篇案例 和睦家医院

在中国的非公立医院中，和睦家医院可能是品牌知名度最高的一家。1997 年，犹太裔美国人李碧菁（Roberta Lipson）创办了第一家和睦家医院，并以中国第一家外资医院的身份落地北京。当时，和睦家医院的两大合资股东分别为李碧菁创立的美中互利工业公司（美国纳斯达克上市公司）和中国医学科学院旗下的北京协和医药科技开发总公司。

和睦家成立之初就和国内的公立医院有很大的不同，因为和睦家瞄准的是高端医疗服务市场，并把自己定位成"高端人群健康服务的提供者"。当时，和睦家医院选择的目标市场就是北京市的大约 10 万名外籍人士。因此，第一家和睦家医院选址也落在外籍人士居住较为密集的北京丽都商圈。这些外籍人士大多有公司或机构雇主提供的海外医疗保险，无须自己支付医疗费，因此他们对价格不敏感，希望获得与海外相同品质的高端医疗服务。

为了提供与海外相同品质的高端医疗服务，和睦家医院组建了一支国际化的医疗队伍，医生们来自美国、加拿大、中国、澳大利亚、德国、法国等多个国家。此外，和睦家医院坚持服务至上的理念。例如，患者看病全部实行预约制，无须排队；

同时，看病过程中，基本上是医生和护士围着患者转，而不是患者需要楼上楼下跑到多个不同部门多次交费、检验等。在和睦家看病，医生对每个患者的问诊时间都保证在半小时以上。此外，和睦家还提供个性化与终身化的"家庭医生"服务，这样医生可以长期了解病人，医生与病人之间的关系大多充满关心和温暖。

和睦家医院在传递顾客价值和获取差异化优势的基础上实现了它的市场战略。2014 年，和睦家母公司美中互利接受了复星医药大约 3 亿美元的私有化方案，并从纳斯达克退市。2019 年 12 月，由香港财政司前司长梁锦松等人联合成立的新风医疗集团以 99 亿元的价格从复星医药等股东手里收购了和睦家，和睦家再次成为中国最大的综合私立医疗服务机构之一。

随着和睦家市场战略的成功和良好口碑的传播，越来越多的高收入北京当地居民也选择了和睦家医院的高端医疗服务。娱乐明星、职业运动员和企业高管等社会名流都到和睦家医院看病，和睦家医院也获得了良好的发展。截至 2023 年 4 月，和睦家在北京、上海、广州、天津、青岛、博鳌等地设有医院和诊所，全职医生共 600 余人，来自 25 个国家或地区，兼职专家团队超过 1000 人，护理团队 1000 余人。

案例思考
和睦家医院市场战略的关键因素是什么？

在前面的章节中，我们讨论了"营销要务一：识别并选择市场机会"和"营销要务二：确定目标细分市场"。其中营销要务二强调了各自独立却又相互联系的两种战略任务：如何细分市场，以及如何选择目标市场。

第 9 章是讨论"营销要务三：设定战略方向和定位"的三个章节中的第一个章节。这一章我们讨论市场战略和定位，这被视为营销最重要的功能和任务。我们在前面说过，市场战略的目标十分明确——**面对试图做同样事情的竞争对手，吸引、保留并增加顾客。**市场战略体现的是企业做什么以及不做什么。从外部来看，一个好的战略体现了企业在市场中的共同主题和重点。从内部来看，市场战略将许多部门、职能和员工的活动联合起来。一个有效的市场战略对成功至关重要。

企业将它的市场分成若干个细分市场，然后决定选择哪些细分市场作为目标市场。如果企业的市场细分有效，同一个细分市场中的顾客就会具有同质的需求；不同细分市场的顾客需求则是异质的。竞争的范围和类型也会随着细分市场的不同而变化。由于这些差异，企业必须为每个目标市场制定不同的战略。定位是细分市场战略的核心。市场战略包含一个或多个细分市场战略。

9.1 市场战略的目标

如果一支 NBA（美国职业篮球联赛）球队不制定战略就去参加赛季，它能有多大的机会赢得总冠军？希望渺茫——除非奇迹发生。这支球队没有方向和重点，无法发挥自己的长处。它也不可能正确地部署球员，球员之间也不能相互配合。简而言之，面对竞争对手，这支球队无法获得差异化的竞争优势。甚至，很多时候似乎球队里明星球员很多，却无法获得所期盼的战绩。在商场上，同样也是如此。企业要想成功，必须拥有一个明确的市场战略去"赢"得市场。

虽然战略是商业领域被滥用和误解最多的术语之一，但它仍然是一个十分重要的管理学词汇。市场战略建立在计划假设的基础上，而计划假设来自企业对市场、顾客、竞争对手、企业自身以及其他市场成员的洞察（见前几章）。市场战略是企业对市场的竞赛计划，指明了企业行动的方式。市场战略明确了企业试图得到什么、将要选择哪个细分市场，指明了企业的行动方式。企业必须做出三类决策：

- **结果**。企业希望达到什么效果。
- **资源**。简单来说，要实现这些效果，企业要如何配置资源。
- **行动**。企业打算采取什么样的行动。

要点

市场战略要求企业做出三类决策：
·结果
·资源
·行动

好的市场战略（和细分市场战略）能够满足四大目标：（1）为企业在市场上提供战略方向；（2）指明如何获得差异化优势；（3）引导稀缺资源的合理分配；（4）实现跨部门整合。

9.1.1 提供战略方向

面对试图做同样事情的竞争对手时，市场战略为企业如何吸引、保留和增加顾客提供了战略方向。市场、消费者需求和竞争会变得日益复杂，市场战略必须在这样的艰难环境下指导企业。企业面临的复杂性和变化越大，向企业提供战略方向的难度越大，同时也越发重要。

9.1.2 获得差异化优势

好的市场战略必须明确顾客为什么会从企业而不是它的竞争对手那里购买产品。同时，好的战略还要明确企业要怎样获得差异化优势。回顾前面的章节，差异化优势就是提供给顾客的一种利益或一组利益，这种利益是顾客重视并且愿意花钱购买的，而且无法（或者顾客认为无法）从其他企业获得。表 9.1 给出了评价"好"的市场战略的标准。企业应当拒绝任何不能对抗竞争对手反应的市场战略。企业还应当制订应急计划，来应对竞争对手可能的反应。应急计划可以帮助企业制定获得差异化优势的战略，并且使企业能够抢在竞争对手之前先发制人。

表 9.1　获取差异化优势

标准	战略描述
竞争对手不能做	企业采取竞争者无法复制的行为——一般来说，是因为竞争对手缺少关键性资源或能力
竞争对手不想做	竞争对手可以采取类似的战略，但这么做的可能性不大。企业要有敏锐的竞争嗅觉来对此做出判断
竞争对手即使做了也是略逊一筹	企业认为竞争对手会复制它的战略，但不能获得和自己一样的优势
竞争对手和企业都能获利	企业认为它的行为将同时给自己和竞争对手带来好处

9.1.3 引导稀缺资源的合理分配

所有企业的资源都是有限的，例如资金、产能、团队以及技术能力。这些有限性在各个组织层面或职能层面都存在。面对这些限制，企业必须分配资源来获得差异化优势。企业需要进行两种类型的分配：

·**外部分配**：企业在目标细分市场和顾客之间分配资源，为了在目标细分市场上获得差异化优势而选择资源。

·**内部分配**：企业在不同经营活动间分配资源，例如产品研发、广告和销售等。

9.1.4 实现跨部门整合

实现企业不同部门或不同业务单元之间的整合十分重要，但也难以实现。市场战略必须协调许多部门的经营活动，使它们齐心协力获得差异化优势。如果不能有效整合，就会出现严重的内部冲突。

市场战略的决策者必须在整个公司获得支持。各种职能部门或者业务单元可能对市场战略有不同看法：销售部门希望提高销量，运营部门希望降低成本，因为他们拿了薪水就是来做这些的。但是，当以市场考量作为最高准则时，对一个部门可能合理的行为却未必对整个企业是合适的。管理得当的争议是有益的，它体现了核心问题的不同观点。但是所有部门都必须关注外部问题并用大局观考虑企业如何制胜。

9.2 市场战略的要素

如前所述，最好将一个市场视为一组细分市场的集合。为了获得成功，企业应当瞄准特定的细分市场，采取能够带来差异化优势的战略。一般来说，企业专注于某个或某些细分市场会比专注于市场整体时的效果好。赫兹、Budget和Enterprise都是大型汽车租赁公司，但是它们都只重点服务于某个细分市场。

由于细分市场的差异性，市场战略的最小单位就是细分市场战略。一个市场战略经常与若干相互关联的细分市场战略结合在一起。接下来我们所说的市场战略就是指某个细分市场的战略。图9.1给出了市场战略的四大因素：绩效目标、战略重点、定位和实施计划。

> **营 销 思 考**
>
> 市场战略是抽象的，但是我们可以通过观察企业行为来反向认识战略。假设你是麦当劳的竞争对手，请分析：
> - 麦当劳的核心细分市场是什么？
> - 你如何评价麦当劳的绩效目标？
> - 麦当劳的战略重点是什么？
> - 麦当劳的定位是什么？
> - 你如何评价麦当劳的定位？

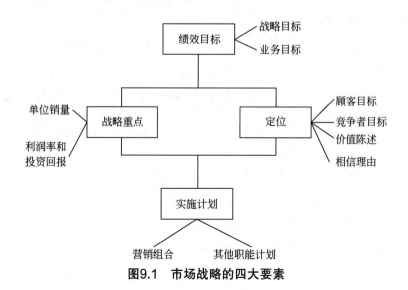

图9.1 市场战略的四大要素

185

9.3　绩效目标

在明确要做什么之前，企业必须知道它的前进方向。绩效目标明确表达了企业对目标市场的目标。两个概念可以简单明了地表达企业希望获得的结果：战略目标和经营目标。

9.3.1　战略目标

战略目标确立了企业试图实现的结果类型，它们是定性的、方向性的。战略目标不考虑数量，但说明了在一般条件下，企业如何衡量自己的成功。许多人将战略目标与使命陈述（见第 7 章）相混淆。其实两者的区别很明显：使命说明企业去哪里寻找市场机会；战略目标则说明企业要求的结果类型。

战略目标分为三大类：**增长和市场份额、收益率和现金流**。每个战略目标都很有吸引力，但它们常常不能同时实现。许多企业将增长和市场份额作为核心战略目标，因此不得不在固定资产、流动资本和营销上花钱，结果造成短期现金流和收益率的下降。

由于这些战略目标经常相互矛盾，企业必须做出取舍。企业必须为不同的市场或产品生命周期明确优先顺序——重要的和次要的。同时，企业还必须抵制同时提高增长和市场份额、收益率与现金流的需求倾向，因为同时实现所有目标的情况几乎不存在。

图 9.2 代表性地说明了战略目标是如何随产品生命周期而演变的。在导入期和成长期，企业常常将增长和市场份额放在首要位置，而在成长后期和成熟期的大部分阶段，战略目标则转向收益率。在成熟期的后期，特别是在衰退即将发生的时候，企业会以现金流为战略目标，即"现金牛"。这些原则虽然不是选择战略目标的硬性规定，却很容易根据它们来认识企业的行为——因为结果是初始目标的反映（一般情况而言）。

> **要点**
>
> 企业必须在三种战略目标之间进行取舍，即：
> ·增长和市场份额
> ·收益率
> ·现金流

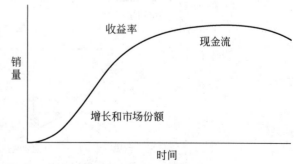

图9.2　战略目标的演变

9.3.2　经营目标

战略目标是定性的、方向性的，而经营目标是定量的、有时限的。经营目标为战略目标的实现提供了数量和时间框架。具体而言，经营目标回答了以下问题：完成多少、什么时间。经营目标需要明确企业在一定时间内要实现多少增长和市场份额、收益率以及现金流。

企业用经营目标来评价绩效。经营目标应当是 SMART 的，即具体的（Specific）、可测量的（Measurable）、可实现的（Achievable）、现实的（Realistic）、适时的（Timely）。经营目标还应当具有挑战性，但不能超出能力范围，这会导致其失去激励作用。在市场战略的制定过程中，企业应当在不同的预算情况下不断地审视自己的经营目标。

> **要点**
>
> 战略目标是定性的、方向性的，而经营目标是定量的、有时限的。

9.3.3　设定绩效目标

有时管理者无法分清战略目标和经营目标。我们经常看到有些管理者用利润来表示目标："20××年我们的利润目标是 4500 万美元。"原则上讲，设定 4500 万美元的目标并没有错，问题在于这样的目标根本就没有考虑两个关键问题：这个利润目标的实现对企业的总体目标有何影响？我们要如何实现总体目标？

短期利润的增加并不困难。只要在新产品研发、广告、促销以及员工薪水上削减成本，企业可以迅速增加利润。但这样做的话企业迟早会丧失市场份额和盈利能力。为了避免这种结果，企业必须清楚几种战略目标之间的取舍，并且在所有职能部门间达成一致。只有这样，企业才可以用数字来表达运营目标。

一般来说，战略目标和经营目标不应该随着业务周期的变化而变化。但是如果市场环境发生重大变化，或市场预测基础上的计划假设发生重大变化，企业的预期和绩效目标也应该随之变化。

> **要点**
>
> 管理者必须在设定经营目标之前对战略目标的取舍和期望有清晰的认识。

> **营销思考**
>
> 拼多多是怎么利用购买模式增加现有顾客的销售的？

9.4　战略重点

企业一旦为目标市场建立了绩效目标，就必须决定要如何配置资源。战略重点解决的正是这个问题。图9.3显示了企业的战略选择，图中用**方法—目的树**对提高利润和投资回报率的各种备选方案进行了概述、评估和选择。方法—目的树有两条主干：主干A关注销量的增加；主干B关注利润率和投资回报率的提高。企业必须在主干和分支之间进行选择，从而得到最有利于实现战略目标和经营目标的战略重点。

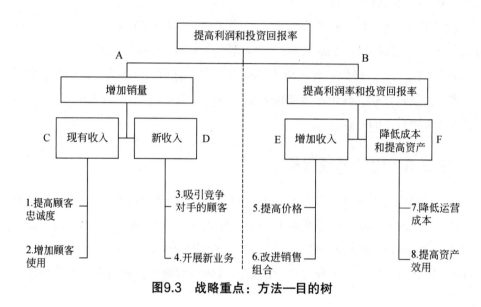

图9.3　战略重点：方法—目的树

9.4.1　增加销量（主干A）

从图9.3可见，增加销量的主干A有两个分支C和D。每个分支各有两种选择。分支C通过提高顾客忠诚度（C1）和增加顾客使用（C2）来提高当前收入。分支D通过吸引竞争对手的顾客（D3）和开展新业务（D4）来获取新收入。

要点

增加销量的四种途径：
- 提高顾客忠诚度
- 增加顾客使用
- 吸引竞争对手的顾客
- 开展新业务

增加销量的例子（与图9.3对应）

C1. 提高顾客忠诚度

对已经购买了苹果iPhone手机的顾客，苹果公司将为他们提供"以旧换新"或"折抵换购"的购买优惠。通用汽车公司等汽车品牌商也经常提供类似的"折抵换购"优惠以扩大销量。

C2. 增加顾客使用

电信运营商如美国威瑞森公司（Verizon）经常通过提供无限通话、无限上网流量等"无限量"和"一揽子"服务，目的都是增加顾客使用以提高销量。

D3. 吸引竞争对手的顾客

美国卫星电视运营商 DirecTV 直接瞄准有线电视公司的顾客；中国三大电信运营商中国移动、中国联通和中国电信也都瞄准对方公司的顾客。

D4. 开展新业务

滴滴出行公司在一开始主要通过快车获得顾客，之后又陆续推出专车、代驾、单车、电单车等新产品。

9.4.2 提高利润率和投资回报率（主干 B）

主干 B 有两个分支：E 和 F，可以提高利润率和投资回报率。每个分支也各有两个选择。分支 E 通过提高价格（E5）或改进销售组合（E6）——销售更多高利润产品和减少低利润产品，从而提高收入。分支 F 通过降低运营成本（F7）或提高资产效用（F8），例如减少应收账户和库存，从而削减成本和资产。

> **要点**
>
> 提高利润率与投资回报的四种路径是：
> - 提高价格
> - 改进销售组合
> - 降低运营成本
> - 提高资产效用

提高利润率和投资回报率的例子（与图9.3对应）

E5. 提高价格

具有垄断倾向的企业经常使用这种方法。例如石油公司、天然气公司、自来水公司、有线电视公司，以及游乐园（例如迪士尼）和航空旅行这类季节性产品。

E6. 改进销售组合

许多 B2B 企业会通过增加服务或提供额外功能，试图说服顾客购买利润率更高的那些高价产品。

E7. 降低运营成本

许多企业通过缩小规模（裁员）、重设工作流程，以及外包业务来降低成本。其他方法还有削减广告以及其他促销费用。

E8. 提高资产效用

根据订单生产可以最小化企业的库存，预售款则可以使企业无须投入运营资本。戴尔公司就是这样的一个优秀例子。

9.4.3 战略重点的选择：增加销量还是提高利润率和投资回报率？

关键的问题是：企业究竟应当如何在主干 A（增加销量）与主干 B（提高利润率和投资回报率）的选项间进行取舍？毕竟，其中许多选项都是相互冲突的。瞄准竞争对手的顾客（D3）也许可以增加销量，却很难在企业同时削减广告和销售费用（F7）的情况下实现。

答案显而易见：企业的选择应当尽可能与其主要战略目标并行。对增长目标而言，企业就应当以主干 A 的选项为重点；对增加现金流的目标而言，就应当聚焦主干 B。如果要提高利润，企业就应当进行组合匹配——同时从主干 A 和 B 中进行选择。企业还需记住，同时追求太多选项有违选择性原则与专注性原则，会使企业失去重点。

9.5 市场定位

要点

定位的要素包括：

· 选择目标顾客
· 拟定目标竞争者
· 设计价值主张
· 陈述使顾客相信的理由

对许多营销人员而言，**定位**是市场战略的中心。企业希望在顾客心目中留下独特而美好的印象。定位清晰是其关键，含混不清则是大忌。

我们必须强调选择一个细分市场和在一个细分市场上进行定位之间的区别。由于第 8 章已经介绍过选择细分市场，因此第 9 章在假定企业已经做出选择细分市场决策的基础上展开，讨论企业如何制定战略，使其在一个目标市场上能够赢得竞争。定位要求企业对目标细分市场做出四项关键决策：

· 选择目标顾客；

· 拟定目标竞争者；

· 设计价值主张；

· 陈述使顾客相信的理由。

我们虽然是一个个讨论这些决策，但它们之间是高度相关的。一般来说，企业会对这些决策进行反复思考直到它们结合成一个整体。图9.4说明了企业在选择目标顾客、拟定目标竞争者以及设计价值主张时涉及的步骤和内容。

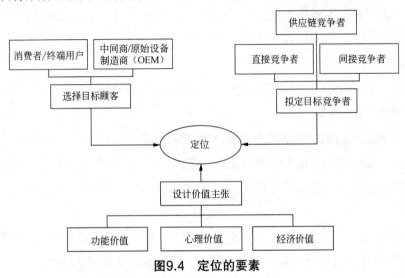

图9.4 定位的要素

9.5.1 选择目标顾客

目标顾客是企业营销活动的重头。为了获得成功的机会，企业必须瞄准**正确**的顾客。为此，有三个问题至关重要：

· **选择分销系统**。企业必须找到合适的分销系统（可能包含多个分销层次），以使其产品能够到达消费者或者终端用户手中。

· **锁定分销层**。企业必须决定分销系统中的哪个层次或哪些层次应当成为营销活动的重点。

· **瞄准特定人群或角色**。企业必须明确，在已锁定分销层中哪种人群应当成为营销的对象。

选择分销系统

企业的产品或服务可以通过许多不同的渠道（直接渠道或者通过第三方组织）到达消费者或终端用户手中。以实体产品为例：

要点

目标顾客选择的重点是：
· 选择分销系统
· 锁定分销层
· 瞄准特定人群或角色

· 配件制造商将产品卖给成品制造商。

· 配件制造商将产品卖给装配制造商，再由装配制造商把产品卖给成品制造商。

· 成品制造商生产出来的产品通过分销商、批发商，以及零售商，最终到达消费者或终端用户。

许多行业都已经建成分销系统，使产品能够逐层走向**下游**，最后到达消费者或终端用户。但是，企业也可以建立新渠道来获得差异化竞争优势。今天，许多企业都利用互联网进行直销，从而跳过了分销商、批发商和零售商（以及它们的利润）。

锁定分销层

由于资源有限，企业必须决定将哪个或哪些分销层作为营销的重点。一般有推式和拉式两种选择（详见第 15 章）：

推式策略　企业在上游对直接客户投入绝大部分营销努力。例如一家消费品公司就将分销商和零售商（如沃尔玛）作为营销活动的重点；一家原材料或零配件制造商将成品生产商作为营销活动的重点。企业希望这些客户（以及这些客户的客户）向消费者或终端客户推销自己的产品。

拉式策略　企业在下游对间接客户——消费者或终端客户，投入绝大部分营销努力。例如宝洁等快速消费品公司将消费者作为营销重点；原材料或零配件制造商将消费者或者终端客户作为营销重点。英特尔公司的 intel inside 广告就是一个很好的例子。

一般来说，企业不可能对所有潜在目标顾客都投入同样的努力，它必须明确目标顾客的优先顺序。美泰玩具公司的例子就说明了目标顾客的重要性：

> 全球最大的玩具公司美泰旗下有一款世界玩具市场上畅销最久的产品——芭比娃娃。芭比娃娃起源于美泰创始人露丝·汉德勒（Ruth Handler）。当时她见女儿喜欢玩流行的纸娃娃，兴致盎然地帮它们换衣服、换皮包，便想到应该设计一款立体娃娃。在 1959 年的玩具展览会上，美泰公司正式推出了芭比娃娃。但当时零售商们反应冷淡。他们对露丝·汉德勒说："小女孩要的是婴儿娃娃，这样她们就可以假扮成婴儿娃娃的妈妈。"后来，研究者欧尼斯特·迪希特（Ernest Dichter）建议露丝·汉德勒对芭比娃娃投放电视广告。当芭比娃娃出现在电视屏幕上时，女孩们还有她们的妈妈一起冲向了商店。通过瞄准最终消费者，美泰公司成为玩具行业全球市场的领导者。

瞄准特定人群或角色

企业一旦选择了锁定的分销层，就必须决定要具体针对哪个决策者或者决策影响者。一般来说，企业希望改变或者强化这些人的行为和心理状态，如知识、态度以及购买倾向。要知道，组织并不能做出决策——做决策的是组织中的人。对一家定位于传统家庭的企业而言，它可能要瞄准的人就是丈夫、妻子、孩子、爷爷奶奶、外公外婆或其他家庭成员。

B2B 企业一样也要做瞄准个人的决策。一家向制造商销售原材料的企业可能要瞄准业务经理、设计工程师、营销和销售总监、采购经理以及总经理。同样，一家知名的地板企业的主力市场虽然是零售商，但它也通过佣金（销售激励）的形式关注着销售人员。

在决定谁是目标顾客的决策中，创造力非常重要。企业应当考虑：

· **可实现性**。目标顾客应当是容易获取的，却可能难以接近。在 B2B 企业，采购人员常常会封锁接近设计师、工程师以及高层管理人员的渠道。

· **显而易见的目标 vs 创造性的目标**。有些顾客很容易被发现和接近，但这种显而易见的目标顾客对竞争者而言也是一样的，所以瞄准这类目标顾客反而可能是无效的。联邦快递早期的成功源于它没有把目标放在运输经理这个竞争者都会想到的决策者身上，而是瞄准了客户公司的主管和他们的秘书。

· **具有影响力**。目标顾客可以不是决策者，但他们一定是对购买决策具有影响力的人。忽视具有重要影响力的人物，后果不堪设想。

· **个人获利却不用花钱**。理想的目标客户拥有很大的影响力，而且能够从购买中获得个人利益，却又不用花费一分钱。例如：孩子对父母决策的影响，医生开处方或建议患者购买的非处方药品或用品，由公司或机构雇主承担差旅费的商务旅行者，政府官员——他们花的是纳税人的钱。对这类目标顾客的营销可能会带来道德问题。例如，许多人反对向儿童播放广告，还有人反对针对政府说客进行营销。

9.5.2 拟定目标竞争者

企业自己决定要与什么样的对手竞争。目标竞争者可以是当前的或潜在的竞争者、直接的或间接的竞争者，以及供应链的竞争者。目标竞争者的选择取决于企业在市场上的实力。

企业可以将竞争者归入两种类型中的某一类——需要回避的竞争者，或者企业乐于

（或主动选择）面对的竞争者。这样的划分有助于企业设计自己的价值主张（详见下文）。目标竞争者的选择形成了顾客对企业产品的感知并帮助企业改进自己的价值主张。表9.2中的定位选项说明了七喜的目标竞争者变化和定位变化。

表9.2　对不同竞争者的定位——以七喜为例

价值主张	主张的类型	市场机会	对顾客的暗示
"七喜比雪碧更好喝"	与直接竞争者比较	一种柠檬汽水	比较七喜和雪碧
"七喜，最好喝的柠檬汽水"	高一级的产品形态	整个柠檬产品系列	喝柠檬汽水时的最佳选择
"七喜，不是可乐"	跳出产品形态	可乐产品系列	是可乐的替代品：我们是不同的
"七喜，名不虚传，就是它了"	暗示或主张唯一性	所有饮料	没有更好的饮料了

选择目标竞争者的智慧

最好的目标竞争者可能并非显而易见。谁能够从三大会计公司排名中获益？——第三名！因为这样成功塑造了它与前两名竞争者齐名的品牌感知。维萨信用卡（Visa）在广告里宣传，全球许多餐厅都接受它的卡，却很少接受美国运通（AmEx）的卡。维萨希望顾客相信美国运通是它的直接竞争对手，但实际上，维萨信用卡真正的竞争者目标却是万事达信用卡（MasterCard）。

9.5.3　设计价值主张

一个设计得好的价值主张（定位语）很好地回答了一个看似简单的问题：为什么顾客应该选择你的产品而不是竞争对手的产品？定位是市场细分战略的核心，价值主张则是定位的核心。企业的价值主张建立在它提供给顾客的功能价值、心理价值和经济价值及其相关利益基础之上。价值主张是指企业如何赢得顾客并打败竞争对手。其他术语还有**关键性购买激励、差异化核心利益、核心战略**，以及**独特销售主张（Unique Selling Proposition，USP）**，但价值主张是最能把握核心概念的术语。

清晰而有效的价值主张，如：

· 苹果Mac电脑——高质量，完美的用户体验

· 联邦快递，准时送达——一夜之间，绝对到达

· 汇丰银行——世界的本地银行（The world's local bank）

- iPod——让音乐伴你左右

- 维多利亚的秘密——性感、成熟、迷人、女人味，保持年轻

- 沃尔玛——总是低价（Always low prices, always）

企业应当将价值主张建立在顾客价值和差异化优势的原则上，这部分内容我们在第1章已经讲过：

- 以满足顾客需求为重点；

- 如果可能，比竞争对手更好地满足这些需求；

- 提供竞争对手难以模仿的利益和价值。

特别是，价值主张应当满足 BUSCH 体系，即可信的（Believable）、独特的（Unique）、可持续的（Sustainable）、引人注目的（Compelling），以及诚实的（Honest）。它发挥了两种不同而又相互关联的作用：在外部，它是企业吸引、保留和增加顾客的主要竞争武器；在内部，它明确了企业的任务。

9.5.4 清晰陈述令顾客相信的理由

阐明企业的价值主张是一回事，使目标顾客相信企业会实现承诺则又是另一回事。陈述“**相信的理由**”是定位的重要内容，它用具有说服力的事实支持企业的价值主张，使其变得可信，譬如科学的证据、独立检验数据、书面证明、认证资格和过往绩效，以及有关产品属性的真实信息等。

表 9.3 给出了沃尔玛、联邦快递、海尔等中外组织 / 品牌的价值主张及相应的“令人相信的理由”。

表 9.3 价值主张和说服理由

组织 / 品牌	价值主张	相信的理由
沃尔玛	总是低价	· 全球最大的零售商；因此，对供应商而言也是最有还价能力的 · 拥有全球最先进的供应链 · 权威研究证明，在沃尔玛购物使美国工薪家庭每年可以节约 2500 美元
联邦快递	联邦快递，准时送达	· 全球最大的快递运输公司，为 220 多个国家和地区提供快递服务，拥有 47.5 万名员工 · 财富 500 强公司，2019 年营收 697 亿美元 · 679 架飞机连接全球 650 个机场，18 万辆卡车，并提供“准时送达保证”

续表

组织 / 品牌	价值主张	相信的理由
海尔	真诚到永远	·畅销全球的中国品牌之一 ·中国家电行业顾客满意度连续多年第一 ·24 小时内上门服务
阿里巴巴	让天下没有难做的生意	·世界最大的面向小型商户的 B2B 网上交易平台 ·拥有来自 240 多个国家和地区的进出口商 ·拥有超过 5000 万名的注册用户 ·市值高达 6000 亿美元，名列全球前五
清华大学	自强不息，厚德载物	·在中国大学排行榜中名列前茅 ·培养了许多优秀人才，包括许多中国政府领导人都从这里毕业

9.5.5　形成定位陈述

"定位不是你要对产品做什么，定位是你要对潜在客户的想法做什么。"

定位的最终目标是形成一个令人信服的定位陈述。定位对于指导和协调企业的营销活动至关重要。不过，定位陈述的形成却非常复杂并且需要耗费大量时间，而且牵涉到许多人。一位联合利华的营销高管曾经指出，进行产品定位所花费的时间经常比他们研发产品的时间还要多。宝洁公司在推出牙齿洁白产品——佳洁士净白牙贴时，推迟了耗资甚多的电视广告和店铺试卖，反而进行了一项持续 6 个月的在线广告和销售活动来评估消费者的兴趣，并利用这些数据来优化佳洁士净白牙贴的定位。

定位必须能够清楚地将企业产品区别于竞争对手的产品。它包括四大任务：

说服顾客　　　　　　　　　　　　　（目标顾客）

与其他替代品比较　　　　　　　　　（目标竞争者）

顾客可以获得这些利益和价值　　　　（价值主张）

因为企业具备这些能力或特质　　　　（相信的理由）

表 9.4 给出了墨西哥水泥生产商 Cemex 公司的定位陈述，注意价值主张的变化。

定位陈述应该是清晰的（Distinct）、引人注目的（Compelling）、真实的（Authentic）、有说服力的（Persuasive）及可持续的（Sustainable），即 DCAPS。定位对新产品格外重要。联合利华和宝洁公司在这方面做得不错，但许多公司却在用错误的定位指导新产品推广。定位陈述虽然不是广告信息，但是 DCAPS 定位准则却可以给广告公司的创意人员提供很好的指引。

表 9.4　Cemex 公司的定位陈述

定位任务	定位部分	Cemex 公司的定位陈述
说服顾客	目标顾客	建造商和承包商，现场经理和项目投资方
与其他替代品比较	目标竞争者	传统的水泥生产商
顾客可以获得这些利益和价值	价值主张	现场经理：Cemex 公司总是在收到订单后 30 分钟内将产品送到，而按照业内惯例，一般是 3 小时送到项目投资方：可以获得由于项目提前完成带来的额外回报
因为企业具备这些能力和资源	相信的理由	每辆卡车上都配有全球卫星定位系统利用计算机软件可以将卫星追踪到的卡车位置和顾客订单结合起来，计算出最优路径，使卡车可以在途中改道

营 销 思 考

Club Med的口号是"城市生活的世外桃源"，它希望做一种截然不同的度假胜地。

请思考：地中海俱乐部的定位是什么？即它的目标顾客、目标竞争者、价值主张，以及令人相信的理由是什么？

9.6　执行计划

战略重点和定位明确了企业实现绩效目标的方法。执行计划则描述了企业执行这些方法必须实施的具体活动。任何好的市场战略都必须同时强调营销组合和其他的职能计划。

9.6.1　实施营销组合

本书后续各章将分别介绍营销组合各要素。这些要素必须既要体现企业的价值主张，又要支持其他营销组合要素。表 9.5 展示了史都本饰品公司（Steubenware）的高档水晶的营销组合各要素是如何相互配合的。在本例中，价值主张以心理价值为中心，因此要让收到礼物的人喜爱史都本礼品的高品质、稀有性和形象。

表 9.5　史都本饰品在礼品市场上的营销组合

营销组合要素	史都本饰品的实施内容
产品	绝对高质量——史都本会将所有不完美的产品销毁
服务	高质量的售前与售后服务
广告	诸如《好管家》这类高品质的主妇必读杂志
促销	高档的宣传册和展示架
销售	关注产品质量
分销	少而精的零售店铺——专业店和高档百货店
价格	高价格——体现高端形象

9.6.2 跨部门支持

虽然市场战略归营销部门管，然而，在激烈的竞争环境下，企业必须团结为一个整体，将所有职能部门联合起来共同支持企业的定位和价值主张。如果一个或多个职能部门不能提供支持，企业就必须重新审视它的价值主张。这非常重要！得不到全力支持就贸然前进是市场营销的大忌，它会使企业无法履行对顾客的承诺。顾客不会在意这究竟是哪个人或者哪个部门的错，他们只期望得到企业所承诺的利益和价值，而且他们有理由认为企业应当解决所有问题。

> **营 销 思 考**
>
> 苹果iPhone手机的价值主张是什么？它的营销组合是什么？iPhone手机的营销组合要素是否既支持了它的价值主张，同时也支持了其他要素？

9.7 管理多个细分市场战略

在这一章，我们讲述了如何针对一个目标细分市场来构建战略——绩效目标、战略重点、定位以及执行计划。但是企业经常会同时瞄准几个细分市场，因此企业必须制定多个细分市场战略。每个细分市场战略都有自己的绩效目标、战略重点、定位以及执行计划。企业必须确保每个细分市场战略都是不同的。例如，宝洁公司旗下各洗发水品牌都有不同的市场战略和定位。当企业瞄准多个细分市场时，它应当考虑三种可能出现的执行情况：

- **没有协同效应。**各个细分市场战略和执行计划互不相关。
- **积极协同效应。**企业各细分市场战略的执行计划带来积极的协同效应。利用相同的销售人员和分销渠道，企业可以从中获得成本效益。
- **消极协同效应。**企业各细分市场战略的执行计划带来消极的协同效应。不同的产品使销售队伍混乱，品牌延伸使顾客感到迷惑。

企业的各个市场细分战略和执行计划必须形成一个协调一致的市场战略。随着消费者需要日益复杂，多个细分市场的问题也变得有趣和具有挑战性。

> **要 点**
>
> 总的来说，各个市场细分战略必须形成一个协调一致的市场战略。
>
> 市场细分战略之间必须相互区别，而且企业应当在执行计划中寻求积极协同效应。

────── **本章要点** ──────

1. 一项市场战略有四大意图：
   - 提供战略方向；
   - 获得差异化优势；
   - 指导稀缺资源的有效配置；

·实现跨部门协作。

2. 市场战略拥有四个核心要素，每个要素都包含若干构成部分：

绩效目标

企业希望实现的结果。

- 战略目标——定性的、方向性的。战略目标一般分为三种：增长和市场份额、收益率和现金流。
- 运营目标——定量的、有时限的。给出具体数量和时间。

战略重点

战略的大致方向。有两个主要部分：增加销量、提高利润和投资回报率。

- 增加销量有两个分支：
  - 现有收入：提高顾客忠诚，增加顾客使用。
  - 新收入：从对手那里吸引顾客，开展新业务。
- 提高利润和投资回报率也有两个分支：
  - 增加收入：提高价格，改进销售组合。
  - 降低成本和提高资产：降低运营成本，提高资产效用。

定位

目标顾客应该如何看待企业的产品。需要做出四项重要决策：

- 选择目标顾客——选择分销系统、锁定分销层次，以及瞄准特定人群或角色。
- 构建目标竞争者——企业打算面对的竞争对手。
- 设计价值主张——目标顾客为什么会偏好本企业的产品？
- 清晰陈述令人相信的理由——支持价值主张的证据。

执行计划

企业执行战略必须要做的事情。有两种类型：

- 营销组合：在企业外部——产品、服务、促销、分销和价格。
- 职能计划支持：在企业内部——整合职能部门，实现协同合作。

3. 如果企业瞄准了多个细分市场，每个细分市场战略都必须不同。企业应当在执行计划中寻求积极协同效应。

第10章 基于生命周期的市场战略

学习完本章后，你应当能够：

· 理解"先发制人"在市场战略制定中的重要性
· 使用产品生命周期模型生成几种可能的场景
· 识别并评估每种场景的业务特征和战略思考
· 为每种场景构想一些战略选择
· 识别有效的生命周期战略

开篇案例 奈飞

　　成立于1997年，最早以邮寄DVD租赁业务起家的奈飞，现在已成为全球流媒体视频巨头，市值超过2000亿美元。

　　20世纪70年代，索尼首先推出Betamax格式的录像带，后来JVC公司的VHS格式录像带超越了Betamax成为全球录像带主流标准，渐渐地在家观看录像带视频成为一个主要的社会文化趋势。最初，大部分录像带租赁商店都是小规模的区域商店，但20世纪90年代英国大型录像带租赁公司Blockbuster崛起成为行业巨头后，这些小零售商都破产了。

　　奈飞商业模式的创新是家庭视频服务行业发展的重要一步。受电子商务网站亚马逊的启发，1997年，里德·哈斯廷斯（Reed Hasting）和马克·兰德福（Marc Randolph）在美国加利福尼亚州联合创办了在线电影租赁公司奈飞，并聚焦DVD租赁而非录像带租赁。一开始，奈飞提供的也是DVD单片租赁，与传统线下电影租赁巨头Blockbuster不同之处只是消费者通过网站订购，然后奈飞将顾客想要的DVD通过美国邮政以一个独特的红色信封包装邮寄给顾客（每个DVD租赁价格为4美元，邮资为2美元）。这种传统服务的一个显著痛点是消费者必须按时归还DVD，不然需支付过期罚金。1999年，奈飞决定推出全新的"月度订阅"商业模式：消费者只需支付 5.99 美元 / 月，就可以享用 DVD 租赁，而且归还之后即可以租赁新的 DVD。这意味着消费者可以根据自己的情况灵活决定什么时候归还租赁的 DVD，无须再担心归还 DVD 过期的罚金。这个"月度订阅"模式很快受到消费者的欢迎。奈飞于 2002 年发展到 60 万名订阅用户，并成功在纳斯达克上市，还在 2003 年首次获得盈利 650 万美元，当年的营收为 2.72 亿美元。

　　在保持 DVD 订阅租赁这一成功商业模式的同时，2007 年奈飞再次推出新的商业模式，即在线视频流媒体服务。消费者只需支付 7.99 美元 / 月，就可以无限观看流媒体视频，而且不限时间和地点。奈飞的流媒体视频整合了 DVD 模式的许多特色，可以在多种移动设备观看视频，这些移动设备包括：个人电脑、电视、微软的 Xbox 游戏机、索尼的 PS3 游戏机、任天堂的 Wii 游戏机、三星和 LG 的蓝光机、智能电视、数字播放器和数字录像机等。当时，在线视频流媒体服务这种全新的商业模式彻底颠覆了家庭视频娱乐行业，奈飞的订阅用户数得到了快速发展：2007 年订阅用户达到 750 万名，2008 年达到 940 万名，2010 年达到 2000 万名。奈飞原来的主要竞争对手 Blockbuster 于 2010 年破产，新的主要竞争对手包括谷歌旗下的 Youtube、苹果、亚马逊、Hulu 等。中国市场后来也出现了爱奇艺、优酷、腾讯视频等流媒体视频平台。

　　奈飞的一个关键竞争领域是获得最新上映的电影版权以及这些电影的播放时间范围。奈飞于是又一次改变商业模式，2013 年宣布投资进入电影和电视剧业务。那一年，奈飞的自制剧集《纸牌屋》成为当年的收视热门，并荣获艾美奖最佳剧情类剧集、最佳男主角、最佳女主角、最佳导演等 9 项提名。奈飞推出自制电影和电视剧的决定，增加了老用户的黏度，也让更多的新用户因为想看其独家电影电视剧视频而订阅奈飞。奈飞的订阅用户在 2013 年是 4435 万人，2014 年狂增到 5739 万人，2017 年突破 1 亿人。截至 2022 年 12 月 31 日，奈飞的付费会员规模达到 2.375 亿，用户分布在全球 190 多个国家和地区，奈飞的市值也已超过 2000 亿美元。

　　第 10 章是讨论"营销要务三：设定战略方向和定位"的三个章节中的第二个章节。第 9 章介绍了如何制定市场战略。本书的第 3 章也提过生命周期框架可以帮助企业产生有益的市场洞察。在本章，我们将再次讨论生命周期框架，从而帮助企业在市场竞争中做出更加有效的决策。

通过预测环境的变化和竞争对手的行为，企业可以制定先发制人战略。先发制人战略意味着抢在竞争对手之前行动，比如瞄准一个新兴市场或者引入一种新产品。奈飞的 DVD 在线租赁、月度订阅以及自制剧集就是先发制人的一个好例子。先发制人常常具有风险，而且失败的代价也是巨大的、昂贵的。不过不行动也有成本，特别是对已经进入市场的参与者而言。这些机会成本包括企业放弃的市场份额和利润。机会成本是隐含的，它们不会出现在企业的损益表上，但它们可能比把握机会实施行动的成本高昂许多。

想一想曾经被许多评论家质疑的苹果公司和 iPod、iPhone。苹果公司在 20 世纪 90 年代末和 21 世纪初只是一家生产麦金塔电脑的个人计算机公司，对数字音乐产品或者手机产品完全没有经验。2000 年时，苹果公司的市值只有 50 亿美元。当时，索尼是音乐随身听的霸主，诺基亚和黑莓则是手机的霸主，许多人认为苹果公司进军数字音乐产品和手机产品会死得很惨。乔布斯却不顾这些人的质疑，于 2001 年成功推出了 iPod，2007 年又成功推出了 iPhone。这些新产品推动苹果公司成为全球最伟大的企业之一：2011 年 8 月 9 日，苹果公司市值达到 3415 亿美元，超过埃克森美孚成为全球市值第一的企业；2018 年 8 月 1 日，苹果公司市值首次超过 1 万亿美元，成为全球首个市值破万亿的科技公司；2020 年 7 月 31 日，苹果公司市值高达 1.84 万亿美元，超过沙特阿美再度成为全球市值第一的企业。想一想如果当初没有推出 iPod、iPhone 等新产品，苹果公司的机会成本会有多大？

如果不行动，企业就会给竞争对手可乘之机。企业经常犹豫，因为风险是显而易见的。黑莓没有像苹果那样承担风险而受到打击。曾经的索尼、诺基亚和黑莓是业界的风向标，现在却都被敢于先发制人的苹果淘汰了。微软也曾在智能手机市场丢失机会。微软前首席执行官史蒂夫·鲍尔默（Steve Ballmer）说："我很后悔在 2000 年年初的时候，我们过于专注在 Windows 系统的工作上而没能在智能手机这种新设备上投入精力。"事实上，在史蒂夫·鲍尔默担任首席执行官期间，微软一直没有找到新的业务增长点，仍然只有原来的 Windows 操作系统和 Office 办公软件两大现金牛产品。2014 年，萨提亚·纳德拉（Satya Nadella）成为微软新任首席执行官，并开始带领微软实现大象跳舞般的转型：推出硬件 Surface 电脑和重磅的微软云服务。在萨提亚·纳德拉的领导下，微软从多年的谷底开始成功转型，市值也从 2014 年的 2000 亿美元大幅上涨；2018 年，微软市值超过苹果，重夺全球市值第一宝座；2023 年 4 月 26 日，微软市值高达 2.20 万亿美元。

领导市场的企业应当将先发制人视为一种保险措施——出现变化时，不行动的成本会迅速上升。不能提前"买好保险"的企业就要做好失去市场的准备。生命周期框架给保险措施的设计提供了一个好方法。理解生命周期和市场战略是如何演变的，对于预测可能发生的场景很有价值。根据这些场景，企业就可以更加充分地准备竞争战略选择。

10.1　制定竞争战略选择

企业建立能使其预测竞争对手行为的场景，并由此产生竞争战略选择。这项工作的主体就是经典生命周期（通常表现在产品形态上）——导入期、成长初期、成长后期、成熟期和衰退期。生命周期的分析方法十分有效，因为对不同的产品和技术而言，相同生命周期阶段的市场条件是相似的。每种场景都会带来一定数量的战略选择，这些选择对于企业战略的形成固然有价值，但创造力更加重要。即使已经成为市场领导者，企业也要避免变得容易被预测。本章将讨论如何从九种场景中产生战略选择，见图 10.1。

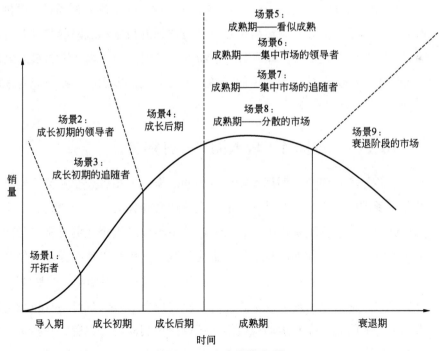

图10.1　生命周期场景

营销思考

结合图10.1中的九种场景，尝试找出与每个场景对应的企业及其产品。

虽然这些场景和战略选择在许多产品生命周期下都是正确的，然而，在今天快速变化的世界，产品生命周期正在缩短，这意味着：

· 当生命周期较长时，如果企业进入一个市场的努力失败了，可以重新推出产品，重新进入市场并且依然有成功的机会。但现在，这种重来一遍的机会不复存在。

· 产品生命周期的缩短减少了成长初期的时间，而这个阶段正是企业利润率最高的时候。

· 在生命周期初期有个好的战略想法变得前所未有的重要。

· 周期进程加快要求对整个生命周期进行前瞻性的战略管理，而不是按部就班。

识别场景并制定战略选择正变得前所未有的重要。本章的目的正是提高学生和读者制定战略选择和设计市场战略的能力，从而打败竞争对手。

要点

九种场景是建立在产品生命周期和竞争地位的基础之上的。这九种场景是制定竞争战略选择的基石。

10.2　建立产品生命周期场景

让我们来具体讨论图 10.1 中所展示的九种产品生命周期场景。每种场景我们先给出一个概括介绍，然后重点解释可选择的目标和战略的建立与分析。必须强调的是：我们无法告诉你对某个场景要采用何种战略，因为最好的战略在一定程度上取决于你竞争对手的行动。不过，我们提供了一些可以考虑的战略选择。

10.2.1　场景 1：导入期——开拓者

大部分产品在导入期都不能产生利润。作为开拓者，企业会产生巨额的研发和市场推广费用。在产品上市前，企业还必须先对工厂、设备、系统和工作流程进行投资。营销费用很高，收入可能不足以抵销企业的日常经营成本，更不用说固定成本。前期的现金流常常为负数。这也是为什么很多初创企业一开始都在车库创业，而且前几年一直不盈利。著名的公司如苹果、亚马逊、谷歌、惠普、迪士尼都是车库创业的例子。运动品牌安德玛（Under Armour）的创始人凯文·普朗克，在新运动服装推向市场获得利润前，也曾经在祖母的地下室里居住多年。开拓者往往会犯很多错误，然而"失败是成功之母"，这些企业在失败中学习并不断进步。

有些企业对新产品损失和负现金流的承受力比较强。大型企业一般会用处于生命周期后期的成熟产品的现金收益来支持新产品的研发和推广，将它作为长期产品策略的一部分。例如，宝洁旗下的汰渍（Tide）系列产品就为其新项目提供了资金支持，谷歌的关键词广告收入为它诸如无人驾驶汽车、谷歌眼镜等多个新产品的研发提供了资金。

小企业一般资源较少，经常需要外部融资。在初始阶段，天使投资人经常为新项目提供启动资金。之后，当这个项目开始显示出发展前景时，风投资本可能会提供资金支持。如果价值主张十分出色的话，企业还可以通过公开上市来筹集资金，即IPO。互联网公司例如亚马逊、脸书和奈飞，都是利用风投资本或IPO走上腾飞之路的。

导入期的开拓者很少，常常只有一家。这些开拓者应当打好基础，使企业至少在短期或中期内成为市场领导者并获取利润。随着生命周期向成长初期推移，开拓者必须制定合适的战略，向目标顾客证实自己的价值，降低市场的不确定性，即这个产品并非昙花一现。企业甚至可以与竞争对手一起建立行业技术标准。此外，企业还必须建立营销组织和分销渠道。

延缓或预防竞争者进入的一种有效方法是创造（或者利用）"**进入壁垒**"，包括政府壁垒、产品壁垒和企业壁垒。

要 点

竞争的进入壁垒包括：
· 政府壁垒
· 产品壁垒
· 企业壁垒

政府壁垒

专利权是最典型的政府壁垒，它使拥有者享有数年的法律垄断。企业可以通过专利侵权诉讼请求法院保护其专利垄断权，有效地给竞争对手设立长期壁垒，例如苹果在智能手机领域对三星的胜诉。即使未得到最终批准的专利申请，也可以成为一种短期壁垒。制药公司对专利壁垒的使用格外频繁。

其他政府壁垒包括许可（牌照）、贸易壁垒、减免税和直接补贴。有时候开拓者可以从已经存在的进入壁垒或壁垒性结构中获利；还有一些时候，开拓者可以游说政府，获得特殊利益。例如，挪威政府采取税收优惠、补贴等激励措施来刺激电动汽车的销售。

产品壁垒

产品壁垒与产品直接相关，涉及投入资金、原材料、人力资源，以及经营的规模经济。一种情况是，壁垒来自产品本身，企业可以直接利用；另一种情况是，企业可以主动抬高壁垒。当然，技术或生产流程的革新会使产品壁垒随时间逐渐消失。数十年前，消费者将胶卷送到冲洗中心进行洗印；而后，小型的店面冲洗使这个流程变得简单方便；今天，消费者在手机上看照片并通过社交媒体与他人分享。

企业壁垒

企业可以利用"渗透定价"建立低成本壁垒，企业也可以建立和利用"**先发优势**"。

低成本壁垒和渗透定价　当企业采取渗透定价时，它计划在相当长一段时期内维持低利润，又称"买"市场份额。这种做法很冒险，需要有很大的勇气承担产品上市前和上市后的高昂费用以及市场的不确定性。它要求企业有充足的资源，以支持企业持续降低成本和价格，形成所需能力并迅速成长。如果成功，建立在低成本和经验曲线优势上的低价格就会成为有力的进入壁垒。图 10.2 显示了渗透定价的价格和单位成本之间的关系。

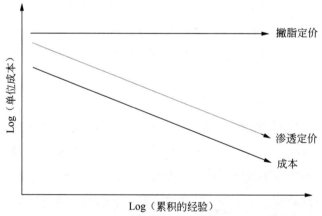

图10.2　渗透定价和撇脂定价的价格和单位成本轨迹

> **要点**
>
> 当企业执行低价渗透策略时，它必须接受相当长一段时期内的低利润率。持续的削减成本是维持低价格的关键。

最有利于渗透定价的情况是政府壁垒或产品壁垒较低、对价格敏感的市场。代表性的例子是福特汽车创始人亨利·福特的愿景：让福特 T 型车进入每一户美国家庭。20 世纪初，福特发明了流水生产线，显著降低了汽车的生产成本，并持续降低价格，到 20 世纪 20 年代中期，其市场份额已超过 50%。

当顾客的转换成本很高、互补产品的二级市场很大的时候，渗透定价就会格外具有吸引力。出售耐用品和消耗品的企业（例如剃须刀和刀片，打印机和墨盒）经常会把耐用品的价格定得很低而把消耗品的价格定高。只有当基本产品的需求持续强劲时，渗透定价才有效，如果顾客需求不稳定，这种定价策略就会失败。

经验曲线　图 10.2 所示的成本曲线是一条典型的经验曲线：随着企业对一种产品的生产、促销和分销的量（经验）的累积，成本会沿一定轨迹逐步下降。当我们用 Log(单位成本) 与 Log(累积的经验) 的比来表示时，经验曲线是一条直线。成本的下降来自组织学习、规模经济、生产技术的进步、产品设计，以及有效成本管理所带来的优势。经验曲线对许多营销决策，特别是定价，具有十分重要的影响。

先发优势　因为是第一个，开拓者很可能会获得优势。通过改进产品、开发新用途，开拓者或许可以保持技术优势。例如提供房屋租赁的爱彼迎，提供影片租赁和流媒体视频的奈飞，提供打车服务的优步，以及提供电动汽车的特斯拉。

如果开拓者的产品质量很好，开拓者可以从消费者和分销商那里获得声望上的优势。市场进入得早也使开拓者对市场更加了解。但是开拓者必须将这些优势转变为购买者的转换成本，否则它就会被后来者超越。保持先发优势的关键是建立强势品牌，从而树立起顾客评价后来者的标准。

尽管成功的渗透策略意味着持续降价，但具有先发优势的企业仍有可能维持高价，即撇脂定价。如图 10.2 所示，撇脂定价是企业降低成本的同时保持较高的价格，从而获得高利润。当政府壁垒或产品壁垒较高，顾客尝试意愿较高，并且对价格相对不太敏感时，可以实施撇脂定价策略。制药行业就是一个很好的例子。专利权保护企业免于竞争，而它们的产品又给顾客带来重要的健康利益。当进入壁垒低、顾客对价格敏感时，撇脂定价策略就会失败。另外，如果企业忽视顾客需求和潜在竞争，这种定价策略也会失败。

一般来说，新进入者的出现会削弱先发优势，而且随着产品生命周期缩短，先发优势会消失得更快。执行撇脂定价策略的企业必须能够在优势消失时转换方向。虽然开拓者所处环境充满风险，但还是有不少战略选择可以为企业获得长期的市场领导者地位并维持盈利奠定基础。

要点
通过生产高质量产品，开拓者可以保持先发优势，企业赢得声望并为强势品牌的建立打下基础。

10.2.2　场景 2：成长初期的领导者

在成长初期，顾客已经接受了产品形态，市场需求迅速增长。一般来说，市场领导者处在强势地位，它已经解决了进入市场的问题，单位成本也在掌握之中。单位成本会随着销量的增长和经验曲线的作用发挥而降低。企业应该是盈利的，不过现金流可能还是负的，因为它要投资于扩大市场和提升能力。

领导者有四种战略选择，两种基于保持领导者地位，另两种基于放弃领导者地位，如下：

· 继续成为领导者——加强地位；

· 继续成为领导者——维持地位；

· 放弃领导者地位——撤退到一个（或几个）细分市场；

· 放弃领导者地位——退出市场。

继续成为领导者——加强地位

企业利用自己的成功来寻求对市场的统治：通过不断投资研发生产新产品、大范围投放广告和增加人员推销来发展和拓宽市场；将生产能力提高到市场需求之上，从而大幅降低成本。随着竞争者的出现，企业的传播重点从市场拓展转向强调企业相对于竞争对手的优势。领导者也可以通过进入新兴的细分市场、新的分销渠道以及新区域来阻止竞争对手。在新兴市场上，对分销渠道的支配格外重要。

继续成为领导者——维持地位

企业也许会喜欢一种更加保守的方式，即只是努力维持自己的市场地位。一方面，企业希望获得垄断性的地位，并且关注可能出现的政策、法律和监管问题（例如微软和谷歌都曾经遭遇反垄断调查）。另一方面，顾客可能希望有其他的供应源，或者有强劲的竞争对手进入市场，使他们更加明确自己的选择。

技术标准有时候也是企业选择维持地位的一方面原因。多重标准会带来不确定性，令顾客推迟购买，市场发展延缓。因此企业可能会选择与竞争对手联合制定统一标准，而不是一家独大。早期的家用音像领域就是这方面的典型例子。索尼的 Betamax 录像带格式曾经在市场上取得一定成功，但是，当多家竞争对手都选择兼容 JVC 公司的 VHS 格式标准并且共同开发市场时，JVC 公司的VHS 格式迅速超越了索尼的 Betamax 格式，最后导致索尼也被迫放弃 Betamax

格式而加入 VHS 阵营。

维持市场地位可能比获得对市场的统治更加困难。企业需要具备不断更新的竞争能力，而且必须慎重选择客户目标和竞争者目标。企业还必须要有清晰的战略，即使出现小波折也要坚定地坚持下去，还要有考虑周全的应急措施和方案。历史上，美国的汽车、钢铁和铝制品行业的公司都在追求这一目标，努力减少反垄断行动和被拆分的可能。

无论企业是要加强还是要维持它的市场地位，有一点是相同的，即借助它的领导者地位走向产品生命周期的成熟阶段。在这个思路下，企业关注的重点也从新客户转为重复购买的老客户，并且争夺竞争对手的顾客。为了达到这个目的，企业必须拓宽和更新产品线，增加服务内容，并通过加强沟通来建立品牌。亚马逊就是图书行业的一个例子：亚马逊一开始只是卖书，后来增加了音像、电子产品和许多其他产品店铺。亚马逊还付出很大努力来实现个性化的顾客购物体验。与亚马逊形成鲜明对比的是，许多图书行业的领导者变得自满，被初期的成功蒙蔽了双眼，甚至怠慢顾客。随着消费需求的变化，顾客开始对这些产品感到不满，追随者就可能取而代之，因为它们更善于倾听顾客心声。

放弃领导者地位——撤退到一个（或几个）细分市场

不同于在竞争压力下丢失市场份额，这是企业在深思熟虑后做出的战略选择。这可能是企业缺少资源，无法支持其全面拓展市场或持续开发新产品；也可能是出现了财力更加雄厚的竞争对手，企图获得市场领导者地位，而企业知道自己无法在正面交锋中赢过对方。所谓"不知进退非真勇"，企业决定成为专业化的竞争者，瞄准一个或多个细分市场。

有时候，竞争者会利用规模经济降低价格，实施市场渗透战略。因此，企业必须识别对价格相对不太敏感的细分市场，在这些市场上增加价值从而克服成本劣势。这要求企业拥有能够识别细分市场的良好市场研究能力和相应的组织灵活性。苹果、惠普和 IBM 都已经多次感受过这种压力。以苹果的 iPhone 智能手机为例，面临三星、华为、小米、OPPO 和 vivo 等竞争对手，苹果宁愿失去全球第一的市场份额，也坚持不进入低端市场，以确保利润。截至 2020 年 9 月，尽管苹果在智能手机全球市场占有率仅排名第三，落后于三星和华为，利润却一直保持了全球的行业第一名。

放弃领导者地位——退出市场

在成为领导者之后离开市场，看上去似乎失败了，不过这也可能是精明之举。在整个产品生命周期中，企业应当根据预定的贴现利润流，持续评估其市场地位的价值。如果评估的价值低于当前市场价格，企业应当考虑退出市场，特别当该产品不是企业的核心业务时，更应该退出。

企业的产品对一个潜在的收购者而言可能具有战略意义，它与该收购者当前的产品相匹配，因而具有很大价值。该收购者也可能拥有足够资源进行投资或推动产品成长，例如脸书收购 WhatsApp。生物技术和其他技术公司经常面临出售产品发明的决策，因为它们难以将发明的产品商业化。成功的创新者常常善于将产品卖给那些具有强大营销技能的企业。高露洁的肥皂液和宝洁的佳洁士电动牙刷都是从小公司那里收购来的。

10.2.3 场景 3：成长初期的追随者

要点

一般来说，成长阶段的追随者并不能实现盈利，现金流也可能是负的。追随者的目标应该是向其他企业学习，并实现成本和风险的最小化。

有些企业更愿意成为追随者，在成长初期进入市场。通过观望战略，它们可以更好地评估市场潜力。这类企业善于把成功经验发扬光大，并从领导者的失败中吸取教训。不过在一开始，追随者总是落后于市场领导者。与领导者相比，追随者的销量小、单位成本高、经验也少。除非领导者开始实施撇脂定价，否则追随者通常难以盈利，现金流也经常是负的。

追随者在成长初期拥有与领导者类似的战略选择，但是因为追随者的起点较低，它们选择战略的节奏并不一样。这些战略选择包括：

- 寻求成为市场领导者；
- 满足于第二的位置；
- 努力在一个或几个特定的细分市场上成为领导者；
- 退出市场。

寻求成为市场领导者

追随者可以通过模仿或超越市场领导者来追求领导者地位。不论哪种情况，企业都需要有对竞争的敏锐洞察并且尽快进入市场。

要点

模仿策略意味着复制领导者，但必须在执行上更有效率。

模仿策略 模仿意味着按照领导者所说的去做。追随者虽然是复制领导者行为，在执行上却更加出色。成功的模仿者不仅在产品开发上重兵投入，在促销宣传上也比领导者投入更多资金。如果可能，追随者会利用现有的营销或分销渠道，并且明确强调自己的独特价值。追随者不能把模仿策略和降价策略混为一谈。在浏览器市场上，追随者微软 IE 浏览器曾经利用出色的模仿策略使网景（Netscape）浏览器黯然失色，而今天谷歌 Chrome 浏览器也利用出色的模仿策略使微软 IE 浏览器失去市场领先地位。在搜索引擎领域，追随者谷歌就利用出色的模仿策略击败了雅虎和 Altavista 等其他搜索引擎。脸书也在社交网站领域超越了成立更早的 MySpace。低价在这些案例里都不是成功的原因。在中国电商市场，阿里巴巴的淘宝作为追随者采取了对卖家不收取费用的策略，并成功超越了 eBay 和易趣；京东也作为追随者，成功超越了亚马逊。

　　超越策略　追随者在领导者的基础上加以改进。通过开发创新、先进的产品，或者在领导者之前进入新兴的细分市场，追随者可以提高价值。一般来说，超越策略会避免直接的价格竞争，追随者企业可能会比领导者在研发上投入更多资金，营销费用也会更高。有效的超越策略能够出色地预测新出现的消费者需求。它们先于领导者把握了市场机会，并迅速提供新价值，获得差异化优势。最成功的追随者足以**改变规则**。在电子游戏领域，任天堂和世嘉的游戏超越了一开始进入市场的雅达利；之后，索尼 PS 凭借其 3D 图像和强化数字音响的产品，超越了任天堂和世嘉；索尼的 PS3 和微软的 Xbox 游戏机则是在任天堂瞄准的青少年市场之外另辟蹊径，分别瞄准了两个不同的细分市场，即十几岁的青少年和二十出头的青年。不过任天堂推出了适合各年龄人群的体感游戏机 Wii，于是又超越了索尼和微软。苹果则是凭借其 iPhone 一举超越了黑莓和其他智能手机。

　　不论是模仿策略还是超越策略，追随者必须做出长期承诺。因为它们必须紧跟领导者，所以对资源的需求可能会非常大。当然，有些开拓者既不更新产品，也不加大促销和分销投入，并且价格还一直很高，这时候追随者很容易就能够超越它们。

满足于第二的位置

　　通用电气集团的前首席执行官杰克·韦尔奇有个著名的管理举措，即要求通用电气的每个业务部门在市场上都必须成为第一名或第二名。追随者成为市场领导者需要大量的资源，因此，满足于第二的位置可能是一个合理而有利的选择。有几种情形适合这种战略选择：领导者满足于它现有的市场份额并且不求增长；顾客需要出现其他的供应商；多个竞争者的出现可能有利于简化产品标准；以及政治、法律、监管环境的适宜性。

要　点

超越策略通过开发创新的、先进的产品或瞄准新兴的细分市场，可以使追随者超越领导者。

要　点

成长初期的追随者有四种不同的战略选择：
· 寻求成为市场领导者
· 满足于第二的位置
· 努力在一个或几个特定的细分市场上成为领导者
· 退出市场

在美国的汽车租赁市场上，面对市场老大赫兹租车，安飞士租车曾经打出这样的广告语："我们是第二名，我们更努力！"在中国的乳品市场，蒙牛成立于1999年，其创始人牛根生曾经担任伊利的副总裁。当时伊利的年销售额已经有几十亿元，而蒙牛刚刚起步。为了避免直接竞争，在很多年里蒙牛都宣称它的目标是成为内蒙古第二的乳制品品牌。现在，经过多年的迅速发展和交替领先，二者都成为亚洲数一数二的乳制品品牌，2019年伊利销售额高达902亿元，而蒙牛2020年销售额也高达790亿元。

聚焦在一个或几个细分市场

如果企业资源少于领导者或其他追随者，而这个（或这些）细分市场又很有吸引力，这种战略选择可能会很适合。当药品专利保护到期时，制药企业常常撤出营销支持，转而向一个小范围的医疗市场增加服务。在英国，百时美施贵宝公司在它的抗癌药紫杉醇专利到期后的很长时间里仍然能够赚取销售额和利润。百时美施贵宝公司为患者提供准备药品的服务套餐，而且在患者错过门诊预约时还可以帮他们免费更换药品。

退出市场

如果业务的出售价值大于预期的贴现利润流，企业就应当考虑退出市场。因为产品正处于成长初期，对一个想要进入这个市场（或细分市场）的潜在收购者而言，它可能具有很高的价值。

10.2.4　场景4：成长后期

在成长后期，企业从初期市场领导地位或者成为快速追随者得到的价值已经变得很小。虽然在导入期和成长初期推动购买的顾客利益和价值仍然很重要，但它们可能并不是顾客选择决策时考虑的因素。更可能的情况是，这些顾客利益和价值已经成为**必备资格**或**先决条件**，而不是**决定因素**。企业必须将重点放在识别并提供**决定性**的顾客利益和价值上。在航空业发展的初期，对旅客而言，安全是至关重要的；今天，大部分旅客相信那些拥有类似机型飞机的大型航空公司基本都是安全的：安全已经成为先决条件。航空积分里程、时间的便利性和是否直飞这些因素则成为**决定性的顾客利益和价值**。

企业要有相当大的市场研究能力来进行市场细分，选择目标市场，考虑如何满足目标市场的顾客需求，并持续关注发展中的细分市场以便发现新机会。成功企业用步枪射击营销策略[①]来占领目标市场，然后建立起牢不可破的市场地位抵御竞争对手。即使是小

---

① 步枪射击营销策略：利基市场战略的一种做法。

众市场也可能带来良好收益。美国的全食超市就凭借高品质的食品成功锁定了
一个具有较高支付力的细分市场；7-11 则凭借其家庭早餐、小吃和盒饭在中国
南方广受欢迎。

> **要 点**
> 在成长后期，企业必须决定是同时瞄准许多个细分市场，还是只瞄准少数几个。

无论是领导者还是追随者，成功的关键归根结底就是承诺。这里有两大类
战略选择：瞄准许多个细分市场，或者设立一个相对有限的市场定位、瞄准少
数几个细分市场。企业应当在对市场和细分市场作出清晰认识的基础上决策，
并且严格评估自己在竞争环境下满足市场需求的能力。

10.2.5　场景 5：成熟期——看似成熟

在检验成熟阶段的战略选择前，企业必须确保产品生命周期真的已经进入
成熟期。市场或许仍有成长的可能性。当评估生命周期是否进入成熟期时，企
业应当从阻碍未来成长的障碍进行分析。

行为障碍　市场成长要求顾客行为发生巨大改变，这常常是一种障碍。技
术人员是个人电脑及其复杂的操作系统（例如 CPM 和 MS-DOS）的早期使用
者，大众市场直到苹果和微软开发出简易直观的图形界面操作系统后，才开始
发展起来。顾客行为的改变也可能使市场恢复生机，例如自行车本来已经过时
了，但随着户外运动风靡一时，自行车的销量又迅速回升，2020 年的新冠疫情
更是使得全球各国的自行车都供不应求。

经济障碍　经济障碍经常与技术相关。当美国孟山都公司研发的农达除草
剂在菲律宾的专利到期时，孟山都公司降低了价格，以便与其他便宜的产品竞
争。结果，孟山都公司发现自己大大低估了价格弹性，当许多农民都能够买得
起农达除草剂之后，它的销量迅速增加。

政府障碍　当政府限制撤销时，竞争者就会进入并且快速成长。当中国政
府允许特斯拉来中国独资经营时，特斯拉的电动汽车迅速走俏并带动了整个中
国电动汽车的发展。同样，航空运输管制的取消也随着新进入者带来的低价和
创新，引发了航空货运和航空客运市场的快速发展。

技术障碍　创新可以消除产品成长的技术障碍。AT&T 的晶体管技术使收
音机市场重获生机；改良的微处理器使个人电脑变得轻巧而且便宜；直排溜冰
鞋使几乎已经消亡的轮滑行业起死回生。爱彼迎、优步及 Spotify 都利用互联网

平台挑战着传统模式。

总的来说，如果市场只是看似成熟，企业应该仍然以成长为核心战略目标。成长最大的障碍可能是缺乏创新能力。创造性地制造和分析市场机会并且进入看似成熟的市场，可以从多方面激励市场成长。

扩展顾客对产品的使用

企业可以通过提醒或加强沟通来拓展顾客对产品的使用：宣传不同的产品用途、使用场合和场所，提供营销刺激和捆绑销售，以及避免使用频率降低。具体方法包括：

· **更替产品型号**。流行服饰公司会频繁更换服装款式；软件公司会不断推出新版或升级版软件。

· **设计产品寿命**。在设备上标明报废期限，比如在啤酒和饮料上标注"最佳饮用期限"，以此来提醒顾客重新购买。

· **开发新的产品用途**。美国艾禾美公司（Arm & Hammer）给小苏打开发了许多新用途，包括祛除冰箱和水槽的异味、处理游泳池、消除腋下异味，以及洗衣机消毒。

· **改进产品包装，方便顾客使用**。例如独立包装的麦片，取用方便的调味料，还有便于存储的整打产品，比如12罐一打刚好可以放进冰箱的可口可乐和百事可乐。

· **增加每次的使用量**。方法包括扩大包装容量，例如百事可乐的包装从12盎司变为20盎司；或者设计一种容易增加用量的包装，例如塔巴斯哥（Tabasco）辣酱换了一个更大号的瓶口。

· **让产品更加易于使用**。例如不需消费者清洁或消毒的一次性隐形眼镜，制药企业将需要注射的药剂重新设计成药片、缓释胶囊以及长效药膏以便减轻病人的负担，从而增加了病人的服用。

升级产品或服务

企业应当认识到，如果产品不能满足顾客需求，销量就会放缓。解决的方法很简单：**升级产品**！有时候即使是一些很小的改变，也可以显著增加销量。高乐氏公司（Clorox）推出了一款柠檬味的清洁剂，结果销量增加了25%；高乐氏公司还在它的漂白剂里加入花香或者柠檬味，结果增加了1%的市场份额。

由于产品质量在许多行业都已经显著提升，难以在这方面获得产品优势，许多企业开始用服务来提升它们的品牌。IBM凭借从硬件和软件制造商到服务供应商的转型，取得了现在的成就。今天，IBM为杜邦和默克等数千家大型公司维护信息系统和平台。万达集团也逐渐从商业地产开发商转型成为商业地产管理运营商。

提升物流

经验丰富的快递公司和物理跟踪系统有利于促进电子商务的发展。在中国市场，许多电商公司已经可以做到当天送达。例如，在北京市区，如果你上午在京东自营电商网站上下单，最快当天下午3点以后就会收到快递。在外卖领域，如果一位顾客在美团或饿了么的App上点餐，热腾腾的饭菜在30分钟之内就会送达！

降低价格

在航空业，美国西南航空公司和欧洲的瑞安航空公司都是利用低价策略，将看似成熟的航空市场转变为成长期市场的成功例子。在中国市场，2020年的新冠疫情导致航空需求急剧下降，为了应对这种情况，东方航空公司等多家航空公司都推出了"随心飞"的无限次飞行年票，大幅降低了飞行费用，成功提升了市场需求。

重新定位品牌

企业提供的产品不变，却向新的顾客提供了新的利益和价值。一个典型的例子是本田对摩托车的重新定位，它将摩托车从长发男人和追捕他们的警察的专属产品，转变为一种休闲产品。

进入新市场

许多企业根据地理区域来划分新市场，比如金砖五国（巴西、俄罗斯、印度、中国和南非）。为了向新市场提供相应的产品，企业必须调整它们过去的经营方式。

10.2.6 场景6：成熟期——集中市场的领导者

一般来说，集中市场支持少数几个实力强大的竞争者，它们的市场份额往往超过60%，剩下一些小型企业可能瞄准了利基市场。集中市场上，市场领导者因为成本低，它的利润率会很高。因为市场增长得慢，市场投资相对较少，

要 点

成熟期集中市场的领导者应当拥有：
· 低成本
· 可观的利润
· 正的现金流

市场领导者应该赚取大额利润和大量正的现金流。

市场领导者有两种战略选择：

· 长期保持领导者地位；

· 收割战略。

长期保持领导者地位

保持市场领导者地位的核心是确定"正确的"投资水平。通常，这时候应该谨慎投资。以"正确的"投资水平，投资在"正确的"领域，企业可以获益多年。依赖过度投资从强势的竞争对手那里获得市场份额常常会浪费资源。造成过度投资的原因包括：

· 其他的投资机会太少；

· 以内部为中心的融资标准；

· 成熟产品拥护者的政治权力。

短期利润的增加并不困难，难的是找到正确的投资水平，使产品能够在中期或者长期保持盈利。造成投资不足的原因包括：

· 担心投资带来自身蚕食（cannibalization）；

· 保守；

· 对竞争认识不足；

· 对挑战者战略的错误理解。

当然，满足和自负会加重这些错误，曾经的成功也会使企业忽视市场的变化。一般来说，企业可以通过产品改良来保持领导者地位。另外，企业也应当开展营销活动，建立和维持品牌价值，证明自己比竞争对手更好。当一项临床试验证明立普妥（Lipitor，一种降胆固醇的药）降低了 16% 的心脏病发作风险时，辉瑞公司大力宣传了这一结论。结果，立普妥获得了超过 40% 的市场份额。

企业应当加快产品研发的速度，并加大对生产技术的投入，有效降低生产成本。生产技术的改变对那些没有采用新技术的市场领导者会造成很大影响。传统的钢铁集团公司如美国钢铁公司和伯利恒钢铁公司，都受到了来自纽柯钢铁公司和其他使用电弧炉炼钢的钢铁公司的巨大冲击。企业也需要考虑调整固定成本——降低固定成本并增加变动成本。那样的话，如果销量下滑，则成本也会降低。企业应该严格管理流动资本，减少应收账款和库存，提高账户的支付能力。

新产品创新也会影响市场领导者。依托于新技术的产品可以破坏企业的领导者地位，例如从黑胶唱片到CD光盘，再从CD到在线音乐下载的产品革新；电子邮件取代了传真；微信取代了短信。柯达没有能够成功地从化学胶卷转向数码影像，结果破产了。企业要免受这类市场侵蚀，最好的方法就是外部导向。另外，分销渠道也可能带来挑战。在产品生命周期的初期，B2B企业可能已经建立起一套通向终端客户的分销系统，但是随着部分终端客户规模的扩大和对产品知识的掌握，他们希望企业进行直销，通过削减中间商利润来降低价格。

收割战略

企业虽然是市场领导者，但是收割战略可能比保持销量和市场份额来得更加重要。原因如下：

- 企业战略的调整；
- 回避特定的竞争对手；
- 政府管制；
- 投资要求变得过高；
- 新技术使产品过时。

一旦企业决定采取收割战略，面对的关键问题就是"快收"还是"慢收"。快速收割战略下，企业剥除产品并立刻收回现金；慢速收割战略下，企业则需要关注三个问题：

- 通过简化产品线和撤销支持来降低成本；
- 使后续的产品投资最小化；
- 提高价格。

企业行动越有力度，退出市场就越快。

10.2.7 场景7：成熟期——集中市场的跟随者

跟随者不仅市场份额比领导者小，还可能比领导者的成本更高，利润更低，资金实力更弱。不过领导者决策错误的话会失去领导者地位，跟随者励精图治的话也可以获得领导者地位。美国西南航空公司如今是统领美国航空业的龙头老大，空客公司在大型民用喷气机市场上与波音公司竞争并曾成功超越，蒙牛在中国乳业市场上与伊利竞争也曾成功超越。许多企业都有符合场景7的产品，因此这个场景具有广泛的应用。

追随者有三种基本的战略选择，每种选择又有若干分项。

提高市场地位

谨慎而有创造性的市场细分、"狗窝"（产品整合）和直接攻击是实现成长，甚至最终打败市场领导者的三种主要策略。

市场细分 细分市场通常出现在成长初期，并且在成长后期和成熟期变得越来越多。有创造性的市场细分是抵消市场领导者优势的主要策略。

企业经常会增加产品利益（通常价格也更高）来满足越来越细化的顾客需求，通过这种方式，企业识别和瞄准细分市场。但成熟期一般都会有一个只需要基本产品、低价格的细分市场，一切回归基本。

"狗窝"（产品整合） "狗窝"是一种比喻，指像同时养几条狗（看起来根本不值钱的）那样把产品聚在一起。追随者可能会收购好几种不盈利的（或勉强盈利）、市场份额低的产品，然后把这些产品"捆绑在一起"作为一个产品出售。通过合理的经营、分销以及营销，追随者可以成为一个强劲的竞争对手。这是商业银行的一种常见做法。

直接攻击 如果市场领导者有惰性，投资不足，定价过高，或者顾客服务不佳，直接攻击就可能成为跟随者的最佳策略。好的市场洞察力有助于跟随者发现领导者的弱点，进而在这些方面进行投资开发。

在财经信息领域，新进入者彭博（Bloomberg）与原有的市场领导者道琼斯（Dow Jones）和路透社（Reuters）针锋相对，展开正面竞争。彭博在客户端预安装软件，使客户能够自己撰写财经分析。如今，彭博与汤森路透平分终端市场。

在信用卡和制药这类多元化的行业，市场领导者已经在提供更好产品或者更低价格的新进入者（例如美国运通 American Express 信用卡）那里丢失了市场份额。在互联网浏览器行业，谷歌的 Chrome 浏览器和火狐 Firefox 浏览器，都提供了比早期进入的微软 IE 浏览器更好的功能，从而抢占了大量市场份额。

"继续前进"

"继续前进"意味着保持或调整企业当前定位。

保持地位 如果企业处在一个盈利的市场地位并且在一个或多个细分市场中占有优势，可以保持市场份额长期不变。

调整地位　如果利润很少甚至为负，就需要调整现有地位。企业应该仔仔细细地审视从生产、分销到销售的各个方面，并且做出削减成本的艰难抉择。

退出

可能因为品牌形象太差或者市场需求增长太慢，使得企业无法盈利或者产品的市场前景已经毫无希望，这时候跟随者应该选择退出市场。企业有两种选择。

剥除　找到适合的买家，企业可以迅速获得现金。

清算　如果找不到买家，唯一的办法可能就是清算——关闭并且出售资产。

10.2.8　场景 8：成熟期——分散市场

分散市场中有许多成员，但没有一家企业是主导。因此领导者和追随者之间的差别不大，它们的一个重要目标是提高市场份额。这时候企业有两种战略选择。

收购

收购与前面提到的"狗窝"（产品整合）相类似，当市场的分散性是由地理因素导致时，这种策略可以很成功。一家全球化的企业可以收购许多国家的工厂，从而获得更大的全球市场份额。法国的保险业巨头安盛公司（AXA）就通过收购，在分散的保险业市场上建立起强大的区域地位。

标准化和品牌化

在分散的行业中，许多企业经常会提供大范围的产品或服务。标准化是一种在各种供应商之间降低多样性、提高统一性的方法；品牌化则是向顾客保证每件商品都具有同样的价值。有时候企业使用特许经营的方式吸引小规模的独立经营者，特许加盟商保持着它们的独立性，却获得了统一的特许品牌和其他服务。麦当劳、肯德基、希尔顿酒店、万豪酒店等都是这样的例子。

10.2.9　场景 9：衰退期

在衰退阶段的市场上，企业仍然可以从衰退的产品中获得良好的收益。而且，投资回报率可以很高——因为资本设备已经被企业折旧，所以投资少。

前面我们已经学过，开拓者在产品生命周期的初期少有竞争，但是随着市场的成长，竞争者开始进入。到了衰退期，情况则完全相反——新的进入者几乎没有，竞争者也会退出。这方面的例子比如复写纸、罐头、旅行社、公用电话、日本清酒、录像带等。分析衰退期市场有两个重要的维度：市场的友好度和企业的业务实力。

市场的友好度

如果符合以下条件，一个处于衰退阶段的市场是**不友好的**：

· 衰退很迅速或者不确定。

· 市场对价格很敏感。

· 竞争者：

　· 有活力、有信誉。

　· 实力相当而且认为这个市场具有战略意义。

　· 固定成本高而且对单位销量的下降十分敏感。

　· 顾客的转换成本低。

　· 破产法允许失败的竞争者以更低的成本重返市场——例如美国航空公司。

　· 竞争者的退出壁垒高，例如它们很难重新调用资产。

　· 竞争者对它们的产品十分有感情。

　· 产品是纵向一体化供应系统的一部分。

　· 政府或社区强制（或是给予补贴）让一些企业保留业务。

友好的市场具有与上述相反的特性。

企业的业务实力

具有较强"业务实力"的企业应该拥有较低的成本、良好的原材料供应，而且无须投资太多就能保持生产运营。另外，如果市场友好，采取行动获得领导者地位也是一个可行的选择。企业应该：

· 公开地承认市场衰退，同时证明自己的承诺。

· 通过增加新产品、增加广告和促销活动以及降低价格等措施，积极地占领市场。报纸业就是一个很好的例子。

· 考虑降低产能，像美国许多航空公司那样。

· 利用给顾客的长期供货协议，促使竞争对手退出市场。还可以收购竞争对手或它们的资产。

总而言之，当企业的业务实力不强时，它应该选择收割或者剥除策略；当市场不够友好时，企业也应该退出，除非它可以控制一个或多个对价格不敏感的细分市场。

利用品牌

当市场衰退时，除了上述战略选择，企业还可以在其他市场利用原来的强势品牌，通过多元化发展与原来不同的业务，企业仍然可以生存和成长。例如经典打火机制造商Zippo，在面对香烟市场的衰退时，它引入了时尚生活类产品，例如露营用品、休闲服装、香水和手表等，但是这条路十分艰难。

────── 本章要点 ──────

先发制人是市场战略制定的一个重要维度，先于竞争对手采取行动可以让企业处于有利地位。根据产品生命周期模型，我们提出了制定先发制人战略的九种场景：

· 导入期

· 成长初期的领导者

· 成长初期的追随者

· 成长后期

· 成熟期——看似成熟期

· 成熟期——集中市场的领导者

· 成熟期——集中市场的追随者

· 成熟期——分散市场

· 衰退期

这些场景可以帮助企业预测并应对环境的影响和变化，全面彻底地思考自己的战略。对每种场景，我们都给出了一套战略选择方案。识别这些战略选择固然非常重要，但最好的竞争战略却总是出其不意的。当企业令对手大吃一惊时，它就成功了。

第11章 品牌管理

 学习目标

学习完本章后，你应当能够：

- 理解品牌的本质及其带给买卖双方的价值
- 懂得品牌不断变化的角色和品牌化
- 区分顾客品牌资产和企业品牌资产
- 测量顾客品牌资产和企业品牌资产的货币价值
- 建立和维持一个强势品牌
- 创建品牌架构
- 在多品牌和品牌伞、品牌延伸和品牌迁移中做出决策
- 解决战略联盟的品牌化问题
- 振兴陷入困境的品牌

开篇案例 ▶ 农夫山泉

  2020 年 9 月，农夫山泉在香港证券交易所上市，IPO 首日市值高达 4453 亿港元，农夫山泉的创始人钟睒睒也因此超过马云和马化腾而成为中国新首富。一时之间，全国人民都感到意外，就靠一瓶矿泉水，竟能成为中国首富？

  1996 年 9 月，钟睒睒创办了新安江养生堂饮用水有限公司（2001 年 6 月变更为农夫山泉股份有限公司）。1997 年 4 月第一家工厂开工生产，农夫山泉就推出了"农夫山泉有点甜"这句今天已经家喻户晓的广告语。1997—2003 年，农夫山泉相继在国家一级水资源保护区千岛湖、吉林长白山矿泉水保护区、湖北丹江口建成现代化的饮用水工厂。2003 年 9 月，"农夫山泉"瓶装饮用天然水被国家质检总局评为"中国名牌产品"，2006 年 10 月，国家工商总局商标局认定"农夫山泉"为中国驰名商标。农夫山泉坚持水源地建厂，每一瓶农夫山泉矿泉水都清晰标注水源地，其另外

一句广告语"我们不生产水,我们只是大自然的搬运工"同样家喻户晓。根据弗若斯特沙利文报告,2012—2019年,农夫山泉连续八年保持中国包装饮用水市场占有率第一。

除了饮用水之外,农夫山泉也已经布局即饮茶、功能饮料、果汁、咖啡等品类:2003年推出"农夫果园"混合果蔬汁饮料,2004年推出针对青少年的情绪饮料"尖叫",2008年推出"水溶C100"系列饮料,2010年推出力量帝维他命水,2011年推出"东方树叶"无糖茶饮料,2016年推出"茶 π"系列新品果味茶饮料和"17.5°"100%非浓缩果汁系列,2019年推出"炭仌"咖啡系列……今天,农夫山泉不仅已经是中国饮用水行业标杆式企业,同时也已成为拥有多个品牌的中国饮料20强之一。以2019年零售额计,农夫山泉在茶饮料、功能饮料及果汁饮料的市场份额均居中国市场前三位。2022年,农夫山泉的年营业收入达到332亿元。

2022年11月10日,《福布斯》2022中国内地富豪榜发布,排名第一的是农夫山泉的创始人钟睒睒。农夫山泉再次成为全民关注的焦点。未来,农夫山泉会不会成为可口可乐那样的全球饮料巨头,让我们拭目以待。

> **案例思考**
> 农夫山泉这样的优秀品牌是如何建立和维持的?

本章是讨论"营销要务三:设定战略方向和定位"的三个章节中的最后一章。第9章讲了细分市场和制定市场战略,第10章我们将焦点放在先发制人战略,探讨生命周期框架下产生竞争战略选择的场景。在本章,我们侧重品牌化和品牌管理。结合前面的内容,对市场、顾客、竞争者、企业自身和其他成员的深刻洞察是做出好的品牌决策的关键。

近几年,品牌化已经从讨论产品(或服务)命名这种较低层次的战术问题,发展到现代营销实务的关键性驱动因素。如今,许多企业的品牌综合价值已经远远超出了其有形资产的价值。会计和财务人员在重新思考企业价值的基本假设时,也在重新审视品牌的本质。显然,无论是企业首席执行官、首席市场官等高层管理者,还是营销总监这样的中层管理者,品牌化都是他们的重要决策内容;同时,品牌化对顾客也十分重要。

11.1　什么是品牌？

品牌和产品不同。一位杰出的营销者曾经说过："产品是工厂制造出来的，而品牌是由顾客带来的。竞争者可以复制产品，却不能复制品牌。一个产品可能会很快过时，一个成功的品牌却会经久不衰。"

纵观历史，商人很早就开始为自己的商品和服务树立品牌。在英国，中世纪的金匠和银匠会在自己的产品上做标记。古代中国的铁匠也给自己的剑命名为"龙泉"。用来做标记的烙铁是美国牧场主的必需工具，如果一个牧场主养的牛因高品质而出名，他的品牌在市场上就会获得更高的价格。因此对品牌的传统定义是："品牌是一个名称、术语、符号、象征或设计（字母、数字或记号），或者是它们的组合，用来识别某个或某些销售者的商品或服务，使之区别于竞争对手。"对企业和消费者而言，品牌已经成为日常生活的一部分——它们的标识、名称、包装设计、符号和商标，出现在我们衣食住行的每一个角落。

虽然品牌名称是最常被使用的代号，但是其他代号可能也很重要（甚至更重要）。我们将红色与可口可乐、蓝色与百事可乐（还有 IBM）、黄色与美团外卖、粉色与维多利亚的秘密联系在一起……在王老吉"分家"时，红色罐子甚至成为加多宝和广药集团争抢的包装颜色。类似地，苹果公司那被咬了一口的苹果、耐克运动鞋那醒目的斜勾、奔驰汽车的三个尖头，都非常好认。

今天，品牌的意义已经远远超出了这些外在的标识符号。利用品牌给顾客带来的价值，企业为股东们赢得了更多价值。品牌已经成为企业和顾客建立关系的象征。我们将一个品牌定义为："顾客对某个产品、服务或企业所持有的感知和联想的集合。这个集合体现了一些价值，给顾客创造了一种意义，这种意义代表顾客与品牌接触时能够获得期望体验的承诺。"这个定义的含义包括：

·任何品牌的主要内涵都存在于顾客的意识之中。伟大的品牌其实是属于顾客，而不是企业的。

·品牌对顾客体验做出了显性或隐性的承诺。这种承诺为顾客提供了超出相关产品或服务的价值。通过向顾客提供附加价值，企业为股东赢得了价值。

图 11.1 说明了"品牌"这个词被广泛应用于单个产品、产品线或产品组的情况：

营　销　思　考

你最喜欢的品牌是什么？除产品（或服务）本身之外，该品牌还给你带来什么样的承诺？

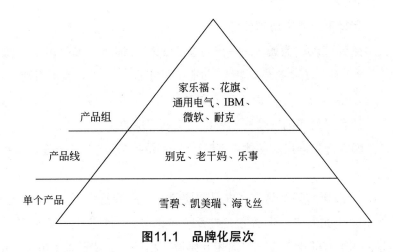

图11.1　品牌化层次

· **单个产品**：雪碧、凯美瑞、海飞丝。

· **产品线**：具有相似功能的一组关联产品。如别克、老干妈、乐事等。其中，乐事薯片旗下涵盖了好几种口味，包括原味、芝士味、番茄味、烧烤味等。

· **产品组**：满足了许多不同的功能的一组产品线。这类"巨无霸"品牌经常是公司品牌，例如家乐福、花旗、通用电气、IBM、微软、耐克等。

随着时间流逝，品牌可以改变其含义。本田在美国的品牌联想最初是摩托车，今天，本田的品牌联想包括汽车和割草机。有些品牌，例如维珍，甚至可以脱离最初的品牌联想而变得十分抽象。维珍最初的品牌联想与摇滚唱片发行有关，但是后来维珍出售了它的唱片业务并且向许多不同的产品类别扩张，例如维珍大西洋（航空公司）、维珍图书、维珍婚纱店、维珍大卖场（零售分销）、维珍移动（手机服务）、维珍假日等。维珍品牌如今已经脱离了它的初始联想，但仍然表达了它原来的抽象价值。维珍的品牌愿景是一种更高阶的感性——风趣的、嬉皮的、玩世不恭的、挑战权威的。它与英国航空公司的长期对抗及其总裁理查德·布兰森先生的个人活动，例如热气球环球飞行等，有力支持了它的品牌愿景。一些观察员评论维珍的扩张是随意而任性的，对此布兰森的反应十分直接："品牌就是一切。我认为多样化也是明智的，这可以使我们在经济低迷时期仍具有应变能力。"

企业有时会使用多个品牌，例如丰田凯美瑞。企业既可以从主品牌，即"丰田"那里获得价值，又可以从单个的产品品牌"凯美瑞"那里获得额外价值。其他品牌特征包括：

· **任何东西都可以成为品牌**。产品、服务、城镇、城市、国家，甚至你自己！

·**品牌可以带来心理价值**。例如安全——沃尔沃，还有环保——特斯拉。

·**品牌可以成为属类——产品类别的同义词**。美国的例子包括施乐（复印机）、阿司匹林（解热镇痛药）、邦迪（创可贴）、谷歌（搜索引擎）、舒洁（面巾纸）、FedEx(快递)；中国的例子有滴滴（网约车）、百度（搜索引擎）等。

·**顾客对品牌的判断和期望推动了购买决策**。

·**顾客经常会形成团体来证明他们对品牌的承诺**。例如哈雷车手、苹果机使用者。

企业必须为每个品牌建立**品牌愿景（或品牌身份）**——企业希望人们持有的联想，比如人格、生活方式或者顾客类型等。企业也必须确定，不同的品牌愿景（如果有的话）应当如何相互协调。相反，**品牌形象（Brand Image）**是由顾客对品牌的真实联想构成的，企业应当定期审视自己的品牌形象。

> **要点**
>
> ·品牌愿景：企业希望人们持有的联想。
> ·品牌形象：人们真实持有的联想。

11.1.1 品牌联想

企业应该努力建立品牌联想，使企业设计的品牌愿景得以强化，并实现品牌愿景和品牌形象的统一。品牌联想是顾客在面对诸如品牌名称、标识、信息或代言人等刺激时所产生的想法。表11.1说明了品牌个性是如何捕捉品牌中的独特而持久的人文和情感因素的。

表 11.1 品 牌 个 性

维度	描述	例子
胜任（Competence）	聪明的——有技术、团队协作、认真 可靠的——勤奋、安全、有效率、值得信任、谨慎、有信用 成功的——领导、自信、有影响力	《华尔街日报》《财新》
刺激（Excitement）	大胆的——时尚、令人兴奋、不同寻常、花哨、挑衅 充满想象的——独特、幽默、出人意料、文艺、有趣 活泼的——酷、年轻、活跃、外向、爱冒险 最新的——独立、现代、革新、进取	MTV 哔哩哔哩（B站）
强壮（Ruggedness）	户外的——阳刚、西式、积极、运动 坚韧的——结实、强健、果断	哥伦比亚 探路者

续表

维度	描述	例子
真诚 （Sincerity）	快活的——感性、友好、热情、快乐 务实的——顾家、乡土气、传统、蓝领、全美国 诚实的——诚挚、真实、道德、周到、体贴 健康的——原始、纯天然、青春常驻、经典的、传统	海尔 四季宝花生酱
教养 （Sophistication）	迷人——女性化、柔滑、性感、文雅 高贵——有魅力、好看、自命不凡、练达	香奈儿 迪奥

有效的品牌联想是：

- **强健的**：与顾客建立起个人关系，并且长期保持。
- **受喜爱的**：顾客渴望得到，并且这种渴望通过品牌成功地表现出来。
- **独特的**：被顾客认为是独特的、与众不同的品牌。

一般来说，企业通过客户沟通、销售渠道、产品设计和质量这些手段来实现品牌愿景和品牌形象之间的统一。有时候，品牌联想（积极的、消极的）会超出企业的控制范围。许多人将李维斯（牛仔裤）和万宝路（香烟）与美国的牛仔电影联想在一起，这样的联想是积极的。但是对美国政策（如伊拉克战争）的广泛反对，对一些品牌产生了负面影响，比如可口可乐和麦当劳在波斯湾地区的品牌联想就受到影响。为了避免消极联想，麦当劳将努力的重点放在本地加盟店、本地供应商、不同的店面设计和特殊的菜单上，例如 McArabia 就是一种阿拉伯面包做成的鸡肉三明治。肯德基在中国也通过提供粥、豆浆、油条等中式早餐突出其本土化努力。

> **营 销 思 考**
>
> 请选择一个品牌。你对这个品牌有何认识？请写下你对这个品牌的所有联想。对每种联想，请按照强和弱、喜欢和不喜欢、独特和普通进行评价。

11.1.2 品牌化不只是针对消费者

许多人认为品牌化只是用于 B2C 营销的，事实并非如此。品牌化在 B2B 市场上也非常重要，例如联邦快递、卡特彼勒、杜邦、通用电气、IBM、英特尔、微软、甲骨文、史泰博、施乐等品牌。

B2C 和 B2B 的品牌化使用不同的语言：B2C 企业侧重品牌形象或联想，B2B 企业则侧重与顾客建立关系并取得其信任。B2B 企业希望客户将它们看成有经验的、无风险、值得信赖的供应商。很多时候，品牌比技术更重要——一个管理良好的品牌比许多技术变革更加经得起考验。

11.1.3　品牌化也不只是广告

营 销 思 考

你自己就是一个品牌！你的品牌愿景是什么？

· 人们对你所持有的品牌形象和品牌联想是什么？

· 这些联想符合你所希望的品牌愿景吗？

· 你对这些联想是否满意？如果不满意，你要如何改变它们？

· 你在微信、微博等社交媒体上发布的内容是怎样支持你的品牌愿景的？

另一个普遍的误解是品牌化应该只关注消费者或者终端客户，因此广告是唯一的方法。错！让沟通深入广大受众，对公司品牌和许多产品品牌同样重要。沟通的对象不仅限于现有的和潜在的顾客，包括：

· 合作伙伴　　　· 中间商　　　· 政府部门　　　· 监管人

· 债券持有人　　· 投资分析师　· 企业股东　　　· 供应商

· 当前员工　　　· 媒体　　　　· 未来的员工

除了传统广告，企业还可以通过其他沟通形式来建立和强化品牌愿景，例如宣传册、邮件；管理者的活动，比如演讲、广播；产品或包装、促销、公共宣传和公共关系、实体建筑、办公用品、电话互动，以及数字营销带来的众多新选择。创始人、首席执行官、总裁们也可以成为公司的"脸面"，给企业的品牌化带来巨大影响，例如：维珍的理查德·布兰森，特斯拉的埃隆·马斯克，亚马逊的杰夫·贝索斯，伯克希尔·哈撒韦的沃伦·巴菲特，腾讯的马化腾，美团的王兴，百度的李彦宏，京东的刘强东，等等。

企业员工是变得日益重要的品牌化受众和沟通渠道。美国的巨头公司如苹果、谷歌和礼来制药（Eli Lilly）等许多龙头企业都进行了全面的品牌化计划，以确保员工在内心接受公司的品牌愿景并能够正确地展现出来。这些企业会经常性地、定期地评估员工对公司品牌的认知。内部品牌化对商业服务、咨询公司以及B2C零售企业尤其重要，因为这些公司的员工要经常与顾客打交道。许多企业会慎重地选择员工，让他们在聊天室、论坛、其他网上社区以及推特上传播和展示品牌。企业也应当对其他相关成员，例如分公司和供应商等，开展品牌化的审计活动。

11.2　品牌资产和品牌价值

通过有效地制定和实施市场战略，企业创造了品牌价值。反过来，企业也可以使用品牌价值来制定和实施市场战略。优秀的品牌化经营是一个良性循环，是对企业品牌资产的持续利用和提高。

品牌资产表现的是在实际产品和服务之外，品牌所带来的价值。品牌资产最广为接受的定义是"与品牌、品牌名称和标识相关的一系列品牌资产与负债，它可以增加或减少一个产品或服务给企业及其顾客所带来的价值"。这个定义表明，品牌价值同时来自企业及其顾客。因此，存在两种类型的品牌资产：顾客品牌资产——顾客所获得的价值，以及企业品牌资产——企业所获得的价值。

11.2.1 顾客品牌资产

产品或品牌带给顾客三种价值（第4章）：

功能性价值：能够按照设计正常工作，例如联邦快递的包裹及时送达。

心理性价值：声望、安全和社会地位，例如飞人乔丹运动鞋，阿玛尼、迪奥、普拉达和范思哲的时尚系列。

经济性价值：低价、低购买成本，例如美国的捷蓝航空和西南航空，欧洲的瑞安航空，中国的春秋航空。

围绕这些价值，顾客可以获得两种品牌资产：购前资产和购后资产。

购前资产 顾客在购买前认为的他们将买到的价值。购前资产降低了顾客的搜寻成本和购买风险。购前顾客品牌资产最有代表性的例子强调的是没有发生的事："购买 IBM 你永远不会被炒鱿鱼。"

购后资产 顾客在购买后提高了消费体验，顾客切实地获得了功能、心理和经济价值的组合。

有时候，高顾客品牌资产只能集中在特定的产品类别上，而不适合进行跨产品类别的延伸。例如，汰渍牌洗衣粉能带来好的顾客品牌价值，但如果是汰渍牌的牙膏或饼干，你会有什么感觉？另有一些品牌则可以跨越多个产品类别提供顾客价值，例如维珍这样的品牌。《星球大战》和《哈利·波特》这样的电影品牌已经从大量周边产品中赚得高额收入。

不论是购前，还是购后，在以下情况，顾客品牌资产都比较高：

· 难以和替代产品进行比较。

· 顾客只有在购买一段时间后才能了解产品价值。

· 顾客没有用过或者不熟悉这类产品。

· 某些供应商的产品质量不稳定。

· 产品是公开可见的。

· 在品牌的描绘上具有心理灵活性。

> **要点**
>
> 购买前或购买后，顾客从品牌中都可以获得重要的价值。

11.2.2　企业品牌资产

企业品牌资产（Firm Brand Equity，FBE）来自顾客对企业行为的反应，它与顾客品牌资产直接相关。高品牌认知、积极的态度、高感知质量、好口碑、购买意向、购买、品牌忠诚、积极的品牌形象和联想，以及高满意度都会提高企业品牌资产。顾客品牌资产和企业品牌资产体现了品牌与顾客间的信任。索尼前任董事长认为："我们最大的资产就是四个字母，S-o-n-y。不是我们的大楼或者机器或者工厂，而是我们的品牌。"曾任美国运通和 IBM 总裁的路易斯·郭士纳在品牌化上有很大成就，奥美全球广告公司前总裁谢利·拉扎勒斯说："我从郭士纳那里上了很好的一堂课：你一旦确立了一项战略，就绝对不能违背。没人能够得到免费卡、打折卡，或者捆绑定价。郭士纳会说，'这是对品牌的侵害，我们不这么做。'"

高企业品牌资产具有众多优点，使企业可以：

· 赢得更高的价格和更可观的利润率。

· 能够在不同的产品和市场上，更加容易地引入相似的品牌项目。

· 通过交叉销售鼓励现有顾客购买不同的产品样式或产品类别。

· 通过获得更多更好的零售空间和更优惠的交易条件，在分销渠道中产生影响力。

· 提高竞争对手的进入壁垒。

· 开发特许经营。

总的来说，顾客品牌资产和企业品牌资产的形成需要较长时间，但有时候，新品牌反而会成长得比较快，例如优步、爱彼迎、脸书、谷歌、小米、滴滴、美团、喜茶等。不过，顾客品牌资产和企业品牌资产是脆弱的，企业一旦踏错一步，它们就会很快消失。由于产品扩张、降价、打折或促销、使用劣质配件、压榨供应商或渠道合作伙伴，或者一时的疏忽，许多企业在不经意间就会造成品牌资产的缩水。在 21 世纪初，汤美费格（Tommy Hilfiger）的销售从红火转向熄火。观察家将这个运动服装的问题归因于产品扩张和分销失控导致的品牌价值稀释。鼎盛时期，曾有 1 万多家百货店和奥特莱斯折扣店同时销售汤美费格的商品。在中国市场，三株口服液、班尼路、小黄车 ofo 等都是类似的例子。

管理者的小失误也可能给企业品牌资产带来灾难，例如默克制药召回消炎药万络（Vioxx）的事件，雀巢从中国市场召回婴儿奶粉的事件，还有费尔斯通轮胎（Firestone）在福特探险者汽车上的失败。虽然品牌资产是脆弱的，有些品牌却具有较强的恢复力。在 1982 年的强生泰诺氰化物危机中（致六人死亡），强生公司立即回收全部泰诺胶囊并退出了市场，其销量也跌至谷底。强生进行了及时而慎重的处置，引入更加安全的包装、加大分销和促销力度，使得泰诺胶囊在之后迅速起死回生。因此，企业对损失控制和危机管理的规划正变得越来越重要。

11.3　品牌资产的货币化

前面我们已经讨论了品牌给顾客带来的价值——顾客品牌资产（CBE），和它给企业带来的价值——企业品牌资产（FBE）。现在我们来看品牌的货币化价值。

11.3.1　顾客品牌资产

每个类别的产品都可以给顾客带来价值，但一般而言，有品牌的产品带来的价值会更大。两者之间的价值差异，即有品牌的产品减去产品类别价值后的剩余部分，就是顾客品牌资产。货币尺度衡量了顾客品牌资产的货币价值：顾客愿意为一个品牌产品额外支付多少钱？额外支付的这些钱就是顾客品牌资产的货币价值。更准确来说，这个数字只是购前顾客品牌资产，因为顾客只有在购买之后才能获得购后顾客品牌资产，而且如果品牌产品的价格高于顾客愿意支付的金额，那么就不存在购后顾客品牌资产。企业也可以衡量一个品牌相对于另一个品牌的边际顾客品牌资产，即顾客愿意为他的偏好品牌额外支付多少钱。

营销思考

湖人队是美国顶尖的篮球俱乐部。它是如何将自己的品牌资产货币化的？

11.3.2　企业品牌资产

企业品牌资产与品牌当前和未来吸引顾客并增加股东价值的能力直接相关。评估内容包括：

·**收入**。品牌产品和一个没有品牌的相同产品之间的价格差，乘以品牌产品的预期超额销量。

· **成本**。支持品牌的成本。

计算企业品牌资产的方法有多种。

基本方法

企业品牌资产的货币价值等于各年收入和成本之差的总和，折现成当年价格。不过，这种简单的算法有两个不可避免的缺陷：

· 与品牌产品完全相同的无品牌产品可能并不存在。

· 忽视了品牌延伸（利用）的可能，即利用品牌进入一个新的产品形式或类别。品牌价值并不仅限于现有的产品、产品线和顾客。许多品牌都具有超越现有产品或产品线，吸引顾客的潜质。比如"维珍"这个品牌，就不仅限于一架飞机或者一个航空公司。

市场价值法

市场本身就是测量企业品牌资产的最佳工具，这种方法非常适合公开交易的公司品牌。公司品牌资产等于市场价值减去账面价值和诸如人力资源、技术、专利等与品牌无关的无形资产价值。福特以 25 亿美元买下捷豹汽车，当时，捷豹的账面价值是 4 亿美元。这中间 21 亿美元（25 亿美元减去 4 亿美元）的差价就是捷豹的品牌资产。不过，当品牌的市场价值并不存在时（大多数产品的品牌都是如此），企业就只能使用内部评价法。

内部评价法

衡量企业品牌资产的内部评价法有两种：

· **重置成本**。企业用预期的品牌重置成本乘以成功的概率。

· **现金流**。这种方法虽然在直观上感觉更好，要估算未来的现金流却十分困难。著名的国际品牌咨询公司 Interbrand 就使用一套专门的方法来估算基于未来现金流的企业品牌资产。

计算一个品牌相对于另一个品牌的边际企业品牌资产要比计算两个企业品牌资产的绝对值容易。1989 年，新联合汽车制造公司（NUMMI），一家由通用和丰田联合投资的公司，开始生产两种实际上一样的汽车，杰傲·普林斯（通用）和卡罗拉（丰田）。结果，卡罗拉获得了溢价并且贬值更慢。如图 11.2 所示，卡罗拉的年销量收益为 12 万辆（20 万辆减去 8 万辆），价格收益为 400 美元（1.11 万美元减去 1.07 万美元）。

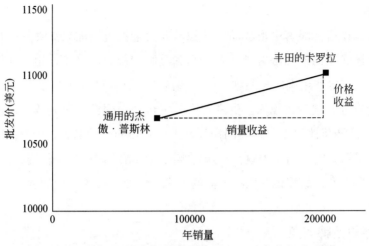

图11.2 企业品牌资产的货币价值——以汽车行业为例

11.4 强势品牌的建立和保持

制定和实施市场战略的一个重要目标就是建立和保持一个强势品牌。强势品牌会引导顾客做出积极反应，这些积极反应进而使品牌变得更加强势，并且对企业的市场战略产生巨大影响。

11.4.1 强势品牌的建立

强势品牌对企业及其顾客都是有价值的。企业在品牌化的过程中做出正确决策，从而建立起强势品牌，如图 11.3 所示。

品牌愿景

品牌愿景（品牌身份、品牌宗旨）是企业渴望获得的，即企业希望品牌表达的内容。礼来公司总裁西德尼·陶瑞尔说，"我们的品牌就是我们的身份，它是我们自己在顾客……股东、未来的员工、供应商以及我们所在社区的眼中的形象"。

品牌愿景是许多决策制定的蓝图。品牌愿景界定了产品质量、服务、促销、分销以及价格的范围。品牌愿景的管理对顾客形成企业希望的品牌联想和品牌形象十分重要（见下文）。

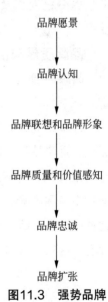

图11.3 强势品牌的建立

233

品牌认知

一般而言，在目标顾客中形成品牌认知需要大量投资。如果品牌是一种新型产品的开拓者，企业还必须向潜在顾客进行新产品和品牌的教育。滴滴推出"礼橙"专车品牌后，投入了大量广告费用推广该品牌，但很多消费者仍然只记得"滴滴"而不知"礼橙"。加多宝和王老吉分家之后，投入巨资进行广告宣传"全国销量领先的红罐凉茶改名加多宝"，并因此和广药集团打上官司。同样，推出一个新的公司品牌也十分昂贵。瑞幸公司为了建立起品牌知名度，两年内就在分众传媒的电梯等媒体广告上耗资超过4亿元。不过即使企业已退出市场，品牌也可以在人们的记忆中停留很多年，比如柯达、诺基亚、摩托罗拉、黑莓等。

品牌联想和品牌形象

品牌联想是品牌对顾客的各种意义，品牌形象则是品牌联想的综合。企业实施的每一项营销行动决策都会影响到顾客品牌联想和品牌形象的建立，包括产品设计、服务、沟通、分销场所和价格。因此一致性非常重要：企业应当努力实现品牌形象和品牌愿景之间的协调统一。当品牌愿景和品牌形象不一致时，品牌资产就会受损。假设品牌愿景的出发点是高档次，顾客形成的品牌形象却是低劣的产品和服务质量、糟糕的广告宣传、低档的分销商以及低廉的价格，那么顾客的反应极可能是负面的，品牌资产也会因此受损。

品牌质量和价值感知

品牌沟通与顾客的品牌体验之间的一致性对于建立积极的品牌质量和价值感知十分重要。

许多企业频繁更换品牌经理，新的品牌经理希望在每个产品或产品线上留下他们的标记，重建品牌身份。每一次重建都会牺牲一致性、品牌质量和顾客的价值感知。因为品牌的重要性日益增加，品牌的职责也就逐渐转移到企业的更高层，同时传统的品牌经理的作用会逐步降低。企业还应当慎重对待广告商、形象设计公司、沟通专家和顾问。对创造性的追求可能会使这些人舍弃一致性从而使顾客感到混乱。欧莱雅公司已经将"你值得拥有"这句广告语保持了30年之久，这是明智的。

价值感知的一个特有问题是降价或者短期价格促销的实施。销量在短期内可能会迅速上升，但可能导致长期的品牌损害——顾客会把购买推迟到下一次促销。有些企业喜欢进行打折，尽管销量增加了，但利润率在下降，最终甚至会导致公司破产。高乐氏曾面临类似的问题，最后靠减少折扣和增加电视广告给它带来了长期的收入和利润。

许多全球品牌100强的企业拥有**品牌警察**（品牌沙皇）来监督品牌的一致性，以确保品牌名称、商标、标识以及所有信息（包括广告、宣传册、社交媒体和网页）之间保持一致。品牌警察还在颜色、字体大小、图形、招牌、办公用品、制服、汽车以及词汇上给予具体指导，他们也要确保这些内容符合一致性原则。

品牌忠诚

品牌的一致性对品牌忠诚的形成同样重要。品牌忠诚会激发重复购买、推荐和良好的口碑。星巴克和喜茶都在培育自己的**品牌拥护者**，即忠诚顾客或者"死忠"顾客，作为自己的免费品牌宣传大使，而公司培育这类顾客的方法是向他们提供沟通途径以及对他们的支持予以奖励。垂直营销者（自有店铺）例如星巴克和喜茶都认识到一致性的重要性。它们借助员工和零售设施的设计和装潢来建立品牌一致性。与此相反，对很多允许加盟的品牌而言，它们在管理上的一个重要问题是个别加盟店"不按章行事"，这种顾客体验的不一致影响了顾客对整个品牌的忠诚。

企业可以通过以下方式获得高品牌忠诚度：

· 针对目标顾客，选择正确的品牌愿景，并在贯彻落实时坚持一致性。

· 激励企业员工和第三方组织（例如广告商）传递品牌愿景。

· 持续评估顾客对品牌的满意度并进行必要的修正（见下文"强势品牌的保持"）。

品牌扩张

品牌愿景的成功制定和实施会带来品牌忠诚、重复购买、顾客推荐和良好口碑，进而令企业可以把一个强势品牌扩张（延伸）到其他产品形态或产品类型上。例如苹果就将它的品牌从个人电脑（台式机和笔记本）发展到 iPod、iTunes、iPhone、iPad、苹果支付和苹果手表上。

11.4.2 强势品牌的保持

长期保持一个强势品牌的关键是对**品牌健康**进行连续性的测评。许多企业

营 销 思 考

1. 对苹果、脸书、高盛、微软、华为、比亚迪、滴滴、美团、腾讯、淘宝等每个品牌，写出至少10条品牌联想。

2. 根据前面写的品牌联想，对每个品牌写一句话，陈述它的品牌形象。

3. 和其他同学比较你们写下的品牌联想和品牌形象。

4. 每个品牌的品牌愿景是什么，用一句话概括。

5. 如果品牌愿景和品牌形象不一致，你会采取何种行为使它们变得一致？

从短期收入、利润以及市场份额来考核品牌经理。这就像是检查了企业的利润表，却忽视了它的资产负债表。品牌健康检查的指标说明了企业品牌资产的变化。

品牌健康检查一般使用**平衡计分卡**。表 11.2 显示了四种常见的测量方法及其要求的数据类型：

- **购买和销量**：来自企业会计和顾客关系管理系统，行业研究公司。
- **顾客感知**：来自问卷调查。
- **营销支持**：来自企业会计和商业智能系统，行业研究公司。
- **收益率**：来自企业会计系统。

表 11.2　品牌健康检查的代表方法

测量类型	测量内容	测量描述
购买和销量	市场宽度	顾客购买的品牌的数量和类别
	市场深度	重复购买的范围
	市场份额	品牌销量在总市场销量中所占份额（销量或金额）
顾客感知	品牌感知	品牌认识的程度
	品牌形象	品牌联想与品牌愿景的一致性
	质量	顾客对品牌质量的感知（盲测）
	独特性	与竞争对手的差异化程度
	价值	品牌带来的"物有所值"的程度
营销支持	广告	市场份额／广告份额
		广告费用／总的营销费用
	分销	在卖场上的铺货率
		零售商品、商品陈列的状况，特别是大客户的情况
	相对价格	相对于竞争品牌的价格
收益率	利润	品牌带来的毛利
		品牌的经济增加值（EVA）

品牌健康检查不是一次性的事情，而是应当定期开展（一季度一次或一年两次）。企业还应当将品牌当前的健康状况与其历史趋势和基准竞争品牌进行比较。品牌健康检查的结果会帮助企业适当调整市场战略及其实施。

11.5　品牌架构的管理

许多企业都拥有多个品牌，即品牌组合，并且每个品牌都拥有各自的品牌愿景。全球顶尖奢侈品集团路威酩轩（LVMH）旗下拥有路易威登（Louis Vuitton）、迪奥（Dior）、宝格丽（Bvlgari）、纪梵希（Givenchy）、芬迪（Fendi）等多个奢侈品品牌。全球最大的日化品公司宝洁旗下光是洗发水就有飘柔、潘婷、海飞丝等多个品牌。**品牌架构**，即企业对多个品牌采取的组织结构，是一项十分重要的决策内容。

企业应当仔细考虑品牌的对象、品牌愿景和品牌联想，避免品牌对股东价值带来的不利影响。同时，企业应当慎重计划品牌的增加（自建或收购品牌）和削减。企业还应当考虑公司品牌、产品系列的品牌和单个产品品牌之间的相互关系，并使品牌组合随着市场的变化而变化。例如百威英博，根据顾客对啤酒喜好的变化，将它的品牌组合从低端变为高端，从酒精度较高变为酒精度较低。

11.5.1　多品牌战略对比品牌伞战略

多品牌战略，又称**品牌家族**战略，是指企业对自己的众多产品使用多个品牌。企业希望顾客忠诚于自己的某个品牌，却不一定也要忠诚于母公司的品牌。你知道哈尔滨、雪津、贝克等品牌都是百威英博旗下的啤酒品牌吗？而徐福记、银鹭都是雀巢旗下的食品品牌。

与之相反，使用**品牌伞**战略的企业强调对若干产品或产品线使用一个统一的大品牌。消费者知道雅马哈的产品有电子乐器（键盘乐器和吉他）、传统乐器（钢琴）、家用音响产品、电脑周边产品、摩托车，甚至还有国际汽车大奖赛的引擎。

11.5.2　品牌扩张

当企业开始对一个品牌进行延伸时，就出现了**品牌扩张**，即企业将一个已经存在的品牌用到一种不同的产品形式或类型上，从而把握新的市场机会，例如宝格丽。1984年，宝格丽仅仅在5家店铺中销售它的奢侈品。到21世纪初，宝格丽拥有180家店铺、600家卖场，销售宝格丽手表；另有1.4万家卖场销售宝格丽香水。宝格丽还与万豪集团联合投资开设了宝格丽酒店和度假村。

品牌扩张降低了品牌的推广成本，以较少的投入获得了更多收益。利用已有品牌的新产品可以自动获得品牌知名度，不过在此之前，企业必须考虑两方面内容：潜在的机会和障碍、品牌化问题。

潜在的机会和障碍

企业必须回答以下问题：

· 新市场机会是否存在足够的潜在需求？

· 企业是否具有足够实力应对竞争？

· 企业是否可以利用现有的分销渠道进入这个新市场？

· 企业是否具有满足潜在需求的能力？

· 企业是否能获得原材料和其他生产投入？

· 企业是否具备其他成功所必需的能力？

品牌化问题

该问题考虑的是顾客的品牌联想，以及它们与扩张产品之间的一致性：

· 从产品特征和概念来看，顾客认为原来的品牌形式（类别）与新的产品形式（类别）之间是否一致？

· 顾客对核心产品的品牌形象和联想是什么？这些联想能够**转移**到新的产品上吗？

· 什么是逆向关系？顾客对新产品的联想会如何**反向转移**到核心产品的品牌联想上？

· 公司品牌或统一品牌是如何与这些联想关联起来的？

一旦企业解决了机会、障碍和品牌化问题，品牌必须满足两个基本条件才能有效扩张：

· 品牌必须具有很强的正面联想。

· 品牌联想和品牌扩张的产品应该是一致的。你觉得苹果牌糖果成功的概率有多大？梅赛德斯·奔驰牌橙汁呢？维多利亚的秘密牌浓汤宝呢？

品牌扩张可能失败的原因包括：

· 品牌和扩张产品之间的联系不明显。

· 品牌拥有独特的形象和联想，它们无法转移。

· 新的产品形式或类别存在一个强大的竞争对手。

· 定位混乱或者不一致。

· 扩张产品的质量不符合顾客对这个品牌的期望。

营销思考
霸王洗发水曾经非常成功，后来霸王公司又推出霸王凉茶，结果惨败。为什么？

品牌扩张的一个严重问题是品牌稀释：不仅品牌扩张失败，企业品牌资产也会减少，所有的产品销量下降。这种情况非常糟糕！

11.5.3　品牌迁移

前面提到过，企业有时候会撤销个别品牌。这可能是由于目标市场或细分市场收缩，竞争十分激烈，或是品牌愿景已经不再适合变化的顾客需求；也可能是因为品牌支持成本过高，或者是由于管理疏忽导致品牌丧失价值、失败的内部资源争夺以及为获得利润和现金回报的收割策略；还可能是因为企业决定将工作重新集中在较少、较强的品牌上，或者寻求营销活动的规模经济。例如，美国联合百货公司就曾撤销旗下的 A&S、LS 埃尔斯、乐蓬马歇、公牛、伯丁斯、著名巴尔、菲林、弗利、戈德史密斯、赫克特、乔丹马什、考夫曼、拉扎勒斯、I. 马格宁、马歇尔·菲尔德、迈耶 & 弗兰克、维益、罗宾逊梅、斯登、斯特劳布利奇和琼斯商店，而把它们全部都更名为梅西百货（Macy's）。

有时候企业会先通过收购获得品牌，然后再撤销它们。例如花旗银行撤销了所罗门·美邦（Salomon Smith Barney，投资银行），美团撤销了摩拜（单车）。另外，企业也会被合约强制停止品牌的使用：联想收购了 IBM 的个人电脑业务，但只能使用 IBM 的品牌五年。在这些案例中，企业所面临的挑战是通过转移品牌来保持品牌资产——品牌迁移。

沃达丰公司（Vodafone）成立于 1984 年，成立时使用名称 Racal Telecom Limited（瑞卡尔电讯有限公司），曾经拥有众多英国国内的强势品牌，后来它将这些品牌迁移出来形成一个新的全球化品牌——Vodafone，该名称结合了 Voice（语音）、Data（数据）、Phone（电话）三个含义。沃达丰的全球品牌经理说，"沃达丰采用双品牌战略，旨在给所有利益相关者（雇员、顾客和交易伙伴）带来一段接受新品牌的过渡期。在德国，我们先用 D2/沃达丰，然后是沃达丰/D2，之后我们停止使用 D2，开始只用沃达丰"。

> **要 点**
> 企业可以通过有效的品牌迁移保留品牌资产。

11.5.4　战略联盟

战略联盟可以将企业的品牌扩大到新的细分市场。联盟可以是非正式的或合约式的工作关系，也可以是合法合资企业的新实体。大部分战略联盟关注能力——用一个企业的强项弥补另一个企业的弱项。当合作伙伴可以转移积极的顾客态度时，战略联盟具有重要的品牌合作意义。如今，企业与供应商之间的品牌合作越来越普遍，例如许多个人电脑制造商都与英特尔合作品牌。

要点

有效的战略联盟可以使企业提高品牌资产。

当企业与自己公司合作品牌的时候，必须确保品牌联想适合它们的产品和目标市场。在亚洲，假日酒店（Holiday Inn）与它的母品牌皇冠假日酒店（Crowne Plaza）紧密相连，因为皇冠假日品质较高，所以对假日酒店带来的品牌联想是正面的；相反，在美国，皇冠假日酒店（Crowne Plaza）与假日酒店（Holiday Inn）是两个独立品牌，因为假日酒店（Holiday Inn）在美国是个经济型酒店，其品牌联想会对皇冠假日的品牌形象产生负面影响。

11.6 品牌老化及品牌灭亡

要点

重新定位一个品牌的三种方法是：
· 瞄准新的细分市场
· 改变品牌联想
· 更换竞争目标

有些老品牌拥有忠实的顾客，可以存在很多年，但这样的品牌只是一些特例。营销战场上遍布品牌残骸，它们曾经是昂贵而著名的品牌。随着市场变更，较弱势的品牌就可能会失去经济性。第 10 章曾经提到，在成熟市场上提高销量的第二种选择就是重新定位品牌。

品牌再造或**品牌激活**是重新定位的核心目标。主要选择有：

· **瞄准新的细分市场。**高露洁—棕榄和雅芳都通过瞄准美国以外的新的地域市场而提升了销量。西尔斯百货意外地发现，核心美国顾客并不是男性买家，而是 25 ~ 50 岁之间有孩子的女性。通过重新聚焦的促销、增加服装和化妆品，西尔斯成功地进行了重新定位。

· **改变品牌联想。**成功的例子是丰田对摩托车的重新定位，从"留着长发的男孩和追捕他们的警察所骑的车"变为一项家庭运动——"你看见最美好的人骑本田车"（第 10 章）。英国的工党政府改变了人们对这个国家的联想，从保守而传统，变为拥抱未来的青年、激情和机遇。雀巢的瘦身特餐正试图将它的定位从减肥产品转变为健康食品。

· **更换竞争目标。**百加得成功地重新定位了它的淡质朗姆酒，使其与伏特加和苏格兰威士忌竞争，而不是与其他朗姆酒竞争。

企业可以通过持续创新、增加新产品和保持品牌的活力等方法，避免品牌再造。

―――― 本章要点 ――――

1. 品牌的本质已经从商品和服务的符号转变为企业和顾客之间关系建立的象征。

2. 品牌和顾客之间的积极关系可以显著提高股东价值。

3. 企业可以将单个产品、产品线以及产品组作为品牌。

4. 企业应当选择一个品牌愿景以及支撑它的品牌联想。

5. 品牌形象是顾客对该品牌所持有的联想，企业应当努力实现品牌形象和品牌愿景之间的一致性。

6. 关于品牌和品牌化

· 不论是 B2C 还是 B2B，品牌化都很重要。

· 品牌化不仅是广告。

· 品牌信息的受众不仅是顾客。

· 对于产品品牌，我们不能理所当然地认为品牌所有者就一定是制造商。

7. 顾客品牌资产（CBE）和企业品牌资产（FBE）是两个不同的概念。

8. 为了建立一个强势品牌，企业必须执行一套流程：树立品牌愿景、提高品牌认知、形成品牌联想和品牌形象、发展具有一致性的品牌质量和价值感知，建立品牌忠诚，以及可能的话，将品牌优势扩张到新的产品或服务。

9. 为了维持一个强势品牌，企业应当对品牌健康进行定期测评并根据测评结果进行调整。

10. 为了获得品牌化的最佳结果，企业应当对品牌架构的各个方面做出慎重决策。

营 销 思 考

加州淘金热时期创立的李维斯牛仔裤已经成为美国的一个符号。1996年，李维斯的销量达到71亿美元，大部分是在彭尼百货和西尔斯百货这样的中档卖场上销售的。如今，李维斯的年销量不到50亿美元，而且大部分是境外生产。面对这种情况，你会向李维斯的高层管理者提出什么样的建议？

第12章 产品线管理

 学习目标

学习完本章后，你应当能够：

· 理解产品线作为产品组合管理内容的重要性

· 采用不同方法管理产品组合

· 管理产品之间重要的内在关系

· 应对产品扩散和产品线简化的压力

· 管理多样化和互补的产品线

· 处理重要的产品问题，例如捆绑销售、产品线的演变、延长产品生命、产品质量、伪造品以及二手市场产品

· 前瞻性地考虑产品安全性、包装和处置等问题

开篇案例 海尔

　　1984 年，海尔的前身青岛电冰箱总厂成立，为中国市场供应冰箱，当时工厂每月的冰箱产量不超过 80 台，而且质量参差不齐。为了改善这种状况，1984 年 12 月，青岛市政府任命张瑞敏担任青岛电冰箱总厂厂长，担负起扭转局面的重任。1985 年，张瑞敏制定了海尔第一个发展战略——名牌战略，并果断砸毁了 76 台有缺陷的冰箱。张瑞敏将一个简陋的工厂作坊创立为全球性的混合经营大企业，现在他已经成为中国的传奇人物。今天，海尔因其产品技术能力、优良品质和服务、过硬品牌和创新精神享有盛誉。

　　海尔从最初的电冰箱领域开始不断对产品线的广度和深度进行扩展。一些扩展是内部完成的，一些则是通过并购完成的。除了传统的产品线，海尔还向新领域发展。目前，海尔的产品线包括：

冰箱：冰箱、冰柜、冰吧、商用冷柜等。

洗衣机：洗衣机、商用洗涤。

厨卫电器：整体厨房、热水器、厨房用具、微波炉。

音像制品：彩色电视机、DVD 播放器。

空调：家用空调、商用空调和中央空调。

电脑及外设：笔记本和台式电脑等数字信息产品。

小家电：吸尘器、饮水机、音箱、照明、电熨斗、智能马桶盖、空气消毒机、按摩椅等。

海尔制药：医疗原材料，片剂，胶囊，颗粒剂，产品主要是针对心脏和大脑系统、消化系统、骨质疏松症、糖尿病以及一般保健。

智能家居组合：可视电话、安全监控、防盗报警，以及经由互联网、家电、掌上电脑、移动通信、有线电视固定电话网络的家庭环境控制。

旅游：会议和展会，酒店，海尔科技、博物馆，商务旅游服务。

保险：保险业务、损失估价和赔偿。

其他：物流、软件、房地产。

自张瑞敏接手后，海尔推行了三步相互关联的战略：第一步是发展海尔品牌，第二步是立足电冰箱领域的成功进行产品多样化，第三步是国际化。在最近的 10 年左右时间里，张瑞敏还提出了"人单合一"的互联网管理思想新模式并在海尔成功实践，推进员工自主经营，让每个人成为自己的 CEO。西方管理界对海尔和张瑞敏的创新给予了高度评价。2015 年，张瑞敏被评为全球最具影响力的"50 大管理思想家"（Thinkers 50）并获得"最佳理念实践奖"，是第一位且唯一一位获得此奖项的中国企业家。

> **案 例 思 考**
> 你如何评价海尔的产品线？是否认为它太宽了？为什么？

截至 2023 年，海尔的全球销售业务和产品设备已经覆盖 160 多个国家和地区，在全球大型家电、冰箱、洗衣机和冷柜业务的市场份额均位居前列，总收入接近 2500 亿元，并已连续多年稳居欧睿国际世界家电第一品牌。

12.1　产品组合的概念及其资源分配

企业的产品组合（Product Portfolio）是指一组产品的集合。大型企业向市场提供数以万计的产品，通常用业务部门进行划分（例如通用电气、海尔）。集团领导者将资源分配给各业务部门。业务部门领导者以产品/产品线的潜在增长价值和利润回报为基础进一步分配资源（本章中"产品"一词的范畴包含单个产品和产品线）。

企业不应通过最大化每个产品的短期运营利润来优化整体利润。相反，企业应该使用产品组合方法来管理产品，以平衡目标和资源在所有产品中的分配。但企业运作新产品时，它必须在研发、工厂、设备、促销上投资，以实现增长目标。新产品消耗现金，但比利润更重要的是保证市场地位。之后，当市场增长放缓、投资需求减少的时候，已经上市的产品就会为企业带来源源不断的现金。企业再用这些现金流去开发和支持新产品与处于构思阶段的产品，如此循环往复。

当产品组合均衡时，企业能实现股东价值的最优化，而不均衡的产品组合会给股东利益带来风险。当企业投资的新产品太多，造成现金流和其他资源短缺时，不均衡就产生了。不均衡也产生于当企业拥有过多陈旧产品时。良好的短期财务业绩可能掩盖了未来投资不足的事实。保证成功的新产品和盈利的既有产品的均衡性，对股东价值的提升十分重要。

成功的产品战略的核心是确立目标并根据每个产品在产品组合中的作用分配资源。企业应该管理某些产品以实现增长目标，而另外的产品来实现利润最大化或现金流目标。如何合理分配财务和人力资源使得每个产品都能实现其目标，这对于企业来说是最核心的挑战。诚然，在企业内部，各种产品都在竞争稀缺资源。本章将展示许多公司为这些艰难的资源分配决策而采用的投资组合分析方法。首先我们介绍传统的财务分析方法。

案 例 思 考

· 企业的产品具有重要的资源相关性。
· 企业不能通过最大化个别产品的短期运营利润来优化整体利润，它需要考虑整个产品组合。

12.2　财务分析方法

卓越的财务表现对提高股东价值至关重要。因此，从财务分析（Financial Analysis，FA）的角度来评估产品的预测财务收益既重要又恰当。分别有如下几种方法：

· **投资回报率**。投资回报率计算项目未来的会计数据。企业可以把产品的预期回报率和目标回报率（门槛回报率）相比，如果产品的预期回报率高于目标回报率而且资源允许，企业就会投资这个项目。

·**投资回收期**。投资回收期是预测能够收回投资的时间。通常而言，短投资回收期优于长投资回收期。投资回收期的问题在于忽略了投资收回之后的盈利问题。

无论是投资回报率还是投资回收期都不区分时间段。例如，第一年和第五年的计算方法是一样的。由于这个缺陷，许多企业使用货币时间价值的分析方法：净现值法和内部报酬率法。净现值法和内部报酬率法是用来评估投资机遇时最常用的财务分析方法。折现系数考虑了货币的时间价值。两种方法都采用实际现金流，而不是财务和成本会计数据流。现金流入是指企业赚取的现金（例如销售收入），现金流出是指企业的花销（例如成本和投资）。

营 销 思 考
假设你管理的多种产品分布于市场导入期到衰退期的各个阶段。集团委派了一位财务副总裁来评估业绩并且协助你，你最担忧的问题是什么？

·净现值法使用一个预定的贴现率，通常是企业的资金成本。企业计算众多投资机会的净现值，然后根据货币价值进行排序。

·内部报酬率法是指企业计算出使现金流入和现金流出相等的折现率，然后将那些内部报酬率超过最低回报率的投资机会机械排序。

近年来，企业还使用经济利润（Economic Profit，EP）或经济附加值（Economic Value Added，EVA）的方法。经济附加值是企业年利润减去资金成本。我们将以上这些方法总结如下：

财务分析方法

·投资回报率（%）—— 销售收入减成本／投资＝利润／投资（基于预测的会计数据）

·投资回收期（年，月）——收回初始投资的时间

·净现值——一个投资机会的货币时间价值，按预定的折现系数，通常是企业的资金成本，折合所有的现金流入和流出

·内部报酬率法——均衡现金流入和流出的折现率

·经济附加值——企业的年利润减去资金成本

这些方法主要依托于对销售量、销售价格、销售成本和投资的预测——而这些往往是具有高度不确定性的。今天，许多企业通过检验财务预测的基本假设来修改或完善财务分析，促使管理者更深入地考虑这些问题。通常情况下，精确的答案不可知，但是这一过程会促使企业采用更多的外向型方法来分配资

要点

投资组合分析法解决了财务分析法的许多问题。

最好把投资组合分析法看作评估投资机会优劣的辅助工具，而不是财务分析法的替代工具。

源，例如投资组合分析法。

12.3 投资组合分析法

投资组合分析（Porfirio Analysis, PA）对许多企业的战略规划过程至关重要。最好把投资组合分析法视为一种分配资源的辅助工具，而不是一种财务分析法的替代工具。以构建平衡的投资组合为目标的投资组合分析法在配置、评估和整合产品与市场信息方面上，是一种系统、有序、易传播的方法。投资组合分析法帮助企业确立战略方向、确定投资重点、分配资源。企业能够利用投资组合分析法分析和评估产品与业务。

由于投资组合分析法包含了传统财务分析法所忽略的因素，它能够显著地影响许多企业的资源分配过程。表 12.1 列举了财务分析法和投资组合分析法的差异。相对于单一运用某种方法，综合运用财务分析法和投资组合分析法能够更好进行投资决策。

表 12.1 财务分析法和投资组合分析法对比

变量	财务分析法	投资组合分析法
导向	财务和预算导向	市场和竞争导向
投资决策焦点	技术 / 设备	产品 / 市场 / 顾客 / 产品用途
关键关注点	获得的利润和现金流数字	在财务数字背后的市场和竞争因素
工具	资本预算	增长—份额矩阵（BCG 矩阵） 多因素矩阵
典型方法	投资回报率，投资回收期，净现值，内部报酬率，经济附加值	市场—规模、成长、潜在竞争力

两个主要的投资组合分析方法是增长—份额矩阵（BCG 矩阵）和多因素矩阵。

12.3.1 增长—份额矩阵（BCG 矩阵）

要点

长期市场增长和相对市场份额定义了增长—份额矩阵（BCG矩阵）。

波士顿咨询集团（Boston Consulting Group，BCG）提出了原始的投资组合分析法。正如其名称所示，它的两个维度是预期长期市场增长和相对市场份额。图 12.1 显示每个维度分为两部分，构成了四个单元的分类。矩阵象限代表了产品（或企业）。通常情况下，每个圆圈的大小与销售收入或投资的资产成正比。

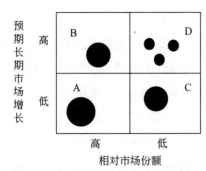

图12.1　增长—份额矩阵（BCG矩阵）

增长—份额矩阵（BCG 矩阵）更多侧重于每个单元中产品的财务特征。高份额的产品一般比低份额的产品利润高。成长性产品常常需要在固定资产、流动资金和市场开发上大量投资。下面我们详细讨论每个单元内产品的传统特征和经典战略建议。

现金牛产品：低市场增长、高市场份额（A 单元）

现金牛产品（Cash Cows）典型特征如下：

- 低成本：来自经验曲线效应（见第 10 章）。

- 溢价：作为市场领袖，现金牛产品能够获得溢价。

- 低再投资费用：低增长，成熟的产品几乎不需要相关的投资。

现金牛产品具有高盈利率，并且是企业现金的主要内部来源。例如谷歌的关键字广告 AdWords、微软的办公软件 Office、宝洁公司的汰渍洗衣粉、联想公司的个人电脑等。如果企业能成功维系市场份额，那么能在很长时间内从现金牛产品中获利形成现金流。但是，监管的变化、专利到期、竞争对手的创新或新技术等环境改变，都会因为改变了需求模式而威胁现金牛产品。这时候，企业可以对产品采取收割策略来获取短期现金流——提高价格、减少或取消服务、削减促销支持等。

拥有现金牛产品的企业可能会犯两类错误：第一类，过分榨干现金牛产品，导致现金流枯竭，缺少投资，产品在技术上落后，失去了其成本领先的优势和市场地位。美国和欧洲的汽车和钢铁公司是阐释这一现象的很好佐证。贾跃亭创办的乐视原本是电视、体育、影视行业的巨无霸，相当于美国的时代华纳。在乐视成为创业板第一股，市值高达千亿元人民币后，贾跃亭开始大量投资不相关的业务，包括乐视手机、乐视汽车等所谓的"生态"。结果，乐视手机和乐视汽车最后烧了太多钱，乐视的主业也被拖垮并于2020年被迫退市。第二类，企业可能过度投资现金牛产品，降低其财务回报，使得几乎没有多余的现金投资于其他机会。

明星产品：高市场增长、高市场份额（B单元）

明星产品（Stars）相对少见，因为很少有产品能在占有市场支配地位的同时保持高速增长。2010年的苹果iPhone智能手机、2020年的特斯拉电动汽车都是明星产品的例子。明星产品在会计核算的角度常常获利颇丰，但其增长需要持续投入现金。如果企业能够恰当投资，保持良好的市场份额、利润并提升现金流，明星产品就会转变为现金牛产品。明星产品的企业主要错误表现在过早削减投资，从而导致明星产品失去了其支配地位转变为瘦狗产品（单元C）。

瘦狗产品：低市场增长、低市场份额（单元C）

瘦狗（Dogs）是对有如下不良特征的产品的一种贬义说法：

· 相对于市场领导者，其成本相对高昂，因为其得不到同样的经济规模和经验曲线（见第10章）优势。

· 企业的市场份额低，而同时该行业的长期市场增长低（甚至负增长）。

瘦狗产品通常是亏损或是获得较少利润的，也常常是公司高层管理者的关注中心。定位较好的瘦狗产品可能仍然会带来正现金流，但还是公司资源的一个累赘。在任何经济下的所有产品中，瘦狗产品是数量最多的。出售给联想之前的IBM个人电脑就是一个例子。瘦狗企业需要考虑如下问题：

· 开发新的细分市场强化其地位。

· 增加新功能提高产品附加值，实现产品重塑。

· 通过清算或剥离，实现短期现金流最大化。

· 通过并购类似的产品获得规模效益，推行"狗窝"战略（见第10章）。

问题产品：高市场增长、低市场份额（单元D）

问题产品（Question Marks），又名问号产品、问题儿童（Problem Children）、彩票产品（Lottery Tickets）、野猫产品（Wildcats），结合了不确定市场增长和非市场主导地位双重问题。问题产品随着市场发展，将耗费大量投资资金，而且还可能是冒险投资，因为增长并不能保证未来的利润。随着市场的增长，可能会将问题产品从单元D带入单元C（瘦狗产品）。因此对问题产品的决策往往是加倍投入或退出。

·**加倍投入。**大型战略投资能将产品推入市场领导者位置。风险较低的方法是寻求在可防御细分市场上的主导地位。

·**退出。**立即或逐渐离开。龙头企业常常收购小型创业公司。

索尼利用高额的产品研发和推广投入在视频游戏上成功超越任天堂，就属于加倍投入的例子。而小型生物制药企业往往将新的药物卖给大厂家就属于退出的例子。

企业应该仔细衡量图 12.1 及上面的总结性建议，因为其具有广泛适用性和应用性。最好的使用方式是将增长—份额矩阵（BCG 矩阵）作为提出和讨论"如果……会怎样"的假设以及紧急问题的处理手段。

12.3.2 多因素矩阵

增长—份额矩阵（BCG 矩阵）后来也衍生出了其他的投资组合方法，有些被普及，有些没有。最流行的是多因素矩阵，又称为通用电气（GE）矩阵、麦肯锡矩阵。多因素矩阵重新定义了增长—份额矩阵（BCG 矩阵）的两个坐标轴：预期长期市场增长变为市场吸引力，相对市场份额变为业务优势。用户可以具体确定几个因素来衡量每个维度。

图 12.2 显示了一个多因素矩阵。在最有吸引力的单元 C，企业没有产品，一小部分进入了其他两个吸引力单元 B 和单元 F，企业应该投资这些产品。在单元 A 和单元 E 有大量的产品，这说明存在问题，企业应该认真加以研究。最后，企业应该对单元 G 中大量定位不当的产品作出艰难的决定——保留或是抛弃。

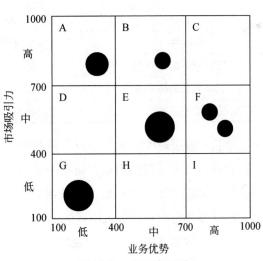

图12.2 多因素矩阵

营 销 思 考

请用增长—份额矩阵（BCG 矩阵）判别联想控股的各项业务——个人电脑、智能手机、农业、银行等——把它们放进增长—份额矩阵中（你可以试着猜猜看）。哪些业务是现金牛？瘦狗？明星？问题？你觉得联想该如何分配资源？

12.3.3　增长—份额矩阵（BCG 矩阵）和多因素矩阵的优缺点比较

这两种方法都有助于企业进行资源分配，特别是可视化效果非常好。表 12.2 展示了对这两种方法的优缺点比较。

表 12.2　增长—份额矩阵和多因素矩阵的优缺点比较

比较标准	增长—份额矩阵 （BCG 矩阵）	多因素矩阵 （GE 矩阵、麦肯锡矩阵）
对市场进入的操控力	困难	容易
有利于新业务的成长	不太好	是
跨企业应用	单一集合标准	多组集合标准
对分散市场的适应性	差	好
可沟通性	容易	相对困难
要求	有限制但明确	无限制但有争议
外部风险的考虑	没有	有，如果要求的话
市场进入者的集中趋势	低市场增长 / 低市场份额 （右下，即瘦狗）	高 / 高，高 / 中，中 / 高， 中 / 中（右上）
执行力	容易	相对困难
可测量性	基本客观	高度主观
实际性	可能很有限	可能更具备
对基本假设的敏感度	是	是
对市场定义的敏感度	是	是
底层逻辑关注的焦点	现金流	投资回报率

增长—份额矩阵（BCG 矩阵）只有两个标准：市场增长率和相对市场份额。一旦管理者认可确定的市场，企业便能够客观地衡量它们。理性的管理者可能不认同有关市场增长的预期，但是相对市场份额比较容易客观衡量。因此，管理者操纵其喜爱的产品进入市场的能力是有限的（表 12.1 第一行）。但是增长—份额矩阵（BCG 矩阵）有一个缺陷，即只有市场增长率和相对市场份额这两个标准，而这两个标准并不能涵盖所有的相关问题。相比之下，多因素矩阵的每个坐标都可以使用多个因素，因此包含了增长—份额矩阵（BCG 矩阵）忽略的许多因素。当然，不同的管理者可能会使用不同的因素，而且他们提出的各种

因素之间的比重和比率往往是非常主观的。因此，政治和组织权力问题可能会影响分析。

12.4 其他重要的产品间关系

产品之间一方面在竞争资源，另一方面也在其他战略方面相互关联。

12.4.1 消费者层面的相互关联

有些产品直接互补，例如啤酒和薯片、剃须刀的刀架和刀片、照相机和胶卷、打印机和墨盒/碳粉、卫星天线和节目内容等。当两种产品有了这种关系，企业可以只提供一个产品，也可以同时提供两个产品。如果企业同时提供两种产品，例如惠普既提供打印机又提供墨盒，定价就变得特别重要。

正向互补性

在许多市场中，购买某一类产品的消费者，很有可能购买相关产品——正向互补性。苹果 iPhone 手机的顾客比安卓手机的顾客更倾向于购买苹果电脑，尽管可能对苹果电脑的麦金塔操作系统不太熟悉。有时互补性产品与最初购买密切相关。当消费者购买更高品质、更高利益产品时，正向互补性就会产生。随着消费者年龄的增长，家庭收入也会增长，消费者购买汽车也会从第一辆的经济型汽车升级换代到豪华型汽车，因此通用汽车的历史性战略就是使顾客的选择一路从雪佛兰、别克到凯迪拉克。

负向互补性

顾客对一个产品不满意可能会负面影响到另一个产品的销售。专业服务商和会计事务所知道企业审计暴露出的财务问题，可能会断送其利润丰厚的咨询合同。安达信公司拒绝承认和评论安然公司不合规则的财务问题，也正因为它担心这种负向互补性。

12.4.2 企业层面的相互关联

有时，企业的产品之间也存在重要的相互关联。

战略性角色

不同的产品虽然存有差异，但仍然有相互促进的战略性作用。斯沃琪集团

> 营 销 思 考
>
> 电影院的爆米花和饮料作为互补产品出售。如果要你设计一个新的电影院，你该如何提升服务并且提供更多互补性的产品或服务呢？

（Swatch）在市场上有五档不同价格的品牌：

·名贵奢华类：宝玑（Breguet）、宝珀（Blancpain）、格拉苏蒂原创（Glashutte Original）、雅克·德罗（Jaquet Droz）、雷恩（Leon Hatat）、欧米茄（Omega）

·高端类：浪琴（Longines）、雷达（Rado）、联合（Union）、格拉苏蒂（Glashutte）

·中端类：天梭（Tissot）、卡尔文·克莱恩（Calvin Klein）、巴尔曼（Balmain）、雪铁纳（Certina）、美度（Mido）、汉密尔顿（Hamilton）

·基础类：斯沃琪（Swatch）、飞菲童表（Flik Flak）

·自有品牌：力易得（Endura）

每个品牌都有其各自的目标市场，并且发挥着不同的战略角色。在两类高价品牌上斯沃琪集团赚取了最多利润，中间类的品牌获利较少，基础类和自有品牌产品盈利少但作为防火墙经营——阻止竞争对手提供低价手表，保护中端、高端、名贵奢华类产品。

多重业务部门

不同业务部门的产品可能也存在相关联的问题。企业有三种选择：

·**制定单独的目标**。不用业务部门的产品拥有不同的使命（参见第7章）。通过涉足多个业务部门来应对每一个机会，企业的资源才不会浪费。

·**企业内部的协作**。企业制定不同业务部门协作的流程。在强生公司，客户经理汇集了来自多个业务部门的产品，共同构成向手术室提供的产品：如Ethicon 外科缝纫设备、缝线到止血的产品，内镜外科产品、刀具、吻合器到电外科手术设备，从脑神经外科、手术器械到减轻大脑压力的分流等产品。

·**企业内部竞争**。用一种达尔文的方式，允许来自不同业务部门的产品执行重叠的任务。公司允许在产品的开发和推广上存在效率损失，却最大化了获得成功的可能性。如2010 年为了应对小米公司米聊 App 的竞争压力，腾讯公司决定采用内部竞争的方法专门打造一款新的社交聊天 App，由多个不同的业务部门分别开发，最后广州的张小龙团队的微信胜出。

> **营销思考**
>
> 下述哪种方法能够最准确地描述宝洁公司的产品线管理理念——各自单独的目标、企业内部的竞争、企业内部的协作？万豪酒店集团旗下各酒店呢？请描述每个企业可能的冲突。

12.5 产品线宽度：产品多样化 vs 产品线简化

企业常常面临互相冲突的产品线压力——有些要求多样化，有些却要求单一化。企业必须要权衡这些相互矛盾的压力。

12.5.1　产品多样化

消费者的多样性需求常常导致产品多样化，即企业增加产品来弥补产品线的不足。时代公司传统上只发行男性导向的杂志，例如《时代》《财富》《金钱》和《体育画报》。时代公司通过实现对新受众（如儿童、少数族裔、青少年和妇女）的定位获得了成长，从而将其产品线扩充至《婴儿对话》《娱乐周刊》《时尚》《玛莎生活》《为人父母》《大众》《儿童体育画报》等。

有时企业通过提供不同版本或不同类型的产品来满足不同的客户需求。常见的差异因素有如下几种：

·**可得性和功能**。一些企业为不同受众提供不同版本的信息或媒体产品：用户界面上，临时用户只能观看免费的部分内容，而高级客户可以看更多付费内容，例如CNBC网站上标注PRO的内容仅供付费用户观看；操作速度上免费用户较慢，付费客户较快，例如酒店或航空公司飞机上的Wi-Fi上网，通常对免费用户仅提供慢速上网，但对付费用户提供高速上网，不同特色或功能的访问。

·**产品性能**。一些企业例如塑料制品商，生产高品质的产品以获取高定价。而为价格敏感的消费者提供性能稍低的产品—版本差异。相较于直接制造低价值版本，这种方法更为经济。例如，微软的Office办公软件有专业版、学生版、家庭版等不同版本。

·**时间可行性**。联邦快递、UPS等快递公司提供次日上午10点之前送达、次日上午10点之后送达和隔日送达的三种不同速度的服务。出版商先提供精装书籍，再销售平装版。好莱坞的电影一般最早是在电影院上映，然后才许可互联网点播和DVD销售。

快速消费品行业中，想获得市场主导地位的企业往往提供很多种产品，从而能最大化地占据货架空间。它们也提供防火墙类产品来捍卫盈利产品以及阻止竞争对手进入。宝洁公司通过提供六大品牌、超过50个版本和100多个SKU的产品，以维护其在洗涤剂市场的领导地位。

产品增加过多会导致成本上升失去控制，从而导致企业失去市场地位。摩托罗拉手机失去了全球市场的领导地位的部分原因就在于其庞大的产品线。每组20人的15个研发小组，为128种不同的产品型号提供支持，而且这些产品之间仅仅有少量零部件相同。采购、制造、行政和营销成本都非常高昂。

要点

·产品多样化和市场细分是两个差异很大的概念。产品多样化是指产品的种类。市场细分则探讨不同客户的需求。

·企业可以基于某个单品开发多样化产品，每个单品定位于单一不同的细分市场。

很多人困惑于产品多样化和市场细分概念之间的差异。产品多样化指的是产品的多样性。市场细分探索的是消费者需求的差异，而这些需求是可能被差异化的产品满足的（参见第 8 章）。总的来说，产品多样化并不瞄准不同的细分市场，而只是提供多样性。消费者购买酸奶、麦片、果酱、沙拉调味料甚至纽扣，都面临大量的选择（口味、颜色等）。有时候，企业还通过包装来实现产品多样化，例如泰诺分为胶囊装、冷胶囊装、简易版、凝胶版、口服液版。电子产品经常通过存储空间大小来实现产品多样化，例如苹果的 iPhone 智能手机通常提供 64G、128G、256G 等不同存储空间选择。

12.5.2　产品线简化

著名管理学家彼得·德鲁克曾质疑："假设你尚未开始发展现有的业务，再给你一次机会，你还会如此选择吗？"如果答案是否定的，企业必须回答第二个问题："那你打算怎么办？"其中一种回答是缩减品牌和产品组合。在三星的强压之下，索尼决定将其电视机产品缩减 40%。2000 年，联合利华将其全球和区域品牌从 1600 个缩减到 400 个——这 400 个品牌大概占其销售收入的 90%——并且退出了美国洗涤剂市场。之后它通过出售、减少投入，将余下的全国和区域品牌合并为了更强的核心品牌。企业往往会由于竞争的压力而精简品牌。在 B2C 市场，分销渠道整合和商店品牌增长是重要因素。

产品线简化可以给企业带来诸多益处，但是，企业要谨慎做出产品删减的决策。如果企业摒弃了大量亏损产品，往往发现该产品承担着大量的管理费用。余下的产品必须来承担这些管理费用，从而导致成本增加、整体利润下降。

12.6　与产品线有关的其他问题

现在我们讨论下管理产品线有关的其他问题。

12.6.1　捆绑销售

企业可以将产品单个销售，也可以将产品和另一个产品或多个产品打包从而进行捆绑销售。企业常常将有吸引力的产品捆绑在吸引力低的产品上来增加总的销售额和利润。美国传媒巨头维亚康姆集团（Viacom）将备受观众青睐的

要　点

产品线简化可以使企业更加有竞争力。但是企业要谨慎做出产品删减的决策。

营　销　思　考

自 2007 年以来，苹果公司的笔记本电脑旗下有主打轻薄的 MacBook Air 和主打性能的 MacBook Pro。2015 年，苹果公司又推出了最轻薄的 MacBook 产品。然而，2019 年，苹果公司决定下线 MacBook 产品，为什么？

电视频道如 MTV 与收视率低的频道如 Tr3s 捆绑在一起进行销售。艺术表演组织也常常将受欢迎的节目和不太受欢迎的演出捆绑在一起。B2B 的企业常常将产品和服务支持进行捆绑。最后，在混合捆绑销售中，企业既捆绑销售产品又拆分销售产品。

制定捆绑和拆分销售决策是比较难的。如果企业由捆绑销售向拆分销售转化，顾客可能拒绝为没有吸引力的产品买单。但是持续的捆绑可能造成顾客流失到更加专注的竞争企业。在美国市场，各大航空公司售票时强调往返双程票——即捆绑销售，但后来也被提供廉价单程机票的竞争对手如西南航空、捷蓝航空（Jetblue）等抢夺了客源——廉价航空公司售票时强调拆分销售。竞争不激烈的市场更容易实现捆绑销售，但是企业也要适时制订拆分销售计划。

12.6.2　发展产品线

企业应该解决产品线发展中的几个关键问题。

延长产品寿命

企业经常试图延长产品的寿命。以下以药厂专利到期为例，列举了一些方法，它们也能应用于其他行业：

- 向消费者提供额外的服务支持。
- 将药物和其他互补性药物结合。
- 开发新剂型配方。
- 设计一种不同的药物释放方法，如贴片和药片。
- 获得食品药品管理局批准其针对其他适应症——疾病状态。
- 说服更多的医师使用该产品，培训药剂人员。
- 处方药转变为非处方药。

提升产品组合

企业推出可能替代较低利润产品的更高利润产品，来增加利润。吉列多年来使用这种战略，不断推出更昂贵的剃刀系列。丰田和尼桑首先用低价车进入美国市场，然后再进入中高端市场，最后甚至推出雷克萨斯和英菲尼迪两个豪华车品牌。

产品自相竞争

为了避开竞争对手的威胁或面向新兴市场，企业经常会考虑推出利润较低的产品。这些低利润产品可能会与企业目前的高利润产品自相竞争或蚕食。苹果公司在 2010 年推出平板电脑 iPad 时，外界曾有过 iPad 是否会蚕食苹果笔记本电脑（特别是轻薄型 MacBook Air 笔记本电脑）的担心。后来的结果证明了该担心是多余的，iPad 成功帮助苹果公司扩大了市场（iPad 更多用于娱乐，而苹果笔记本电脑更多用于工作）。在考虑推出自相竞争的产品时，企业需要考虑以下三个重要问题：

· **权衡影响**。新产品的进入可能会蚕食现有产品，导致利润立即下降。但是企业可以获得市场份额的增加。

· **担心利润降低**。当企业推出新的低价格（低利润）产品，消费者可能会从原来的高价格（高利润）产品转移到新产品，造成利润降低。对这种情况的担心会对新产品造成内部压力，并使企业停滞不前。

· **如何决策**。许多企业通过对比最近的销售结果和新产品推出后的预期结果，以决定是否准许新产品进入市场。这是不正确的。企业应该始终将推出新产品的预期利润与不推出新产品的预期利润进行比较。在许多市场，一些消费者想要低价格产品。如果他们不能从企业购买，就会从竞争者那里购买。

产品更替

当企业推出具有差异化优势的产品时，竞争对手往往会跟进模仿并降低价格。最好的方法是用创新的继任产品更替老产品。理想的情况下，企业在竞争对手推出产品前立即推出更高价值的新产品替代老产品。成功的先发制人严重影响竞争对手，会削弱其竞争的决心。关键的竞争情报和适当时机对管理产品更替周期至关重要。

产品的不可获得性

有些企业会有意识地降低产能以便通过产品的稀缺性特点创造顾客价值。典型的例子包括奢侈品公司（例如路易威登、普拉达、爱马仕等）和运动鞋公司（例如阿迪达斯、耐克、匡威等），常常推出限量版产品。

产品质量

不言而喻，产品质量对消费者和重要竞争对手特别重要。《商业周刊》的调查发现，获得美国波多里奇国家质量奖的企业，长期以来其股价增长是标普指数增长的 3 倍。

产品安全

许多司法监管机构，例如美国食品药品管理局（FDA）、美国消费品安全委员会（CPSC）通过执法使消费者免受产品危害。无论如何，生产者有责任确保它们的产品不会损害消费者。企业如何响应产品安全问题也可以成为差异化因素。

二手市场产品

像汽车等耐用品拥有者常常在二手市场转售产品，二手市场的价格给生产厂家带来很大冲击。对于购买新车的消费者，通常二手市场上出售价格的预测是一个重要因素。汽车企业经常通过认证二手车来提高二手市场上的出售价格。日系车就因为比较保值，而受到不少消费者的喜欢。

产品包装

包装的主要任务是保证产品在储存和分销过程中的完整性。但是，包装在提供便利性的同时，也承担着传播信息的功能，帮助展示品牌。今天，包装的重要性越来越高。2013年，可口可乐在中国推出新包装，瓶子印上诸如"文艺青年""高富帅""白富美""天然呆"等网络流行语，结果大受欢迎。中国白酒品牌江小白也通过瓶子上的流行语（例如，"我们常说两句谎话：时间还早，有空再说"等）获得了年轻消费者的青睐。

产品和包装的处置

显而易见，产品包装和废旧产品的处置虽然是由消费者负责的，却关系到环境保护。因此，很多国家（尤其是欧洲）都已经通过了关注处置和回收问题的环境保护法案。为解决处理与回收、成本顾虑以及对品牌形象的潜在影响，许多企业推动产品的回收利用。也有企业利用废弃产品的某部分零部件制作新产品。再制造是一个价值500亿美元的产业——有的企业会将再制造整合为产品发展过程的一部分。

造假行为

产品模具窃取、非法复制、假冒品牌的现象层出不穷。知识产权侵犯和产品模具窃取是以研发为中心的企业面临的最严重的问题。最好的保护方法是警惕有关商标、版权、外观设计专利问题。企业应该与当地执法部门合作，但当造假行为跨国经营时，问题会成倍增加。在中国市场，造假行为仍然存在，但政府对造假的打击力度也越来越大。

 本章要点

管理企业产品线是企业面临的一大挑战。企业必须在以下四个领域做出决策。

产品组合

· 企业应该建立一个均衡的投资组合，其中部分产品创造经济增长和市场份额，部分产品创造利润，部分产品提供现金流。

· 企业的主要挑战是在投资组合内分配资源，财务分析法既有优点也有缺点，企业应该用投资组合分析法，如增长—份额矩阵（BCG 矩阵）或多因素矩阵，以弥补财务分析法的不足。

其他重要的产品间关系

产品可能会在客户方面相互关联——企业应该寻找积极互补，减少消极互补。产品在企业方面也可能相互关联。其中每个都扮演着不同的战略角色。

产品线宽度

产品多样化 vs 产品线简化。企业面临来自产品多样化和产品线简化的冲突压力。顾客多样化需求促使产品多样化，许多企业提供同一种产品的类似版本。读者不应该混淆市场细分和产品多样化。行业的整合往往驱动了简化，但是企业应该利用深思熟虑的标准，慎重地做出撤销产品的决策。

与产品有关的其他问题

企业可能需要处理许多产品管理的其他问题，包括：捆绑销售，发展产品线，产品质量，产品安全，二手市场产品，产品包装，产品和包装的处置，造假行为，等等。

第13章 新产品开发

------- 学习目标 -------

学习完本章后，你应当能够：

· 区分用于开发和营销新产品的创新类型

· 识别创新企业的成功因素

· 理解营销和创新的关系

· 明白企业应对创新挑战的不同方式

· 解释创新企业如何成功开发新产品

· 理解成为创新企业的营销意义

· 运用阶段—关卡模型实施新产品开发

· 理解新产品接受者的类型以及影响新产品被接受的因素

· 根据接受度将产品分为不同类别

开篇案例 ▶ 比亚迪

1995 年，年仅 29 岁的王传福辞职创建比亚迪公司，当时注册资本仅有 250 万元，员工 20 多人。今天，比亚迪已在全球设立 30 多个工业园，实现全球六大洲的战略布局。比亚迪业务涵盖电子、汽车、新能源和轨道交通等领域，并在这些领域发挥着举足轻重的作用。

2003 年，比亚迪已迅速成长为全球第二大充电电池生产商。这一年，尽管面对许多股东和公司内部管理者的反对，王传福毅然决定收购西安秦川汽车公司从而进入一个全新的行业——汽车行业。比亚迪公司致力于"独立的研发、品牌、开发……制造世界级优异的汽车，建立一个国内的世界级汽车品牌"，推动中国汽车产业发展。比亚迪公司生产传统的内燃发动机汽车，并利用其电池技术专长生产电动汽车。作为其进军电动汽车行业的行动的一部分，比亚迪于 2008 年 10 月收购中纬积体电路（宁波）有限公司。这次收购加快了比亚迪向电动混合动力汽车发展的步伐。

目前，比亚迪新能源车已经形成乘用车和商用车两大产品系列。在乘用车市场，自2008年推出全球首款量产的插电式混合动力车型以来，比亚迪陆续推出e6、秦、唐、宋等多款新能源车型，并获得市场的极大认可，于2015—2017年连续3年获得全球新能源乘用车年度销量冠军。随着2020年7月发布首款搭载刀片电池的汉EV以及2021年1月发布DM-i超级混动，比亚迪再次按下加速的按钮。从铁电池到刀片电池，比亚迪电动车续航里程，从280km提到了1050km。当然，随着电动汽车行业竞争的进一步加剧，比亚迪目前面临着全球电动车巨头特斯拉和国内外正在向电动车转型的传统汽车厂商如上汽通用五菱、大众、丰田等的激烈竞争，同时也面临着蔚来、小鹏、理想等造车新势力的巨大挑战。

在商用车市场，比亚迪已累计向全球合作伙伴交付超过3.5万辆纯电动巴士，2014—2017年连续4年位居10米（含）以上纯电动巴士细分市场的全球销量冠军，并占据美国80%以上的纯电动巴士市场份额，并已于中国、美国、巴西、匈牙利和法国等国家设立纯电动商用车工厂。

案例思考

新产品决策往往有着重要的战略意义。你如何评价比亚迪进入汽车市场的决策？

比亚迪致力于持续发展，"以科技为本，以创新为导向"，赢得了《财富》杂志"改变世界的51家公司""扎耶德未来能源奖"以及"联合国特别能源奖"等一系列赞誉。王传福也在2009年成为胡润中国百富榜上的首富，并入选了2018年中央统战部、全国工商联"改革开放40年百名杰出民营企业家名单"和2019福布斯年度商业人物之跨国经营商业领袖名单等。比亚迪的创新甚至引起了巴菲特的关注。2008年，巴菲特以每股约8港元的价格购买了比亚迪10%的股份，这显然打破了他的投资规则——不在他不了解的技术上投资。2023年4月26日，比亚迪的股价达到约59美元，市值已接近8000亿港币，位居中国汽车行业第一。

如今，许多企业正在剖析和改进内部系统、流程和文化，以提高创新能力，并加强对新产品的外部搜索。新的技术和开发过程提升了新产品的成功率，帮助企业缩短产品上市时间。商业界和学术界都非常重视管理创新和开发新产品，这是实现差异化优势的关键途径。

13.1 创新何时发生

如果我们想要达成从未被实现的目标，则必须采用从未被尝试过的方法。

——弗兰西斯·培根（1561—1626），英国作家，哲学家，科学家和语言学家

现代管理学之父彼得·德鲁克说过，营销是企业两个基本职能之一，但是营销本身并不能构成一个企业，企业的第二个基本职能就是创新。在企业组织中，创新不能被视为一个单独的职能。它不仅限于工程或是研究，而是延伸到企业的各个部分。创新可以定义为一种赋予人力和物质资源以全新的和更大的财富创造能力的任务。

本章重点介绍产品创新及其对新产品开发、发布和管理的影响。一般来说，成功的创新会带给消费者更好、更廉价或更快捷的收益或价值。在第 3 章，我们介绍了持续性技术和颠覆性技术的概念。持续性技术产生的创新，可以使主要消费群关注的产品性能得到提升。颠覆性技术产生的创新，则提供新的而且与众不同的价值主张。起初，这些创新可能会承受现有产品和工艺的压力，只有少部分边缘消费者认可它的价值。之后，随着成本收益比提高，它们超越旧的技术，扩大影响力。被誉为"颠覆性创新之父"的已故哈佛商学院教授克莱顿·克里斯坦森（Clayton M. Christensen）认为领导型企业往往会错过颠覆性创新，由于其文化已经依附于现有的业务经营方式。例如，在操作系统领域，微软在相当长的时间中一直关注 Windows 操作系统的更新——持续性创新——而没有开发出颠覆性创新的技术。

服务于现有顾客固然重要，但是对长期经营来说，创造新顾客也必不可少。许多企业关注于现有顾客，投资于持续性创新，但忽略了颠覆式创新带来的实质上的利益，可以为(竞争对手)设置障碍。由于持续性创新和颠覆性创新的巨大差异，当企业二者都追求时，它们需要在不同的组织部门中分别实施。

> **营 销 思 考**
>
> 持续性创新在现有性能方面提升产品和工艺。颠覆性创新提供不同的价值主张。相比于颠覆性创新，领导型企业往往投资于持续性创新。

13.2 产品创新的推动力

我们都知道，对于许多每年推出数以千计新产品的企业来说，新产品的成功至关重要。许多全球领导型快速消费品企业，年收入中超过 20% 的部分都来自最近推出的新产品，如表 13.1 所示。

表 13.1　1995—2001 年推出的新产品在 2001 年销售额中所占比例

企业	从新产品获得收入的百分比	企业	从新产品获得收入的百分比
通用磨坊	33%	金佰利	21%
宝洁	32%	吉列	21%
家乐氏	25%	卡夫	20%
强生	24%	康尼格拉	16%
联合利华	22%	百事可乐	15%
高乐士	22%	金宝汤	11%

企业研发新产品的能力各有差异。哥伦比亚大学商学院的研究发现，财富 500 强的上榜者只有不到三分之一的企业是产品创新者，而正是这些企业获得了资本上的最高回报。以下是成功的重要因素：

· **市场选择**：高增长的市场刺激创新。

· **研发**：庞大和持续的研发支出，特别是在应用研究，而不是基础研究中的战略性投入。

· **组织**：建立正式组织和促进研发的文化，即支持型文化。

资金和业务目标始终是创新的关键问题。不幸的是，一些企业过于关注短期回报，因而对颠覆性创新和新业务的投资不足。

13.3　消费者在成功的产品创新中的作用

现有和潜在消费者在新产品创新中发挥着重要作用。在双向沟通流中，企业从消费者那里学习并获取信息，消费者也从企业的创新中获得知识：

· **消费者—创新信息流**。如焦点小组和问卷调查等传统市场调研方法（见第 6 章），也包括企业关于消费者的非正式知识和对消费者行为的观察。

· **创新—消费者信息流**。创新改变了消费者的感知、期望、偏好和行为。例如，消费者学会用互联网——现在他们在线寻找产品和服务，通过几个简单的按键轻松购买商品。

双向沟通流在每个市场都会发生。有些企业更多地关注创新，有些则更多地关注消费者需求。我们提出如下四种企业创新的方式：

· **孤立者：低消费者关注，低创新关注**。聚焦内部，几乎不关注创新和消费者沟通，市场调研很少。

·**追随者：高消费者关注，低创新关注**。创新主要受消费者影响，以消费者为中心的市场调研为产品设计提供信息。

·**塑造者：低消费者关注，高创新关注**。注重创新而非消费者——成功的创新塑造市场。潜在的消费者可能没有意识到自己的需求——当产品面市后，消费者才认识到产品带来的利益。

·**互动者：高消费者关注，高创新关注**。产品创新团队和消费者进行真正的交流——消费者的意见十分重要。

互动者最可能成为成功的创新者：它们不但在新产品技术上大量投入，而且反映了消费者不断变化的需求。塑造者和追随者也可能成为创新者，只是方式不同。塑造者不完全理解消费者的需求，但站在技术前沿。追随者深入了解消费者，可惜缺乏开发新技术的创造性。追随者和孤立者平时表现尚可，但是在动荡的时机下，塑造者和互动者更有可能获得成功。

> **要点**
>
> 基于企业对创新和消费者的关注程度，企业有4种创新方式：孤立者、追随者、塑造者、互动者。其中，互动者最可能成为成功的创新者。

13.4　新产品开发的四种方法

企业文化对创新和新产品开发有着深远的影响。如果创新成效不理想，企业可能需要考虑改变企业文化。

比如，一个普遍存在的问题是，产品开发人员有时对他们的发现的潜在市场性漠不关心。企业可以通过将市场导向的标准贯彻于开发流程来应对这一问题。在全球最大的化工企业之一巴斯夫公司（BASF），科学家会为其打算推出的产品制订营销计划。通用电气的科学家经常与营销部门和业务部门管理者们聚集开会，以确保项目与企业目标一致。华为则实行整合产品开发（Integrated Product Development，IPD），营销、研发、销售和服务人员都被卷入进来。

我们提出四种新产品开发的方法，每一种方法的财务回报、风险和时间特征各有不同。

·**基础技术研究**。通常致力于颠覆性创新，例如 DNA 图谱、为药物寻找新的化学成分、电气超导性等。

·**应用技术研究**。利用基础技术来开发产品，采用新的化学成分治疗某些疾病的药物研究。

·**基于市场的开发**。关注适销对路的产品，经常通过提高产品易使用性或开

> **要点**
>
> ·新产品开发的衡量因素：时间、风险和财务回报。
>
> ·四种新产品开发方法包括：基础技术研究、应用技术研究、基于市场的开发、市场修补。

发配套产品。

·**市场修补**。轻微修改现有产品，例如新口味的甜点或不同气味的地板清洁剂。

实施新产品开发时，营销人员应仔细考虑几个方面：问题焦点、市场知识、企业能力、互补产品和有效措施。

13.5　新产品开发的阶段—关卡模型

阶段—关卡模型是一种系统性方法，该方法将大量的想法凝结成少数可行性想法，便于企业顺利运作。图 13.1 展示了每个阶段企业必须做出去留决策的关卡。

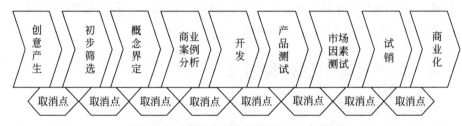

图13.1　新产品开发的阶段—关卡模型

表 13.2 显示了企业通常用来检验产品通过各关卡或阶段的标准。随着项目从创意想法变成新产品或商业化，资源的投入明显增加。淘汰一个创意想法的成本较低，而上市一个失败的产品的成本是巨大的。每个关卡都是阻止前进的点，即**取消点**。企业应该明确每个关卡的标准，只有满足关卡标准的项目才能通过进入下一阶段。

要点

·淘汰一个创意想法的成本较低，而上市一个失败的产品的成本是巨大的。

·企业应该为项目通过每个关卡确定明确的标准。

表 13.2　阶段—关卡模型中各阶段中前进的标准

阶段	典型标准
创意产生	提供增加的客户价值，是有意义的潜在产品
初步筛选	技术上可行，可能的市场需求，与企业战略匹配
概念界定	定义完整的产品概念，继续满足先前的标准
商业案例分析	适合企业战略，连贯的业务计，预测符合市场和财务目标
开发	产品实现概念定义内容

续表

阶段	典型标准
产品测试	产品绩效与商业案例分析一致
市场因素测试	顾客态度和购买行为与商业案例分析中的预期一致
营销测试	获得顾客正面反馈，产品能保证预期收益、市场地位和利润率
商业化	产品能保证预期收益、市场地位和利润率

接下来我们详细阐述新产品开发的阶段—关卡模型里的每个阶段。

13.5.1 创意产生

企业需要大量高质量的创意想法以实施一系列的新产品开发，作为企业长期增长的基础。消费者通常是好的新产品创意来源。不过企业需要利用所有可能的创意来源（参看以下凯悦酒店的例子），记录最有前景的想法，然后逐个评估。通常情况下，企业会迅速淘汰许多创意，但是它们会有助于生成相关更具潜力的创意。

创意数量

如果企业仅有屈指可数的差强人意的创意，成功的新产品几乎不可能存在。成功的企业会在开发过程中淘汰掉许多创意。因此它们必须拥有足够多的创意，来找到能够产生一个成功产品的创意。许多研究中新产品创意和成功产品的平均比率是 100:1——农业化学领域这个比率是 10000:1。

> **要点**
>
> 拥有好创意的最佳方法是拥有许多创意。

搜索范围

在企业使命下有重点地搜寻而生成的创意（参见第 7 章），通常要比没有目标的创意好。企业的搜寻范围要随着企业使命的发展而发展。

大部分滑雪场专注于滑雪场资源。可是滑雪爱好者在滑雪场上只花费 20% 的时间，剩下的时间都是在酒店、休闲酒吧和商店中度过。科罗拉多州的威尔度假村深知这一点，它旗下管理了除滑雪场以外的 6 家酒店、72 间餐厅、40 家商店以及超过 1.3 万间公寓。

新创意来源

企业可以通过许多途径获得创意——无论是企业内部还是外部来源。企业必须抵制诋毁外部创意的非本公司发明（Not Invented Here，NIH）综合征，而适当应用荣耀的拿来主义（Reapplied With Pride，RWP）方法。宝洁公司就是喜欢运用拿来主义方法的一家企业。创意的来源包括：

· **内部产生**。企业内部的研发部门常常是一个主要的创意来源。成功率依赖于预算、雇员类型及其动机等因素。家乐氏公司的食品和营养研究所，在食品实验室和品质餐厅厨房投入巨资。研究者来自22个国家，拥有多样化的教育和培训背景。他们非常高产，一个月内可以提出65个新产品概念以及94个新包装想法。企业内部的营销、生产和运营等部门也能够产生新产品创意，许多企业会举办员工创意竞赛。

· **源于消费者**。许多重要的创新都始于消费者。卡夫公司通过焦点组研究洞察消费者行为，据此推出新款奥利奥饼干。有时企业花费时间观察消费者喜欢的产品、不喜欢的产品以及现有产品使用中的困难。乐高公司与来自27个国家的44个乐高大使合作，寻求新产品建议；乐高也会在新产品开发的早期阶段通过社交网络获取消费者反馈。思科、通用电气、百事等企业会组织消费者创意竞赛。

· **竞争者**。有些企业直接复制竞争对手的产品。美国礼来制药的希爱力（Cialis）、德国拜耳制药的艾力达（Levitra）、GSK和美国默克制药的Staxyn等药物都完全复制了辉瑞公司的伟哥（Viagra）。一些企业则会据此挖掘产品的改进空间，剩下的则通过比较与竞争者产品线间的空白，寻找市场机会。

· **独立发明家**。这是一个重要的创意来源。发明家和外部企业提供的创意占宝洁公司新产品创意的35%。独立发明家也创立了诸如苹果、谷歌、脸书、惠普、耐克、优步、爱彼迎等广为人知的成功企业。

· **不同的环境**。在某国家/文化中成功的企业可能是可以转移到另一国家/文化中的。来自英国纺织行业的创意引导了美国的工业革命。中国的企业家如马云、马化腾、李彦宏、刘强东、程维等模仿了许多美国成功的互联网企业并成为更适合中国市场的创新——淘宝（模仿eBay）、微信（模仿脸书）、百度（模仿谷歌）、京东（模仿亚马逊）、滴滴（模仿优步）等。

· **颠覆性创新**。越来越多的创新型产品和服务打破了既有市场，例如爱彼迎打破了酒店市场，优步打破了出租车市场。典型的是，这些产品或服务获得了巨大的社会关注与收入回报，它们的成功也激发了更多新的产品创意的产生。

· **法规**。法规常常导致市场失效，从而刺激建立新业务的想法。例如借用线路、卫星、互联网语音（VOIP）以及视频会议系统，可以规避当地电话服务商对国际电话的垄断。

· **意外发现的运气**。新产品创意有时莫名其妙地就会出现。辉瑞公司在测试药物Sildenafil Citrate治疗心绞痛的疗效时，意外发现它治疗阳痿的效果，从而让瑞辉公司开创出了非常成功的伟哥产品。

· **创意库**。创意有自己的适合时机。随着环境变化，A 时期没有价值的创意，在 B 时期可能变得非常有价值。早前 AT&T 运作视频电话失败，但是多年后它又重新出现在视频会议中。企业需要开发一个创意库，定期和系统地搜寻创意。

新创意生成过程

生成新产品创意的两个主要方法是结构化思考和非结构化思考。

◎ 生成新产品创意的结构化思考

· **属性清单**。记录下所有的产品属性（Attributes）。以圆珠笔为例，属性包括包装材料、墨水质量与颜色、笔迹粗细、重量和价格。以属性为纵轴的标题来构建表格，识别属性变化，关注改进方法。

· **形态分析**。以属性清单为基础，结合每一列项目，开发新颖有趣的新产品创意。

◎ 生成新产品创意的非结构化思考

· **头脑风暴**。聚焦一个问题并寻找根本的解决方法。头脑风暴帮助参与者摆脱日常模式，寻求解决问题的新方法，想法应该尽量宽泛和多元。在创意产生之前，禁止讨论或予以评价，因为评价和分析会阻碍创意产生。个人的头脑风暴会产生更广泛的创意，但是小组头脑风暴可能会更有效，因为其中涵盖了所有成员的经验和创造性。

· **思维导图**（Mind Mapping）。在一页纸的中心写下问题并画一个圆将其圈起。在纸的其他地方，写出圆内问题的联想物，并画上与圆内问题的连线。每个联想物又是另一组联想物关注的中心。最后通过检查联想物群的位置找到解决办法。

· **刺激**（Provocation）。用一种愚蠢的不真实的陈述冲击参与者头脑中的固定模式。在圆珠笔例子中刺激可以是"圆珠笔不能用于书写"。

· **随机输入**。用于再次头脑风暴的会议。主持人从书名或准备好的词语清单中随机选择某名词或图片，帮助产生创意。在圆珠笔的例子中，随机词语可以是汽车、树木、工厂或地毯。

· **六帽思考法**。六个不同颜色真实的或是假想的帽子都表示一种本质不同的想法。绿帽子意味着关注创意；红帽子意味着关注情感；白帽子意味着关注分析；黑帽子意味着悲观；黄帽子意味着乐观；蓝帽子意味着关注流程和程序。参与者根据他们戴的帽子的不同颜色进行思考。

営 销 思 考

请选择一种非结构化思考的方法。请和同学们讨论如何让人们在夏天保持凉爽。

要点

· 初步筛选的目标是形成一个均衡的新产品创意投资组合。

· 不同类型的新产品创意需要不同的筛选标准。

13.5.2 初步筛选

初步筛选的目的是创造一个成功筛选新产品创意的均衡的投资组合。对大多数企业而言，一个均衡的投资组合包括低回报 / 低风险创意和高回报 / 高风险创意，短期和长期运营中都能够创收。筛选高风险、高回报、长期收入的决策十分困难。图 13.2 给出了一个均衡的投资组合。

高
风险
低
高
潜在利润

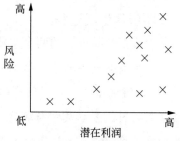

图13.2 新产品创意中的风险和回报——一个均衡的投资组合

通常情况下，初步筛选会涉及营销知识、技术人员、消费者甚至是供应商。最终的组合取决于创意。初步筛选是淘汰新产品创意的第一步。

回报和风险状况由于创意的不同而差异显著。企业应该使用多种标准。例如，新产品线创意的标准就不同于现有产品调整创意。评估新创意一个有效的方法是利用蛛网图。图 13.3 中每个十分制的标尺代表了一个筛选标准。低分数靠近中心，高分数靠近外围。企业用 8 个标准评价一个创意，可以看出它的分数在几个标准上相对较高，两个标准上相对较低。

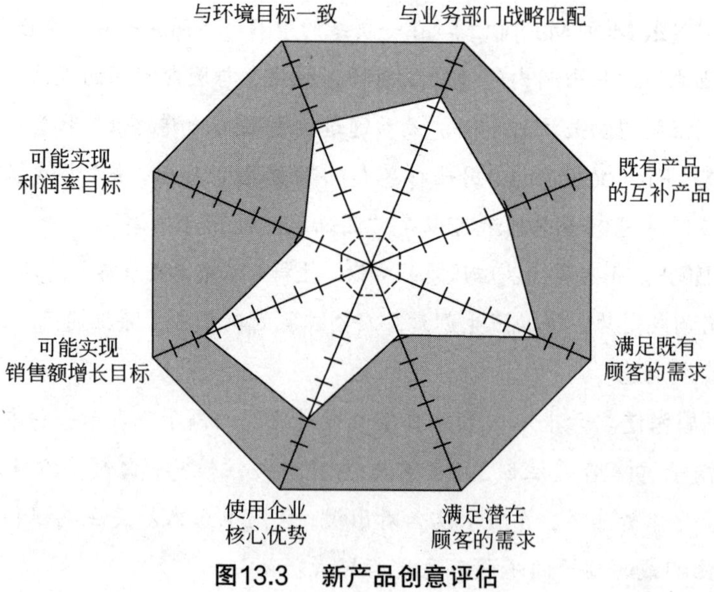

与环境目标一致
与业务部门战略匹配
可能实现
利润率目标
既有产品
的互补产品
可能实现
销售额增长目标
满足既有
顾客的需求
使用企业
核心优势
满足潜在
顾客的需求

图13.3 新产品创意评估

13.5.3 概念界定

概念界定或概念定义，即描述产品创意。好的概念详细地传递顾客的利益和价值。快速消费品企业（FMCG）总是尽力传达新产品的健康产品概念。这个过程是循环重复的。下面是一些例子：

· 狗用口气清新剂（尚未开发）

· 婴儿食品（一个成功的新产品）

· 针对儿童的定位手表（已启动并做得很好）

· 通过键盘输入产生能量，从而实现自动充电的手提电脑（未进入开发阶段）

这些概念通过的标准与创意的初步筛选类似。了解消费者的需求，尤其是未满足的需求，有助于制定和测试产品概念。

产品概念必须呈现给顾客并以此为依据指导开发小组。如果概念在开发阶段脱离了顾客，企业会陷入困境。美国通用汽车公司旗下的庞蒂亚克汽车（Ponitac）曾经开发了一款 Aztek 车，其概念是一个小众的、年轻化的运动车型。为了追求 Aztek 车能快速经济地上市，庞蒂亚克汽车决定使用通用汽车的商务车框架，结果使得 Aztek 车的反馈毁誉参半，而且 2.2 万～ 2.7 万美元的定价对于年轻人市场来说也过高；最终 Aztek 车销售乏力。2009 年 4 月 29 日，通用汽车正式宣布砍掉庞蒂亚克这个品牌，拥有 102 年历史的庞蒂亚克品牌从此消失。

13.5.4 商业案例分析

商业案例分析介于概念认同和开发之间，它评估概念的财务可行性，思考各种风险因素。项目必须符合最低财务目标才能得以继续。商业案例分析的核心是营销计划草案，企业假定成功开发的前提下，勾勒出市场战略。企业必须全面地考虑市场细分、目标市场选择、决定价值主张以获得差异化优势。

预测财务绩效的四个考虑因素包括：

· **销售收入**。这些预测具有高度不确定性。

· **销货成本**。生产和销售产品所耗费的全部成本。毛利是销售收入减去销货成本。在起步阶段，企业可能会有亏损。

要点

· 商业案例分析评估了一个产品概念的财务可行性。

· 在商业案例分析中最困难的步骤是预测销售收入。

·**投资成本**。包含开发产品及工厂和设备固定投资的所有成本。企业赚取销售收入之前，需要支出这些费用。

·**贴现**。企业必须将所有的现金流贴现，以进行各种财务指标的预测，包括内部报酬率、净现值、经济附加值等。

13.5.5　开发

成功的商业案例分析为开发阶段打下基础。开发常常深入企业内部。设计、工程和研发部最初重点关注产品设计和性能表现，采购决策是决定产品性能和成本的关键，但企业也必须让其他部门参与进来。生产和服务的投入有助于确保产品能够有效生产并获得服务。开发也得益于消费者的参与。

多功能团队执行开发可以避免时间浪费。虽然可能难以达成共识，但是团队往往能打造出更好的产品。而潜在问题是：如果成员脱离了专业性变得组织化，也就丢掉了特定领域的专业特长。企业可以通过要求递交清晰的书面报告，举办深入解决问题的会议，良好的直接监督和规范工作流程等手段来缓解这些问题。

营 销 思 考
请举出你喜欢的三个设计高超的产品例子。

产品设计

随着产品质量的提升，设计对于消费者满意来说变得越来越重要。在开发过程中，企业必须在产品属性之间进行性能权衡，但应始终牢记价值主张。企业还必须解决创意设计方法可能带来的一切负面影响。苹果、索尼等优秀公司都在产品设计上备受同行尊敬和消费者喜欢。

开发通常是新产品制造最耗时的阶段。更快的开发有助于获得先发优势和提高获利机会。每周 7 天 ×24 小时的循环持续开发是一种选择。丰田采用有着相同目标的竞争团队。腾讯公司在开发微信时也让 3 个团队进行竞争。一些公司会与消费者、第三方个人或企业展开合作实施产品开发。

13.5.6　新产品开发组合

在大多数企业，新产品开发组合是整个风险投资组合的关键组成部分，企业风险投资组合的其他组成部分还包括内包、外包、收购、战略联盟、经营许可、技术购买、股权投资等（见第 7 章）。无论如何，新产品开发组合尤其重要，因为它涉及持续的大量资源承诺。此外，环境变化，战略演变，开发的成功、失败、前进和后退，以及商业案例分析，都需要定期更新新产品开发组合。成功的新产品开发企业通常都会表现出顶层管理者的关注、高层管理者的涉入及多方面的合作。以下四个目标尤为重要：

· **开发组合价值**。企业应该衡量预期盈利、风险、时间和所耗费资源。

· **开发组合均衡性**。保证项目在以下各个维度的合理分布：高/低风险，短/长期；产品形式，市场，技术；开发形式——基础技术研究，应用技术研究，基于市场的开发，市场修补。

· **战略联盟**。产品创新战略应该与企业战略紧密连接，并通过资源分配进入战略桶。

· **正确的项目数量**。资源是有限的。过多的项目数量会拖累整个新产品开发进程，从而导致错过产品上市的期限。企业应该优化项目优先级次序并砍掉不好的项目。

13.5.7　产品测试

企业测试新产品的功能、美学、人体工学及使用特征。不是一次测试或一种测试，正好相反，开发遵循着一系列的"开发—测试—开发"的反复循环，直到产品可以进入市场因素测试阶段。

测试类型主要包括两种，分别是企业内部的 **α 测试**和顾客 **β 测试**。

· **α 测试**。大多数新产品进行企业内部的 α 测试，员工提供重要的反馈。一些 α 测试可能同时运行，但是有时一个成功的测试会引起新一轮开发。

· **β 测试**。α 测试成功后，常常紧随其后的是与顾客进行的 β 测试。不过企业有时也会在开发结束之前，就对产品性能进行 β 测试。企业也可以在开发执行过程中进行若干次 β 测试。β 测试在产品开发中和新产品即将推出前给顾客形成一个早期印象。

企业应该快速进行测试，但是测试不充分可能会引起大问题。戴姆勒-奔驰公司就不得不将其第一款小型汽车——奔驰 A 系列叫停了三个月。在麋鹿测试中，一个瑞典记者在 38 英里/小时的速度下，在一个急转弯处翻了车，戴姆勒-奔驰公司对该车车型投入了 15 亿美元并花费 1.71 亿美元解决了这一问题。

> **要点**
>
> · 企业应该在整个开发过程中进行企业内部 α 测试，在稍后的阶段进行 β 测试。
>
> · 产品测试不充分会导致严重的营销和财务后果。

13.5.8　市场因素测试

产品仅仅是营销组合的一部分。如果企业未能成功设计或应用其他营销组合元素，就推不出一流的产品。相反，如果其他营销组合元素都卓越，那么边缘产品也可以成功。企业应该通过市场因素测试评估诸如广告和分销等计划内容的实施。

一般来说，这类测试是在开发之后进行，有时它们也会同时进行。市场因素测试包括模拟环境和实际测试。企业可以利用仿真环境测试，例如某个模拟的店面陈列或网络。

13.5.9　试销

试销模拟实际的市场情况。通常企业选择两个或多个地理区域，这些区域的市场和顾客画像类似，包括季节性等因素。试销是在一个或多个测试市场展示整个市场运作的方案，其他市场测试活动作为控制组，用于对比产品面市的结果。无论哪一个测试市场，测量指标都至关重要，通常包括以下几点：

- **投入测量：** 包括广告、培训和销售活动。
- **中间测量：** 包括消费者认知、兴趣和购买意向。
- **产出测量：** 包括销售额、利润和消费者满意度。

快速消费品企业利用超市扫描仪或电商系统收集销售点数据。消费者追踪或单独问卷调查提供中间测量和消费者满意度。

试销有其优点和缺点：

- **优点：** 可对产品面市过程进行微调；可能获得意想不到的市场洞察；可能发现市场不欢迎的产品，并及时停止产品推向市场，节约企业因产品在市场上的失败而浪费的大量成本。

- **缺点：** 警醒竞争对手；可能遭到竞争对手的干扰；产品大规模面市时的市场条件可能和测试市场不可比；测试需要费用和时间。

13.5.10　商业化

上述新产品开发的阶段—关卡模型里各阶段的成功通过，为产品启动和商业化铺平道路。企业分配资源以建设设施和加大营销投入。企业的面市战略必须考虑如下问题：销售预测、开建工厂的时间、生产与库存需求、有竞争力的交货时间、竞争对手反应、专利或保护商业秘密和可用资源。

在面市阶段所有的营销组合都很关键，尤其是传播。B2C 企业经常利用名人代言和广告来推动新产品。他们还利用产品植入，与电影公司合作，让演员在电影或电视剧中使用产品。B2B 企业关注产品分销和顾客支持计划，包括说服 KOL 使用新产品。

传统意义上，企业一般先在国内市场推出新产品，再涉足国外市场。如今，许多企业在多个国家同时推出新产品，特别是存在盗版隐患的信息产品。

没有人喜欢商业化失败，但是许多优秀的企业会从失误中学习。英国航空公司的平躺商务舱座位抢了维珍航空斜躺商务舱座位的风头，后来维珍航空吸取教训实施蛙跳式创新，推出更高级的座椅，帮助提升了其在商务乘客市场的份额。

13.6　产品采用（Product Adoption）

商业化的目标是让消费者采用企业的新产品，但并非所有的消费者会同时采用新产品。作为新产品规划的一部分，企业应该预计五类采用者：

·**创新者**（2.5%）——探索者。最早接受和采用创新的一群人，但仅仅是人群中的一小部分。通常情况下，其他的消费者并不效仿这些莽撞的冒险者。

·**早期采用者**（13.5%）——空想家。追随创新者。他们更受其所在群体的尊重，并且是其他人的意见领袖。

·**早期大众**（34%）——实用主义者。在早期采用者经验的基础上慎重作出决策。他们是前半部分使用者，但不是领导者。

·**晚期大众**（34%）——保守派。持怀疑态度的一群人，直到一半的人使用后才会采用新产品。

·**落后者**（16%）——批判者。这些传统主义者对改变持怀疑态度，只有当大部分人都使用并广泛传播后才会使用新产品。

通过产品创新的**采用者种类**来识别潜在消费者是一个重要的营销挑战。B2C 行业中，早期采用者往往是知识化、年轻化且具有社会经济优势的人。雅芳公司建立了化妆品创新者、早期采用者的数据库，以这个人群为新产品面市

要　点

新产品采用者
有五种类型：
·创新者
·早期采用者
·早期大众
·晚期大众
·落后者

的目标顾客。此外，一个产品的创新者和早期采用者可能是另一个产品的早期大众或晚期大众。一个产品创新，必须跨越早期采用者和早期大众之间的新产品采用**鸿沟**（又叫"死亡之谷"，如图13.4所示），保持住市场以获得成功。许多新产品都因无法跨越"新产品采用鸿沟"而失败，有些新产品则需要花费很长时间才能跨越新产品采用鸿沟。

营 销 思 考

你能举出哪些没有成功跨越新产品采用鸿沟的产品？哪些产品用了很长时间才成功跨越？

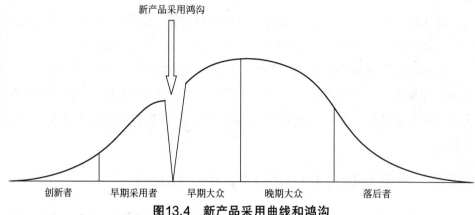

图13.4　新产品采用曲线和鸿沟

最后，我们以应用于道路或桥梁的ETC（电子收费系统）不停车自动收费系统为例，来说明一下影响接受新产品采用速度和商业化成功的几个因素。这些因素可以用ACCORD这六个字母缩写来总结。

·**优势**（Advantage）。节省收费站等待时间，自动扣款比支付现金更便捷。

·**兼容性**（Compatibility）。司机的行为几乎没有受到干扰；开立信用卡账户很容易。

·**复杂性**（Complexity）。学习过程最短化；司机可自助安装设备；不停车通过收费站。

·**可观察性**（Observability）。易沟通性；用户获得的利益很容易理解和沟通。

·**风险**（Risk）。尝试ETC不停车收费自动系统的风险很小——不需要预付款。

·**可分离性**（Divisibility）。可逆性；司机可以轻松改回用现金支付。

由此可见，ETC不停车自动收费系统是一个比较成功的新产品创新，目前全世界各国都比较普及。尽管如此，由于司机需要付出额外的时间/金钱成本去申请该设备，以及在隐私上的顾虑，仍然有很多司机懒得采用或不愿意采用 ETC。

─────── 本章要点 ───────

1. 成功的新产品是创造股东价值的主要因素。

2. 创新可以是持续性创新，也可以是颠覆性创新。

3. 创新成功的最关键要素是市场选择、研发投入和组织。

4. 新产品开发的四种方法：基础技术研究、应用技术研究、基于市场的开发、市场修补。

5. 阶段—关卡模型是一个开发新产品的系统方法。关键步骤有：

   · 创意产生
   · 初步筛选
   · 概念界定
   · 商业案例分析
   · 开发
   · 产品测试
   · 市场因素测试
   · 试销
   · 商业化

6. 当项目通过新产品开发过程，失败的成本会随之增加，因此每个关卡都是一个取消点。

7. 企业需要跨越从早期接受者到早期大众这个新产品采用鸿沟，才能获得新产品的成功。

8. 新产品采用的速度依赖于 ACCORD 六大因素。

第14章 服务和服务质量

学习目标

学习完本章后，你应当能够：

· 区分产品、服务以及顾客服务的概念

· 理解为什么服务对企业和顾客正变得越来越重要

· 识别产品区别于服务的关键维度

· 区分不同类别的服务

· 判断在服务提供过程中与质量相关的问题和机会

· 明确顾客服务的维度

· 理解顾客服务的战略意义

开篇案例 胖东来

　　胖东来，全称为胖东来商贸集团，1997 年在许昌市起家，创始人是于东来。

　　1995 年，于东来拿着哥哥帮衬给他的 1 万块钱，在许昌开了一家小卖部，卖些烟酒、糖果杂货，取名"望月楼胖子店"。在那个时代，假冒伪劣产品遍地，受过欺骗的于东来从心底憎恶那些挂羊头卖狗肉的人，于是他给自己设定的经商原则就是：不卖假货。此外，于东来还超前地提出了"无理由退换货"服务，小卖部因此积累了良好的口碑，生意逐渐红火起来，他也还清了债务。

　　两年后，于东来将"望月楼胖子店"更名为"胖东来烟酒有限公司"，看着事业蒸蒸日上，于东来立志要做把公司做成中国名店、许昌典范。也是在这一年，胖东来开了第一家分店。2005 年，胖东来首次走出许昌，进入了新乡的市场。时至 2023 年 7 月，胖东来已经开出 35 家连锁店，拥有 7000 多名员工，堪称区域连锁超市的龙头。

小米之父雷军曾称胖东来为"中国零售行业神一般的存在"。因为，胖东来从开业至今，始终遵循着一个堪称变态的制度：只要商品出现问题，消费者一个电话365天上门退换货。你对商品不满意，给你退；买颗西瓜吃了一半觉得不甜，给你退；甚至你看场电影觉得太差，票价都能给你退50%。

这其实只是胖东来服务的一个缩影，但已经足以让许多同行汗颜了。购物愉快、停车便利，懂你所需，售后也从不扯皮，甚至你想要的东西没有，胖东来都能单独给你进一件回来，只为满足你的需求。

这里不得不提胖东来最惊世骇俗的"3+3+3"利润分配模式了。胖东来每年的利润，30%用于社会捐献、30%用于下一年的垫付成本、30%按级别分给所有员工。最终于东来本人拿到手的只有全年利润的10%。而这样的结果，就是胖东来所有员工的薪资是同业人员的2～3倍，而且员工都有长达30天的年假，以及每周二固定休息日。员工高薪、工作轻松，自然不会有任何跳槽等想法，也心甘情愿为公司制度买单，心甘情愿为用户提供超预期服务。所以，就算排上几百米的长队，人们也要去胖东来消费，冲的就是胖东来低价、和气、放心。

14.1 产品、服务和顾客服务

产品和服务的区别是市场营销的一个难题。有些人用"产品"这个术语来表达任何核心提供物——包括实体产品和服务，我们也在书里许多地方使用了这个简称。不过，在本章中，我们将有形的**实体产品**（可以触摸到甚至踢到或坐到上面去的东西）与服务区分开来。**服务**是"一方可以提供给另一方的任何行为或表现，它的本质是无形的并且不会产生任何物主权"或者"任何无法被你踩在脚底下的东西"。大部分服务是针对人的，如教育、医疗、餐饮、影院和运输；或针对产品的，如汽车维修、房屋清理、房地产和零售；或针对信息的，如商业、金融、法律服务、营销调研、税务筹划等。

正如我们在第4章讨论的那样，实际上，顾客不是想要你的产品或服务，他们想要的是你的产品或服务所带来的收益或价值。有时候，顾客从汽车、服装、食品、房屋或者洗衣机这些实体产品中获得收益和价值；有些时候，他们从理发、互

要点

服务：一方提供给另一方的任何行为或表现，本质上是无形的并且不会产生任何物主权。

联网、医疗程序、体育赛事或旅游这样的服务中获得收益和价值。不过，为了吸引、保留和增加顾客，企业必须开发出有价值的东西来满足消费者需求。与此同时，有越来越多的企业将它们的产品作为服务而不是产品本身，来提高收益和价值。劳斯莱斯提供的"全面维护"(顾客每飞行一小时支付一定费用)就是一项服务。

企业可以通过增加顾客服务来提高产品或服务的内在收益和价值，包括配送、信息、维修、销售支持、技术支持、保修。本田虽然将雅阁作为核心实体产品进行销售，但也在购前、购中和购后提供顾客服务。联邦快递的核心服务是包裹隔夜送达，但是围绕这项服务它还提供了账单报表、单证提供、信息、物流建议、订单接收、包裹追踪、货物接收和供应等服务。最后，一家公司的核心服务，可能是另一家公司的顾客服务。配送对于当地的披萨店来说可能是顾客服务，但对于只配送披萨的连锁店而言，配送就是它的核心服务。

14.2　服务部门的发展

近几年，服务部门在发达国家发展迅速。因此，产品、服务和顾客服务的界限正变得越来越重要。在发达国家，服务对总体就业和GDP的贡献占到70%以上。许多服务企业进入了全球500强，而像政府和非营利组织(NGOs)这样的社会事业单位几乎是垄断性地提供着服务。最好的例子就是教育、垃圾收集、卫生与公共服务和警备。收入的增加以及和年龄相关的人口统计特征的转变推动了服务的发展(如中国)，私营部门发展的其他重要因素还包括：

· **顾客行为变化**。顾客对购买的偏好正在降低，许多顾客更愿意减少购买，而企业却希望将投资从资产负债表上消去，提高投资回报率。顺应这种变化，信贷、租赁和借贷服务发展起来。

· **放松管制**。电力、金融服务、天然气、电信和运输等服务行业的放松管制降低了市场准入，使具有革新战略的市场参与者迅速成长起来。

· **特许经营**。特许经营(franchising)是酒店、餐饮和税务筹划等行业的支柱，代表企业分别是希尔顿酒店、麦当劳和布洛克税务公司。另外诸如橱柜安装、商业地产重建、计算机和电器的上门维修等行业也正利用特许经营获得发展。

· **全球化**。技术和沟通方式上的革新使产品或服务可以走向全球市场。在世界范围内开展商业活动的企业使用许多衍生服务策略以满足新顾客的不同需求。

·**对核心竞争力的利用**。一些企业发现自己的企业内部活动可以给其他企业带来价值，因此它们就将这些活动作为服务重新包装并销售给那些企业。例如，日本著名的戴明质量奖得主——佛罗里达电力和照明公司，对外提供高质量的车间；施乐公司也对质量管理和档案服务系统提供咨询服务。迪士尼在领导力和客户服务方面提供执行程序。斯堪的纳维亚航空公司（SAS）培训来自其他航空公司的机务人员维修飞机，并帮助瑞士公司准备员工的重新安置工作。

·**外包**。许多企业将精力集中在自己的核心领域，而将过去在内部实施的活动和流程外包出去。企业经常可以从中获得更好的性价比。这方面的例子有呼叫中心的客服支持、金融交易、人力资源职能（福利、工资单）、法律咨询、保安、技术、电话服务、生产制造等。外包给供应商带来服务机会，并且利润率可能比实体产品还高。IBM、惠普和优利系统公司设计、安装和运行客户的计算机和信息系统；而像埃森哲这样的企业管理各种交易型和转换型业务流程外包（BPO）的关系。

·**技术**。技术进步使企业能够在不断个性化的基础上与顾客联系，并提供持续的配套服务。

14.3 服务的特点

实体产品与服务在许多重要方面存在差异。

14.3.1 无形性

对人的服务一般要求顾客的实际到场或互动，对产品和信息的服务则不需要。就服务的地点而言，像工厂维护、园艺和房屋清理这类服务一般是固定的，而另一些顾客消费的服务可能发生在不同地点：例如看一场电影，既可以在电影院，也可以在家里或者在手机上；看病，既可以在医生的办公室、在医院、在家里，甚至也可以在网上看。

虽然有些服务如餐饮或店内购物等，相对更加有形，但它们的核心体验依然是无形的。总的来说，无形性（intangiblity）使得顾客对服务的评价要比实体商品更加主观。因此，有形服务要素在顾客对服务体验的期望和评价的形成中常常发挥着重要作用。服务的有形要素包括设备、设施和员工。有些企业还通过服务承诺来提高服务的有形性。

营 销 思 考

下次你给顾客服务部门打电话的时候，问一问客服人员所在的位置。答案可能是南达科他州，但更有可能是另一个英语通行的国家。问问客服人员喜不喜欢他们的工作，以及在工作中最大的挑战是什么。这些答案对外包顾客服务的公司有什么启发呢？

要 点

服务的核心特点包括：
·无形性
·不可分离性
·可变性
·易逝性
·可分性
·不可私有化
·顾客的角色

279

要 点

顾客经常关注
无形服务的有
形方面：
·服务设备
·服务设施
·服务人员
·服务承诺

服务设备

总的来说，服务需要有形的实体产品：航空旅行需要飞机，iTunes需要iPod或iPhone，理发需要剪刀和镜子。服务设备的质量常常会影响服务体验。许多乘客会选择拥有新飞机的航空公司，如新加坡航空、捷蓝航空，而不是那些飞机老旧的公司。

服务设施

服务设施指企业提供服务的地方，包括：**外部设施**，如选址、外观和标识牌，这些有形要素提供了有关企业提供服务的内部信息，同时，这些外部要素要么吸引顾客，要么降低服务体验。**内部设施**，有两个维度，一是后台——在顾客的视线之外，二是前台——顾客体验服务的地方。

服务人员

服务人员有些工作在后台，有些工作则在前台。航空公司的机械工和行李搬运工一般在后台工作；售票员和乘务员则在前台。顾客体验取决于所有服务人员的工作表现。由于前台人员的外表、举止和礼仪提供了重要的质量线索，因此许多服务人员都身穿制服。将后台人员带到前台可以提高顾客体验。吉米·法伦（Jimmy Fallon）在他的深夜档脱口秀节目中就经常把工作人员带到前台来。航空公司的飞行员也经常发表讲话，并与下飞机的乘客进行交流。

顾客与前台服务人员有许多互动。简·卡尔森（原斯堪的纳维亚航空公司总裁），用**"关键时刻"**（moment of truth）一词来强调这些互动的重要性。在每一个关键时刻，顾客都可能会满意或者不满意。顾客会基于他们自己的互动以及服务人员和其他顾客的互动进行评判。管理所有参与渠道中的客户/服务人员互动是公司面临的主要挑战。迪士尼周详的培训和管理程序严密控制着员工的反应行为，从而使每一位顾客都享受着奇妙而且始终如一的体验。这其中更加困难的是管理顾客与分销商或加盟商员工的互动。

对于广告代理商、美容沙龙以及那些提供商业和专业服务的服务企业而言，另一个重要的问题是员工与顾客之间和企业与顾客之间的相对关系强度。当服务人员与顾客的关系很强时，员工就可能辞职并带走顾客（见第5章）。好的企业沟通可以加强企业与顾客间的联系。

服务承诺

如果公司不信守承诺，对服务体验的保证则不可能提供切实的价值。好的服务承诺是无条件的，方便调用且收集起来简单、快捷。CORT 家具租赁承诺及时送取、升级更换、两天内任意换货，还有任何问题不能解决就全额退款。服务协议应当简单，易于理解和沟通，而且和承诺保障的服务应当相关联。好的服务承诺之所以有价值，是因为它保证使顾客拥有积极体验，同时，好的承诺还应当激励员工努力工作，提高服务质量，避免顾客动用承诺条款。

14.3.2 不可分离性

许多企业制造、销售、运输和储存实体商品。这些企业通过库存控制来应对需求和供应的波动以及不完全预测。对服务业而言，服务商和顾客会不可避免地连接在一起，因为服务的生产和消费过程本就是不可分离的。由于企业无法储存服务，因此需求预测十分重要。拥挤的餐馆，排长龙的滑雪缆车线，还有只有站席的公交，所有这些都是需求超出供给的结果。为了应对供给和需求的失衡，企业必须调整供给或需求。

> **要点**
> 服务的生产和消费不可分离。

调整供给

企业可以通过提高服务能力（强度）来解决短期的需求波动，例如延长工作时间、外包、租借更多的外部设施和设备，以及增加全职或兼职的员工。这样做最大的挑战是保持服务质量：一家高档美发沙龙不该雇用临时造型师，除非他们的技术达到要求。此外，企业可以通过安排员工培训、维护、翻修或放假等安排减少服务供给。

> **要点**
> 企业无法储存服务，因此它必须通过减少（增加）供给或增加（减少）需求，来解决过度供给（需求）。

调整需求

企业应当回答下列问题，分析需求模式：

· 服务需求是否有规律、可预测的周期？如果是，这个周期的长度是一天、一周、一个月还是一年？或者需求是否符合其他一些模式？

· 是什么带来这些波动：气候、发薪日、学校假期或工作日程？

· 是否存在不确定性需求波动？例如出生人数、犯罪、天气等。

· 我们是否可以根据市场细分或盈利能力，分别使用不同模式？

基于这些问题的答案，企业必须决定要瞄准哪些细分市场，然后增加或减少必要的需求。为了**增加**需求，企业可以提高服务水平，提升时间和地点的便利性，更加有效地与潜在顾客沟通，或者降低价格。为了**减少**需求，即**反向营**

销（demarketing），企业可以向顾客提供刺激，使购买转向低需求阶段，或者减少营销活动，如减少广告或促销的费用和服务，或者调高价格。近年来，越来越多的服务企业开始利用大数据分析，对服务进行动态定价，如航空公司和酒店业。

14.3.3　可变性

服务过程中的人员介入直接导致了服务缺乏一致性。在产品制造过程中，企业可以用质量工具来解决可变性的问题，但这些工具很难用于服务。不过，有些质量控制方法，例如消除流程缺陷的数据驱动的方法六西格玛，对于确保服务系统的一致性是有效的。

人力资本

员工的选拔和培训对提高员工绩效和降低服务的可变性十分重要，因此，善待员工十分重要。维珍在"快乐的员工意味着快乐的顾客"的管理哲学下，将员工置于顾客之前，它相信没有被善待的员工不会带来高的顾客满意度。

有时候，服务的可变性可以是积极的。服务商通过向顾客提供定制服务并对他们的个人需求做出即时回应，来提高满意度。为了获得这种行为，奖励制度和员工授权应当鼓励员工更加努力地服务顾客，而不是惩罚他们的创新和打破常规的行为，这样才能提供更好的顾客体验。丽嘉酒店给予每个员工最高2000美元的权限来当场补救顾客服务的问题，不论是何种问题。许多企业都肯定和表扬那些提供了卓越服务的员工。

资本替代劳动

企业可以利用自动化设备来抵消人工服务的可变性，例如使用现金或地铁卡的自助售卖机。虽然这类创新往往是受成本降低目标的驱动，但它们也的确降低了服务的可变性。不过，缺陷是：机器会坏，而且顾客也可能更喜欢人工服务。一些银行客户就更喜欢银行的出纳员而不是ATM机，而且许多人讨厌仿真沟通（声音识别系统），他们希望和人打交道。你更喜欢哪种？

14.3.4　易逝性

易逝性与服务的不可分离性和无法贮存性密切相关，但它强调的是供给不变而需求变化的情况。一种情况下，需求是非常充分的但尚未支付，例如病人错过门诊预约，医疗系统正试图解决这种问题。另一种情况下，需求是变化的而且并不充分，此时企业可能会降低价格，例如纽约和伦敦的剧院区内出售即将开演剧目的售票亭，还有体育赛事的 StubHub 票务网。

14.3.5　可分性

我们将大部分产品视为单一主体：一款汽车就是一个独立单元，而不是发动机、座椅、变速器和轮胎这些部件的集合。可分性是服务的一个核心特征，许多核心和周边服务构成了一个随时间变化的活动序列组合。例如，你的营销课程中所包含的众多活动，从注册到公布最终的成绩。

14.3.6　不可私有化

人们可以获得并频繁地占有产品，但难以占有服务。他们所体验的服务在形式上表现为一辆平稳行驶的汽车、一个潇洒的发型，或者在 eBay 上的一次竞拍成功。通常来说，服务其实就是记忆中的一组联想。不过，一次服务体验可能格外特别，与它相关的联想也会非常有影响力。积极的联想会带来重复购买和正面口碑，消极的联想则会导致顾客拒绝该服务商并且带来负面口碑。

14.3.7　顾客的角色

由于对其他客户的影响，公司很少拒绝向客户销售产品，但顾客体验有许多都是在小组群体内进行的，因此顾客与顾客、顾客与服务商之间的互动，对许多服务企业而言都是一个十分重要的问题。醉酒的航空乘客、在金融课上睡觉的学生，以及在本垒后高喊出场的棒球迷，每一种情况都会影响到其他顾客的体验。企业决不能轻率地认为，顾客总是对的。有些企业拥有拒绝顾客的制度：例如大学的招生办、夜总会的保镖和餐馆领班，都会回绝他们不想服务的顾客。

14.4　服务质量

一般而言，高顾客满意度会带来顾客忠诚、重复购买和正面口碑，并且会增加股东价值。反过来也同样成立。图 14.1 所示是 SERVQUAL 模型：顾客满意与服务质量通过**期望失验**相关联，期望失验即差距 5，是指感知服务和期望服

要点

服务是可分的，即服务蓝图是构成服务的各种活动的序列组合。

营销思考

回忆最近一次令你感受良好的服务体验。你有没有再次购买这项服务？你有没有向朋友、家人和同事讲述这次体验？他们有没有购买这项服务？

回忆最近一次不好的服务体验。你有没有再次购买？你有没有向朋友、家人和同事讲述？他们有没有购买这项服务？

283

务之间的差异：

- **顾客满意**。感知到的服务好于期望的服务。
- **顾客不满意**。感知到的服务劣于期望的服务。

两家计算机硬件公司竞争激烈。A公司承诺在4小时内上门服务，B公司承诺的是8小时内。实际A公司平均5.5小时到达，B公司平均7小时到达。虽然A公司的服务绩效其实更好，但B公司的满意度更高！

差距5的大小取决于另外四个差距：

- 差距1：企业不了解顾客的服务期望。
- 差距2：服务质量规范不能反映企业对顾客服务期待的理解。
- 差距3：服务绩效不符合服务规范。
- 差距4：服务质量的外部沟通不能反映服务绩效。

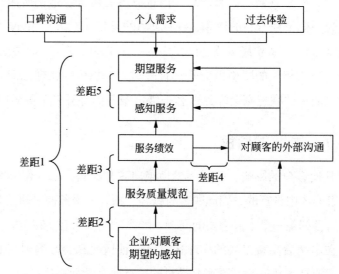

图14.1 服务质量诊断的SERVQAL模型

SERVQUAL模型发现了一种矛盾。企业或许可以通过广告宣传的高服务质量，在短期内增加销量，但如果顾客的感知服务质量低于期待服务质量，就会产生不满意。而且，如果企业对服务质量承诺过低，销量也不会高。另外，提高顾客期望也会使企业越来越难以向顾客提供超出期望的服务。

14.4.1　服务质量的测量和管理

在 SERVQUAL 模型中，五种核心变量影响了感知服务质量。即：

- **有形性**：宣传材料的外观、设备、人员和硬件设施；
- **可靠性**：按照企业承诺，准确而可靠地提供服务的能力；
- **响应性**：帮助顾客并提供及时服务的意愿；
- **保障性**：员工的礼仪、知识，以及表达自信和信任的能力；
- **移情性**：对顾客的关怀和个别关注。

表 14.1 所示是 SERVQUAL 模型量表的 22 个题项。被访者提供服务质量期望的数据（QE），以及对服务商的服务感知数据（QP）。服务商的 SERVQUAL 总值是 QP 值减去 QE 值之差，而后将所有 22 个题项的值相加。有形性、可靠性、响应性、保障性和移情性的子量表得分给出了更加细化的数据，并提供了操作上的建议。

> **营销思考**
>
> 回忆你喜欢的一家咖啡店。你对这家店的感知服务质量是怎样的？请对这家店的有形性、可靠性、响应性、保障性和移情性做出评价。

表 14.1　SERVQUAL 模型量表

维度	期望题项（QE）	感知题项（QP）
有形性	1. 卓越的_____公司应该拥有现代化的设备	XYZ 拥有现代化的设备
	2. 卓越的_____公司的硬件设施应该具有视觉吸引力	XYZ 的硬件设施具有视觉吸引力
	3. 卓越的_____公司的员工应该衣装整洁	XYZ 的员工衣装整洁
	4. 在卓越的_____公司，与服务相关的材料（例如宣传册或报告单）也应该具有视觉吸引力	在 XYZ，与服务相关的材料（例如宣传册或报告单）具有视觉吸引力
可靠性	5. 如果卓越的_____公司承诺在某一时间做什么事，它们就一定会这么做	XYZ 承诺在某一时间做什么事，它做到了
	6. 当顾客有问题时，卓越的_____公司应该表现出热诚来解决问题	当你有问题时，XYZ 表现出热诚来解决问题
	7. 卓越的_____公司提供的服务应该一次到位	XYZ 提供的服务一次到位
	8. 卓越的_____公司应该在它们承诺的时候立刻提供服务	XYZ 在承诺的时候立刻就提供了服务
	9. 卓越的_____公司应该保持零错误纪录	XYZ 保持了零错误纪录

续表

维度	期望题项（QE）	感知题项（QP）
响应性	10. 卓越的_____公司的员工应该在服务过程中准确地应答顾客	XYZ 的员工在服务过程中准确地回应了你
	11. 卓越的_____公司的员工应该向顾客提供及时的服务	XYZ 的员工给了你及时的服务
	12. 卓越的_____公司的员工应该时刻准备向顾客提供帮助	XYZ 的员工时刻准备向你提供帮助
	13. 卓越的_____公司的员工应该永远不会因为忙碌而无法回应顾客的要求	XYZ 的员工永远不会忙到无法回应你的要求
保障性	14. 卓越的_____公司员工的行为应该向顾客灌输自信	XYZ 员工的行为向你灌输了自信
	15. 卓越的_____公司的顾客应该在他们的交易中感到安全	在你与 XYZ 的交易中你感到安全
	16. 卓越的_____公司的员工应该对顾客始终彬彬有礼	XYZ 的员工始终对你彬彬有礼
	17. 卓越的_____公司的员工应该具有回答顾客问题的知识	XYZ 的员工具有回答你问题的知识
移情性	18. 卓越的_____公司应该对顾客给予个别的关心	XYZ 给你个别的关心
	19. 卓越的_____公司的营业时间应该方便到所有顾客	XYZ 的营业时间方便了所有顾客
	20. 卓越的_____公司应该雇用那些向顾客提供个别关心的员工	XYZ 雇用了能够向你提供个别关心的员工
	21. 卓越的_____公司应该将顾客最大的利益放在心上	XYZ 将你最大的利益放在心上
	22. 卓越的_____公司的员工应该理解顾客的具体需求	XYZ 的员工理解你的具体需求

a. 所有问题用 7 点式回答：1= 非常不同意，7= 非常同意。
b. 期望题项中的空白行是针对研究的某个特定行业、子行业或者部门。
c. 感知题项中的 XYZ 代表所研究的企业。

要点

SERVQAUL 的子量表评分：
· 有形性
· 可靠性
· 响应性
· 保障性
· 移情性

该量表为服务绩效的提高提供了具有可操作性的题项。

要点

高满意度不一定带来高顾客保留。企业必须取悦顾客。

14.4.2　改善服务质量

为了提高服务质量，企业应当考虑以下问题：

· **顾客参与**。一些企业利用服务过程中的顾客参与来提高服务质量。例如自助餐厅、自助结账超市，还有机场的自助登机。过去，美国联邦快递的顾客通过打电话给客服代表来跟踪快递包裹，今天他们通过网络来跟踪。不仅顾客获得了更好的服务，联邦快递还降低了成本。有些企业通过差别定价来鼓励顾客参与服务，例如航空公司，网上的票价经常低于电话订购。

·**提高服务质量**。企业通过增加顾客服务来提高服务质量。快速消费品公司向零售商提供数据化货架管理（plan-o-grams）来分配货架空间；私人银行向高净值客户的子女举办理财研讨会；在成熟市场上，附加的顾客服务更是尤其重要。

有时候企业甚至通过减少服务来提高质量。广受欢迎且盈利良好的西南航空就使用二级机场，机上售票和非指定座位，而且不提供与其他航空公司的行李转机联运。通过成本的降低，西南航空持续提供了低价、高频率和准点的飞行服务，而且服务体验非常有趣，顾客对它的服务质量评分也很高。

·**保持服务环境**。一些服务对服务环境会产生负面影响：例如餐馆里的脏盘子和脏杯子，健身中心的脏毛巾，以及发廊地板上的头发。迅速清洁环境可以提高服务质量。

> **要点** 对服务效率的追求可能导致系统僵硬，从而无法应对特殊的顾客行为。

·**服务绩效和信息**。顾客希望得到高质量的服务，不过他们也希望知道自己什么时候获得服务。伦敦希斯罗机场快线在列车站台和列车上向乘客提供列车到达和出发的准确预计时间。在许多城市，当交通信号灯将要切换时，会有秒钟提醒行人。

> **要点** 所有企业都经历过服务的失败，如何解决这些失败则是关键。

·**服务质量不合格与服务补救**。尽管企业尽了最大努力，但错误仍然难以避免。为了将客户流失降到最低，企业应当迅速应对服务失败，并积极地进行服务补救。做得好的话，之前不快的顾客反而可能变为忠实顾客，甚至成为拥护者。企业应该从失败的根源上解决问题，通过升级产品、服务或顾客服务来弥补失败。总的来说，很少有不满的顾客会抱怨，他们只会离开。但抱怨是企业了解顾客"痛点"的一个机会。企业应当鼓励顾客抱怨，并且在抱怨提出之后迅速而积极地解决问题。

> **要点** 很少有不满的顾客会抱怨，他们只会离开。企业应当鼓励顾客抱怨，然后迅速而积极地加以解决。

如今，越来越多的顾客在公开场合抱怨，特别是在网络上。他们将故事上传到论坛、推特和 YouTube 上，或者建立攻击网站：美国在线、盖璞、摩根大通、麦当劳、微软和美国联合航空公司都曾经被攻击过。企业要如何在数字领域管理自己的声誉，这个问题正变得越来越重要。有一些企业雇用网管来监督顾客抱怨并回答他们的提问，另一些公司则使用情感分析（意见挖掘）来评估文本的倾向性，然后再加以应对。许多企业赞助在脸书或者领英上的用户群体，或者主持 TouTube 的节目频道，以帮助管理顾客感知。

14.5　顾客服务

要点

对于顾客的决策而言，顾客服务可能比核心产品或服务更加关键。

前面我们已经提过核心产品或服务与顾客服务有所不同。顾客服务是任何提高企业核心产品或服务的活动、行为或信息。顾客服务对顾客关系管理十分重要，甚至可以与核心产品或服务同等重要。IBM 并不是因为优越的技术或更低的价格而统领大型计算机市场，它的差异化优势在于顾客服务："你永远不会因为购买 IBM 的产品而被解雇。"正面口碑来自强大的顾客服务。

14.5.1　顾客服务的类型

图 14.2 所示顾客服务之花，包含了提高核心产品或服务的八个维度。

要点

顾客服务之花有八个服务的维度：
· 结账
· 咨询
· 例外
· 热情
· 信息
· 订单受理
· 支付
· 保管

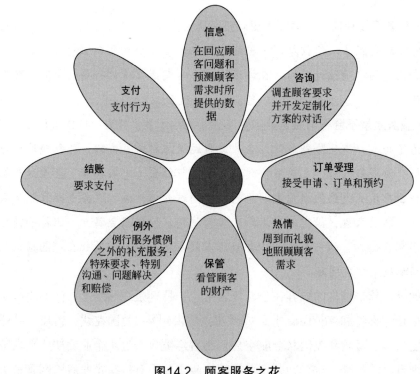

图14.2　顾客服务之花

我们也可以按照购买过程的划分阶段对顾客服务进行分类。每个阶段都有不同的顾客要求，需要不同的顾客服务：

·**购前**。协助顾客进行购买准备，包括帮助顾客识别需求。另外，还有提供产品和购买地点等信息的促销活动。

·**购中**。包括在挑选、定制协议、筹措资金、人员销售、产品组合、产品试用和质量保障这些方面提供帮助。

·**购后**。大多数营销活动发生在购前和购中，大多数顾客服务则发生在购买之后。购后服务帮顾客进行产品的支付、运送、接收、安装、使用、退换货、维修、服务以及处理。购后服务对问题和顾客抱怨进行处理，包括改造、备件、技术服务、免费服务电话、培训、保修。虽然企业可以免费提供一些服务（向某些顾客），但利用精明的市场细分和定价，购后服务可以为企业带来丰厚利润。购后服务还可以作为检测质量问题的早期预警系统。因此，购后服务可以提高重复购买率和交叉购买，并增加顾客保留。

14.5.2　提供卓越的顾客服务

企业可以通过几种不同的方式，提供卓越的顾客服务。

高层管理者的支持和参与

高层管理者应当反复传达做好顾客服务至关重要的思想，他们应当建立一种文化，使所有员工都重视顾客服务。这不是一件嘴上说说的事，高层管理者应当身体力行、亲自与顾客交流。在 B2C 企业，他们可能花费一整天或者一个月的时间在顾客服务上，例如在推广雷克萨斯时的丰田前任主管们就是如此。他们应当发现并奖励顾客服务的先进模范，并公开颂扬模范们的成功事迹。在 B2B 企业，高层管理者应当支持战略客户的管理者，作为战略客户的**执行发起人**（Executive Sponsors）来为他们提供服务（详见 18 章）。首席执行官拉里·埃里森就是甲骨文为通用电气公司服务的执行发起人。

顾客服务战略

在制定市场战略时，企业识别顾客对产品或服务的需求，然后建立一种价值主张来满足这些需求（见第 9 章）；而在制定顾客服务战略时，企业是从顾客服务的角度关注顾客需求。具有相同产品或服务需求的顾客可能具有非常不同

要点

在购买关系中，企业可以提供以下顾客服务：
·购前
·购中
·购后

要点

提供卓越顾客服务的关键因素包括：
·高层管理者的支持和参与
·顾客服务战略
·人力资源管理
·服务基础结构
·测量顾客服务质量

要点

要求相同产品和服务的顾客可能有不同的顾客服务需求，反之亦然。

的顾客服务需求，反之亦然。

人力资源管理

人力资源（HR）规划，特别是前台人员的人力资源规划，是实现优质顾客服务不可或缺的一部分。许多一线岗位都是低技能低收入的，在零售和酒店行业尤其如此。企业应当制定有效的人力资源政策并严格执行。传统的招聘、选拔、培训和发展、评价、表彰、奖励和保留等人力资源管理工具对于确保员工和企业的适配性是重要的。

高昂的人力成本使许多企业将客服呼叫中心外包到印度、肯尼亚、马来西亚以及菲律宾等国家。虽然应聘人员受过良好教育、英语流利，但他们一般都需要在产品或服务方面进行培训，还要学习美式英语的说法。虽然外包决策经常是受成本驱动，但企业必须在成本降低与文化适应和服务质量之间进行权衡。

服务基础结构

企业必须设计适当的服务基础结构，包括技术和人力资源，以支持顾客服务战略。有些顾客服务，例如维修，对人的依赖很大；而另一些服务，例如网上预约系统则依赖于技术。矛盾的是，许多人力密集的服务系统却要求拥有最先进的技术装备，例如航空公司的登机和行李托运服务。

顾客界面十分重要。大部分顾客希望界面简单，而且只有一个客服代表，他们不喜欢在不同客服代表之间被传来传去。许多企业就是因为界面过于专业（为了降低成本）并且无法实现一站式服务，造成顾客不满。还有些企业将客户服务外包给了第三方服务商，结果却产生更大的麻烦。本书作者之一凯普先生曾从百思买购买过一台高清电视机及其配件。店铺体验很棒，且有自动语音电话提供安装信息。但这之后的顾客服务体验令人崩溃：作者花了半个小时在电话上等待与第三方安装人员交谈。

许多企业利用网络技术方案降低人员成本。设计良好的系统，例如航空公司和酒店的订票系统，的确实现了服务的无缝对接。它们提高了顾客服务水平，拉近了顾客与企业的关系，并且降低了成本。

测量顾客服务质量

"无法测量，就无法管理。"顾客满意度是服务质量测量的一个很好指标，但在全面质量改进中不是很有用。客户流失率的指标更好。当顾客终止如银行、保险、电话服务等正式关系时，识别流失客户比较容易，但当缺少个别顾客记录的时候，识别就很困难。

对客户流失原因的分析为提高服务质量提供了有价值的信息，企业应当对有悖于绩效标准的顾客服务重要因素进行识别和定期测量。标准和实际绩效之间的差异应当成为顾客服务调整的基础。此外，企业还应当根据绩效与标准的实现情况，设计员工奖励程序。

> **要点**
>
> 客户流失率是比顾客满意度更有价值的绩效测量指标。企业应当识别和测量影响顾客满意的重要因素。

本章要点

1. 有时候企业的核心产品是一种服务，而有时候是一种实体产品。

2. 顾客服务既可以作为核心产品，也可以作为核心服务的补充。

3. 有些产品会转变为服务，因为顾客购买的是实体产品带来收益和价值，而不是产品本身。

4. 有几种特征将服务（核心服务和顾客服务）区别于实体产品，每种特征都有重要的营销意义：

- 无形性
- 可变性
- 可分性
- 顾客的角色
- 不可分离性
- 易逝性
- 不可私有化

5. SERVQUAL 模型是理解和提高服务质量的重要诊断工具。

6. 一般来说，高服务质量会带来较高的顾客满意度，不过竞争的激化和已经提高的服务质量会降低顾客满意度或顾客忠诚度。

7. 企业可以在购前、购中和购后提供顾客服务。

8. 设计和执行良好的顾客服务可以使企业从重复购买和正面口碑中获得显著收益。

第15章 整合营销传播

学习目标

学习完本章后，你应当能够：

· 阐述导致沟通误解的原因

· 列举企业可以使用的各种传播工具

· 设计沟通目标

· 阐述广告的工作原理

· 理解和测量广告目标

· 设计一个广告宣传活动

· 知道大众传播工具的使用时机——传统广告、直销、包装、宣传、公共关系、促销

开篇案例 万事达卡国际组织

　　万事达卡国际组织（MasterCard International，以下简称 MC）是全球第二大信用卡国际组织，MC 本身并不直接发行信用卡，而是由参加组织的金融机构会员发行。在 20 世纪 90 年代末，MC 陷入了困境，因来自维萨、美国运通、Discover 各方面的竞争压力，其市场份额已经连续 10 年下降。MC 在零售市场的认可度与维萨接近，但首次提及率比维萨低 10 个百分点。同时，MC 也失去了包括美国国内和国际上各成员银行的支持，例如在美国，MC 的直邮广告份额明显落后维萨。

　　MC 进行了广泛的广告代理审查最后选中了麦肯广告（McCann-Erickson，ME）。麦肯广告得出了如下结论：MC 所面临的挑战是如何重新激活一个在顾客情感上已接近枯竭的品牌。同时，MC 也失去了关键成员银行的信任以及独立做决定的权利。更糟的是，在几乎所有的国际市场上，大品牌不断有不同的品牌活动，而且在信用卡超支方面，维萨、美国运通一直领先 MC。

　　麦肯广告在美国和主要国际市场的研究表明：消费者认为 MC 是一个乏味的、功能齐全但没有抱负的普通品牌。而美国运通是专业的、大众的、负责任的品牌；

维萨则是有点大男子主义、时尚、成长中的品牌。相比之下，MC 低调且实用。MC 认为它的目标是从一个情感中立的通用卡转型到消费者感觉良好的万事达卡片。

麦肯广告的二手数据分析显示，从 20 世纪 80 年代初开始，物质和外部导向的消费文化开始转变。以穿戴专门设计的衣服、去有名的商店购物、住豪华饭店、拥有价值昂贵的名车、使用一个著名的信用卡为成功标志的时代已经逐渐过去。新的成功标志是掌握生活的能力、对自己的生活感到满足、买得起真正重要的东西。大多数消费者认为信用卡中留有结余是"必要且合理的"。通过信用卡消费帮助消费者丰富生活，麦肯广告把这种来自消费者新价值观和信用卡消费新习惯的生活行为界定为"良性循环"，并设置了良好的目标。麦肯广告最后确定的观念是："万事达卡是支付重要费用的更优方式。"

以这种洞察结果为导向，麦肯广告的三人创作团队集思广益了一个月。最后，克兰因创造了一句广告语——"除了钱买不到的东西，其余的交给万事达卡"。几周后，一个星期天的早餐时间，托马斯和他的创意伙伴杰伦想到了第一个广告——举行一场棒球比赛，在比赛中设置一些简单的交易。解说员比利·克鲁德普（Billy Crudup）广播道："球票两张：28 美元。热狗、爆米花、苏打水：18 美元。明星亲笔签名的棒球：45 美元。与 11 岁儿子真正的交流：无价……有一些东西钱买不到，而其他东西，有万事达卡。"

麦肯广告制作了 300 多个这样的电视广告，用 53 种语言在 112 个国家展示，获得了 100 多个创意奖项。更重要的是，这一无价的活动使得万事达卡给人们留下了深刻的印象。MC 的总收入额增长了 250% 以上，银行发行超过 10 亿张的万事达卡，品牌知名度显著上升，和维萨的差距进一步缩小。MC 通过培训 8000 名员工成为社会品牌代言人推进这项活动。如今，超过 3000 人定期在 MC 的内外部平台上同社交媒体朋友分享内容。

2006 年，MC 成为一家上市公司；到 2015 年，MC 的股价达到了其 IPO 价格的 10 倍，2023 年 7 月，其股价已经达到 398 美元，成长为一家处于支付领域的全球性科技公司。

案例思考

你如何解释万事达卡的成功？哪些广告和营销沟通活动令你难忘？为什么？

我们都听过这句广为流传的俗语"酒香不怕巷子深"。不可能！只有当顾客对酒有所了解后才可能找寻到深巷子里，这就是传播的主旨所在。为了成功，企业应该把产品或服务的获益和价值传递给目标顾客。企业可以选择的传播工具和技术有很多，主要包括以下几个宽泛的类别：

· **人际传播**：面对面的人员推销，电话营销/电话销售，服务。

· **传统的大众传播**：传统媒体广告，直接营销，包装，宣传及公共关系，销售促销（包括产品植入和商务展会）等。

· **数字化传播**：电子邮件，在线搜索，博客，社交媒体，数字化广告，视频，网页，移动营销等。

传统意义上，企业也可以通过口碑传播来强化信息价值。社交媒体则通过创造企业与消费者及消费者之间的多样化传播选择改变了这一范式。这个庞大的传播阵营，对于市场营销专业人士来说，既是福音又是诅咒。作为福音，企业有多种向其受众传达信息的方法。而诅咒则体现在既定时间和成本下协调各种信息至多方目标市场，而且形成一个连贯、一致和统一的整体的困难性。

整合营销传播的概念反映了运用适当的传播工具和技术将所有的传播信息在适当的时间传播给适当的受众。本章会总结接触目标受众和实现企业目标的传播战略与战术。

15.1 传播过程

整体的传播项目对于成功地实施营销战略，实现企业目标至关重要。然而这并不容易实现。在我们开始分析整合传播的营销因素之前，先来重温沟通的原则。图 15.1 显示了传播过程的基本框架。发送者向接收者发送一个信息，继而接收者接收该消息。虚线显示，在一些传播过程中，接收者还会与发送者沟通。理想的情况是接收者接收到的消息正是发送者想发送的。否则，误解就产生了——这对企业，尤其是营销人员来说并不好。误解的产生主要有三个原因：

· **编码**。典型的情形是，某些人或组织实体决定了预期的信息，但此信息没有正确发送。或者广告公司曲解了产品的定位，没有挖掘到合适的信息。或者销售人员的培训没有效果，他们没有传达正确的信息。

· **失真**。信息在发送时发生了扭曲，接收者没接收到所发送的信息。相似的平面和电视广告，消费者接收到的信息就不同，或者销售人员的口音可能会影响顾客接收信息。

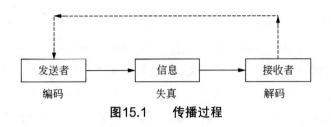

图15.1　　传播过程

·**解码**。传播受众可能收到不同的信息——选择性注意，选择性知觉和选择性保留，可能与感知、记忆或信仰系统有关。因此，信息被错误感知和误解。营销者的主要挑战是理解导致误解产生的原因并将其最小化。

15.2　传播工具

传播工具是营销者与目标受众沟通的方式。两大传统类别是人际传播与大众传播。我们额外还增加了两个类别：口碑传播和数字化传播，以及它们对当今整合化的传播战略的影响。

15.2.1　人际传播

发生在个人或团体间的人际传播（通常是面对面）。在营销情境中，最常见的人际传播是销售人员和其他公司代表如技术支持人员和客户服务人员，单独或者以团队形式与顾客的互动。在许多企业中，电话营销人员补充或替代了实地销售人员。企业脚本记录了一些人际传播信息，但是绝大部分内容随着互动过程而自然变化。

要点

人际传播发生在面对面的个人或团体之间。

15.2.2　大众传播

营销人员使用的很多传播工具中，发送者和接收者之间没有人际交往，尤其是B2C营销中。比起人际传播，企业在大众传播工具中对信息内容有更大的控制权。以下是大众传播的各种形式：

·**广告**。作为一种传统的形式，企业通过付费方式向大量受众传播。广告包括通过多种媒体部署的不同模式，通常是视频和音频。视觉静态媒体是指印刷品，包括广告牌、小册子、杂志、报纸、购买点展示、标牌和商业期刊。动态视觉媒体包括电视、电影和在线广告。音频包括电台和新的传播类型，如有声播客。

·**直接营销**。包括所有付费的或企业赞助的面向个人的传播。最常见的形式是印刷邮件，但更现代化的方式包括音频／视频文件和电子邮件。

·**包装**。包装的主要价值是对产品提供保护。然而，它也可以是提供信息和视觉吸引力的传播工具。

·**宣传和公共关系**（P&PR）。宣传指企业不直接付费的传播方式。典型的，如企业向第三方传播者提供或者植入诸如照片、新闻发布会、故事或视频文件。传播者，比如行业分析师、杂志、新闻机构，将企业信息整合进自己的传播中。公关包含了宣传，但更为广泛的，它包括其他管理企业形象以获得良好反馈的途径，包括赞助活动，演讲，参与社区活动，捐钱给慈善机构，以及其他面向公众的活动。

·**销售促进**。向客户提供额外的价值，而且往往可以创造即时销售。消费者促销，包括优惠券、竞赛、游戏、回扣、赠品、样品和购买点材料。特殊形式的促销活动有以下几种：

·**产品植入**。企业将产品植入到电影和电视节目中。植入可以是真实的，或虚拟的通过电子方式植入产品、企业标识等。

·**商业展览**。在许多行业中，供应商或零售商在某一个时间，某个便利的地点向现有和潜在客户展出和演示产品。反过来，客户可以与提供类似的产品和服务的大量供应商沟通。

15.2.3　口碑传播

营销思考
当你最近一次想购买手机的时候：供应商是如何与你沟通的？他们采用了什么人际传播方法？用了哪些大众传播方法？是否有用到数字化传播方法？哪些传播方法是可信的和吸引人的？哪种方法对你的选择影响最大？

要点
口碑传播发生在没有人际联系的发送者与接受者之间。

发生在顾客与潜在顾客间的传播能影响很多购买因素，例如品牌选择，流通渠道和时机。依赖于顾客的体验，有关企业／产品／品牌的传播可以是正面的，也可以是负面的。由于顾客通常不收取任何商业利益，他们比起企业付费的传播工具更具有可信度。一般来说，企业对口碑营销几乎没有控制力，但是越来越多的企业运作喷嚏营销、游击营销和病毒营销活动。在数字化领域，企业可以通过付费给博客主鼓励其正面传播。有些企业也利用社交网络建立群组。啦啦队在高中生中很受欢迎：宝洁和百事都以提供信息和免费小样的方式赞助高中啦啦队活动和比赛。营销者在口碑传播活动中越来越多地借助社交媒体（参见第 17 章）。

15.2.4 数字化传播

互联网给企业与顾客传播提供了额外的选择。其中一些工具是传统传播工具的电子化体现，如直邮和电子邮件发送。

其他的方式是借助特定的数字媒体产生的。在线搜索、博客和社交媒体帮助顾客寻找企业；广告选择包括在线显示、分类广告和视频。社交媒体极大地强化了传统的口碑营销，而移动营销则引入了全新的与顾客互动的方式。链接管理和二维码等技术通过 URL（统一资源定位系统）、脸书页面和推特标签将打印媒体与数字内容链接起来。在企业网站和社交媒体站点上，顾客可以自行选择他们接收的传播方式。企业运用网络分析来跟踪顾客在线看到和做的事情，因此数字化传播越来越倾向于个性化。亚马逊基于顾客过去的购买行为向顾客不断地推荐产品；奈飞续订者会收到电影细节信息；消费者个人收到的广告以其互联网行为为基础。

此外，互联网正以很快的速度由 PC 媒体向电视接收设备（或电视节目转移到电脑上）、智能手机和平板电脑上转变，即移动营销。

15.3 制定传播策略

企业在制定传播策略时需要考虑的关键问题如表 15.1 所示。

表 15.1 制定传播策略时需要考虑的关键问题

主问题	子问题
1. 谁是我们的传播目标受众？	明确地说，我们应该和什么人或实体沟通？
2. 我们的传播目的是什么？	面对不同的受众，传播的目的及内容如何变化？提供给每个受众群体的独特内容是什么？
3. 我们要使用哪些传播工具？	需要组合使用人际传播、大众传播、数字传播和口碑传播吗？
4. 我们的传播预算是多少？	传播预算如何在不同的传播工具中分配？
5. 传播的最佳时机是什么？	考虑季节性及其他因素，各个传播内容的适当时机是什么？

营销思考

上个月，你是否有向其他人推荐某个产品/品牌，或者他们向你推荐的经历？该企业是否采取了一些行动鼓励口碑传播？

要点

数字化传播包含了以互联网为背景的各种传播形式。

要点

传播策略的核心考虑因素是：传播目标受众，传播目标，传播信息，传播工具，预算和时机。

15.3.1　识别目标受众

企业主要有两大传播目标受众：企业产品或服务的直接或间接影响者。有些目标受众是决策制定者，而有些是影响者。

直接相关的传播目标受众

企业要重视其所定位的顾客受众（参见第9章）。这些包括现有和潜在顾客，直接和间接顾客，第三方参考者和咨询者。一旦识别后，企业需要决定哪种战略是最有效的——推式或拉式。图15.2是一个子部件制造商的例子。

推式战略　传播的核心在于直接顾客。子部件制造商企业（SM）关注部件制造商（CMs）——图15.2（左）。子部件制造商期望部件制造商与最终产品制造商以及渠道下游的其他间接顾客沟通。很多B2B企业采用推式传播策略，此时人员推销最有效。企业期望直接顾客向渠道下游的间接顾客沟通。

拉式战略　传播的焦点是渠道下游的间接顾客，如最终消费者或最终用户——图15.2（右）。其目标是鼓励这些客户购买成品，成功的劝说产生拉动效果，从而推动该企业的销售。

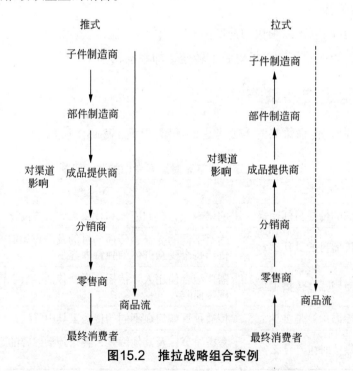

图15.2　推拉战略组合实例

大部分企业采用推式或拉式战略，有些大企业会采用两种战略的组合。宝洁、联合利华和耐克等快速消费品企业主要以面向消费者的广告为基础的拉式战略，此外也会有面向零售商的推式战略。

某些行业法规会影响企业的传播目标。从历史上看，美国 FDA 曾禁止处方药产品发布消费者广告。近年来，这一禁令已被取消（许多国家仍然禁止），拉动战略可以鼓励病人"询问您的医生"。企业也可以向竞争对手释放信号（见第 5 章）。

营销也存在内部传播受众。确保销售人员使用恰当的传播工具是营销的重要任务。营销也可以与全体员工沟通，以确保所有员工始终理解企业的战略和品牌标识。

间接关联的沟通目标受众

很多企业拥有不直接购买产品的传播受众。资本市场就是其中的一个特例，公司（或代理机构，如投资银行）以投资者为目标，以确保债务和股权融资。很多企业也会游说立法者和特殊兴趣群体。虽然这些传播受众与公司的产品不直接相关，但是他们可以对客户产生重要影响。例如，招聘训练有素员工的广告可能暗含着技术上的领先。反对立法保护环境的游说活动可能失去注重环境保护的顾客。

15.3.2　确定传播目标

通常情况下，企业的长期营销传播的目标是增加销量、收入和企业产品的重复购买。在设定短期传播目标时，主要考虑的直接相关因素是目标顾客的类型和企业的市场战略。

传播目标

图 15.2 显示了子件制造商的直接和间接顾客，表 15.2 则显示其面向不同类型顾客的沟通目标。

表 15.2　不同类型顾客的沟通目标

顾客类型	面向顾客的沟通目标
部件制造商	·了解如何将企业的元器件整合至顾客的部件中 ·为部件的使用购买元器件 ·备足可观的部件数量以满足成品提供商的需要
第三方顾问	·提供有意义的信息以便顾问将公司的元器件推荐给部件制造商

要点

企业有很多除消费者之外的传播受众。

营销思考

为你最喜欢的一个本地餐馆设计传播计划。你计划如何提升该餐馆目前的行为？

营销思考

使用表15.2框架工作，为一家为游船制造GPS系统的公司确定目标受众以及短期和长期沟通目标。

顾客类型	面向顾客的沟通目标
成品提供商	·同意为成品购买部件 ·同意在成品上标注元器件品牌
分销商	·培训销售人员沟通顾客利益，并向零售商销售成品。
零售商	·同意为成品提供合作广告资金预算
消费者	·意识到、理解、喜欢、尝试并继续购买成品

面向顾客和面向竞争者及补充者的沟通目标呈现出很大差异。通常情况下，公司试图影响竞争对手和补充者的行动，使客户认为公司提供的产品更有利。

企业营销战略

企业通过细分市场战略中的定位陈述确定目标顾客（参见第 9 章）。因为这些目标顾客也是其传播的目标，企业必须随着战略重点的增长变化调整其传播目标：提高客户忠诚度（减少流失）；增加顾客使用；从竞争对手处吸引新的客户；拓展新业务。

传播的目标受众群体还取决于公司的市场地位及市场条件。在新兴市场中，公司必须侧重于识别、鉴别、传播并出售给未使用者。相反，如果该公司处于一个成熟的市场，其目标将可能集中在维系现有客户和吸引竞争对手的顾客上。

15.3.3　构建传播信息

构建合适的面向目标受众的信息是制定传播战略的中心。潜在的核心原则是：信息设计应该反映市场战略中的价值主张（定位元素）。如果企业有多个不同价值主张的目标市场，企业必须设计多样化的传播信息。

15.3.4　选择传播工具

传播目标和信息决定企业对传播工具的选择。我们假设目标是在一个广泛的消费群体里建立消费者的新产品意识。常识告诉我们，广告可能会比推销员逐户上门更为有效。但是，如果目标是向大型工业公司销售复杂的资本产品，那么个人销售在传递信息和回答问题方面可能会更有成效。表 15.3 可以帮助企业依据传播目标和受众匹配传播工具。假定批发商正试图分销新产品，它决定：

·通过直邮确定潜在的零售商。

- 通过电话销售甄别零售商。
- 通过人员销售和企业网站销售给合格的零售商。
- 通过销售和服务团队向零售商提供持续的销售和服务。

该批发商选择不使用广告、宣传和公共关系、销售促进、个体服务人员或其网站以外的数字沟通方法。批发商应该为每个客户目标制定一个类似的图表。

表 15.3　营销传播目标、受众和工具

传播工具	传播受众和目标			
	识别潜在零售商	甄别潜在零售商	销售给合格的零售商	销售和服务于零售商
个人推销			****	
电话营销 / 电话销售		****		
个体服务人员				
销售和服务团队				****
广告				
直接营销	****			
包装				
宣传和公共关系				
销售促进				
电子邮件				
网络搜索、博客、社交媒体			****	
在线广告				
网站			****	
移动营销				

15.3.5　预算营销沟通及营销沟通时机

营销沟通的预算和时机也是决定传播策略是否有效的关键，也直接关系着传播目标和传播工具的选择。第 16 章将在广告的情景中更细致地讨论预算细节。时机问题在制定和执行多方案的使用各种传播工具的整合传播活动中尤为关键。

15.3.6　整合营销传播

现在，我们应该明白了传播过程，知道了制定传播策略的关键问题，也熟悉了传播工具。企业的核心挑战是制订有效的整合营销传播计划，以最大限度地发挥其战略的影响并实现其目标。企业应努力实现四种营销传播类型的整合：

- 整合一个单一的细分市场中所有受众目标的传播。
- 整合传播与其他营销执行变量，如产品、价格、分销和服务的沟通。
- 整合几个细分市场的所有受众目标的传播。
- 整合所有受众目标的传播——细分市场、市场、业务和企业。

15.4　大众传播：广告及其策略元素

从本质上讲，广告是一种服务。当你留意广告信息时，就会获得信息的功能价值，有时甚至觉得它有趣。你还可以从广告中获得心理和经济价值，但几乎不需要花钱。从顾客的角度来说，电视广告是免费的，报纸和杂志上的广告补贴了你购买报纸和杂志的费用。

但这是如何实现的？大多数情况下，你作为顾客在享受报纸或杂志故事等信息或者上网的时候，就会看到广告信息。广告商付钱给媒体公司把广告和内容捆绑在一起，但广告商没有得到任何直接的回报，它得到的是间接价值，来自你的眼睛、耳朵以及你大脑的注意力。这种关注对广告商具有巨大价值。事实上，谷歌的高市场价值来源于大量网站的流量及随后来自谷歌广告商网站的点击率。

在许多行业，特别是快速消费品行业，广告是实施营销及沟通战略的核心。表 15.4 显示了制定广告策略的关键问题以及与市场和传播策略的相关联系。

表 15.4 广告策略元素

元素	问题	市场和传播策略的关联性
目标受众	我们试图影响谁?	市场战略中的目标细分市场
广告目标	我们想要达到什么目的?	与市场战略中的战略和运营目标直接相关
信息	目标受众应该获得什么信息?	与营销战略的价值主张相关
执行	该如何传递信息?	最有效的接触顾客的方式
媒体选择和广告投放时机	何时何地发布广告?	选择能在适当的时间接触目标顾客的媒体
广告预算	我们要在广告上花多少钱?	广告预算是整个沟通预算的一个要素
项目评价	如何测量广告效果?	从各种测量方法中选择

要 点

广告策略包括:
· 目标受众
· 广告目标
· 信息
· 执行
· 媒体选择和广告投放时机
· 广告预算
· 项目评价

　　企业应该把广告看作一种投资。今天的广告要达到某种短期效果,但也可能有长期影响。广告有助于企业建立品牌,并促进潜在顾客购买。不幸的是,在企业的损益表和当期收入报告中,广告是一种花费,影响当年的收入,因此许多公司采取了缩减广告的策略。

15.4.1 广告策划——我们试图影响谁?

　　正如我们之前所了解的,制定市场战略的关键因素是确定目标细分市场。对于每一个目标细分市场,应定位识别出企业希望与之沟通的目标顾客。公司采用推式策略时专注于直接顾客;采用拉式策略时则主要集中于间接顾客。企业还必须确定目标受众是购买决策过程中的决策者、影响者,还是其他参与购买决策全过程的人员。由于广告资金是有限的,企业必须在分配广告预算拨款前仔细选择目标受众。

15.4.2 广告如何运作

　　广告的有效性也许是营销研究最多的话题。效果层次模型是了解广告如何运作的核心。图 15.3 显示的是高参与度和低参与度的层次模型。通常,最终目标是让品牌强大,鼓励购买和重复购买。特别值得注意的是,在每个模型中的认知和重复购买之间的中间步骤，高的参与度过程通常需要更长的时间。

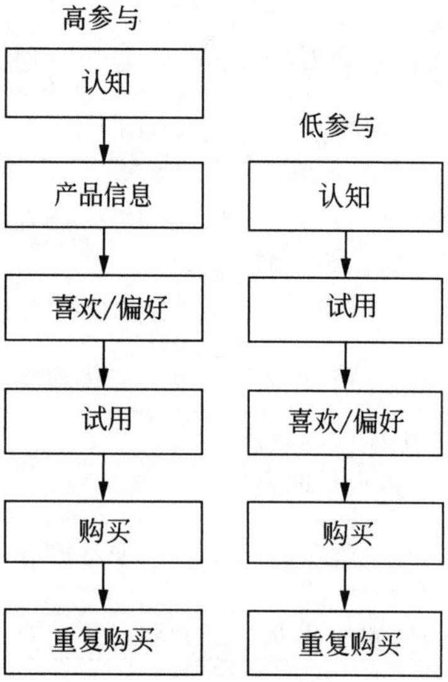

高参与度

顾客认为购买行为涉及功能、心理、经济和财务风险，如购买一辆新车时，顾客要经历一个阶段性的学习过程，包括：

· **认知**。认识到该产品可以购买。

· **产品信息**。了解产品的属性、功能、利益和价值。

· **喜欢 / 偏好**。形成对产品的喜爱和正面感受。

· **试用**。在购买和使用前测试欲购买的产品。

· **购买**。为产品交换金钱或其他资源。

· **重复购买**。再次购买该产品。广告可以强化正面情感，导致重复购买。

低参与度

顾客几乎看不到风险，购买前几乎不需要相关知识——快速消费品，如苏打水或谷物。广告的作用是创建知名度，激发顾客尝试。

15.4.3 广告目标——我们想要实现什么？

一旦企业确认了广告是最适当的沟通工具，则应制定广告目标。主要包括两类目标：

· **终极目标**。企业最终要实现的目标——销售、重复购买、市场份额、品牌忠诚度。

· **中间目标**。与效果层次影响模型相关，包括知名度、知识、喜好（偏好）、试用或情绪的承诺（对品牌）。对于新产品的推介，公司最初可能专注于提高知名度。其他中间目标的重要性取决于影响模型的特殊层次——高参与／低参与——管理采购。

为实现终极目标，公司可采取除广告以外的多种行动，如提供快递服务和

图15.3 效果层次模型

要点

借助高投入和低投入的影响模型的层次结构，了解广告如何运作。

营销思考

应用效果层次影响模型谈谈您购买的高清电视。

要点

企业应该设置两种类型的广告目标：终极目标和中间目标。

终极目标：如销售额和市场份额是公司最终要实现的，表现方式为采购和重复购买。

中间目标：涉及效果层次影响模型，包括：知名度、知识、喜欢（偏好）和试用。

产品服务。因此，未能达到其中一个目标，比如销售目标，或许并不直接关系到广告策划的成功与否。相比之下，监控中间目标更能为广告效果提供良好的反馈。

营 销 思 考

1. 你如何评价耐克的信息？

2. 什么样的广告信息、标语在全球范围内有效？什么样的无效？

15.4.4 信息——目标受众应该获得什么信息？

广告信息来源于第9章"市场战略"。回顾这一章，重新审视这四个定位元素：

- 说服 （顾客目标）
- 其他替代品选择 （竞争对手的目标）
- 他们可能的收益 （价值主张）
- 我们有这些能力（功能）（信任理由）

最重要的是，广告信息应该与价值主张紧密结合。它应当侧重于核心利益 / 价值观，反映公司的差异化优势。在制定广告的有效信息时，定位明确的陈述为广告公司提供了极好的指导。相比之下，定位不明确往往会形成不满意 / 混乱的消息。同时，投放广告时也必须考虑目标受众接触到广告的时间。

在跨国运作中，面对国际化 / 地区化市场，依据不同的市场，企业必须决定是否以及在何种程度上采用全球标准化或本土化信息，因为不同地区的经济、文化等方面存在巨大差异，这个问题在中国尤为重要。标准化需要避免翻译问题。

15.4.5 执行——如何传递信息？

企业将核心信息转变为有效广告执行的重点是采用有效的方法或风格，这是一项艰巨而有挑战性的任务。品牌大师施密特说过："创意是广告中最引人注目的部分。虽然评价创意可能很容易，但创作的过程仍是一个谜，其艺术含量高于科学，神秘且无法解释。创作的本质似乎是一种意愿，它交替于发散和收敛思维、头脑风暴和分析推理之间，能超越极限、兼具合理性和实用性。在最理想的情况下形成妙点子。"

在开篇案例中，我们看到了一个创意如何促使万事达卡取得成功。另一个成功的案例是"绝对伏特加"。图15.4显示了绝对伏特加的经典广告，以两字标题或标记线开始，首先是 Absolut，然后加入精心挑选的词，如 Absolut

Perfection（绝对完美）、Absolut Appeal（绝对吸引）、Absolut Original（绝对原创），以强化瓶子形象的画面感。Absolut 广告的特色在于对于一个主题的数百次阐释。它的广告也因其优雅、简单、有效获得诸多奖项。

图15.4　绝对伏特加的经典广告

广告执行的主要形式有两种——理性和感性。

理性诉求

广告的目的在于吸引人们的注意，有五种风格：

·**比较型**。与竞争产品进行比较。市场份额小的企业往往会与市场领导者的产品进行比较，以便进入顾客的考虑领域，例如，"我们更努力"（安飞士出租汽车公司）与金霸王电池较量；苹果 Mac 与 PC。

·**示范型**。示范产品的性能用途，就像很多汽车广告。许多 B2B 通信一般使用示范性广告。这类广告在一些销售队伍的手段中也比较常见。

·**单面或双面型**。单面广告只关注产品的积极属性，双面广告则同时呈现正面和负面信息。

·**开始或结束型**。研究表明，信息的开始部分与结束部分比中间部分更有效。当受众对产品不太感兴趣，甚至第一印象不好时，广告的开始部分在引起顾客注意或最小化顾客的厌恶情绪方面有重要的作用，而当受众形成初步的偏好，尚未产生不喜欢或厌恶情绪时，广告的结束部分通常可以强化顾客对产品的偏好印象。

·**驳斥型**。双面广告的一种特殊情况，明确提及竞争对手的言辞，随后一一驳斥。

感性诉求

广告的诉求在于情感的表达，有四种主要风格：

· **名人代言型**。广告商经常请知名人士来代言产品（品牌），特别是在电视媒体中。信誉良好的名人与产品的匹配可创造产品的知名度和品牌信誉度。但名人代言有效的前提是受众必须注意到产品，而不仅仅是名人。此外，若名人代言的产品太多，也就失去了信誉，同时，名人的负面报道也会影响产品。

· **恐惧型**。恐惧型的诉求前提是顾客在某一方面存在焦虑感，广告里建议的行为可消除焦虑感。人身危险在保险广告里最常见；社会问题体现在个人卫生用品广告中；金钱损失多见于安保产品与信用卡广告，女性的焦虑则被应用于化妆品广告。

· **幽默型**。幽默在广告中的应用比比皆是，但也应该谨慎使用。幽默有助于创造知名度，树立积极的基调，增强记忆，但如果使用不当，则会分散受众对核心信息的关注。其结果是，受众记得广告而并非产品，甚至产生误解。另外，幽默的类型和程度如果单一化，幽默也就变成了乏味。

· **叙事型**。叙事是吸引人们情感的一种非常有效的方式。万事达卡"无价"活动（开篇案例）和耐克的"只管去做"均是叙事型案例。

实践中许多企业将这些形式融合为一体。此外，企业必须明白广告语言和文字对于目标顾客的含义，尤其在拓展国外市场时更是如此。

15.4.6 选择媒体与广告投放时机

应何时何地投放广告？

要选择合适的媒体，公司必须回答五个问题：

· **媒体目标**。媒体战略要实现什么目标？

· **媒体类别**。使用哪些媒体类型——印刷、广播、互联网或户外？

· **媒介载体**。采用哪些媒体工具——杂志、电视节目、公交站？

· **广告投放时机**。广告应该何时出现？

· **媒体调度**。具体而言，应该在何时何地发布广告？

媒体目标

媒体战略要实现什么目标？关键问题是到达率、频率和总收视点。

· **到达率**：至少一次接触到广告的目标受众数量。

· **频率**：目标受众接触广告的平均次数。

· **总收视点**：利用到达率和频率计算总收视点（GRP）。

$$总收视点（GRP）= 到达率 × 频率$$

一般情况下，广告商要在到达率和频率之间进行权衡取舍。总收视点目标是被普遍采纳的，但其中也有一个问题。例如，为了确保250总收视点，需要：

· 100%的受众到达率，平均接触广告2.5次；

· 10%的受众到达率，平均接触广告25次。

许多广告商一般要求接触频率最低，因此，它们设定的总收视点目标里会设定最低频率。但企业也应关注频率过高和收益递减效应。

重复性

当公司使用不同的媒体时，重复性可能是一个需要讨论的话题。假设公司决定在广播和电视上做广告，两种相关的措施有：

· **重复到达**。同时接收来自广播和电视的信息。

· **非重复到达**。单独接收来自广播或电视的信息，但不能同时。

有时公司想通过使用几种媒体来实现最大限度地重复到达。

影响

影响直接关系到广告创意，事实上，许多广告媒体部门的工作被创意者认为是枯燥、常规的。但是，大众媒体已经支离破碎，消费者的媒体习惯更为多样化，互联网营销方式纷纷涌现，因此，媒体的任务越来越有挑战性。在30年前的有线电视里，不足10支的广告在25～54岁的女性中可以实现70%的到达率。而现在，广告量已经超过百余支。

媒体类别

我们应该使用哪些媒体？媒体类别是一组密切相关的媒介载体。媒体类别因时间和侵入程度而异，其优劣势如表15.5所示。以下是常见的分类系统：

· **广播**：例如电视和电台。短时间内持续，侵入性显著。

· **网络**：例如网站、社交媒体，实时且无所不在。

- **户外**：例如户外和店内广告牌，持续时间更久，相对不具有侵入性。
- **印刷品**：例如报纸和杂志。休闲时阅读，相对不具有侵入性。

表 15.5　各媒体类型的优势和劣势

媒体类型	优势	劣势
电视	引人注意	信息冗余
	良好形象	绝对成本高
	信誉度高	制作成本高
	到达率高	生产周期长
	视觉，听觉和情感影响	选择性低
	单位接触成本低	信息生命周期短
	覆盖面广	
广播	灵活	只有音频
	高频率	信息冗余
	局部覆盖	信息转瞬即逝
	低成本	关注度低
	制作成本低	不易记忆
	针对细分市场受众	
互联网	优化能力	成本越来越高
	可转售	投放位置敏感度高
	投放灵敏	
	广告效果可通过点击率测量	
	多样化选择	
	受众越来越多	
	沟通个性化	
	受众市场细分	
	通过社交媒体增强口碑	
户外	容易被关注	位置限制
	高重复度	不良的环境印象

营销思考

你正在推出一个大型和小型企业的互联网安全系统。找出你的沟通目标并确定哪些媒体类型你会考虑，为什么？

续表

媒体类型	优势	劣势
报纸	广告可以被放置在目标受众感兴趣的部分	信息冗余
	可用于发布优惠券	引人注意的能力低
		再现质量差
	低成本	只能接触一部分读者
	读者掌控广告接触	生命周期短
	广告制作时间短	
	时效性强（现行广告）	
杂志	高容量信息内容	设计缺乏弹性
	生命周期长	广告制作时间长
	多样化读者（高轮转率）	只能可视化
	高质量再现	
	潜在的市场细分	

其中的互联网广告即数字化广告包括搜索引擎广告、社交媒体广告和移动应用广告、媒体网站广告，其优劣势对比如表 15.6 所示。

表 15.6　数字化广告媒体的优劣势对比

媒体类型	优势	劣势
搜索引擎广告	（1）定向性广告投放：能够基于搜索意图进行广告展示，准确地定位目标受众。 （2）实时测量和优化广告效果：提供实时数据反馈，可以快速优化广告投放策略和预算分配。 （3）高度可伸缩性：可以根据需求调整广告预算和投放规模。	（1）广告排名受竞争压力影响：在竞争激烈的行业中，排名靠前的广告更容易获得点击。 （2）广告容易被用户忽略或视为干扰：一些用户可能忽略搜索结果中的广告部分，或者将其视为干扰而选择跳过。
社交媒体广告	（1）大量用户和广告受众：社交媒体平台拥有庞大的用户基础，可以实现广告的大规模覆盖。 （2）高度精准的定向广告投放：社交媒体平台提供详细的用户数据和兴趣标签，可以精确定位目标受众。 （3）可以与用户进行互动：用户可以对广告进行评论、分享和点赞等互动行为，增强用户参与度。	（1）广告容易被忽略或视为干扰：在社交媒体平台上，用户可能忽略广告或将其视为干扰而选择忽略。 （2）广告消耗与竞争对手之间的广告预算竞争：在一些竞争激烈的行业中，为了获得更好的曝光和效果，广告主可能需要与竞争对手进行激烈的预算竞争。

续表

媒体类型	优势	劣势
移动应用广告	（1）大量移动用户：移动应用广告可以覆盖庞大的移动用户群体。 （2）可以利用用户定位和行为数据进行精准广告投放：移动应用可以收集用户的位置信息和行为数据，实现更精准的广告定向。 （3）广告格式多样：移动应用提供多种广告格式，如横幅广告、插屏广告、原生广告等，可以根据需求选择合适的广告形式。	（1）广告容易被忽略或视为干扰：在移动应用中，用户可能对广告部分产生视觉疲劳，容易忽略或视为干扰。 （2）广告与用户体验的平衡：过多或过于侵入性的广告可能影响用户对应用的使用体验，需要在广告投放中找到平衡点。
媒体网站广告	（1）广告覆盖面广：媒体网站拥有大量的访问量和用户流量，可以实现广告的大规模曝光。 （2）定向性广告投放：可以根据媒体网站的受众特征和兴趣进行定向广告投放，精准地接触目标受众。 （3）广告形式多样：媒体网站可以提供多种广告形式，如横幅广告、原生广告、视频广告等，适应不同广告需求和用户体验。	（1）广告容易被忽略或视为干扰：在媒体网站上，用户可能已经习惯了广告的存在，容易忽略或视为干扰而选择忽略。 （2）广告屏蔽软件的影响：一些用户使用广告屏蔽软件来屏蔽网站上的广告，可能导致部分广告无法展示给目标受众。 （3）广告位竞争与定价压力：在一些热门的媒体网站上，广告位有限且竞争激烈，可能导致广告主需要支付更高的费用来获得理想的曝光位置。

需要注意的是，优劣势会因具体广告平台、目标受众和行业特点等因素而有所差异。因此，在制定广告策略时，需要综合考虑这些因素，并根据具体情况进行权衡和优化。

广告投放时机

发布广告有四种主要的时机模式：

· **集中式**。一次发布所有信息。

· **连续式**。周期性模式。

· **排期式**。首先高频率广告，随后低（或无）频率广告跟进。

· **脉冲式**。结合连续式和排期式。媒体类别中，脉冲可以发生在单个媒体工具中，也可跨越多种媒介载体。

一般而言，广告专家认为，对全年均可购买的产品而言，**连续式**是最有效的方式。而季节性产品（如航空旅行、邮轮、节日礼品等）采用排期式和脉冲式会更有效。

15.4.7 广告预算

我们的广告费用是多少?

广告回应函数(advertising response function,ARF)帮助营销人员检测广告支出与广告目标之间的关系。ARF 函数对于设置广告预算而言至关重要,但是,通常情况下,企业并不知道其明确的形状。企业在决定广告预算时面临两个问题:

· ARF 函数是什么形状。图 15.5 显示了两种可能的表现形式——A 和 B。每个选项有相应的直观理解及研究结论的支持。低和中等支出的预算影响是不同的。

要点
目标任务法应巩固预算编制过程。通常的方法可能会导致不理想的结果。

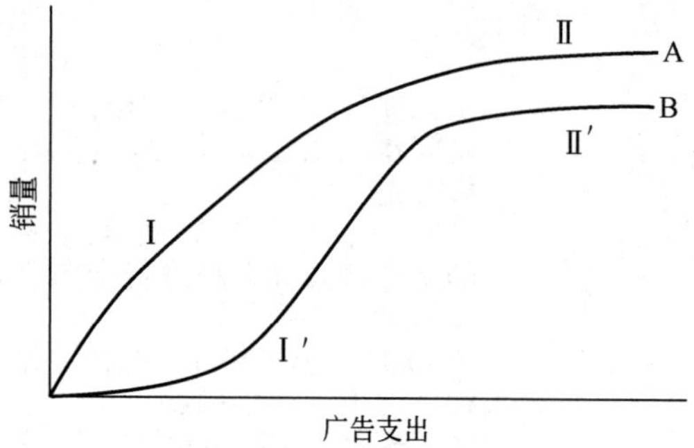

· 公司目前在哪个阶段经营。若公司处于 ARF A 曲线的 Ⅰ 点,这可能会增加支出;若处于 Ⅱ 点,该公司可能会保持或降低支出。若处于 ARF B 曲线的 Ⅰ′点,该公司应大幅度增加开支。

图15.5　替代ARF函数

如果公司能够回答以上两个问题,预算就能被简化成边际分析问题:计算边际收益等于边际成本时的广告预算,评估不同广告水平下的销售情况,针对不同的媒体渠道计算出 ARFs 值,并确定最佳广告支出水平和媒体分配。在实践中,企业常使用以下几种方法:

· 定额预算。在这种方法中,广告预算根据公司的财务能力和预先确定的金额来设定。广告预算会在预定的时间段内保持不变,无论广告效果如何。

· 百分比预算。这种方法基于公司销售额或利润的一定百分比来确定广告预算。通常,预算比例会根据行业标准或公司的市场策略来确定。

· 竞争对手匹配预算。在这种方法中,公司根据竞争对手的广告支出水平来设定自己的广告预算。目标是与竞争对手保持相对的竞争力。

· 目标与任务预算。这种方法将广告预算与公司的营销目标和具体任务相匹配。公司会根据实现特定目标所需的广告活动和资源来制定预算。

· 实验与测试预算。这种方法适用于试验新的广告渠道、媒介或策略。公司会拨出一定预算用于实验和测试,并根据结果来决定是否继续投入更多资金。

· **ROI 导向预算**。这种方法将广告预算与预期的投资回报率相结合。广告预算根据预计的广告效果和回报来设定，目标是确保广告投资能够产生良好的回报。

· **活动导向预算**。在这种方法中，公司根据具体的营销活动来确定广告预算。每个活动都有一个独立的预算，根据活动的目标和需要进行分配。

需要根据公司的具体情况和目标来选择适合的广告预算方法。通常，结合多种方法和灵活调整预算可以帮助公司更有效地规划和管理广告投资。

15.4.8 广告效果评估

对单个广告的评估

广告效果评估是衡量广告活动效果的过程。对于单个广告的效果评估可以采用以下方法：

· **品牌知名度调研**：通过定期进行调研或问卷调查，评估广告对品牌知名度的影响。调研可以包括品牌认知、品牌关联和品牌偏好等方面的指标。

· **广告记忆度测试**：通过调查和测验，评估广告在受众中的记忆度和认知程度。可以包括回忆广告内容、识别品牌标识或提及广告中的关键信息等测试。

· **受众调查和反馈**：通过调查问卷或访谈等方式，直接获取受众对广告的反馈和意见。这可以包括广告喜好度、广告效果评价和购买意向等方面的指标。

· **媒介指标分析**：通过分析广告投放后的媒介指标，如曝光量、点击量、浏览量等来评估广告的影响力和效果。

· **销售和收益分析**：通过对广告投放期间销售和收益的分析，评估广告对业务结果的影响。这可以包括广告引起的销售增长、转化率提高或 ROI 等指标。

· **A/B 测试**：通过同时比较两个或多个不同广告版本的效果，评估不同创意、信息或呈现方式对广告效果的影响。

· **市场份额和竞争分析**：通过分析广告投放期间的市场份额和竞争对手的活动，评估广告对市场地位和竞争力的影响。

评估整个广告项目

有时，企业希望评估整个广告项目。通过一个客户小组或随机选择受访者，随着时间的推移，跟踪研究顾客反应。假设公司目标反映的效果层次模型为：

要点：评价广告效果是一项复杂的工作，企业必须在不同类型的测试中进行选择。

313

认知→喜欢 / 偏好→体验→购买→重复购买，企业要立足这些阶段的广告目标及对应行为。在跟踪研究中，一个周期的研究结果有助于制订下个周期的广告计划。

15.4.9　广告公司系统

在美国，部分公司自主开发广告活动，比如英国保诚和瑞安航空。但大多数广告商的广告业务都会外包。通过外包，企业能获得更好的创意和灵活性。它们可以在短时间内转换广告公司，更换全新的创意团队。公司通常与广告公司的以下三个部门合作：

· **客户 / 关系经理**——与广告商合作的关键点；协助制定广告策略。

· **创意部门**——挖掘信息并执行。

· **媒体部**——准备媒体计划，并提供支持性数据。

广告公司的核心工作是将企业市场营销战略转化为广告信息并予以执行（宝洁的观点）。公司和代理人员应共同制定一份创意简案（盒装的插页）——公司和代理之间的合同，特别是与创意人之间的合同。每一个信息传递计划都应该有一个创造性的摘要——用于广告，也可作为视觉辅助工具，如展示和销售材料。

创意简案的核心要素

· **营销目标**。公司要实现怎样的目标。

· **统筹安排**。包括选择媒体类型、时间和审批程序。

· **顾客洞察**。对目标市场的独特洞察——用于形成后期的创意，识别刺激产品购买的理性因素和感性因素。

· **竞争洞察**。洞察实现企业目标的障碍，以帮助形成新的创意。

· **目标受众**。该公司希望影响顾客类型和细分市场，包括人口统计学、心理学和市场上现有产品。

· **关键利益**。公司希望强调的最重要的利益或价值。

· **信任理由**。为什么目标顾客要相信公司的说辞。

· **品牌标识**。公司如何使目标受众感知到其产品、品牌独有的内容。

·**规范**。广告掌控之外的要素；必须包括或不得包括。如集团或法律规定广告必须符合的标准。

·**评估**。公司如何判断这一活动是否成功。

15.5 其他类型的大众营销

15.5.1 直接营销

直接营销是一种快速发展的沟通工具，它通过多种方式获得顾客的直接回应。目前，直接营销包括传统的印刷、广播广告、包装、直邮、保修卡和便携卡。直邮的子分类包括宣传册、产品目录和说明书。像 L.L.Bean（美国户外品牌）、Lands' End、Lillian Vernon 这样的公司不断开发和完善人口统计与产品偏好客户数据库，以微调产品开发、产品分类和沟通方案。环境的变化，如较低的批量邮寄率、网上购物和广泛使用信用卡，都极大地影响了直接营销。

促进直接营销发展的其他因素包括：

·**数据和分析工具**。大数据和先进的分析工具让企业在发展、管理及顾客数据库等方面做出了更多有针对性的分析。

·**物流系统**。诸如联邦快递和 UPS 等快递公司在不断提供越来越多样化的优质服务。

·**人口统计和生活方式**。消费者面临越来越大的时间压力，特别是发达国家的双收入家庭数量增多，他们用于购物的时间减少。对他们而言，直接营销是极具吸引力的，因为消费者可以足不出户地完成购物。

·**产品质量**。产品质量普遍提高，降低了远程购买产品的风险。

·**专业化**。直接营销公司更专业、更精细，尤其是市场细分、定位和顾客沟通方面。

虽然直接营销比按每千人成本（CPM）计价的网络广告费用昂贵，但其有几大优势：

·**识别潜在顾客的能力**。根据顾客资料及其购买模式，直接营销企业可以识别高质量的潜在顾客。

要 点

与大众广告相比较而言，直接营销有以下几大优势：
· 识别潜在顾客的能力
· 提供针对性服务的能力
· 行动导向的顾客响应
· 更完备的顾客信息
· 易测量性
· 灵活性
· 可预测性

· **提供针对性服务的能力**。直接营销人员了解顾客消费喜好等信息，因此可以提供具有针对性的信息和服务。

· **行为导向的顾客响应**。广告活动的效果通常通过效果层次模型体现，购买往往发生在认知、了解产品信息和偏好后发生。相比之下，直销则更具有行为导向性，能更直接快速地带来购买行为。

· **更完备的顾客信息**。许多直销企业拥有大量的顾客信息，但它们必须对隐私问题保持慎重，需采取适宜的保密措施。

· **易测量性**。公司可对信息、价格、激励措施、直销类型等信息进行测试，以评估其对销售的影响，并相应做出调整。

· **灵活性**。公司可开发一些直销活动。如电子邮件，速度远远超过大众广告。

· **可预测性**。由于直销通常要求采购，直销的销售额预测是相当准确的。通常情况下，直销预算比广告预算更简单。

15.5.2　宣传和公共关系

宣传和公共关系（Publicity & public relations，P&PR）密切相关，宣传从属于公共关系。宣传追求中立或有利的短期媒体覆盖，公共关系的范围更广，试图建立企业和公众之间的良好关系。公共关系包含了更多的内容：企业声誉、危机管理、政府关系（游说）、内部关系、媒体关系、产品宣传和股东关系。宣传和公共关系通常依赖于中介机构向目标受众传递信息。它的优势是顾客普遍认为中介机构是公正的，而且企业不需要支付媒体版面费。

一个经典的案例是，大学储蓄银行推出 CollegeSure CD 时，最初的沟通营销集中于新闻发布会和记者招待会上，报纸和电台在一个月内就出现了 300 多条新闻报道。美国的重要报纸、新闻周刊以及商务杂志和当地报纸都发表了文章和社论，如《时代》《新闻周刊》《美国新闻》《世界报道》等。

企业也可将公共关系与广告联合运作。维多利亚的秘密每年花费数百万美元的广告费用来介绍其时装秀；广泛的宣传为其网站带来了数以百万计的访问者。对于公众眼中的负面情形，公共关系可能产生正面或负面的结果。强生在处理 20 世纪 80 年代中期的泰诺中毒恐慌事件中，获得了相当的好评。在首席执行官詹姆斯·伯克的领导下，强生集中关注顾客安全。公司撤回泰诺药片，免费更换无污染的包装后才再次将其投放市场。强生的行动和相关的公关活动让包括伯克在内的高管参加了许多美国访谈节目，他们解释了强生的行动和对客户的承诺。强生把一场大崩溃变成了一场大改进。相比之下，当200名可口可乐饮者出现恶心、头痛、腹泻等症状，甚至有几个儿童住院治疗时，可口可乐公司没有给予特别重视。评论家批评可口可乐公司"忘记了危机管理的基本原则——迅速采取行动，无所隐瞒地公布所有真相"。经济学家认为，可口可乐公司将一个小小的公共关系问题搞得一塌糊涂。

公共关系也存在几点不足。比如，企业无法选择受众，只能选择编辑、新闻记者和媒体人士等友好的中介机构。再者，中介机构可能省略、修改或缩短信息，而这可能会与企业的初衷不一致，甚至相背离。

15.5.3 促销

促销是一个复杂的组合沟通技巧，旨在提供给顾客额外的价值。促销常用于短期销售。有时，促销有更长远的经营目标，比如提高知名度。它主要包含以下三种类型：

- **消费者促销**：制造商对消费者；
- **贸易促销**：制造商对零售商；
- **零售促销**：零售商对消费者。

消费者促销和零售促销包括现金退款、竞赛、优惠券、折扣、游戏、退税、样品、赠品、奖品和体育赞助等。贸易促销包括广告、销售补贴、竞赛、优惠和奖品、特殊的价格优惠、额外红利、贸易展览等。企业正不断地创造新的消费者促销和零售促销的活动形式。和其他的销售方式一样，公司必须先有一个明确的目标，然后选择一个合适的促销方法。

一般来说，单独使用某种促销方式效果不佳，企业应紧密结合其他销售方式。企业往往同时执行多个促销活动，但这些都应是基于对广告或个人销售工作的支持（支撑）。在传播策略中，促销很少是企业沟通战略中的核心要素，但它会占很大的预算比例。

企业应重视促销的长期影响，尤其当促销涉及短期的价格下降时。定期折扣可能会刺激竞争恶化，使得顾客可能会攒一起下单从而支付较少的钱。而且，

营 销 思 考

找一个最近发生的促销例子。分析该公司目标是什么？是否取得成功？为什么？

要 点

促销是一系列的技术组合，大多数情况下，追求的是短期目标。设计不好的促销计划会伤害企业的利润及品牌形象。

营 销 思 考

为什么美汁源会赞助一个运动场？对企业有什么好处？该举措存在哪些不足和风险？

频繁波动的价格变化可能扰乱生产进度，进而导致库存积压和更高的存货成本。此外，多重促销项目也需要管理费用。

─────── 本章要点 ───────

1. 传播项目对实施市场战略很重要。导致误解的三种原因是：
   - 编码——企业没有发送预期的信息；
   - 失真——传播过程扭曲了所发送的信息；
   - 解码——接收者错误解读或误解了所收到的信息。

2. 企业有以下四种传播选择：
   - 人际传播：推销人员，电话营销／电话销售，服务人员；
   - 大众传播：广告，直接营销，包装，宣传和公共关系，销售促进；
   - 口碑：介于顾客与潜在顾客之间，传统／数字化社交媒体；
   - 数字化—电子邮件，在线搜索，博客，社交媒体；

3. 企业必须能回答以下六个制定传播战略的关键问题：
   - 谁是我们的传播受众——与企业产品是直接关联或间接关联？
   - 传播目标是什么——与传播受众和市场战略不同吗？
   - 传播什么样的关键信息——因传播受众不同而不同吗？
   - 应该使用什么传播工具——考察各种选择的有效性。
   - 如何设定传播预算？
   - 什么时候是适当的传播时间——考虑到季节性及其他因素。

4. 企业的核心挑战是将各传播战略整合至一个整体。以下是四类整合类型：
   - 整合一个单一的细分市场中所有受众目标的传播；
   - 整合与其他营销执行变量，如产品、价格、分销和服务；
   - 整合几个细分市场的所有受众目标的传播；
   - 整合所有受众目标的传播，如细分市场、市场、业务和企业。

5. 广告的效果层次影响模型：认知、产品信息、喜好／偏好、试用、购买及重复购买发挥作用，明白高参与度和低参与度产品的效果层次影响模型不同。

6. 一个发展良好的广告策略需要回答七个关键问题：
   - 目标受众：我们试图影响谁？

- 广告目标：我们要实现怎样的目标？

- 信息：目标受众应接受的信息是什么？

- 执行：我们应如何传达信息？

- 媒体选择和广告投放时机：我们应何时何地放置广告？

- 广告预算：我们应在广告上花费多少？

- 项目评估：如何测试广告效果？

7. 广告信息的核心应反映市场细分战略中的定位陈述，它包含许多理性和感性的方法。

8. 媒体选择的关键问题是到达率、频率、总收视点。

9. 企业应该从边际分析的角度和经验极限法则的方法来处理营销预算。

10. 直接营销（DM）、宣传与公共关系（P&PR）和促销（SP）是补充/取代广告的大众传播方法。

第16章 指导与管理现场销售

学习完本章后，你应当能够：

- 理解销售活动中的营销作用
- 领导一个销售团队
- 执行销售管理的六个步骤
- 制定销售战略：设置销售目标，销售活动的选择和分配，销售方法设计
- 设计和配置销售组织
- 管理关键组织流程，以支持销售战略的实施
- 整合整体市场战略与销售战略
- 设计战略／关键客户管理项目

开篇案例 霍尼韦尔建筑设备公司

　　霍尼韦尔建筑设备公司（以下简称HBS）提供楼宇自动化、安保、消防和生命安全解决方案，向公共和私营部门提供服务。它也是全球能源服务行业的领导者，帮助组织节约能源，优化建筑的运作，充分利用可再生能源。HBS作为霍尼韦尔公司的业务单元，拥有数十年的传奇历史。当你打开家里或者办公室的暖气或空调的时候，很可能使用的是霍尼韦尔的产品。

　　HBS针对商业楼宇有三个细分市场：

- **安装**。主要用于新建筑，其决策者往往是业主、建筑师和机电承包商。
- **服务**。确保客户的装置和设备达到最佳性能。
- **能源**。现有建筑的改造以提高能源利用效率。HBS作为项目设计者和总联系方，大部分工作都外包出去。

　　1999年霍尼韦尔与联信公司合并组建霍尼韦尔国际公司。2000年，联合技术公司发起新公司的合并谈判，但因通用电气试图购买霍尼韦尔而搁浅。美国司法部

批准了通用电气的收购行为，而欧盟委员于2001年对此决议表示反对，最后霍尼韦尔公司继续作为一个独立公司存在。

经过几个月的动荡，特别是当企业员工都预期将被收购的2000年和2001年，HBS的业绩欠佳：年销售额下降20%。为挽救业务，霍尼韦尔首席执行官大卫·科特重新任命HBS的高管团队，包括一名总裁和数名运营、营销和销售副总裁组成的新团队。凯文·马登成为新的全球销售副总裁。科特提出团队必须在90天内制订出复兴计划，"摆脱过去的阴影"——业绩表现不佳。

马登是位在霍尼韦尔公司工作了20年的老将，他这样描述当时的情况："不仅是销售额下降，整个企业都受损严重。由于这次金融风暴中，35%～40%的智力资本流失，业务单元一蹶不振。整个组织关注的中心是生产力和成本，大部分销售额来源于现有客户，当时只争取尽可能少的新客户。我们已经取消了大部分销售队伍，只关注安装系统。HBS将项目外包给只重视交易而对培养深厚关系和提供完整解决方案几乎没有兴趣的合作者。很坦率地说，顾客已经对负责安装的HBS失去了信心，我们不再有任何竞争优势。"

马登说，能源和许多安装工程都能创造商业机会，销售代表必须积极主动地向顾客提供解决方案。但未能实现的原因主要有以下几个：

·HBS已经流失了许多优秀的销售人员。

·目前的销售人员是多面手，他们销售三条产品线所有的业务。然而，挑战的实质和所需的技能往往因不同的细分市场而截然不同。

·第一线销售领导人的控制范围平均为25:1。他们过于专注于管理任务，给予销售员的指导和训练却非常少。

马登表示，复兴计划集中在五个关键领域：

·**营销和销售联盟**。营销和销售密切整合。销售人员不仅同意所有新的营销举措，还经常激发新的想法。

·**客户覆盖模式**。马登加入该公司的时候，美洲地区有192名负责全面销售的销售人员。7年之后，它有400多名销售员，其中许多人来自竞争对手。马登认为，这些销售人员很难整合进原有队伍，只能负责单个市场领域。随着HBS重返安装市场，新的销售人员取代了这些外包合作伙伴。

·**销售规划**。五阶段的销售过程——HBS的操作手册——紧密相连：

- **初次拜访**。销售员要搞清楚客户的决策单位，需要做的事情，获得拟定需求清单的协议。
- **需求陈述**。销售员准备需求清单，包括技术、财务、法律等，并征求客户许可。
- **承诺**。销售员为满足客户需求协调HBS的资源，并获得客户的同意。
- **提出解决方案**。销售员带来霍尼韦尔的工程师进行设计安装。
- **最终谈判**。客户和HBS签署合同。所有超过75万美元的项目，HBS都要经过高级销售经理审查。审查小组重点关注客户最具竞争力的替代方案并制定HBS的下一步行动。在审查阶段，小组可能会致电客户，以审核其想法并探索其他可以增加价值的方式。HBS也严格甄别所有的销售机会，只有确信会成功的销售机会才能分配到昂贵的销售人力支持。HBS严格评判所有的成功与失败的案例。
- **角色和责任**。HBS的一线销售经理的控制范围从25:1减少到平均10:1，增加了销售员的培训。
- **绩效管理**。HBS实施严格的绩效衡量系统并以此作为支付薪酬的依据。基本工资与业内竞争者相当，但HBS设计了行业中最丰厚的激励补偿和奖励。

马登认为销售队伍的数据系统是一项重要的投资。销售过程也有阶段作用。例如，HBS知道一定数量的需求清单协议会产生一定数量的合同。HBS积极管理各销售阶段，销售员也要不断更新自己的销售阶段。如果一个销售员10天没有更新，马登会立刻与其沟通。

新的领导团队接手后，公司销量已经回升。HBS现在是一个市值上亿美元的公司，已经成长为霍尼韦尔集团中强大的一员。

> **案例问题**
>
> HBS的销售队伍管理方法可以推广至其他销售队伍吗？如果可以，为什么？如果不可以，又是为什么？

第17章是"要务四：设计营销组合策略"里的B部分的第四章。B部分关注的是传播顾客价值，本章具体阐述指导与管理现场销售工作。

大多数企业中，销售队伍是唯一专门负责销售和保证收入的团队。销售人员的成绩是企业具有说服力的重要内容。有些销售队伍是非常庞大的，许多美国人寿保险公司的销售员超过1万名。辉瑞、通用电气、IBM在世界各地拥有上万名销售人员。

B2B 营销中，人员推销向来至关重要，因为销售人员通常会直接向顾客介绍企业的产品或服务。企业客户也越来越希望供应商能就其特定的行业或职能提供确切的专家性的指导建议。他们期望销售人员能帮助其解决经营问题，而非仅仅是产品销售。相应地，很多供应商也扩充了产品线，除产品或服务之外，还专门配备了能提供解决方案的专业人员。

相比之下，B2C 营销里，大众广告和数字化广告往往是面向消费者的主要传播渠道，销售队伍起支撑作用。但是，随着零售业的集中和一些大型零售商或分销商获得了巨大的权力，B2C 的现场销售工作正在增加。现在，一些快速消费品公司在批发商和零售商的直接销售和关系管理上的花费，比在消费者的广告上的花费要大得多。宝洁公司有超过 400 名的沃尔玛专属员工。

16.1 营销在销售活动中的角色

本书既然是营销框架，为什么要有一章关于销售活动的指导与管理的内容？难道有关销售管理的书籍还不够吗？当然！在美国，九分之一的美国人从事销售工作。因此，了解销售角色并将销售工作与市场营销协调起来比以往任何时候都更加重要。销售人员的行动可以制定或打破市场战略。例如：

在 SalesCo(化名)，营销的任务是为销售人员开发潜在客户。尽管做了大量的营销活动，但是由于销售人员没有跟进，潜在客户还是被冷落在文件里。新的管理团队开发了3000 个潜在客户，并且特地配备了一个销售小组予以跟进。6 个月内，企业获得了由 250个新客户贡献的 500 万美元销售收入。

在上例中，潜在客户的开发和甄别可能产生冲突：营销团队抱怨销售队伍的跟进工作不到位；销售队伍抱怨营销团队对顾客和竞争者的了解不足，导致潜在客户的质量不高。

随着竞争白热化，这些冲突会损害企业利益。营销和销售团队必须站在同一立场，分别发挥其独特而关键的作用。诚然，这绝非易事。营销和销售团队往往都有自己的不同观点。营销人员的观点趋向于长期、更具有战略性意义，销售团队则更关注短期绩效。

如今，随着领先型企业逐渐地贯彻战略（关键）客户管理项目，以及社交媒体、云计算和大数据的应用，客户数据和信息已经不再是不可知的信息。因此销售人员的责任

营 销 思 考

请就如下问题访问一名高级销售经理：

1. 你跟营销部门的有效合作有哪些？为什么这些是有效的？

2. 你跟营销部门的合作哪些是无效的？这又是如何产生的？

要 点

销售与营销的有效对接是实现销售目标的重要因素。

要 点

建立成功的销售团队的关键因素是有效的领导职能。

成功的销售经理们具备如下特质：

· 领导于前线
· 与销售人员建立起严格但友爱的关系
· 融合销售的科学性和顾客关系管理的艺术性
· 鼓励销售人员实现使命

更多地体现在深入理解客户需求，提出可行性方案并且获取资源解决客户问题上。优秀的销售组织能整合人员、流程和技术以实现销售业绩最优化和在竞争中立于不败之地。

很多企业的营销部门和销售部门分别隶属于不同的汇报系统。尽管是向同一个管理团队的成员们汇报，但是他们在方法、背景、目标和经营哲学上的差异导致产生不同的文化，从而使得计划和执行错位。针对这一问题，有些公司特地设立了一个综合性的职位——销售和营销副总裁（首席营收官）——同时管理销售和营销的汇报。其他协调过程包括整合营销和销售指标，乃至于分享收入、盈利目标和激励系统。

管理良好的企业会执行将营销和销售管理紧密合作的流程，鼓励严谨的汇报和交流，创建共同任务，职位轮换，营销和销售人员共同负责客户，提高销售人员的反馈。营销部门在适当的时期制订市场计划向销售人员提供大力支持，销售经理根据营销计划制定销售战略。高级营销和销售经理经常会面沟通现实情况，以合作的方式实现营销和销售目标。有些公司甚至会委任营销/销售协调专员，负责建立营销和销售经理间的紧密联系。

16.2 领导销售团队

一旦计划就位，简单地说销售管理的职责就是促使销售人员成功。所有的销售经理，不管初级还是高级，都应该与销售人员一起在前线战斗——指导、审核、观察、教授和销售。他们应该能通过创建诸如"这是你自己的公司"的文化来激发销售人员的潜能。最有效的销售管理者可以创造多种传递顾客价值的方式，帮助企业开拓有吸引力的市场，开发新的销售模式和销售组织。

为追求最佳结果，销售经理们将人力资源经费作为投资，将销售作为通用管理的培训场。销售人员享受到严格但友爱的关心——挑战明确的业绩目标，以及销售管理者的大力支持。最有效的销售管理者能融合销售的科学性和客户关系管理的艺术性。他们以事实为基础制定决策，如销售资源的分配——销售人员、战略/关键客户经理、电话销售——横跨细分市场和销售渠道。他们通过充分利用以下方式获得优秀的智力资本：

· 对企业产品提出改进建议以向顾客提供解决方案；

· 培养对趋势敏感并开发顾客解决方案的专家；

· 与专家合作，开始并实施顾客解决方案。

销售领导者深刻领会到顾客的成功才会驱动企业的成功。他们形成了一种冒险性文化，认可并接受那些传递顾客价值方面的失败实验。他们庆祝并奖励从中吸取到的经验和教训，同时也不允许同样的错误重复出现。他们招聘也培养愿意尝试、敢于失败和学习的人才。

或许最关键的销售领导者职责是鼓励销售人员实现其使命感——为销售工作提供了一个超过财务回报的理由。将更大的目标内化的销售人员与客户建立信誉和信任，并为击败竞争对手开发一个强大的优势。

营 销 思 考

你如何评价销售经理的激励方法？

营 销 思 考

请采访一位或数位高级销售经理，了解他们的职责，他们是否具备这里讨论的领导者特质？

16.3 销售队伍管理

要采取有效的销售工作，销售经理必须重点关注六个任务。销售队伍管理在于制定销售策略和实施销售策略的两个方面。本章将依次讨论这些任务并揭示彼此之间的联系。

制定销售策略	实施销售策略
任务 1：设定和完成销售目标	任务 4：构建销售组织
任务 2：确定和分配销售工作	任务 5：创建关键的组织流程
任务 3：设计销售方式	任务 6：销售组织的人员配备

16.4 制定销售策略

16.4.1 任务 1：设定和完成销售目标

销售目标可以简单定义为企业想要的结果，源于市场细分战略中的战略性焦点：维持现有销售额，提高顾客使用量，夺取竞争对手的市场，保证新业务。实现销售目标是销售人员的中心任务。企业通过向顾客销售产品或服务获取利润，实现企业生存与发展和股东价值的提高。因此，实现销售目标优于销售人员的其他任务，如回收账款、商品运输、客户应酬及收集信息等。销售目标转化为具体的绩效要求，被称为**销售配额**。

要 点

销售目标是企业想要的结果。实现销售目标是销售人员的中心任务。销售目标转化为具体的绩效要求，则称为销售配额。

确定销售目标

企业可以选择几种销售绩效测量方法。大部分企业用总销售收入（以现值美元估算）或总单位收入等销量指标设定销售目标。只关注销量会导致利润降低，因此盈利目标如利润贡献——利润总额减去直接销售活动的费用，也广为企业接受。良好的目标明确了销售活动必须在一定时间内达到多少金额。接下来看 Essex 的这个例子（假设）：

Essex：销售目标实例

20×× 年销售收入目标——4 亿美元

20×× 年毛利润目标——1.45 亿美元

整合销售目标与营销目标

整合市场战略与销售策略是许多企业的难题。推进整合的方法之一是将营销目标严格转化为销售目标。表 16.1 说明的是 Essex 分别向三个细分市场（A、B、C）销售三种产品（Ⅰ、Ⅱ、Ⅲ）的销售收入目标。我们可以通过以下几种方式：

· 总体目标——4 亿美元

· 分细分市场目标：A，1 亿美元；B，2 亿美元；C，1 亿美元

· 分产品目标：Ⅰ，2.6 亿美元；Ⅱ，0.5 亿美元；Ⅲ，0.9 亿美元

· 每个单元格显示了产品或细分市场的目标。该企业对 IA、IB、IC、IIB、IIC、IIIA 和 IIIB 有销售目标，但对于 IIA 和 IIIC 设定的收入目标为零。

表 16.1 产品和细分市场角度对销售收入目标的解读（单位：亿美元）

		产品			合计
		Ⅰ	Ⅱ	Ⅲ	
细分市场	A	0.7	0	0.3	1
	B	1.3	0.1	0.6	2
	C	0.6	0.4	0	1
	合计	2.6	0.5	0.9	4

虽然每一种方式都对销售收入目标有价值，但是只有产品/细分市场目标整合了市场战略和销售战略。

销售目标分解

通常情况下，销售团队最常见的处理总销售目标的方式，是按销售区域、销售地段和个人销售范围将其分解成控制单位。高级销售经理可以通过对比每个控制单位的实际销售业绩与销售目标来判断某区域、地段或个人的业绩是否良好。

企业也按季度、月，有时甚至是周等时间单位确立销售目标，如表 16.2 所示。日期化有助于企业以持续的状态监控绩效波动，一旦目标未能实现，企业可以及时纠正。

表 16.2　季度角度对销售收入目标的解读（单位：千万美元）

第一季度	第二季度	第三季度	第四季度	合计
1.1	1.45	0.95	1.5	5

销售绩效的其他衡量方法

虽然销售和利润是最普遍的目标类型，也有企业根据业务特征选择其他的衡量方式：

- **成功率**。有效销售在试探销售中的比例。
- **客户维系**。年终仍然保有的年初顾客的比例——与顾客背叛或流失相反（该衡量方法的实质是第 2 章中提到的顾客终身价值问题）。
- **客户满意度**。注重顾客体验的具体指标。
- **市场份额**。衡量的重点是企业与竞争对手的表现。
- **事实价格**。企业实现期望价格水平的程度。

企业应该基于企业性质和战略情境，谨慎选择销售目标。

16.4.2　任务 2：确定和分配销售工作

如何选择确定和分配销售工作的最佳方式？这就需要考虑如下四个相互联系的问题：

- **销售团队的规模**。企业的总销售费用是多少？特别是企业应该有多少名销售人员？
- **销售人员的工作内容**。销售人员应该做什么？在销售活动中，他们的时间如何分配？

要点

确定和分配销售工作的关键问题：
· 销售团队的规模
· 销售人员的工作内容
· 销售工作的分配
· 电话销售

要点

销售经理应该建立关于销售响应函数的形状及其所处位置的假设。

· **销售工作的分配**。销售人员如何在产品和细分市场之间分配时间？

· **电话销售**。电话销售应该承担多大比例的企业销售工作？电话销售人员具体该做什么？

确定销售团队的规模

实现有效的销售活动，企业必须有适当数量的训练有素的有激情的销售人员。通常人员管理是人力资源的重要功能，销售经理经常为追求团队规模的优化引发艰难的内部斗争。图16.1显示了决定销售团队规模的基本概念框架——销售响应函数。销售团队规模很小的时候，企业实现的销售额有限——A。销售团队规模扩大，销售额增加——B。最终，销售额达到顶峰——C，即使企业继续聘请销售人员——D。理论上，企业应该继续聘用销售人员，直到增加或者减少销售人员的边际收益等于该销售人员的边际成本。许多销售经理觉得销售响应函数看起来直观合理，却难以找到规模的临界点。可以用数据分析方法确定合适的销售团队规模。

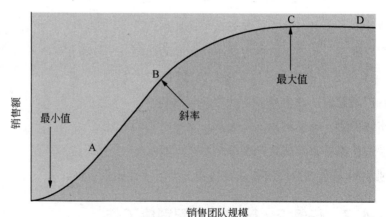

图16.1 销售响应函数

数据分析的方法主要有三个步骤：

1. **实现销售目标所需的总销售时间**。单因素模型和多因素模型是两种被广泛使用的评估时间耗费的方法。

· **单因素模型**。企业依据销售额潜力（Ⅱ）等指标将顾客分类——A、B、C、D等。表16.3显示了如何确定每年所需的销售时间。

表 16.3 运用单因素模型计算销售耗时

顾客类型（Ⅰ）	销售额潜力（Ⅱ）（单位: 万美元）	顾客数量（Ⅲ）	销售耗时/人/年（Ⅳ）	所需销售耗时/N年（Ⅲ×Ⅳ=Ⅴ）
A	>2000	100 名	100 小时	10000 小时
B	250～2000	250 名	50 小时	12500 小时
C	10～250	800 名	12 小时	9600 小时
D	<10	3000 名	4 小时	12000 小时
合计				44100 小时

单因素模型使用简单，但可能无法完全反映向各类顾客销售的复杂性。多因素模型的表现往往更为出色。

· **多因素模型**。企业以多维指标为基础实现顾客分类。图 16.2 将顾客潜力和顾客市场份额——企业份额作为分析因素，每个指标被分为低、中、高三个层次。每个单元格里的客户数量为Ⅲ，每类客户所需的销售耗时为Ⅳ，分析过程同上。从这个角度看，单因素模型和多因素模型是相同的。

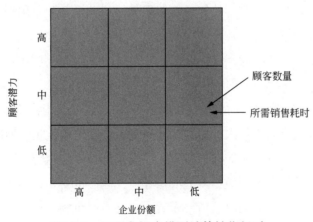

图16.2 运用多因素模型计算销售耗时

2. **每名销售人员可用于销售的时间**。销售人员的任务繁多，销售经理必须计算其可用于销售的时间。我们假设销售人员 30% 的工作时间用于销售。

3. **所需销售团队规模**。我们继续以表 18.3 为例解释：

   i. 销售人员每年的时间总量（小时）

$$=（365 天-104 天 [周末]-31[节假日]）=230×10 小时/天 =2300 小时$$

    ii. 每名销售人员的实际销售时间

$$=销售人员的时间总量 ×30\%（假定）=2300×30\%=690 小时$$

    iii. 所需销售人员的数量

$$=所需总销售耗时/每名销售人员的实际销售时间 =44100/690=64 名$$

从实务角度说，这一计算可用来大致估计销售团队的规模。企业应该了解其与实际规模存在差距，如果差距过大则需要重新审视。

明确销售人员的工作内容

销售团队的主要工作是销售，但是销售人员的时间也耗费在信贷检查、库存审查、客户服务、产品递送、教育和培训、收集市场情报、企业内部传播、会议、甄别潜在客户、接收货款、保存记录、撰写报告、规划销售和差旅途中。一些企业里，即使是最优秀的销售人员，他们在销售上的时间花费也不足 20%，相当于每周只有一天与客户面对面接触尝试销售。

企业可以有规律地提供技术支持来提高销售人员的成效。大多数的销售人员现在都使用电子邮件、笔记本电脑、智能手机，演示中采用标准化的幻灯片或网站嵌入式互动教程。他们还能依靠其他移动设备和应用程序协调广告，共享最佳技巧和知识，参加经销商培训和虚拟会议、销售培训，参与贸易展览，提供技术支持，精心设计销售材料和工作模式。Zoom、腾讯会议及电子演示室都可以实现远程面对面的销售会议，减少了差旅时间。

对工作内容进行时间分配也值得关注。时间分配因销售区域不同而有差异。跟在农村工作的销售人员比，在城市里工作的销售人员在通勤上花费的时间更少，因此拥有更充足的面谈时间。销售人员的活动内容也在演变。在成长类市场，销售人员需要拜访更多的潜在客户，他们也需要预测产品销量，收集竞争对手信息，培训分销商的销售人员。在衰退型市场，销售人员可能需要合并分销、处理、清算或重新分配库存以及负责应收账款。

销售工作的分配

企业销售工作或时间的分配应该密切反映其销售目标结构。对于以产品为基础的销售目标，应该按产品分配销售工作。对于以产品和细分市场为基础的销售目标，应该按产品和细分市场分配销售工作。基于产品新旧的销售目标也

营 销 思 考

如果你、朋友或同事从事过销售工作，那么与客户面对面的时间占总时间的百分比是多少？公司还需要什么其他活动？时间分配是否良好？为什么？增加面谈时间的挑战是什么？

要 点

销售经理应该指导销售人员如何分配时间。

要求类似的销售工作的分配。

　　与销售目标类似，企业也应该将销售工作的分配按控制单位分解——销售区域、销售地段和销售范围。销售经理必须实施销售工作分配并保证销售人员服从指导指南。如果管理者不予以指导，销售人员就会优先追求个人利益。优先追求个人利益很可能损害企业绩效最优化。

电话销售

　　近年来，很多公司增加电话销售部以降低销售成本。电话销售的功能因企业的不同而不同，但是基本都包括挖掘潜在顾客，与潜在顾客和现有顾客的交流，以及与现场销售人员的合作。

16.4.3　任务3：设计销售方式

　　价值主张决定销售方式——销售人员传达给顾客的核心信息。由于细分市场的顾客需求不一致，企业应为每一个细分市场提供不同的价值主张。因此，销售人员应该用不同的销售方式向多个细分市场销售不同产品。销售经理和产品经理应该根据特定顾客和竞争威胁帮助销售人员修正信息。他们应该：

- ·分析销售人员所负责的顾客的具体需求和面临的竞争威胁。
- ·了解顾客方决策制定者和影响者的各种想法。
- ·提出的销售方式可以解决顾客的重要需求，消除顾客反对意见，应对竞争对手的销售技巧。
- ·保证销售信息与公司的其他信息一致。
- ·保持文化敏感性，尤其是在国外销售时。
- ·保证得到销售经理的支持，必要时获得高级总监的支持。

　　当销售人员获得顾客信任后，所有的销售方式都会更有效。传统的销售方式主要有两个部分：

- ·向不同的目标顾客提供适宜的销售信息；
- ·设计企业提供给顾客利益和价值的讲解流程。

针对不同的目标顾客量身定制销售信息

　　顾客需求和竞争对手都会影响你的销售方式。有时候顾客对自己的需求很

> **要点**
>
> 企业销售工作或时间的分配应该密切反映其销售目标结构。
>
> 企业也应该将销售工作的分配按控制单位分解——销售区域、销售地段和销售范围。
>
> 企业应该按顾客类别分配销售工作。

明晰，有时候决策者和影响者的观点不一致。销售人员必须决定谁是目标顾客，如何向每个顾客提供适宜的销售信息。采购人员通常对价格感兴趣，工程师们专注于产品设计，制造人员关心生产效率。销售人员必须针对每一个顾客角色设计不同的销售方式。社交媒体上呈现出的有针对性的信息，为销售人员提供有用的线索。

对于工业品而言，销售人员甚至需要专门的培训。每当施乐推出一种新产品或产品升级的时候，它都要确保销售人员对这种具有竞争力的产品有深入的了解。它向销售员提供简单易用的图表和揭示产品关键性优势与劣势的专业化视频。现在数字化的手段更多，销售人员对信息的掌握相对更加容易。

在设计销售方式的时候，企业要突出强调其竞争优势。表 16.4 以企业 I、II、III 为例，阐述这三个企业如何向有 A、B、C、D 四种获益需求的顾客销售产品。

表 16.4　销售方式的设计

产品获益需求	重要程度排序	企业 I		企业 II		企业 III	
		获益	排序	获益	排序	获益	排序
A	1	A	1	A	2	A	3
B	2			B	1		
C	3			C	1	C	2
D	4	D	2			D	1

设计诠释企业利益的流程

销售是一个方便顾客购买的过程。销售经理应该通过培养、辅导以及精心设计的培训计划来引导销售人员，而不是设立完全标准化的流程。优秀的销售经理可以将销售任务分解成以下几个简单易用的步骤：

·**拜访目标客户**。了解每次销售拜访的预期结果及其所处的购买阶段。一些销售人员会提前拜访顾客敲定销售拜访的目标。

·**确定访谈风格**。根据不同的情境决定访谈的风格和节奏。

·**启发需求**。制定启发顾客需求的过程。一个有用的技巧是通过营销调研提前探知顾客需求，并据此准备潜在解决方案。

·**展示产品获益/解决方案**。在了解顾客需求的情况下介绍产品能提供的价值。

·**处理反对意见**。预见到顾客的反对意见并知道如何解决这些问题。反对意见会因产品和顾客而不同。

·**沟通时机和交易成交**。沟通讲求战略有序。例如，不要在展示产品获益之后，启发顾客的需求。学会如何停止推销要求顾客预定。学会接受顾客的拒绝并投向另一个顾客，开发更高质量的潜在顾客。

新近发展但有争议的销售方法——挑战者模式——建议销售人员挑战顾客。不管怎样，有助于说服客户的具体影响原则包括：喜欢（人们只向自己喜欢的人购买），礼尚往来（有付出才有回报），社交证明（人们服从领导者），一致性（人们遵从承诺，尤其是公开的或者是书面的），权威（人们信服专家），稀缺性（物以稀为贵）。

设计销售方式：关注其竞争焦点

从表16.4可以得出：

·顾客四种获益需求的重要性排序：A > B > C > D。

·这三家企业提供的获益组合彼此不同。

·按获益种类来看，每个企业的优势各不相同：

·获益A：三家企业均能提供——企业Ⅰ > 企业Ⅱ > 企业Ⅲ。

·获益B：企业Ⅱ独家提供。

·获益C：企业Ⅱ > 企业Ⅲ，企业Ⅰ不提供。

·获益D：企业Ⅲ > 企业Ⅰ，企业Ⅱ不提供。

·企业Ⅰ。应注重顾客最重视的获益A，企业Ⅰ突出强调此获益，弱化B、C、D获益。

·企业Ⅱ。A、B和C三种获益，企业Ⅱ都比企业Ⅲ有优势，企业Ⅲ的优势则在于顾客最不重视的获益D。因此，企业Ⅱ的主要竞争对手是企业Ⅰ，关键问题是企业Ⅰ在顾客最重视的获益A上表现突出。企业Ⅱ进一步的思考方向和可能的销售方式如下：

·获益A的排名结果有误。事实上，企业Ⅱ比企业Ⅰ强。企业Ⅱ要说服顾客，它提供的获益 A 最棒。而且企业 II 的 B、C、D 其他三种获益也比竞争对手有优势。

· 顾客的获益偏好有误。实际上，B>A>C>D。劝说顾客使其意识到自己的错误。企业 II 在顾客最重视的获益 B 上优势最为明显，获益 C 也是。

· 顾客应以整体获益为决策基础。企业 II 向顾客提供最佳的对顾客来说也是最重要的 A、B、C 获益组合。

· 企业 III。实现销售的机会渺茫，但其最佳的销售方式是突出获益 D 和 A、C、D 的获益组合。更值得重视的是，企业 III 提供的获益如此拙劣，为什么企业还要与顾客耗费时间？

没有一家企业能满足顾客所有的获益需求，企业也才因此各具竞争力。

16.5　实施销售策略

16.5.1　任务 4：构建销售组织

前三个任务回答了销售策略的制定问题。后三个任务则重点关注销售策略的实施。确保销售团队按照计划的水平和销售活动的类型实施销售。任务 4 是构建销售组织，它应该策略性地反映现实。如果产品线复杂化、异质化，企业或许应该分别单独设立销售团队。三个需要回答的关键问题是：

· 企业员工是否应该执行销售活动，或者应该将销售外包出去？

· 公司应该如何组织一支以员工为基础的销售队伍，还是重组？

· 企业应如何设计销售区域？

销售工作由公司内部执行，还是外包出去？

现在，许多公司外包呼叫中心、计算机系统、财务流程、法律、生产运作、安保等功能。企业应该外包销售活动吗？回答这个问题，需要考虑以下三个方面：

· **控制**。企业员工构成的销售团队更容易服从企业的管理。而赚取佣金的代理商、销售代表和经纪人，企业对他们的控制力很弱，尤其是他们还卖其他公司产品的时候。

营销思考

婴儿食品公司嘉宝解雇了 250 名销售人员，并通过食品经销商销售给食品连锁超市。在教育市场，苹果公司则从使用第三方卖家转向自己的销售团队。为什么这两家企业使用截然相反的销售组织模式？什么情况下外包是企业比较好的选择？

·**成本**。企业员工构成的销售团队会带来大量的固定费用，如销售人员的工资、差旅费和招待费、销售管理和其他开销，这些都与销量无关。相比之下，第三方卖家的佣金是可变成本，没有销量，就没有任何费用。

·**调整的灵活度**。调整企业员工组成的销售团队需要耗费时间，而且几乎都要牵涉人力资源部门。第三方卖家通常是短期合同，绩效标准也更严格。

有时候结果倾向于构建自己的销售团队，有时倾向于销售功能外包。答案没有对错。如果企业对某新开发的市场，销售人员的效率较低，第三方卖家可以收拾残局。相反，企业在成熟市场里长期领先或拥有较高的市场占有率，则倾向于自己的销售团队。

例如，中国某大型企业向其分销商雇佣的销售人员支付工资，这是一个刺激销售活动的创新方法。分销商承诺实现更高的销售目标，而且同意企业介入销售人员的招聘、培训和部署。而软件生产商 Altiris 由于直销团队的成本过高，解雇了所有的销售人员。Altiris 公司转而与康柏、戴尔、微软、IBM 和其他企业合作以销售其产品。它将合作伙伴关系定制化，如为特定的合作伙伴制作宣传材料。不到 10 年，其销售额从 100 万美元增加至 8.3 亿美元。

公司应该如何组织自己的销售队伍？

设计销售组织的三个相互关联的变量是：集中度/分散度，管理层级和控制范围。

最重要的设计问题之一是专业化。企业是否应该将销售人员专业化？如果是，怎样做？

·**非专业化**。两类组织一般来说可以考虑非专业化：

·销售人员对销售机会的搜寻无地域限制。

·按地域划分销售范围，且销售人员就产品的全部用途向所有的顾客销售所有的产品。

·**专业化**。专业化可以通过产品、维系/开发新业务、流通渠道、市场细分和顾客的重要性（战略客户）划分。一般来说，专业化的销售活动产生更高的销售额，同时销售成本也较高。

随着环境的演变，企业的市场和销售策略也得随之而变，销售组织也得

> **要点**
>
> 决定销售组织设计的关键变量：集中度/分散度，管理层级和控制范围。

> **要点**
>
> 影响销售组织设计的重要的专业化维度有：
> · 产品
> · 维系/开发新业务
> · 流通渠道
> · 市场细分
> · 顾客重要性

变,但有效的执行更为关键。

21世纪初,施乐解雇了就职才13个月的首席执行官。因为他将施乐公司的销售组织从以产品和地域为中心转移到以行业为中心。他认为销售人员的职责在于分析企业的整个业务,确定管理数据、图像和图形的最佳流动方式,他相信销售人员将成为行业发展智力资本。但是施乐在未培训销售队员之前就完成了这种转变,客户的重新分配也没能到位,甚至遗忘了一些在过去曾受到良好服务的客户。许多销售人员拒绝新的分配而选择了离职。竞争对手雇用了那些对施乐公司表示不满的销售人员。

公司应该如何设计销售区域?

在销售组织结构下,企业必须为每个销售人员设计销售区域。诚然,频繁的销售区域变更会影响顾客与销售人员的关系,给企业带来不良影响。两个关键的决定变量是销售潜力(可能的销售额)和销售人员的工作量,即完成所需活动的时间。设计销售区域的四个步骤是:

·**基于销售潜力的初步设计**。企业采用大致等同的销售潜力分配地域范围。有些范围的地域面积可能更大。在施乐公司,曼哈顿的几个街区可能与几个西方国家的销售潜力等同。

·**工作量计算**。使用销售工作分配决策(任务2)确定工作量。在某些销售区域,销售人员可能有剩余时间,但是其他销售区域的时间可能不足。

·**工作量调整**。调整销售区域使销售潜力和销售人员的工作量达到最优。确保所有的销售人员能在销售区域内有效工作。

·**持续监测**。销售经理必须监控销售人员及其领域范围,当顾客的增长速度高于或低于预期,或者出现新顾客的时候,销售经理要不断地对其区域范围进行调整。

16.5.2 任务5:创建关键的组织流程

所有的销售组织都要有如销售规划、销售阶段分析、销售预测、评估方法和奖励制度等有助于所规划的销售活动实施的流程。现在很多企业用软件工具制定流程，参见 www.salesforce.com。

销售规划

企业在细致的销售规划流程中应该积极与销售人员互动。如前所述，高级销售经理与区域和地区销售经理合作，将企业的整体销售目标分解为单独的控制单元，如销售区域、地区和范围。此外，他们还根据产品和细分市场分配诸多销售活动。在自下而上的规划中，销售人员分析销售区域并与地区销售经理合作确定销售区域的目标，制订个人销售行动规划。销售经理必须确保企业在每个控制单元实施销售活动并实现销售目标。偏离销售策略可能引发重大问题。

> **要点**
> 企业在销售规划流程中应该积极与销售人员保持联系。

渠道分析和销售预测

销售渠道由销售过程的各个阶段组成，即顾客由潜在顾客转换为买家的过程。销售阶段分析追踪企业如何顺利地将顾客按各阶段推进，这对销售和营销管理都具有重要的意义。IBM 的销售阶段包括以下几个，如图 16.3 所示：

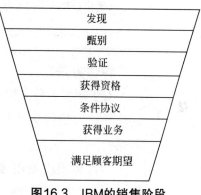

图16.3　IBM的销售阶段

- **发现**。销售人员发现将来可能会购买的客户。
- **甄别**。某顾客有兴趣与 IBM 合作。
- **验证**。客户陈述其需求及购买意图。同意 IBM 接触项目负责人——负责购买的客户人员。
- **获得资格**。项目负责人和 IBM 团队合作形成一个初步的解决方案。
- **条件协议**。项目负责人在某些条件下同意 IBM 提出的解决方案。
- **获得业务**。客户和 IBM 团队签订合同。
- **满足顾客期望**。顾客对购买决策表示满意，进入安装阶段——IBM 公司如期收到付款。

销售阶段系统不断跟踪在销售过程中的不同阶段的成功。严密的销售阶段分析可以获得更精确的预测结果。

如今，许多企业使用 SAP 软件程序来跟踪和管理它们的销售阶段，决定何时何地申请额外的销售资源——以保证潜在顾客的识别或机会验证。这些软件程序有许多可以帮助销售人员更好地分析顾客数据的工具，也能帮助销售经理

> **营销思考**
> 与一位销售员讨论其现有顾客和潜在顾客。请分析，IBM 的6个销售阶段——发现、甄别、验证、获得资格、条件协议和获得业务是否对他有用？别忘记考察顾客的期望是否被满足。

更深入地掌握销售团队的绩效，使他们能够做出适当的干预措施（销售人员有时会拒绝收集销售阶段数据，企业必须强制实施）。表16.5说明了某销售范围的具有代表性的销售阶段数据。

表 16.5　销售阶段分析案例

	已发现的潜在顾客的总销售额	甄别的机会	验证的机会	获得资格的机会	与顾客达成条件协议	获得业务
全部销售范围	7.6 亿元	2.8 亿元	1.7 亿元	1.3 亿元	1 亿元	0.8 亿元
潜在顾客的比例	100%	37%	22%	17%	13%	11%

评估方法

对于销售人员来说，最关键的是衡量销售目标与实际销售绩效。销售经理还应该评价销售活动的数量及质量。他们在努力工作吗？他们的工作方法有效吗？

销售经理应使用多种措施以评估销售活动，因为测量单一指标可能出现偏差，如表 16.6 所示。每一级别的销售经理——地区、区域和国家——都应定期接收直接报告的数据，而且能够越级获得所需要的有关销售团队的数据。

表 16.6　评估销售人员工作的方法

测量指标	价值	局限性
每天拜访次数	识别拜访活动等级	测量拜访数量，没有测量质量
每个客户的拜访次数	识别拜访活动等级	测量拜访数量，没有测量质量
每个新客户的拜访次数	识别时间的分配，与销售策略有关	应该同时考虑已有客户的拜访次数
已有客户的拜访次数	识别时间的分配，与销售策略有关	应该同时考虑新客户的拜访次数

奖励体系

奖励体系对销售人员的激励程度最强。为构建真实有效的激励系统，销售人员应该对以下问题作出"肯定"回答：

- 是否能实现我的销售目标？

- 我是否有资格荣获因实现销售目标而颁发的奖励？

- 我是否认同此说法：只要我实现销售目标就一定会获得奖励？

- 该奖励体系是否公平？

奖励体系有以下几部分内容：

- **经济补贴**。企业可以组合以下三种不同的经济奖励方式：

  - **基本工资**。支付给销售员的与销售业绩（短期）无关的工资。

  - **奖金**。实现销售配额——通常是销售目标或利润水平后获得的回报。

  - **销售提成**。基于销售额或利润的可变补偿。在一些行业，如人寿保险，销售人员没有基本工资，只依靠提成收入。

- **表彰**。这是一个花费相对低廉但激励效果明显的重要的奖励手段。有创意的销售经理赞赏那些表现突出的销售人员，例如最高销售额、增长速度最快、利润回报最丰厚、开发的新客户数量和挽回的流失客户最多等。很多销售员知道业绩最佳的员工会成为总裁俱乐部会员，常常能享受每年一次（与配偶一起）去某地旅行的待遇。

  - **升职和工作委派**。升职和一些更有趣或有责任感的工作可能对某些销售员有相当强的激励作用。当然，一些销售员也可能不会珍惜这些晋升或变化。

一般来说，经济补贴是最重要的激励因素。公平稳定的补偿计划，能激励销售人员的行为满足企业要求。

16.5.3　任务 6：销售组织的人员配备

销售人员是企业最重要的资源之一。销售经理在任何时间都必须确保销售组织里人员配备齐全并覆盖全部销售区域。为实现这一目标，销售经理必须对销售人员的自然减员、流动、提升和调任有所规划。销售经理应该清查销售人员，并拥有自己的候选人渠道以便将其分配至新开辟的销售范围。

很多企业有内部招聘销售人员的政策；他们的职业生涯可能始于相关部门如销售支持或客户服务。企业也从外部招募，不断地面试人选以补充新观念和专业技能。

> **营销思考**
>
> 回顾一下你以前的工作。你的待遇如何？企业提供了哪些类型的奖励？哪些对你没有激励作用？

> **要点**
>
> 企业的奖励体系应该能激励销售人员的行为。主要的方式有经济补贴、表彰、升职和工作委派。主要的经济补贴有：基本工资、奖金和销售提成。

> **营销思考**
>
> 持续激励一个销售团队的挑战是什么？你觉得该如何面对这些挑战？

要点

企业应该制定严格的招募、选拔、培训、保留及更新销售人员的体系。

营销思考

你如何挑选应聘一线销售经理的有潜力的候选人？

聘请和培养高效销售人员的过程包含以下五个步骤：

- **招募：**人员需求量和销售人员的招聘范围。
- **选拔：**甄别并使用选择标准从招聘范围中选择销售人员。
- **培训：**确保销售人员具备有效的知识、技能和能力（KSAs）。
- **保留：**维系高绩效的销售人员。
- **更新：**淘汰和更新表现不佳的销售人员。

16.6　重要/关键客户管理

根据企业销售额和利润来源的二八原则，很多企业都实施重要/关键客户（SA）管理项目。企业识别出最重要的既有或潜在客户，投入额外资源，比普通客户投入更高关注度。赢得或流失关键客户都对企业带来重要影响。在大多数项目中，战略客户经理（SAM）负责建立与维系和每个战略客户的关系。一般而言，战略客户经理每年负责数百万销售收入。因此，与普通销售人员相比，他们负责的客户数量要少得多。

在全球化的过程中，国内的战略客户经理会演化为管理地区和全球化的客户经理。当一个战略客户经理的业务范围很广时，当地销售人员通常负责当地的关系。通常，此类销售人员向一线销售经理报告，但也与一个或多个战略客户经理存在虚线关系。

成功的战略客户项目应用了一致性模型的理念，要求如下四方面的关键性决策：

- **战略。**包括决定企业对战略性客户项目的投入，总体资源分配，战略性客户的数量，收入和利用目标，提名并遴选战略客户的选择标准，企业/战略性客户的关系类型。
- **组织结构。**战略性客户项目在组织中的地位，汇报机制，与其他职能部门的衔接，特别是销售团队。
- **人力资源。**保证合适的人担任战略客户经理，包括其他例如培训、挽留、补偿等人力资源职能。
- **系统和流程。**帮助战略客户经理展开工作的方法，比如战略客户项目规划系统、客户盈利性测量与评估、最佳流程模式共享等。

———— 本章要点 ————

1. 营销和销售应该无缝对接。成功的销售经理都是真正的领导者。

2. 销售经理必须完成六个任务以实现销售的有效运营。

   前三个销售管理的任务是制定销售策略：

   · 任务 1 ：设定和完成销售目标

   · 任务 2 ：确定和分配销售工作

   · 任务 3 ：设计销售方式

   后三个任务的重点在于销售策略的实现：

   · 任务 4 ：构建销售组织

   · 任务 5 ：创建关键的组织流程

   · 任务 6 ：销售组织的人员配备

3. 很多企业设计了战略性客户或全球项目服务于其最具有价值的顾客。

第17章 分销决策

学习完本章后，你应当能够：

- 理解分销体系的本质和职能
- 制定和实施有效的分销策略
- 在直接分销和间接分销两种替代形式间进行取舍
- 在分销渠道管理中识别挑战和机遇
- 管理分销体系中的权力和冲突

开篇案例 思科

　　思科是世界领先的互联网解决方案供应商。其每年500亿美元的收入中只有一小部分是来自直接渠道，另有超出85%的收入是来自160个国家的28000家渠道合作伙伴。最初，思科直接向终端用户销售，但在20世纪90年代后期，它将大部分工作转移到三类中间商：

　　·第一阶梯合作伙伴。系统整合商既包括埃森哲、甲骨文和思爱普这样的全球化企业，也包括发展良好的本地合作伙伴。第一阶梯合作伙伴将思科的产品与其他企业的技术产品相整合，从而为终端用户提供完整的解决方案。

　　·第二阶梯合作伙伴。相对于第一阶梯合作伙伴，这类中间商销售的终端用户规模较小。经销商的年销售额从几千到几百万美元不等，它们从分销商那里获得思科的产品。分销商持有库存并负责物流配送。思科可能在某个区域拥有上千家经销商，却只有少数几家分销商。

　　·服务商合作伙伴。主要是向顾客供应思科设备的电信企业。这些渠道合作商可能也会签订客服协议以便减轻顾客运行思科设备的管理负担。

　　思科的销售队伍与渠道伙伴携手工作，共同服务广大终端用户。思科的销售人员与终端用户建立起客户关系，然后与渠道伙伴的销售人员共同进行电话销售。渠道伙伴负责本地客户关系、商业方案的制定、咨询公司协助、产品交付、售后支持，以及顾客购买的融资。思科与它的渠道伙伴共同制订和监控商业计划，这些渠道伙伴们给思科带来了巨大价值。

思科根据渠道伙伴在提供终端用户价值的能力上的投资，将其划分为初级、银、金三个级别。价值水平越高，从顾客那里获得的认可越多，从思科那里获得的资源和支持也越多。这个分类没有考虑收入回报，因此一些金账户反而小于一些初级账户。思科的激励体系考虑了三种绩效：

·VIP——发展高级技术专家；

·OIP——找到新机遇或新客户；

·SIP——开发新的、革命性的解决方案。

思科鼓励渠道伙伴争取 VIP、OIP 和 SIP 奖励，一个渠道伙伴可以获得多重奖励。2005 年前后，思科引入了创新性的组织结构，不分区域地将所有新兴市场国家归入一个新兴市场部。例如，沙特阿拉伯原来是属于欧洲、中东和非洲（EMEA）市场的一部分，现在不用再与法国和德国这样的西方发达国家争夺资源。新兴市场部包括了来自全世界 140 个发展中国家的渠道伙伴。思科在这些市场上的任务是：

·发展足够多的渠道伙伴以获得良好的市场覆盖率。思科雇用区域经理和销售人员并在各国寻找合作伙伴。

·在行业垂直市场上，建立可以复制的渠道伙伴模式，实现国家间的转移，例如旅游业、石油和天然气。还有些合作伙伴可能是非传统型的，例如石油和天然气市场上的斯伦贝谢公司就是这样。

·与国家政策制定者合作，鼓励对信息技术基础设施的投资，拉动经济增长。

思科 95% 以上的新兴市场收入都来自渠道伙伴（在许多国家甚至达到 100%），年增长率超过 40%，这表明思科已经在许多新兴市场上站稳脚跟。2021 年 8 月初，面对企业 IT 需求、支付模式的变化及多云环境技术架构的变化，思科的新兴业务渠道团队"新思路"应运而生。思科希望在企业数字化转型、合作伙伴业务转型的过程中达到三方共赢。思科新兴渠道和传统渠道业务最大的不同点在于，传统渠道业

案 例 思 考
如何评价思科的分销策略？你认为存在哪些不足之处？

务做的是"转售"，而新兴渠道业务提供的是"服务"，是依据市场趋势和企业需求助力合作伙伴加速业务转型，支持其展示在托管服务、应用开发、咨询服务等领域的专业知识，提高市场的相关性，提升合作伙伴在生态体系中的地位和价值。思科表示，会和"新思路"合作伙伴在"云优先"的世界中帮助所有企业（特别是中小企业），实现互联、安全、自动化，加速数字化转型，保持技术领先，确保业务增长。

第 17 章是"营销要务四：设计营销组合策略"的"C 传递顾客价值"对应的两个章节的第一个章节，主要讨论分销决策。

企业产品经由分销渠道到达顾客手中。分销过程既可以从供应商直接到达顾客，也可以非常复杂、涉及许多中间商。中间商发挥了许多不同的职能，并且经常保持着与供应商互惠互利的关系。不过，因为供应商和分销商的目标难以完全达成一致，分销体系内充满了冲突和权力不对等。快消品公司，例如高露洁、纳贝斯克和宝洁，都在努力获得超市里好的货架位置，却又经常和艾伯森、皇家阿霍德、沃尔玛这些连锁零售商产生竞争，因为这些零售商会将自有品牌的商品摆在最好的位置上。同时，超市还希望供应商降低价格并支付**进场费**。

权力不对等有时会阻碍企业进行分销创新。既然没有永远的分销体系，那么能够增加价值、降低成本的新方法和新技术就可以颠覆市场领导者。以录像租赁业为例，过去消费者从百视达或者好莱坞电影公司这些零售店里租录像看，但正如我们在第 10 章的开篇案例中看到的那样，奈飞使消费者可以从网上直接订购，一开始是通过邮件寄送 DVD，后来逐渐变成用流量就可以直接收看（视频点播）。

17.1　分销体系及其演化

表 17.1 介绍了各类中间商，它们帮助供应商将商品和服务送到消费者或其他终端用户手中。一个分销渠道或分销网络包括了这些主体的集合，它们所承担的职能和彼此之间的相互关系总在不断地变化。顾客需求、竞争对手的行为

以及环境的变化会施加压力，预示变化的指标包括：不愉快的消费者，终端用户或供应商，自满的中间商，系统经济的恶化，市场空白，新技术，落后的系统界面，糟糕的物流，以及未开发的渠道。

表 17.1 分销主体的定义

分销主体	对分销主体的描述
代理商、经纪人、厂商代理	具有相似的功能。概括来说，这类主体销售产品，但并不拥有商品的所有权或商品实体。他们既可能为供应商或顾客工作，也可能中立于供应商或顾客之间
银行和金融公司	向顾客提供融资，帮助其购买产品
分销商	向供应商提供促销支持，特别是在选择性分销或独占性分销系统下。相当于是批发商，具有与批发商类似的功能
零售商	向顾客展示和销售产品，可能有固定位置——例如实体店铺（传统市场）或者是网络店铺
货运公司	运输产品
仓库运营商	接收和存储产品、安排拣货（通常是拆分货物）
批发商	主要是大批量的购买、拥有所有权、贮存，以及拥有实体商品。经常是将货物拆分后，再转售给零售商或企业

注：根据美国市场营销协会术语表改编。

要 点

分销渠道/分销网络包含了许多分销主体：
· 代理商、经纪人、厂商代理
· 银行和金融公司
· 分销商
· 零售商
· 货运公司
· 仓库运营商
· 批发商

归根结底，顾客需求决定分销安排。在生命周期的初期，产品是不稳定的，因此对服务的需求也高：顾客既需要做出购买选择的帮助，也需要使用新技术的支持。这些需求会随着顾客独立性的提高而减少，他们可能不再需要中间商提供的这些帮助。早期的市场领导者的分销策略也变得日益落后。

任何分销体系的有效性都会随着时间流逝、顾客喜好和技术的变化而变化，供应商却常常难以做出调整。它们可以在一夜之间改变价格，可以在短时间内开展新的促销活动甚至增加或减少产品或服务。但是，与此相反的是，企业的分销安排却总是许多年都一成不变，这其中一部分原因是终端用

要 点

· 一个分销渠道包括多个企业、它们之间的相互关系，以及它们承担的职能。
· 分销体系的有效性随着时间的变化而变化。
· 相较于其他营销执行要素，分销安排的保持时间更长，更加难以改变。

户对分销商的忠诚。卡特彼勒与全球近 200 家经销商保持关系的平均时间甚至超过了 50 年。

17.2　分销的两种观点——广义和狭义

企业向终端用户交付成品前所投入的原材料、部件组装和装配等，会随着状态、地点和时间的不同而变化。广义的分销观点包括了所有这些变化，以向阿根廷一家建筑商交付预制钢筋大梁的情况为例：

·**原材料**。在澳大利亚采集铁矿、煤、石灰石，将它们分别运到位于韩国的综合钢铁生产商那里。

·**加工设备**。从德国采购，在韩国使用。

·**资金**。用银行贷款来筹集设备的购买资金和生产商的营运资金，而这些贷款来自韩国人民在银行的存款。

·**钢筋大梁**。在韩国生产制造。

·**加工好的钢筋大梁**。运送到位于阿根廷的分销商那里。

·**完成**。阿根廷分销商进行深加工之后，将大梁交付施工地点。

这些活动的主要变化包括：

·**状态的变化**。从铁矿、煤和石灰石变为预制的钢筋大梁。

·**地点的变化**。澳大利亚的原材料，德国的加工设备，运送到韩国；加工好的钢筋大梁，运送到阿根廷。

·**时点的变化**。这个过程需要花费时间来完成。

本章，我们和大多数营销人员一样，采用**狭义的分销观点**，重点关注产成品在**地点**和**时点**上的变化。营销也会强调小的**状态**变化，例如终端加工和重新包装；而大的状态变化，例如经由生产商将铁矿、煤、石灰石变成钢筋大梁、采购获得原材料和资金设备、融资贷款获得资金等，则不在其中。

大部分管理者认为企业是通过状态的改变创造价值，但其实企业也通过地点和时点的变化来创造价值。韩国生产商将铁、煤和石灰石加工成钢筋大梁，从而创造了价值。但是，如果这些大梁一直放在韩国或货船上，阿根廷的建筑商将无法获得价值；只有当大梁到达施工地点时，建筑商才能够获得价值。而且，除非大梁及时送达，否则整个建筑工程将无法开工，所造成的延期可能带来上百万美元的损失。

17.3　制定分销策略

要想制定分销策略，企业必须做出一系列重要决策：

·**分销职能**。这个分销渠道必须承担的活动是什么？

·**分销渠道：直接还是间接？**企业应该与消费者或终端用户直接交易，还是借助中间商？如果是后者，使用哪些中间商？

·**分销渠道的宽度**。每个分销层次上需要多少中间商？例如，需要多少批发商或零售商，是选择分销还是独家分销？

·**选择和评价中间商的标准**。企业应该如何确定某个中间商是否适合经营自己的产品？

虽然我们关注的重点是实体商品，但是分销对服务而言也同样重要。有时候我们关注的是厂商，有时候则是分销体系中的其他主体。以惠而浦和耐克为例：惠而浦自己生产厨房家电，耐克却将生产外包。

17.3.1　分销职能

分销承担了许多职能，从而解决了产品和消费者/终端用户之间在地点和时间上的分离（见表17.2）。有时候是由供应商承担某个具体职能，有时候则是由中间商或终端用户来承担。在一个复杂的分销渠道中，有些职能，例如运输，必须多次进行。

表17.2　分销渠道的职能

实体产品	信息	所有权
集中	信息分享	融资
拆分	营销调研	中立
库存	订单集中	风险转移
运输	销售和推销	服务
加工		所有权转移
质量保证		

越来越多的渠道成员，特别是零售商，正在致力于提高顾客的购买体验。产品陈列固然十分重要，但是，在拉斯维加斯的凯撒宫购物中心，顾客却是因

为看到了传说中的亚特兰提斯岛屿在一个小时内升起又沉没的这种景象而留在店里。美国购物中心（明尼阿波利斯市）利用史努比乐园（室内游乐园）和水底世界（水族馆走廊），吸引消费者前往它的 400 家零售店铺。在魔法风云商店（属于玩具商孩之宝所有），一间游戏屋占据了三分之一的店面，与此相反，好市多量贩店和山姆会员店只提供基本服务，它们拼的是价格。

企业应当使用激励措施，使分销渠道的主体能够执行职能。提高企业销量和利润的行为也会给渠道成员带来利益。

17.3.2　分销渠道：直接或间接

如图 17.1 所示，在分销职能的管理上，企业可以有多种不同的渠道设计：

·**直接渠道**。供应商负责与绝大部分消费者和终端用户接触。

·**间接渠道**。分销商、批发商和零售商这类中间商在将产品转移到消费者和终端用户的过程中承担主要角色。有些间接渠道中只有一个中间商，有些则有多个中间商。

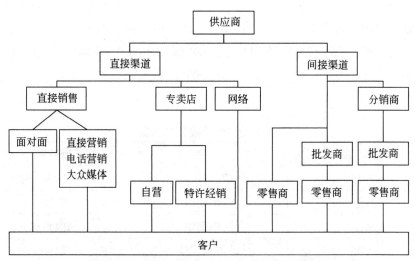

图17.1　到达消费者：直接渠道和间接渠道

要点

与客户关系管理系统相结合的直接分销方式，大大替代了间接分销。

直接渠道

与客户关系系统相结合的几种直接分销方式，极大地威胁了间接分销渠道的存在，特别是在 B2C 领域。

·**面对面直接销售。**直接接触顾客可以让供应商即时了解顾客需求。在发达国家，消费品的直接销售和分销成本常常很高，尽管如此，雅芳、玫琳凯和特百惠却仍然成功了。在发展中国家，较低的收入使得个人销售更加可行。在印度，花旗银行通过面对面销售发行信用卡，帮助公司取得了巨大成功。

·**利用直接营销、大众媒体、电话营销（电话销售）直接销售。**企业与消费者个人直接接触，消费者则直接收到来自远方的、包装完好的商品。企业可以通过外向化沟通（企业对顾客）主动联系目标顾客，顾客也可以通过内向化沟通（顾客对企业）主动联系企业。

·**网络。**网络是许多产品形式或产品类型发展最快的内向化沟通方式。顾客可以进行比较购物，然后在购物网站上主动操作购买流程，并可适时和客服进行电话或网上沟通。数字化的分销降低了许多产品的价格，减少了搜寻成本。

·**专卖店分销。**供应商在零售卖场内控制产品陈列和顾客体验。零售卖场可能是供应商完全自营的，例如苹果、盖璞和星巴克；也可能是给第三方特许经营的，例如7-11。许多快餐品牌，例如麦当劳、肯德基，就采用特许经营的方式。一般而言，特许权授予者开发商业模式并且寻找加盟者投资。特许权使用者接受并使用特许授予者的经营策略，同时支付加盟费和使用费。

间接渠道

许多B2C的产品通过间接分销到达消费者手中：分销商、批发商以及零售商创造了"地点"和"时间"价值。通过从许多供应商那里形成产品组合，这些间接渠道降低了顾客的搜寻成本并提供了一站式购物体验。间接渠道也可以为供应商的产品增加品牌价值，例如美国的梅西百货和英国的哈罗兹百货。中间商可以帮助产品进入市场，这个过程如果没有中间商的帮助，供应商要付出的成本可能非常高，甚至无法实现。例如，亚马逊伙伴计划的个人或企业给网站送来了上百万的顾客访问量。在海外风险投资时，市场准入尤其重要。许多产品因为企业不理解当地文化、顾客或市场而失败，本地合作伙伴的价值可谓不可估量。此外，渠道伙伴带来的成本效率也为供应商降低了成本：

·**代理商、厂商代理和经纪人——销售的经济性**

> **要点**
>
> 直接渠道：供应商负责与消费者（终端用户）的接触。间接渠道：在将产品从供应商转移到消费者（终端用户）的过程中，分销商、批发商、零售商等中间商承担主要角色。

> **要点**
>
> 中间商带来的价值包括：产品组合，购物体验，市场准入。另外，中间商还降低了许多分销职能的成本。

> **营销思考**
>
> 约翰（化名）通过分销商和零售商将产品分销给消费者。为了刺激消费者需求，约翰给分销商20%的价格折扣，但他的大分销商为了增加自己的利润而维持原有售价，导致这次降价失败了。约翰的失误是什么？他应该怎么做？

- 银行和金融机构——融资的经济性
- 分销商、批发商、零售商——库存、销售、运输的经济性
- 独立仓库——库存的经济性
- 包裹速递、运输公司——运输的经济性

组织类顾客

B2B 企业也使用直接和间接分销向组织客户传递产品：

·**直接分销**。企业采用专职销售队伍、电话营销、直接营销和网络等方式向终端用户直接销售产品。供应商采取多种运输方式将产品送到顾客手中。

·**间接分销**。一些供应商，特别是规模小的供应商，会通过零售店铺进行分销，办公用品供应商 Staple 就是一个例子。电气、家装和管道的供应商通过百安居和劳氏进行分销。一般来说，许多企业都是经由分销商和批发商将产品送达顾客。

随着企业采用即时（just-in-time，JIT）生产和库存系统、业务流程管理（BPM）、精益六西格玛以及其他技术来提高运营效率，分销速度也开始变得越来越重要。产业分销商必须及时向顾客提供复杂的产品组合和联合分销数据。通常，一些需求是可以预测的，而另一些需求不可以。通过保持充足库存来同时满足可预测和不可预测需求的成本会很高，因此，沃尔沃与联邦快递合作，共同管理需求的波动性。

17.3.3 分销渠道的宽度

分销渠道的宽度是企业在某个分销层次上使用的渠道成员的数量——例如批发商或零售商。企业可以根据情况，适当地增加或撤销分销商。

企业也需要考虑分销商的不同类型。当顾客已经有了偏好的购买场所时，增加一种新的分销商类型会格外重要。在美国西北地区，消费者根据他们的兴趣，既喜欢去海产品分销商那里购物，也喜欢去林木产品分销商那里购物，每种分销商类型都满足了特定的需求。许多企业都选择同时使用两种分销商。

增加新的分销商类型既有优点也有缺点。特百惠通过在购物中心开设门店和网络销售，终于停止了长达15年的收入下滑。之后，特百惠又在塔吉特百货店内增设了分销点，结果，特百惠销量下降17%，利润下降47%，流失了25%的销售员工——许多好的、老员工离开了。特百惠取消了在塔吉特设立的分销点之后，利润立刻翻番了。

当企业进行多渠道分销时，必须考虑渠道交叉的问题，即顾客从一条（或者多条）渠

道获得产品信息或者试用产品（即展厅现象），却从另一条渠道进行购买。其中，第一条渠道（或前一类渠道）提供了免费的服务，却只有最后的渠道获得了收入。随着电子商务的发展，这一现象正日益成为传统渠道的问题。虽然制造商或品牌所有者可以从销售中获利，但它的一些渠道伙伴却不能从自己提供的服务中获得回报。长期来看，展厅现象可能导致渠道的崩溃。

企业有三种拓宽渠道宽度的方式：

·**密集分销**。当顾客不会对产品投入太多搜寻努力时，产品就应当尽可能地易于购买。此时，企业会将商业网点的数量和类别最大化。密集分销的消费品包括便利品，如零食、软饮料等。在新兴市场上，密集分销是一种重要的分销策略，受到可口可乐、宝洁这类公司的信赖。

·**独家分销**。当顾客愿意为了产品购买进行搜寻和出行时，企业就应当慎重地选择商业网点。此时，考虑到零售商应能够实现品牌资产和良好的购物体验，B2C 企业可能会选择少数几家信誉好的商业网点。

·**选择分销**。选择性分销是一种介于密集分销和独家分销之间的分销形式。因为商业网点过多可能导致过度竞争，网点过少又会使产品难以被消费者发现。索尼和三星就对产品实行选择分销，慎重地选择商业网点。

分销渠道的宽度会带来三种相关的渠道独占性问题：

·企业应当给予分销商**地域独占权**吗？

·企业应当给予分销商**产品独占权**吗？

·企业应当要求分销商成为它的**独占渠道**吗？

17.3.4 选择和评价中间商的标准

清晰而明确的渠道伙伴选择标准，有利于渠道的供销双方。企业应当清晰地界定分销商的职能和绩效标准，这样，有意向合作的分销商就可以客观地评判自己的能力是否符合企业要求。

企业及其分销商应当在签订协议前认识到它们各自的责任和义务，为了增加成功可能性，企业应当向可能合作的分销商提出几个问题：

·该分销商是否具有足够的市场覆盖能力？

·该分销商的管理能力如何？

> **要点**
>
> 企业应当选择适合目标市场并且能够有效发挥职能的分销渠道；企业选择渠道，应当以向顾客提供利益和价值为导向，而不是以传统的行业经验为导向。

· 该分销商的进取心、积极性和主动性如何？

· 该分销商的规模实力是否适合我们的业务？

· 该分销商的信用和融资能力怎样？

· 该分销商在供应商和顾客间的声誉如何？

· 该分销商的销售能力怎样？它过去的销售业绩如何？

· 该分销商是否会放弃经营我们的竞争产品？它是否欢迎企业的产品？

这些问题的答案决定了企业是接受还是拒绝与该分销商合作。

17.3.5 进行整合：分销策略

图 17.2 给出了制定和实施分销策略的 7 个步骤。

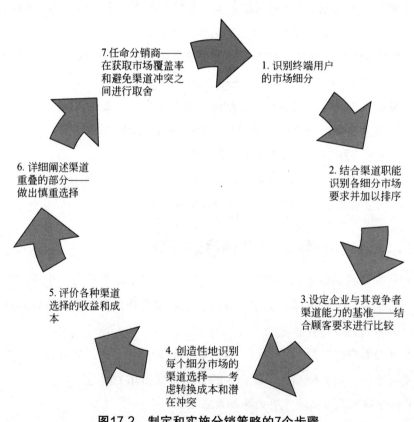

图17.2 制定和实施分销策略的7个步骤

17.4　管理分销渠道

让分销商一直保持最佳业绩是一项非常大的挑战。这里我们来讨论中间商的服从、权力不对等、冲突和新兴伙伴关系模式。

17.4.1　中间商的服从

企业必须确保渠道中间商会遵守协议并贯彻和执行其市场策略。

当企业对所有产品和所有顾客都按照标准化佣金支付中间商报酬时，就很可能会遇到服从的问题。如果企业能根据产品和顾客类型调整佣金，就可以更好地指导分销商，企业也可以将评价和报酬直接与维持库存水平、提供顾客服务和保持顾客满意等合同要求联系起来。表 17.3 给出了评价分销商的部分绩效考核标准。

> **要点**
> 设计得好的报酬体系可以帮助企业指导分销商的工作。

表 17.3　渠道成员绩效评价

评价标准	常用的运营绩效考核内容	
销售绩效	销售总额 按产品、细分市场核算的销售额 销售额的增长	实际销售额 / 销售配额 市场份额 实现价格
库存维持	平均库存量 库存 / 销售比	库存周转次数 准时交货
销售能力	销售人员总数 分配给企业产品的销售人员	按地区分配的销售人员 分配给战略客户的客户经理
信息提供	按客户统计的销售数据 终端用户需求信息	库存和盈利信息

> **营销思考**
> 你或者你的朋友、同事是否也曾经从事过分销？有没有遇到什么问题？你们是如何解决这些问题的？

17.4.2　分销体系中的权力

权力和冲突是分销体系所特有的问题。权力是一方渠道成员能够令另一方成员按自己意愿行动的能力。一般来说，渠道中某些成员拥有比其他成员更大的权力，它们的目标也并不相同。当处于供方的企业权力更大时，它可以提出强制性要求。例如微软就对它的 PC 制造商设定了许多条件。同样，强大的中间商也可以利用自己的市场地位行使权力。例如沃尔玛迫使供应商低价供货，控制产品配送，并要求供应商遵守自己的供应链原则和可持续发展计划。随着时

> **要点**
> 权力是一方渠道成员使另一方渠道成员按照自己意愿行动的能力。

间的推移，权力可能会从渠道成员的一方转向另一方。

图 17.3 表现了分销体系中的不同主体。我们来探讨制造商 / 品牌所有者、分销商 / 批发商、零售商，以及消费者 / 终端用户之间的权力关系。

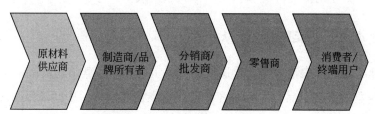

原材料供应商　制造商/品牌所有者　分销商/批发商　零售商　消费者/终端用户

图17.3　分销体系中的权力

制造商 / 品牌所有者

20 世纪初期，制造商成长了起来，对分销商和批发商的影响力不断增强。制造商研究顾客需求、设计优良产品，并且通过大规模生产降低成本和价格。诸如百威、康宝、可口可乐、菲多利、吉列、家乐氏、柯达、李维斯和百事可乐等公司都利用消费者广告建立起强势品牌从而成为**渠道领导者**。不过，并非所有品牌所有者都是制造商：Calvin Klein、耐克、Polo 都是外包生产，但它们都严格管理着分销。有时候，品牌所有者也可能是原材料供应商，例如纽特（人造甜味素）和英特尔（芯片制造商）公司，都拥有强大的分销权力。

分销商 / 批发商

19 世纪后期，提供全线商品、全面服务的批发商成为渠道领导者，例如亚历山大·斯图尔特公司和 H.B. 克拉夫林公司（已停业）。批发商支配着美国的消费品分销，将距离遥远的制造商与零售商和消费者连接起来。虽然制造商和零售商的经济变化与发展使这些曾经强大的中间商逐渐衰落，但它们仍然在许多行业发挥着重要作用。犹如电影《血钻》中描绘的那样，戴比尔斯买下了几乎全世界所有的钻石原料，从而在实质上控制了全球钻石的价格。**增值转销商**（value-added resellers，VARs）是一种新型的中间商，它们在其他企业的平台上构建软件模块，并且为利基市场调整计算机硬件。**系统整合商**，例如埃森哲和 Infosys（印度软件公司），通过安装和维护来自许多卖家的软件与硬件并将它们整合在一起，从而创造了价值。

中间商经常带来信息价值。保险经纪人的商业保险是通过识别和分析商业

354

风险，帮助企业从保险公司获得赔偿；中间商向消费者 / 终端用户提供产品 / 品牌的选择，并减少了必须的供应商关系数量。想象一下，你从各个专业店那里购买日杂用品所需花费的时间：从农场买牛奶，从不同种植户那里买农产品，从屠户那里买肉。奶场、食杂店和屠户都曾经是必要的中间商，但是今天，一个综合超市"一站"就提供了它们所有的产品。

零售商

强大的零售连锁企业正随着行业的整合而发展起来。在美国，**品类杀手**（category killer）实际上已经控制了行业的发展方向，如百思买、家得宝和玩具反斗城等。阿斯达、塞恩斯伯里和乐购控制了英国的超市业。全国性批发会员店也对百货供应商施加了很大压力，例如好市多、山姆会员店等。虽然在全球化步伐上零售业已经落后于许多行业，但是家乐福（法国）、沃尔玛（美国）和垂直一体化的 Zara（西班牙）现在都已经有了大量的全球化运营。线上零售商也是如此，近年来越来越有向大企业更加集中的趋势。美国的亚马逊和中国的天猫、京东一样，都是目前影响力巨大的线上零售商。

大型零售商常常是价格的主导者，它们利用购买权力和高效率的物流降低成本，但是这些大企业必须对标准化产品组合带来的成本效率和更迎合顾客的地方多样化之间进行取舍。更加精明的零售连锁企业会研究顾客需求，并利用强大的客户关系管理技术，调整商品组合并提供定制化的促销。大型零售商常常会迫使供应商为了获得货架空间而支付"进场费"。几年前发布的数据显示，五大食品厂商（康宝、可口可乐、家乐氏、卡夫和百事可乐）的进场费相当于零售商 14% 的销售额。为了使产品在零售商的货架上占得理想位置，可口可乐花费了 26 亿美元，卡夫花费了 46 亿美元，百事可乐花费了 34 亿美元。一个重要的趋势是小型店铺的兴起：传统的百思买门店平均面积 38750 平方英尺，而百思买的移动店铺平均面积是 1420 平方英尺。

消费者 / 终端用户

在 B2C 市场，个体消费者一般没有太大权力，但消费者群体可以大大地影响产品。欧洲消费者联合抵制类似抗草甘膦转基因玉米，并且当地群体对麦当劳的抗议已经破坏了它的店面。在德国，具有环保意识的消费者联盟鼓励制定严格的再生利用法律。在 B2B 市场，兼并和收购使得许多行业都只剩下那些拥有很大权力的顾客。屈指可数的那几家全球化的汽车公司以及飞机制造商波音和空客就是这样的例子。

17.4.3　分销体系中的冲突

由于分销渠道成员具有多重组织关系，因此很容易发生冲突。**经营冲突**在日常经营中由于延迟运送、票据错误、不履行承诺或者产品质量不合格而时常发生。ESPN（娱乐与体育电视网）的分销商（有线电视公司）一直都在抱怨价格的上涨，却从来不敢停止转播 ESPN 的节目。这些冲突是恼人的、破坏性的，而且会使渠道中断，因此大多数渠道成员都会努力避免冲突（跟踪和监视分销数据的实时系统可以缓解部分冲突）。但是有些企业（下游的客户或上游的供应商）会实施**战略冲突**并从中获益。

下游客户引起的战略冲突

常见的有四种冲突：

· **终端用户成长后希望建立直供关系**。许多供应商（特别是小企业），一开始都是利用分销商向终端用户进行分销。随着终端用户的成长，它们认为分销商一定程度上损害了自己的利益，直供关系可以使它们获得更低的价格。

· **分销商规模变大并且改变了权力格局**。在美国，小型、单店铺经营的零售商曾经是汽车零售业的代表，类似通用、福特和克莱斯勒这样的制造商都曾经非常强大。但是，多店铺经营的大型经销商的出现，改变了制造商和零售商之间的权力格局，例如汽车之国、卡迈仕和波坦金等，它们销量大，而且产品来自多个不同的厂家。

· **分销商销售自有品牌产品**。在 B2C 市场上，许多大型超市、百货店，以及其他连锁零售商都开始逐渐增加自有品牌产品的销售。在 B2B 市场上，由于分销商销售的自有品牌产品与供应商的产品相互竞争（或者替代），打破了传统的渠道关系。

· **新的购买影响力进入分销渠道**。在某些行业，独立购买团体为它们的成员凝聚了购买的权力。独立食品商协会和真价值协会长期为小型食杂店和五金店服务。在医疗采购领域，诺娃仕公司和派睿公司为许多大大小小的医院进行采购。

上游供应商引起的战略冲突

这里介绍两种冲突：

· **供应商为了更加有效地到达终端用户而进行直销**。有时候，供应商会认为它们可以比分销商更有效率。因此，它们越过分销商，直接向终端用户销售产品。这种行为令分销商十分痛恨。

网络提高了供应商向终端用户直接销售产品的能力，因而也增加了与中间商发生冲突的可能性。一些企业努力实施网络销售，而另一些企业严格限制网络销售，而是引导网站访客前往分销商购买，进而避免冲突。

供应商有时会在有限的范围内进行直销以减少冲突。例如好时、玛氏、耐克（耐克城）都有自己的零售店，但是批发商和零售商认为这些店铺提高了产品的品牌价值，因而很少有冲突。美泰玩具公司在自己的网站上销售各种玩具和服饰，但它从不破坏分销商的零售价格并且不在网上销售最新款商品，因而避免了冲突。

· **供应商增加新的分销商或分销商类型，以便更好地渗入市场**。供应商有时会增加新的分销渠道类型，这使现有的分销商感到不满并消极合作，导致水平渠道冲突的发生。希尔斯宠物食品曾经尝试过在食杂店设立店中店的宠物店，但是这个想法没有得到宠物店和饲料店的支持。

17.4.4　权力变革的计划

万事都是对等的，所以企业最好能够占得比渠道中间商更加强势（而不是弱势）的权力地位。企业发起战略冲突时，必须对冲突给其他渠道成员带来的影响以及这些成员的行为反应进行评估和预测，强烈的消极反应可能会造成企业的损失。然而，当美国主要航空公司取消了售票代理佣金并鼓励乘客在官网购票时，这些"被取消"的售票代理却别无选择，只能继续销售航班坐席。

要点

供应商和分销商都有多种途径提高自己的权力地位。

17.4.5　伙伴关系模式

当企业行使权力并引发战略冲突时，其行为模式隐含了一个**零和游戏**的假设前提，即如果企业赢了，另一方渠道成员就是输家，反之亦然。**伙伴关系模式**却是以**正和游戏**为假设前提的。通过信任的建立和共同合作，实现多个渠道成员的共赢，没有输家。

宝洁和沃尔玛建立了高效的战略伙伴关系。沃尔玛掌握着宝洁产品的售点数据并利用最新的信息系统实时传递给宝洁。通过分析这些数据中的季节性购买趋势，宝洁提高了预测的准确性，提高了采购、生产和包装的效率，减少了库存，降低了成本。宝洁根据店铺的地点进行产品编码，然后在仓库的交接站点上就直接将这些产品装上沃尔玛的卡车——**越库配送**。满载的卡车频繁出发，进行店到店配送。宝洁和沃尔玛还使用无纸化系统进行商品接收和应收、应付款项的管理。

通过伙伴关系的建立，渠道成员可以树立联合战略目标，例如成本的降低，以及在避免缺货的同时减少供应链的库存等。预测能力的提高意味着零售商可以提供更有效的产品组合，实施更有效果的促销，取消对不必要商品的大幅度折扣。通过与零售商的合作，供应商可以获得更低的生产和分销成本，使促销经费发挥出更好的使用效果。

营销思考

沃尔玛以利用苛刻的讨价还价从供应商那里获得低价格而闻名。不过沃尔玛却与宝洁公司建立了伙伴关系协议，为什么？为什么宝洁公司能够与沃尔玛合作？

本章要点

1. 广义的分销包含状态、地点和时点的变化。市场营销一般采用狭义的观点，即分销包括产成品在地点和时点上的变化。

2. 分销渠道在不断发展，企业通过分销安排的变革可以获得差别化竞争优势。

3. 在分销策略的制定中，供应商必须在四个方面做出重要决策：

· 分销职能。分销渠道必须要做的是什么？

· 分销渠道：直接或间接？企业应该直接与消费者或终端用户交易吗？还是应该利用中间商？如果是的话，利用哪些中间商？

· 分销渠道的宽度。每个分销层次上的中间商数量是多少？例如，要多少批发商或零售商？应该采用独家分销吗？

· 选择和评价中间商的标准。企业应该如何决定一家中间商是否适合分销自己的产品？

4. 通过分销商实施策略可能非常具有挑战性。供应商必须分清每个渠道成员的责任，理解潜在分销商的问题，并且采取措施来获得服从。

5. 总是有某些渠道成员比其他成员拥有更大的权力，但是每个成员都有提高自己权力地位的选择。分销商／批发商，制造商／品牌所有者，零售商，以及消费者／终端用户，各类渠道成员都有可能成为渠道的领导者。许多企业开始在每个成员都很强势的渠道中采用伙伴关系模式。

6. 经营冲突在分销渠道中是局部的，但大多数企业都在努力避免这种冲突。战略冲突更加严重，而且可能导致渠道关系发生重大变化。

7. 网络正在给分销渠道带来许多变化。

第18章 零售和批发

学习目标

学习完本章后，你应当能够：

· 解释生产者提供给消费者或终端用户的价值与零售商提供给他们的价值之间的区别

· 评估零售商提供给消费者的价值

· 理解零售经营的各种类型

· 评价零售绩效

· 解释零售商提供价值的三个核心来源

· 认识零售业的当前发展趋势

· 理解批发商向供应商和顾客提供的价值

· 为零售商和批发商制定战略并实施

开篇案例 优步

　　通过对消费者交通服务供给的管理，优步成为一种新型零售商，为顾客提供多种服务：Uber Black（豪车服务）、Uber X（日常用车）、Uber XL（SUV服务）、Uber Pool（拼车服务）。它提供的核心价值是"方便"：消费者将优步App安装在手机上并提供信用卡信息；下单的时候，消费者登入用车界面并定位目的地，然后优步就会给出价格和等待时间；如果顾客确定乘坐，汽车就会过来将顾客送到目的地；下车时顾客无须掏钱付费，因为优步使用信用卡结算、邮箱确认的方式。

　　它通过双边市场实现盈利。在市场的一头，优步为需要交通服务的消费者提供了解决方案；在市场的另一头，优步则向希望提供交通服务的司机提供了解决方案。优步的手机App将市场的两边连接起来，它的盈利方式就是从每头的费用中抽取提成。司机作为它的独立承包商，平均每单可以得到80%的收入，并通过银行转账每周结算。

　　优步根据行驶路程计算价格，但在交通拥堵的时候会换成按时间计费。一般来说，Uber X 的价格比当地出租车的费用便宜 10% ~ 15%。到了叫车需求量较大的时候，它就会执行峰时定价——大概比平常价格高出 20% ~ 100% 不等。实践证明，这种方式的确可以增加供给。

虽然优步一直因为不正当竞争行为而受到批评，但它也在充分发挥先行者的优势，从而在大部分城市保持了市场主导地位。

第 18 章是"营销要务四：设计营销组合策略"的"C 传递顾客价值"中的第二个章节，在第 17 章的基础上对分销展开更进一步讨论——重点探讨零售和批发。下面从零售开始。

零售是指个人或组织向消费者或终端用户销售商品和服务。前面我们讲过，企业既可以通过直接渠道到达消费者 / 终端用户，也可以利用间接渠道体系。在直接渠道情况下，企业要独自承担所有渠道运营工作，特别是要与消费者 / 终端用户打交道；而在间接渠道体系下，企业只需要在渠道中间商的成功基础上承担余下的工作即可，这里的渠道中间商尤其是指零售商。

通常，元器件制造商（SM）只有当它的配件制造商、成品制造商、分销商和零售商均获得成功时，它才能够成功。每个中间商都必须说服顾客购买配有它的子配件的产品，其中只要有一个中间商失败了，消费者就不能买到元器件制造商的子配件组装出的成品。虽然所有渠道主体对企业的成功而言都很重要，但是零售商尤其重要。因为零售商每天都与消费者直接打交道，它们不仅在销售商品方面十分重要，还可能是非常有价值的信息来源。因为除了消费者之外，零售商还与供应商的竞争对手和合作伙伴都有接触。

18.1 零售商的价值

零售商这种渠道主体虽然与生产者或其他中间商存在很大区别，但是，它们成功的原因却是相似的，即任何渠道主体都必须为顾客带来价值，其重要的区别则在于价值的类型。一般而言，生产者的价值与产品或服务的属性、沟通和可得性（通过中间商到达零售商）有关。零售商通常不会设计或生产产品，但是，通过与消费者的接触，零售商传递生产者的产品或服务的价值。

在有些分销层次上，生产者提供给消费者的价值与渠道主体无关。对分销商、批发商或零售商而言，消费者或终端用户得到的价值并不是最重要的问题。这些中间商最重视的是实现它们的目标，一般是财务绩效，即收入、利润、投资回报等，而生产者提供给消费者的价值之所以重要，只是因为这个价值可以刺激消费者购买，进而让中间商达成目标。

零售商向消费者提供了多种价值：

> **要点**
> 零售商提供三大类价值：
> · 产品组合
> · 顾客体验
> · 可达性

· **产品组合**。零售商选择一组商品和服务提供给消费者，因而带来了选择价值。不考虑店铺类型的话，零售商的商品组合既可以是**宽**的，例如百货店和亚马逊就经营了许多产品形式和类型；也可以是**窄**的，例如专业店就只有单一的或有限的产品形式。零售商也可以经营某一类型的许多产品，即产品组合深；或者只经营某一类型的少数产品，即产品组合**浅**（见图 18.1）。零售商提供的产品既可以来自许多供应商，也可以来自很少的供应商，甚至只有一个供应商，即直接分销。

产品组合的深度 \ 产品组合的宽度	窄	宽
浅	许多本地店铺	传统百货店 梅西百货
深	专业店 Footlocker	大型网络零售商 亚马逊

图18.1　产品组合类型——范本

· **顾客体验**。零售是一种服务，具备服务的多种特征（见第 13 章），但是零售服务的要素多种多样。在实体店购物和在家里通过直接营销或网络购物，差别是很大的。实体店按照不同维度可以划分成不同类型，这些维度包括店的外观和内貌、人员服务、产品陈列和选择、支付系统等。消费者的体验可以包括**额外服务**（例如麦当劳的游乐场）和购买前试用产品的能力，例如与高尔夫产品零售相关的内建高尔夫练习场。网上购物无法提供这类额外服务，却可以提供独特的虚拟体验，例如网上漫游、晒产品以及动态的个性化。

> **要点**
> 可达性（时间和空间的便利性）对实体零售店十分重要。另外，是否存在其他店铺这一点也很重要，因为店铺之间可以相互补充或竞争。

· **可达性**。对消费者而言，是否能够方便地到达店铺很重要，即**时间和空间**的便利性。**时间的便利性**是指店铺的营业时间。自然，网店一天 24 小时全年 365 天都营业，是名副其实的便利店，像 7-11 那样，但实体店通常都有一定的营业时间。**空间的便利性**是指消费者从居住地或工作地前往店铺所需耗费的努力。空间距离和出行路线是选址的核心要素，但是发达的交通和充足的停车场地可以使远距离的零售商变得很便利。例如，美国的州际高速公路系统使沃尔玛可以成功地将店铺建在成本低廉的郊区。还有一个重要的便利性要素是其他店铺的存在，因为店铺之间可以相互补充或者竞争。

18.2 各种零售形态

零售商可以在许多方面与消费者接触。

18.2.1 流动式摊点

这是最古老的一种零售业态。在历史上的美国西部以及今天的亚非新兴市场国家，小商贩将商品背在身后或放在手推车上，从一个城镇前往另一个城镇，走街串巷。不可避免的，这种业态的产品组合非常有限，但是消费者可以先验货再购买。行商带来的最大的价值是可达性：消费者不需要前往店铺，商人直接到他们家里来。尽管这是一种古老的业态，却也有现代版本，包括：

- 雅芳女人：向朋友和同事推销化妆品。
- 银行货车：在建筑工地帮工人兑现支票的流动银行。
- 临时卖场：在办公楼里设立临时店铺。
- 食物车：在建筑工地以及客流量大的地方提供熟食的流动餐车。
- 宠物美容：游走在居民区的一种设计别致的厢式货车。

18.2.2 直销

直销零售商与流动式摊点相似，不过与顾客接触的过程有一些变化。具体有两方面区别：

- **验货**。消费者在购买前一般无法验货，不过有些直营商做出了免费退货的承诺。
- **时滞**。产品购买后一般要延迟几天才能收到。

直销的情况下，消费者从各种沟通途径了解产品（见第16章）：

- **大众媒体**。直营商在多种媒体（杂志、报纸、广播、电视）上发布广告。大多数情况下，这类广告是定期广告，但是有些电视台会全天候地播放宣传和推介产品的节目，例如家庭购物网、美国QVC等。不论哪种形式，它们共同的特点是：广告片会让消费者与商家直接交易。
- **直邮**。企业通过邮件接触消费者。这些邮件有时候会写上个人的姓名，有时候只写"房主或住户"。直邮商会开发潜在顾客名单，或者从名单经纪人那里购买目标顾客名单。直邮面临的挑战是如何让消费者阅读邮件而不是扔掉它。直邮的成本相对较低，但因为只有印刷品，所以**响应率**（response rates）低。

·**电话营销（电话销售）**。一种使用电话进行沟通的直销形式。对许多消费者而言，在家里接到推销电话十分令人厌烦，因此许多国家都采用了拒接系统。不过，许多做小生意的公司还是将它们的沟通和分销努力集中在电话推销上。

随着直销类型的变化，产品组合也从十分有限（大众媒体沟通或电话营销）到非常大（直邮商品目录）。由于零售商是在租金低廉的地方存储商品，或者安排商品从生产者那里直接配送，即**直运**（drop shipment），因此可以实现多品类的大产品组合。和流动式摊点一样，直销也可以使消费者在任何地方进行购买。

18.2.3 网络零售

网络零售与直销类似：消费者坐在家里或者办公室里就可以进行购买决策，然后等待商家送货。这类企业有两大核心挑战：

·说服消费者访问网站；

·向消费者提供出色的网站体验，鼓励消费者购买。

网络零售与直销的主要区别是：

·**产品组合**。网络零售的产品组合通常很大，远大于大多数的直接营销零售商。低成本仓储和生产者的直接配送使网络零售商可以获得**长尾效应**（long-tail effect）的优势。

·**产品陈列**。互联网为虚拟产品陈列提供了许多机会，从实物展示的图片到产品视频的使用，而且企业可以很容易地改变这些陈列。因此，网络零售商能够向消费者提供令人难忘的购物体验。很显然，在互联网上浏览零售商的网站与用手翻看商品目录的感觉截然不同，更何况有些网络零售商还允许消费者直接在网上设计产品，虚拟"尝试"产品的不同款式和颜色。

·**比较购物**。互联网环境下，消费者可以轻松地从一个网站换到另一个网站，从而进行比较购物。搜索程序不仅帮助消费者找到需要的产品或服务，还能够找到特定商品的最低价格。

网站提供的产品多样性与实体店相似。网上既有多品类的全球连锁店，例如亚马逊和阿里巴巴，也有小型的专业网站。而且，低价仓储使网络零售商可以提供比实体店数量更多的产品。另外，网络零售商也可以向全球销售产品，这是数字化商品的一个十分重要的结果。

网店和实体店一个重要的区别是，消费者在网上无法看到、摸到产品。如今，越来越多的网店在尝试减少消费者的担忧，即消费者担心收到的商品和他们购买时所想象的商品不一样。

另外，与实体店相比，大部分网络零售商都可以送货上门。对于经常重复的重物购买，例如买瓶装水，网购以低风险（指下文提到的 P2P 零售）提供了实实在在的顾客价值。

18.2.4　自动售货机

对于 DVD、个人产品、零食、软饮料这类产品形式或类型，自动售货机十分重要。它们使零售商在靠近潜在消费者的地方，低成本地摆出商品进行销售，而且全年全天候营业。人力成本只与售货机补货有关。新技术的利用可以向企业建议补货时间、进行动态定价，还可以根据提供的顾客数据，提出产品组合调整的建议。

18.2.5　实体零售店

实体店（砖瓦砌成的）是迄今最常见的零售业态，也是零售活动的最大来源。零售店在大部分国家都为 GDP 做出了很大贡献，并且提供了很多就业岗位。零售是服务业的重要组成部分。所有实体店都有一个共同特征：产品陈列是真实的，而不是虚拟的。

下面我们来看一下定点零售店具有哪些方面的特征：

· **实体产品或服务**。尽管零售机构提供琳琅满目的实体商品，但也有许多店面最大的零售机构经营的是服务。服务零售包括美容美发店、美甲沙龙、餐馆，还有大型剧场和体育场馆。另外，还有公立的、政府管理的零售业务，例如医院、移民中心、邮局，还有机动车辆管理所等。

· **店面规模**。和服务一样，经营实体商品的零售店从非常小的店铺（便利店）到大型的超市和大卖场都有。许多大型零售连锁店，如百思买、塔吉特和沃尔玛，在大店的经营上都取得了成功。不过，有些零售商开的是新型的、相对较小的店铺，这类店铺通常位于市中心，例如百思买移动店、城市塔吉特、沃尔玛社区店和沃尔玛快车店等。

· **产品或服务的更新**。消费者会从零售渠道购买所有产品，因此零售商要不

要点

定点零售店的重要特征：

· 实体产品或服务
· 店面规模
· 产品或服务的更新
· 产品组合
· 产品陈列
· 服务的类型和水平
· 所有权
· 门店数量
· 战略和经营之间的相关性

断增加新产品，淘汰旧产品。

·**产品组合**。产品组合的范围可以从非常**宽**（包括许多产品形式或类型）到非常**窄**（可能只有一种产品形式）。产品组合也可以在深度上变化：**深组合**，即每种产品形式或类型下都有许多产品；**浅组合**，产品选项很少（图18.1）。（一般来说，这种业态的产品组合的深度低于网络零售商。）

·**产品陈列**。店铺在产品陈列上的差异非常大。有些仓库折扣店只提供打开的集装箱，而另一些店铺在陈列设计上极尽奢华。许多店铺尝试着引导消费者，使他们在店里可以接触到尽可能多的商品。有些店铺非常贴心地将收银台设在店铺后方，而另一些店铺，例如伦纳德杂货店（纽约）强制购物者按照它的路线行走。

·**服务的类型和水平**。有些零售店提供的唯一服务就是收银，而另一些店铺则提供高规格的个人服务。虽然**自助服务**（self service）一般意味着较少的服务，但是能够和零售商合作的消费者能力具有很大价值，例如航空登机，用自动打印机自助登机比在登机台前排着长队等候登机要好得多。

·**所有权**。个人、家庭和小公司拥有绝大多数的零售门店，这些零售店多是小型店，而且通常只有一家店。大公司则通常拥有大量特定类型的零售门店。

·**门店数量**。个人、家庭和小公司经营的零售业，其拥有和经营的门店数的中位数是1。多门店即连锁经营，通常归大公司所有（但也要看后面一条特征）。连锁店可以是本地经营、区域经营、全国经营、地域经营（跨国的），或者全球经营。连锁店的一项重要决策是，应该给予独立的商店和商店群一定程度的自主权，以适应当地的条件，还是通过集中的决策来提高效率。

·**战略和经营之间的相关性**。许多情况下，是由零售店的所有者（个人、家庭、小公司、大公司）制定零售战略并经营业务。但是战略和经营有可能是分离的，例如加盟经营的情况。品牌所有者，如汉堡王、快乐蜂、肯德基、必胜客、赛百味、寿司令（快餐）和希尔顿、假日酒店、Tune Hotel（酒店）决定**战略**，但其他主体拥有单个门店和负责日常经营。

营销思考

请你研究约翰逊在JCPenney作为首席执行官的任期。在苹果的职业辉煌之后，约翰逊为什么会败走JCPenney？你对乌曼有何建议？

18.3　零售选址

总的来说，零售商希望对进店的潜在顾客的数量进行优化，因此，选址和目标顾客的可达性就变得非常重要。无论是网络上的还是有固定位置的零售商，都面临相同挑战。

18.3.1　线上零售

线上零售的核心挑战是说服顾客访问公司的网站。网络零售商使用一系列大众传播和数字传播工具来增加网站流量。有些零售商，例如亚马逊，开发了**网站联盟计划**（Affiliate Programs），可以将访问其他网站的顾客转到它的网站。

18.3.2　线下零售店

麦当劳和星巴克这类快餐连锁店都投入重资，在选点开店前识别客流量的模式（行人和车辆）。类似街道或角落的左边或右边这种看似不起眼的差别都可能对店铺的成功或失败产生很大影响。但是，许多情况下，选址本身可能没有相邻店铺的类型和数量来得重要。20世纪30年代，受重力公式的启发，经济学家威廉·雷利（Willian Reilly）提出了**零售吸引力法则**（Law of Retail Gravitation），即集中度高的店铺会比集中度低的店铺吸引更多的购物者。再将集中度与到达店铺的容易度结合，就可以形成零售设施的多种形态。

> **营销思考**
>
> "地点、地点、地点"是实体店铺经营成功的一条广为人知的格言。如果为一间新开的店铺选址，你会考虑哪些方面？选择商业街、室内购物中心，还是户外购物中心？

商业街

商业街这种零售设施（包括市中央商务区和步行商业街）就兼备了到达店铺的容易度和零售集中度。许多店铺并没有竞争关系，甚至是相互补充的。许多互补的店铺结合成一个整体，提供了更加多样化的商品和服务，吸引了列出购物清单的消费者。在全世界许多城市，当地商户都会结成商贸协会，共同鼓励购物者光顾他们的店铺。

户外购物中心

户外购物中心很多是源于商业街的。全球许多城市为了提高购物体验而将街道封闭起来，吸引客流。主要的例子包括日本仙台的Clis Road步行街，美国夏威夷的阿拉莫阿那中心，美国佛罗里达的索格拉斯品牌折扣中心，上海的南京路。但是，有些购物中心，例如纽约的伍德伯里名品折扣城（旅游胜地），是禁止车辆通行的。

室内购物中心

室内购物中心使购买者免受自然环境影响，是户外购物中心的衍生。美国的明尼阿波利斯购物中心最初是为了抵御冬天的寒冷和大风。在其他地方，许多购物中心则是为了让购物者不受酷热和阴雨天气的影响，例如雅加达（印度尼西亚）有 80 多家室内购物中心，新加坡则有约 160 家。许多室内购物中心都很舒服，它们成为家庭和个人在满足购物需求之外的好去处。

旧时的室内市场有很庞大的结构，例如伊斯坦布尔的大巴扎集市。类似地，大部分现代购物中心都是由各种各样的店铺和餐馆构成的，但是有些购物中心聚焦在特定的产品类型，例如服装或电子产品，在这类市场上竞争对手们相互争夺业务。

18.4　现代零售业发展趋势

（要点）

现代零售业发展趋势包括：
- 网上购物增长
- 购物行为可追踪
- 购物区改变格局
- 网络和实体店运营的线上线下结合越来越紧密
- 零售业的全球化扩张
- 购买和支付系统的不断进化
- 零售业的持续演化
- 顾客隐私

18.4.1　网上购物增长

在全球各地，正有越来越多的人通过网络获取产品和服务。网购带来的便利性和越来越强大的可视化操作选择，是网购流行的关键原因。移动设备和社交媒体更是支持了这一趋势的发展，它们加强了沟通，使消费者能够对商品推荐做出快速反应。网购不仅提供了像超市产品那样低的价格、宽的产品组合，它还提供了更加完善的物流系统（除了可以送货上门，还可以送到附近的零售商提货点，或者使用寄物柜系统），所有这些都是网络购物的优点。

18.4.2　购物行为可追踪

在技术的驱动下，企业在零售环节对顾客行为的理解也在不断加深。大多数消费者都接受**浏览器缓存**（cookies），这就允许了网络行为追踪，特别是追踪他们在网站上的浏览进程。网络零售商对购物者进行侧写，然后提供个性化的产品或服务。实体店（特别是超市），也有类似行为，它们会利用店铺的会员卡进行购物篮分析，再做出顾客的侧写。实体店还将安全摄像头也作为营销调研的设备，强化对顾客行为的追踪。对店铺和过道出入口的追踪可以改进员工安排和货架陈列，摄像头则对顾客的年龄、性别和种族进行了判断，进而带来了更多商机，不过这些手段也带来了严重的隐私侵犯问题。

18.4.3 购物区改变格局

随着网络购物的发展，实体店陷入困境，许多店都因此倒闭了。商圈也不断转型，它们转向提供消费者无法从网上获取的服务产品。健身运动、美容美发、美甲沙龙、餐馆饭店、冻酸奶店和其他个人服务机构，正在取代传统销售商品的店铺。巴诺书店、盖璞、欧迪办公的实体店的关闭都是这方面的例子。

18.4.4 网络和实体店运营的线上线下结合越来越紧密

零售商正在将网购和实体店的优点结合起来，提高顾客价值。认识到库存方面的不足，实体店正在安装网络终端，这样消费者就可以在店里搜寻更多商品。网购存在配送上的延迟，但是企业将网络和地理位置结合之后，逐渐可以实现当天收单、配送。巴诺书店、梅西百货、塔吉特和沃尔玛都已经在个别城市提供这项服务。

与此相关的一个趋势是，进行实时个人互动的自我管理式网络购物体验。许多网店有客服人员提供**即时聊天**（instant chat），有时还可以进行现场对话。随着 GPS 功能提高了的智能手机的普及，无论是在家里、市区、购物中心，甚至是在店里，零售商都可以根据手机的位置发送信息给附近的消费者。这些针对性的沟通通过购物体验的个性化实现了店铺客流量的提高。

许多实体零售商已经通过自己的网站或者在亚马逊、eBay 这类知名网站上开设网店，进行网络销售，但是网络零售商也可以反转这个过程，利用它们的品牌影响力在线下开实体店。互联网眼镜专家 Warby Parker（WB）在波士顿、洛杉矶、纽约和旧金山开了好几家店。虽然 WB 的实体店带来了很大开销，还必须雇用和培训销售人员，却节省了运输费用，而且提供了更多个人服务。甚至亚马逊也开起了实体店，就在西雅图。当然，这种个性化也是双向的。例如实体店的购物者可以收到网络零售商的短信："您正在 ××× 店铺，请扫描你想购买的产品上方的条形码，您将获得更低的价格。"

与之相关的一个趋势是，许多独立商户加入了**零售套利**（retail arbitrage）的队伍。虽然网上的价格经常低于实体店，但是实体店的价格也可能因为积压库存、**亏本促销**（loss leaders）或者其他原因而低于网上。套利商就找到这样的实体店，买下它们的商品，然后再到亚马逊或者 eBay 上转手卖出去。

営销思考

本章介绍了几种现代零售业发展趋势，有哪些趋势正在你的国家发生？你还能想到其他的发展趋势吗？

18.4.5　零售业的全球化扩张

与其他行业相比，零售业的全球化脚步已经落在了后面。许多大型零售组织只专注于本国。但是近年来零售业的全球化步伐大大加快了。家乐福、麦德龙、乐购和沃尔玛这些大型连锁集团如今已经在全世界许多国家设立门店。德国食品折扣超市阿尔迪和麦德龙都在全球市场上占有重要一席。例如，阿尔迪超市在包括美国（乔氏商店）在内的 18 个国家设立门店。许多快餐和零售品牌也通过加盟连锁变得无处不在。不过在本地根基牢固的零售商可能还是比外来者更胜一筹，例如沃尔玛从德国和韩国市场的退出，乐购出售了它在美国市场的"新鲜与便捷"便利店等。

18.4.6　购买和支付系统的不断进化

每位消费者都用现金支付的日子已经一去不返了，过去的半个世纪已经成为信用卡的天下，美国运通、Discover、万事达卡和维萨卡则是这个行业的引领者。借记卡和预付卡的年购买金额超过 1 万亿美元。后台的信用卡系统一直在持续升级，只是消费者并未察觉，但即便如此，科学技术仍然为消费者体验的提高做出了巨大贡献。刷卡已经让位于光学扫描，小型收发器（可能与总店联网）取代了传统卡片，使用智能手机或者各种苹果设备（苹果支付）进行付款已经成为一种潮流。

网购时，PayPal 之类的服务不仅保证了消费者信用卡数据的安全，而且使支付更加便捷，亚马逊、Groupon 的"一键支付"功能使购物流程更加简单。相关的，对于一些经常购买的产品，譬如食品，网站上留有购买记录可以使消费者再次选择时更加轻松。

要注意的是，近年来出现的比特币是一种虚拟货币，用于网络支付而无需交易费用或金融机构的介入。没有中央当局发行货币或者监控交易，比特币被匿名地创造出来，可以通过解决复杂的数学问题用挖矿软件（像金子那样）挖出来，不过这个过程非常复杂，而且需要消耗大量的处理能力（和电量），因此人们大多是从比特币代理商那里购买。这些网络平台对支付任务、P2P 网络以及工作认证进行集中管理，并进行验证支付。比特币从一个网络地址被发送（分派）到另一个地址，每个用户都可能拥有许多地址。每次支付交易都被传播到网络平台上，包含在区块链里，这样人们就无法将已经用过的比特币再用一次。一到两个小时后，大量处理能力会及时锁定每一次交易，并继续传递到区块链。比特币提供了一种人人都可以用的快速、可靠的支付网络平台，已经有越来越多的商家接受了比特币（例如内容聚合平台 Reddit.com 和约会网站 OKCupid），实体店的交易数量也在逐渐增加。

18.4.7　零售业的持续演化

前面部分介绍了一些有关零售业未来的观点。我们不假装能够预测零售业未来的情况，因为这种情况毫无疑问地会随着时间的流逝而变化。近年来，互联网引入了整个新型零售业态，而且这种业态还在不断发展变化，传统的实体零售业也已经发生了许多革新，创业者和成熟企业都在不断寻找新方法，以满足不断变化着的顾客需求。制造商品牌已经领导了超市行业数十年，但是自有品牌（零售商品牌）在一些产品领域赢得了市场，甚至是亚马逊都在开发自有品牌。就在几年前，都还没有苹果店、Brandy Melville、Chipotle、全食超市、爱彼迎或者优步。

我们没法说未来 10 ～ 20 年间会出现什么，但是科学技术无疑会在其中扮演重要角色。智能手机使零售商能够学习适应以地点定位为基础的服务——无论是在实体店的外面还是里面。比如，乐购利用二维码将购物体验带到了地铁站台上，提供了许多有趣的机会。虚拟购物还会继续发展，店内体验将成为顾客体验的重点。总之，虚拟和实际体验将带来更大的顾客价值。

18.4.8　顾客隐私

一个引起越来越多关注的特殊问题是顾客数据的保密性。近年来，黑客已经先后侵入家得宝、塔吉特以及许多其他零售商的信用卡数据库，摩根大通也遭遇7600 万顾客数据的泄露。保护顾客数据的安全必须成为零售商工作的重中之重。

18.5　零售商的绩效测量

零售商使用许多不同的绩效测量方法，有些是中间测量，有些是产出测量。我们在表 17.1 中提到了一些，不过其中最重要的还是对零售盈利能力的测量。许多人分不清利润率和正确的绩效指标的定义，我们试图帮他们理清这一点。

> **要点**
>
> 零售商可以通过几种中间和产出测量指标，测量店铺绩效。

18.5.1　利润率

零售商从销售的商品中获得利润。通常，我们用百分比来表示利润率，百分比的计算方法有两种，可以任选一种。虽然两种算法都可以，但是当我们讨论零售利润率时，我们必须知道我们正在使用的是哪种方法。在下面这个简单的例子中，单位利润是 20 美元。

零售价格　　= 100 美元

零售商成本 = 80 美元

单位利润　　= 20 美元

这其中关键的问题是：零售商的利润百分比是多少？答案的选项是：按成本算百分比，或者按零售价格算利润的百分比。

·按成本算百分比 = (20/80) × 100 = (1/4) × 100 = 25%

·按零售价格算利润的百分比 = (20/100) × 100 = (1/5) × 100 = 20%

虽然按成本计算的百分比看上去似乎更合理，但零售商一般都根据零售销售价格计算的百分比来表示自己的利润率。自然，这样表现出来的利润率总是偏低一些，可选用的零售指标如表 18.1 所示。

表 18.1　可选用的零售指标

中间测量	产出测量
购物者的数量	每平方英尺的销售额
来店时长	每英尺的销售额（超市）
顾客每次来店的平均花销	同类店铺的销售增长率
每天的客流量	每单位库存的销售额（库存周转次数）

18.5.2　设定零售价格

零售商必须设定零售价格，产品成本和零售商期望的零售利润率是计算价格的关键要素。假设某个零售商的产品成本是 50 美元，它期望的零售利润率是 40%。

令：

C= 零售商的产品成本（美元）

P= 零售销售价格（美元）

M= 零售利润率，用零售销售价格的百分比计算（用十进制表示）

则：

P = C + (P × M)

P – (P × M) = C

P (1 – M) = C

P = C/ (1 – M)

得到：

C = 50 美元；M = 40% 即 0.4

P = 50 美元 / (1 – 0.4) = 50 美元 /0.6 = 83.33 美元

直接套用 40% 的零售利润率意味着零售的销售价格是 83.33 美元。一般而言，零售商会选择使用更加方便的价格，比如 79.50 美元或者 84.95 美元。

18.5.3 盈利能力

在讨论零售盈利能力之前，我们首先要确保自己选择的是正确的零售利润绩效测量指标。另一种方法是将零售利润率计为销售回报率，即用利润除以销售额。不过，许多企业测量产品和业务的基本盈利能力是用投资回报率，即用利润除以投资额。

要计算投资回报率，我们必须用库存周转次数来补充零售利润率的概念。在销量很低的情况下，一件零售利润率为 50% 的产品的盈利能力可能还不如另一件利润率 10% 的产品。

库存周转次数（inventory turnover）是指企业的平均产品库存在一年中被销售的次数。有三种方法计算库存周转次数，这些方法得到的结果基本相同：

· 售出商品的成本 / 平均库存的成本

· 净销售额 / 以零售销售价格计算的平均库存

· 销量（数量）/ 平均库存（数量）

假设一年中售出商品的成本 = 100 万美元，年初库存成本 = 250000 美元，年末库存成本 = 150000 美元。

平均库存 = (250000 美元 + 150000 美元)/2 = 200000 美元

库存周转次数 = 1000000 美元 /200000 美元 = 5

库存周转次数在零售和批发业中是一个非常重要的管理测量指标，一个珠宝商的周转次数可能一年只有一次或两次，而一家超市下面销售生鲜果蔬的产品部门的年周转次数可以轻松超过 50 次。投资回报率是许多企业测量基本盈利能力的重要指标。

$$ROI = 利润 / 投资额$$

如前面第 12 章中所述，我们在分数线的上面和下面同时插入销售额来调整这个公式。

$$ROI = (利润 / 销售额) \times (销售额 / 投资额)$$

对零售和批发业的企业而言，库存是总投资的重要组成，如果将库存作为重点，那么 ROI 公式的成分就可以用一种更加熟悉的形式，重新表达为：

$$利润 / 销售额 = 零售利润率$$

$$销售额 / 投资额 = 库存周转次数$$

因此：

$$ROI = 零售利润率 \times 库存周转次数$$

假设一家企业（例如一家超市）的平均利润率 = 2%，库存周转次数 = 25 次 / 年。虽然它的零售利润率很低（只有 2%），ROI 却并不差：

$$ROI = 2\% \times 25 = 50\%$$

对于库存成本高的零售商而言，企业必须同时考虑零售利润率和库存周转次数。

18.6　批发

批发商介于供应商（生产者和其他中间商）与顾客（零售商和行业企业）之间。零售商和行业企业通过批发商获得产品。为了提高效率，批发商会控制许多活动。表 18.2 给出了几种中间商类型及其功能，包括批发商。

表 18.2　主要中间商类型及其功能

分销主体	分销主体的介绍
代理商、经纪人、厂商代表	这些主体具有相同功能。总的来说，它们出售产品但并没有所有权或实际拥有产品。它们既可以为供应商或顾客工作，也可以成为独立于供应商和顾客之外的第三方
分销商	为供应商提供销售支持，特别是为实施选择分销或独家分销的供应商提供支持。常用作批发商的同义词
仓库运营商	接收和存储产品，安排产品提货，也经常进行产品分拨
批发商	主要是大批量的买入、占有所有权、存储并实际拥有商品。经常进行产品分拨，即向零售商或行业企业转售

批发商必须同时向供应商和顾客提供价值。图 18.2 说明了批发商价值的产生基础：没有批发商的时候，每个供应商都必须与每个零售商（终端用户）分别建立一次交易关系，反

之亦然，因此在图示中一共有 8×4=32 组连接线。当批发商介入供应商与零售商（终端用户）之间时，每个供应商和每位顾客都只需要建立一次交易关系，即与批发商建立关系即可，此时图示中的连接线变成 4+8=12 组。

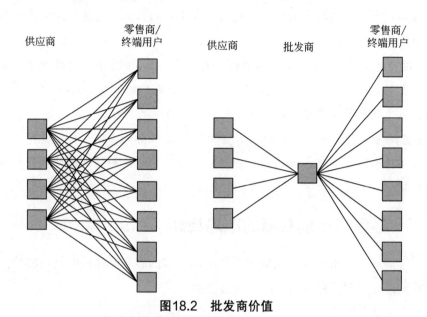

供应商　　　零售商/终端用户　　　供应商　　　批发商　　　零售商/终端用户

图18.2　批发商价值

18.6.1　批发商提供给上游的价值

批发商向供应商提供了两种主要价值：

· **市场准入**。批发商提供给供应商的核心价值是市场准入。对许多小供应商而言，如果没有批发商，它们要到达零售商或终端用户那里是非常困难的。因为批发商知道哪些零售商适合供应商的产品，并能够与之保持必要的关系。

· **顾客需求信息**。凭借与零售商或终端用户之间联系的优势，批发商了解哪些产品正在出售以及哪些消费者或终端用户需要这些产品。批发商可以将这些数据反馈给供应商进行产品改进和新产品开发。

18.6.2　批发商提供给下游的价值

批发商向零售商或终端用户提供了一系列价值：

· **一站式购物**。相较于与多个供应商建立交易关系，零售商或终端用户更愿意只和一个对象进行交易，即批发商。交易连接次数的减少带来了可观的成本节约优势：推销人员的电话减少了，配送次数减少了，运输成本降低了，发票也少了。

·**更有效率的采购。**比零售商更有优势的批发商不断缩短交货时间，降低客户的采购成本。这些批发商提供了先进的线上订购系统，包括对经常采购项目的自动记录流程。

·**增强产品组合。**批发商向客户提供整个产品组合的价值，远远超出了单个产品本身的价值，批发商甚至还可以开发特殊的产品组合来增加价值。例如，系统集成商就将许多产品打包成整体方案提供给终端用户。

·**咨询顾问。**有些批发商会向零售商客户提供诸如选址、店铺设计、产品组合及库存和财务管理方面的商业建议，以及关于定价和提供额外服务方面的建议。

18.7 零售商和批发商的市场战略

零售商和批发商制定与实施市场战略的基本内容与其他行业是一样的。不过，我们还是要对一些关键性问题进行说明。

18.7.1 使命

作为零售或批发行业，企业必须决定它的产品组合的类型、宽度和深度。

·**产品类型。**企业要从哪些产品形式或类型中选择产品？

·**产品组合的宽度。**企业必须在产品形式或类型很多或很少二者之间择其一，即宽或窄。

·**产品组合的深度。**企业可以选择在每种产品类型下经营很多或很少的产品，即深或浅。

从本质上来说，企业必须决定自己要成为哪种类型的企业，下面我们以零售业为例。

18.7.2 市场细分

就零售企业而言，企业应当对它所瞄准的顾客需求和顾客类型有一个很好的了解。

营销思考

选择你熟悉的一个零售商，分析该零售商的目标细分市场。对这个零售商最重要的细分市场而言，它的定位陈述是什么？
· 顾客目标
· 竞争者目标
· 价值陈述
· 相信的理由

18.7.3 市场战略

零售商应当建立一个界定准确的定位陈述，包括：

· **顾客目标**。零售商产品的决策者和影响者。

· **竞争者目标**。顾客购买同类产品的各种选择。

· **价值陈述**。为什么顾客应当从这个零售商而不是它的竞争对手那里购买？价值陈述既包括产品组合的宽度和深度，也包括零售商定价的一般方法，例如沃尔玛将自己定位为低价商店，丽思卡尔顿则是提供豪华住宿的酒店。区别主要体现在零售商以附加服务的形式向消费者提供的体验价值的类型和程度上。

· **相信的理由**。消费者凭什么相信该零售商能够实现它的价值陈述？

18.7.4 营销执行

产品部分

产品组合　零售商将提供什么样的产品或服务的产品组合？

产品周转率　产品组合的变化有多频繁？截然相反的两种情况是：

· **变化慢**。有些店铺几乎从不改变产品组合。便利店和五金店吸引的顾客是那些知道自己可以从店里买到哪些商品的人。产品组合的确定性在某些产品形式或类型中具有很大价值。

· **变化快**。Zara是快速变化产品组合的店铺中一个代表性例子。Zara的价值陈述的重点是新选择，因此，它的产品组合每隔两三周就会更换一次。

大部分企业的情况都是介于上述两种极端情况之间。提供时尚（fashion）商品的店铺会倾向于做出很大变化。许多店铺会随着季节改变产品组合，即使它们的产品可能年年都相差不大。当然，零售商改变产品的方法会带来许多不同的组织决策。变化慢的店铺要求有效的库存管理系统并具备自动再订货端口。相反，Zara则需要具备复杂的生产和供应链系统，以及处理未售出产品的流程。

促销

零售商必须说服顾客来光顾自己的店铺——线下或线上的。基本上，零售商具有两大促销任务：

· **让消费者来到店铺**。零售的促销活动与大部分其他企业是相似的，不过是促销的对象不同。具体区别包括吸引顾客的橱窗，甚至还有鼓励顾客进入店铺的促销员。对网络零售商而言，这项任务是获取网站流量。

· **帮助店内的消费者**。这是一项非常不同的挑战。对实体店而言，工具有产品陈列、店铺布局、灯光、音乐、指示牌，以及其他让消费者从一个区域移动到另一个区域的设备。对网络零售商而言，这项任务主要是网站的设计。

当然，这些挑战是完全不同的，通常由不同的组织单位负责。网络零售商一般也会把任务指派给不同的部门。亚马逊就有一个部门专门负责将消费者吸引到它的网站上来，另一个部门则负责向网站的消费者提供帮助。

分销

企业产品要如何才能到达顾客的家里或者办公室？配送很重要。遗憾的是，一些耐用品的实体零售商将配送业务外包给了第三方——一次糟糕的配送体验可能会断送掉原本好的店铺体验。当然，像联邦快递等有效的包裹快递服务商，则可以帮助网络零售商解决配送问题。

价格

企业要如何给单个产品定价？零售店铺发展出了一种按照价值陈述进行定价的一般方法，但是必须回答类似"什么时候开始销售产品"这样的问题。这些决策的执行对一个单店而言相对容易，但想要在多个店铺之间确保统一，就需要显著的系统先进性支撑。

───── 本章要点 ─────

1. 零售业是国家经济的重要组成部分。
2. 零售商提供给顾客的核心价值是产品组合、顾客体验和可达性。
3. 消费者可以从许多不同的零售业态中进行选择。
4. 有固定地点的零售机构的不同类型在几个维度上具有差异。
5. 有固定地点的零售店铺的成功部分得益于周边店铺以及整体外部环境。
6. 零售业在几个维度上不断发展着。
7. 零售商应该慎重选择绩效的测量方法。
8. 成功的批发商为供应商和零售商或终端用户都提供了巨大价值。

第19章 影响定价决策的关键因素

—— 学习目标 ——

学习完本章后，你应当能够：

- 区分价格战略和价格战术
- 识别价格在获取顾客价值中的核心作用
- 分析价格决策中成本的作用
- 结合竞争者的目标和战略确定价格
- 整合价格策略与战略目标

开篇案例 ▶ 西南航空

西南航空（SWA）是美国最大的国内航空公司。1973年，它还只是一个微不足道的小公司，却与当时得克萨斯州的大型航空公司——布拉尼夫航空公司进行了激烈的竞争。西南航空在那段最痛苦的时期中存活下来，其中一个重要原因是当时首席执行官拉马尔·缪斯（Lamar Muse）制定的精明的价格决策。

西南航空成立于20世纪60年代中叶，经营航线主要是得克萨斯州的三个主要城市——达拉斯、休斯敦和圣安东尼奥。航线距离从190英里到250英里，时间大约为45分钟。由于西南航空的提供路线均在得克萨斯州，所以其监管机构是得州铁路委员会，而不是民用航空委员会（CAB）。Braniff和TI(得州国际航空公司)从达拉斯到休斯敦的票价是27美元，到安东尼奥的票价是28美元。西南航空在这两条航线上的票价都是20美元。Braniff和TI立即调整了这些航线的价格。1971年11月，西南航空增开圣安东尼奥到休斯敦的航线，票价仍然是20美元，并且将在休斯敦国际机场（HI）的部分航班转移到了更接近市中心的休斯敦霍比机场（HH）。1992年年底，西南航空放弃了休斯敦国际机场。

接下来的几个月，西南航空发起了多项价格举措。1971年11月，它试验了以10美元的价格提供周末晚上的航班；1972年5月，将10美元的票价扩展到晚9点以后的所有航线。飞机载客率比全额票价更重要。在 7 月，面对日益恶化的财务状况，西南航空将基础票价提升至 26 美元，增大座位空间并提供免费饮品。TI 在一周之内将价格调整到与西南航空一致，Braniff 两天后也跟随此价格并提升客舱服务。现在 Braniff 晚 7 点半飞往休斯敦霍比机场（和休斯敦国际机场）的票价仅为 10 美元。

1972 年 7 月，西南航空在达拉斯—休斯敦这一重要航线的市场份额是 40%，Braniff 的份额从 75% 下降到 48%，TI 的份额从 25% 下降到 11%。但是 Braniff 的载客量与西南航空进入前大致相当。1972 年 10 月，西南航空用 13 美元票价替代原来的 10 美元，提供工作日晚 8 点之后及整个周末的航班，以维持昂贵的广告费和增加的客流量。西南航空的达拉斯—休斯敦航线实现盈利，可是达拉斯—圣安东尼奥航线仍然无利可图，因为 Braniff 拥有 4 趟航班。1973 年 1 月 22 日，西南航空宣布从达拉斯到圣安东尼奥"60 天半价销售"。载客量瞬间增长几乎 3 倍，达到 85% 的客座率。2 月 1 号，Braniff 反击提出 60 天半价的"友情"销售——所有达拉斯到休斯敦霍比机场（不含休斯敦国际机场）的航线票价均为 13 美元。

缪斯说，相信公众能够认识到西南航空提供的非常稳定和及时的服务值得花费 26 美元，Braniff 的行为将会被公众厌恶。西南航空在达拉斯和休斯敦报纸上刊登跨页广告——一幅缪斯的图片和一句话："没有人会为了糟糕的 13 块而把西南航空逐出航空业"，以及所有顾客不应该让此事发生的缘由。它还用更强烈的语言印刷了 5 万本小册子。西南航空将这些分发给所有的乘客，休班的空姐在午饭时间分发到达拉斯和休斯敦的闹市区。

案例问题
你如何评价西南航空公司的价格措施？你如何评价 Braniff 的价格措施？类似的措施还适用于当今的航空业吗？

西南航空还提供赠品。它告知顾客：航程值 26 美元，希望他们付出 26 美元，但是如果他们为了 13 美元选择 Braniff，那么西南航空也将收取他们 13 美元。那些付出全额票价的旅客会得到一份礼物——五分之一瓶皇家芝华士或皇冠威士忌，或者是一个不错的皮冰桶。这些东西花费西南航空大概 7 ~ 8 美元，但是每个的零售价格都在 13 美元左右。缪斯说："特别是差旅人士，不仅将 26 美元记入差旅支出，还可以带着皇家芝华士回家！"4 月 1 号，Braniff 结束了其"友情"销售，西南航空也恢复了 26 美元的票价，1973年2月是西南航空最好的一个月，在3月实现了首次盈利。截至2015年，西南航空成为美国最大的国内航线公司：2014年实现销售额186亿美元，净利润11亿美元。

第19章是"要务四：设计营销组合策略"的"D 获取顾客价值"部分的第一个章节，主要阐述定价决策的关键基础。

定价对于企业盈利和创造股东价值有着决定性作用。定价对新市场开发、新产品导入以及改变企业目标或战略也有重要的意义。图19.1显示价格策略如何能比其他方法带来更丰厚的利润回报：

- 价格影响利润——利润等于价格减成本。
- 价格影响销售量——通过需求曲线。
- 因为价格影响销量——价格也因而通过规模效应影响单位成本。
- 价格常常影响顾客对产品质量和价格的感知。

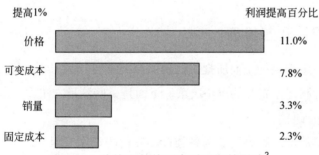

图19.1 价格和其他因素对利润的影响[2]

价格战略是企业确立价格的总体方法。定价决策时需考虑的四个重要因素是：顾客感知价值、成本、竞争和战略目标。对某一个元素的过度强调可能会导致价格决策无法实现最优，例如过于关注竞争会导致破坏性的价格持续下行。有经验的定价执行者在制定价格战略前会先评估所有的因素。

19.1 顾客感知价值

随着竞争加剧，顾客的选择越来越多，因而他们常常搜寻更低廉的价格。

要点

感知价值里的关键主题是：创造、测量和获取价值。

所以当顾客转向其他企业时，企业可能会觉得是因为定价过高。然而更有可能的原因是存在感知价值问题——传递的价值不够，或价格与价值的关系未能权衡好。我们关注三个与价值有关的问题：创造、测量和获取价值。然后我们转向联系更为紧密的问题——价格敏感度。

19.1.1　创造价值

要点

企业为顾客创造的价值主要是通过它提供的非价格元素来实现。

许多因素影响顾客对产品的价值感知。

从第 9 章我们了解到，企业的价值主张是市场战略的核心。企业为顾客创造的价值主要通过其营销组合中的非价格元素——产品、促销、分销和服务来体现。

通过对品牌印象的贡献，价格也可以创造价值。诸如劳斯莱斯、宾利和法拉利汽车，劳力士以及苹果的 iPod 这类产品都被认为是有品质的品牌。企业无法控制的因素也影响顾客的感知价值。炎热的天气里，如果你唯一的选择是一听 3 美元的可口可乐，你会认为它物有所值，但是如果还有百事或七喜可供选择，可乐的价值就会降低。

19.1.2　测量价值

测量顾客感知到的企业所提供的价值至关重要。如果不了解顾客的感知价值，你永远都制定不出好的价格决策。下面是一些测量方法。

直接价值评估

企业简单的询问顾客愿意为各类产品支付的费用。但是此事会有回应偏差的问题，不过如果问题陈述得非常细致详尽还是可以获得有效数据的。福特野马最初上市的时候，李·艾科卡让顾客来估计它的价值，结果估计值远远高于福特的计划价格，所以李·艾科卡相信该产品将会成功。事实证明，野马也是美国销量最好的新车型。

货币计量法

每两个选项为一组，顾客选中其偏好的选项并说明愿意为它多支付的价格。正负差值总和反映了选项间的相对价值。表 19.1 展示了顾客对 A、B、C、D 四种产品的不同反应。

表 19.1　货币计量法实例

配对选项	偏好选项	额外支付的价格（美元）
A 和 B	B	10
A 和 C	C	13
A 和 D	A	5
B 和 C	C	3
B 和 D	B	8
C 和 D	C	12

这些产品的相对价值计算如下所示：

· 额外价格正向代表偏好选项，负向代表非偏好选项。

· 每个选项有三个比较对象，将每个选项的额外价格求和。

· 将额外价格总和除以 3 得到平均额外价格。

顾客对四个选项的平均额外价格分别是：

A = −10 − 13 + 5 = −18/3 = −6　　　　　B = 10 − 3 + 8 = 15/3= +5

C = 13 + 3 + 12 = 28/3 = +9.3　　　　　D = −5 − 8 − 12 = −25/3 = −8.3

· 以价值最小的选项为基点，找出每个选项的平均额外价格与基点的差距。所得数值就是顾客愿意支付超过基点的部分。

D 的价值最小，那么其他选项的额外价格是：

A = (−6) − (−8.3) = 2.3

B = 5 − (−8.3) = 13.3

C = 9.3 − (−8.3) = 17.6

感知价值分析

表 19.2 列出测量产品感知价值的五个步骤。企业直接从顾客那里获得数据，不过有时候经验丰富的管理者可以提供能被后续市场调研证实的最佳猜想数据。

营　销　思　考

本书的价格比同类教材低80%。出版商如何处理价格／质量感知方面的问题？

表 19.2　测量产品的感知价值

步骤	描述
1. 识别所需的获益和价值	识别顾客所需的核心获益和价值——通常是价格以外的 5 ～ 8 个
2. 权衡获益和价值	基于对顾客的重要程度给每个获益或价值赋值，总计 100 分

续表

步骤	描述
3. 评价各供应商的产品	根据顾客认为各供应商的产品能实现的获益或价值好坏，分别评分（1= 最差，10= 优秀）
4. 计算获益 / 价值分值	针对每个产品，将第 2 步的结果乘第 3 步中获益或价值得分，计算出个人获益 / 价值得分。获益 / 价值得分 = 权重 × 得分
5. 计算感知价值分值	对于每个产品，求得个人获益 / 价值分值总和

营销思考

一本700余页的书与一本450余页的书价格相同，且电子版和纸质版价格相同。你认同这种价格策略吗？为什么？

表 19.3 是计算实例：A、B 和 C 是三家安乐椅供应商。粗体代表每种选择的感知价值测量。（我们标出了真实价格，但是计算时没有使用。）结果和解释如下：

· **感知价值**。供应商 B 的感知价值最高，820 元；然后是 A，665 元和 C，580 元。

· **价格**。供应商 A 的价格最高 500 元，B 是 450 元，C 是 300 元。

供应商 C 的感知价值和价格都最低，但是 A 和 B 的顺序却反了。供应商 B 的感知价值最高 820 元，供应商 A 的是 665 元。但是 A 的价格 500 元又比 B 的 450 元更高。因此供应商 B 以更低的价格提供了更高的价值，它将占有市场份额。

营销思考

出版社提供一本书的单色版的电子版——价格都低于50美元；精装彩印版的价格高于200美元；软皮彩印版——价格介于两者之间。所有购买彩印版的顾客都可以免费收到电子版。你如何评价这种价格策略？

表 19.3　安乐椅椅子供应商感知价值分析实例

所需获益	相对重要性权重	供应商 A 定价 =500 元		供应商 B 定价 =450 元		供应商 C 定价 =300 元	
		打分（1～10）	总计	打分（1～10）	总计	打分（1～10）	总计
椅子设计	20	5	100	7	140	6	120
舒适性	30	6	180	8	240	4	120
布的质量	15	10	150	9	135	8	120
布的设计	15	5	75	7	105	4	60
购买便捷	20	8	160	10	200	8	160
合计	100		665		820		580

经济性分析——顾客经济价值（EVC）

许多 B2B 的企业使用顾客经济价值——顾客愿意支付的最高价格——来计

算新产品的经济价值。顾客经济价值分析非常依赖于顾客考虑范围内的竞争产品。顾客经济价值分析帮助企业厘清选择：是为了更高的价格增加价值，还是为了低价减少价值？（参看第 4 章中关于顾客经济价值的计算）

价格实验

企业在不同市场领域（如地理位置）以不同价格提供实验产品——如 A/B 测试。不同价格的销售水平反映了顾客价值。

19.1.3　获取价值

企业需要花费许多成本开发产品；如果这些成本小于顾客的感知价值，那么它便创造了价值。图 19.2 显示了价格如何分配了创造的价值。企业保留了一些价值，顾客得到一些价值。高价格意味着企业保留最多的价值，低价格意味着让渡最大的价值给顾客。

要·点

价格分配了价值——一部分给企业，另一部分给顾客。

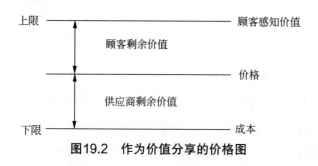

图19.2　作为价值分享的价格图

大多数企业先开发新产品，然后以成本或是那些我们刚讨论过的价值评估方法为基础制定价格。相比之下，雅芳以新产品想要传递给顾客的价值开始，进而确定目标价格，将价格转化为成本参数，使其能满足利润目标。而后工程部门和生产部门设计出在成本参数范围内传递顾客价值的产品。

19.1.4　顾客的价格敏感度

有时价格微小的下调（增加一点点顾客价值）会带来销量明显增加；有时只有价格明显降低时，顾客才会购买更多——顾客价值的大幅提高（价格上涨时情况亦然）。有时顾客是**价格敏感者**，有时是**价格不敏感者**。经典微观经济学在市场层面关注价格敏感度；我们讨论单个价格敏感度问题。

市场层面的价格敏感度

营 销 思 考

企业的营销活动如何因价格弹性和价格非弹性的产品而不同？

图 19.3 显示了弹性和非弹性的需求曲线：

·**价格弹性**。当价格稍微下降，销量明显增加；当价格稍微上升，销量明显减少，诸如食品杂货这类产品。

·**价格非弹性**。即便价格显著改变，销量变化也不明显，诸如心脏起搏器、电器、重要原材料等产品。

营 销 思 考

飞机票、电影票、健身俱乐部会员、牛奶、艾滋病毒治疗哪些是价格弹性，哪些是非弹性？你是如何确定的？

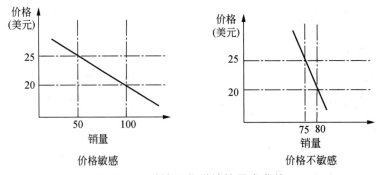

图19.3 弹性和非弹性的需求曲线

单个顾客的价格敏感度

市场往往是异质性的。一些顾客对产品的价值评价很高，有的顾客则评价很低。有的顾客因为可支配收入有限或者面临财务难题，他们对产品价格更为敏感。有些 B2B 企业变得对价格敏感是因为竞争者降价销售或企业盈利遇到问题。而对替代产品的信息、获益/价值了解更完备的顾客对价格更为敏感。表 19.4 展现了这些影响价格敏感度的因素：

表 19.4 影响价格敏感度的因素

因素	相关问题
竞争比较	顾客是否能容易且合理的比较选择？它们能否不通过购买实现比较？是否需要专家？顾客是否了解如何使用企业和竞争者的产品？价格可以直接比较，还是要通过计算才能发现差异？
教育	企业是否需要引导顾客关注由激烈价格竞争导致的价格？
最终获益	产品传递了哪些最终获益和价值？最终顾客的价格敏感度如何？产品能体现多少最终获益的价值？企业能否改变其产品定位将产品的最终获益价格传递给价格不敏感的顾客？

续表

因素	相关问题
花费	购买的绝对花费额是否太多？花费所占年度开销 / 收入 / 财产多大比重？
公平性	与从类似产品获得的顾客体验相比，当前产品的价格如何？顾客期望付的价格是多少？当前价格公平吗？
存货	顾客会持有存货吗？顾客是否期望当前价格是临时价格？
非货币成本	购买中需要付出多少精力、时间或者承担多少风险？
感知替代品	顾客如何看待竞争者提供的产品和价格？企业能否通过定位决策影响顾客的价格预期？
价格 / 质量	与竞争对手相比，产品的价格 / 质量如何？
共享成本	顾客支付了全价吗？如果不是，他们支付的比重是多少？
转换成本	如果顾客转换供应商，可能付出什么成本或投入？顾客是否与现有的供应商绑在一起，多久了？企业是否鼓励转换？
细则	所提供的付费方法是否陈述清楚？
独特价值	顾客如何权衡影响他们决策的产品属性和获益？企业的属性和获益能否区别于竞争对手？

营销思考

假设你是某销售汽车前灯公司的首席营销官。企业作为某全球销售额良好的汽车制造商的独家供应商。你们的首席执行官建议企业降低价格以刺激需求。你如何回应？

19.2 成本

成本对于确立价格至关重要。毕竟，成本占据了利润公式的半壁江山：利润＝销售收入－成本。在实际生活中，许多企业用成本来定价，然而定价方式往往不合适。接下来，我们先指出这些问题所在，后续会说明企业在定价时应该如何运用成本。

19.2.1 对成本的使用不当：成本加成定价法

回顾我们之前讨论的内部导向（参见第 1 章），**成本加成定价**是一种被许多企业运用的定价方法。不论它有多么普及，都是一种**错误**的定价方法。成本加成定价就是简单地通过确定产品成本，再加上事先决定的利润率（提价）来进行定价。表 19.5 展示了这个过程。

表 19.5　某资本设备项目的成本加成定价实例

可变成本	40 万美元
直接固定成本	20 万美元
间接固定成本	10 万美元
总固定成本	30 万美元
总成本	70 万美元
提价标准：成本的 15%	10.5 万美元
价格	80.5 万美元

导致这种成本加成定价法广泛传播的优势在于：

· **盈利能力**。正如定义所规定的，价格必须高于成本，所有的销售似乎都是盈利的。

· **简便性**。如果企业知道了它的成本，定价就十分简单，所有人都能计算这个问题。

· **可辩护**。它受法律认可，而且政府和其他成本加成合同中常常要求有。

虽然成本加成法广泛流行，但是它仍然有四个主要的缺陷：

利润局限

由于关注内部，顾客价值在定价过程中没有发挥作用。

· **价格太低**。顾客认定的产品价值远远高于成本加成定价，在表 19.5 的举例中，顾客出价 90 万美元，企业损失 9.5 万美元的利润（90 万美元 - 80.5 万美元）。

· **价格太高**：顾客认定的产品价值低于成本加成定价——出价 75 万美元，顾客不会购买。企业在遗失的销售上损失 5 万美元的利润（75 万美元 - 70 万美元）。

上述两个案例中，企业没有充分估计顾客价值，导致错误的定价。成本加成定价导致在价格敏感度市场过高定价，价格不敏感市场过低定价。而且，通过成本加成定价，企业很容易受到竞争对手的攻击，竞争对手能够通过估计成本来预测企业的价格。

固定成本的不合理计量

企业通常将成本分为固定成本和可变成本。

· **可变成本**。变动直接与销售量和生产量相关。可变成本通常包括劳动力、原材料、销售提成和机器运转消耗的能源支出。

要　点

将价格确立在市场容忍点是无效的。市场能够容忍多个价格。

要　点

在成本加成定价法中：企业在成本上附加利润。

成本加成法往往忽略了顾客价值。

营　销　思　考

作为某连锁影院的新任营销总监，你发现对于所有的电影，所有的座位价格都是相同的。你能提出一个差异化的定价方法来提高利润吗？

· **固定成本**。在合理的范围内，并不随销售量和生产量变动。固定成本通常包括开销和分配项目，包括租金、工资、折旧和营业费用。

如前所述，成本加成定价是企业的成本加上一个预设的利润，这里：

$$每单位成本 = 单位变动成本 + 单位固定成本$$

计算企业的单位变动成本是容易的。但是单位固定成本的计算是不合逻辑的：

· 单位固定成本等于固定成本除以销售的单位数量；

· 但是销售的单位数量又依赖于定价；

· 因此，以价格作为条件来计算价格，这一点都不合逻辑。

实际应用中，许多企业随意估计某个销售水平，从而据此来计算单位固定成本。

> **要点**
> 企业通过随意假定销量水平或生产水平确定单位固定成本。

资源随意配置

假设企业有两种经营业务 A 和 B。A 盈利性良好，而 B 不佳。企业有可能降低对 B 的资源配置，并增加对 A 的资源投资。此举降低了 B 的固定成本，但却增加了 A 的固定成本。这样的财务伎俩是企业用来均衡产品利润时的典型手段，却极大地损害了 A 部门的经理们的积极性。

不匹配市场现实

当需求下降，逻辑上建议企业降低价格，单纯的成本加成定价不允许这样。当销售下降，企业将其固定成本均摊到更低的销售量上，每单位的固定成本增加——因此必须提价。当需求量猛增，逻辑上建议企业要提价，但是固定成本均摊到更高的销售量上，单位固定成本下降——所以必须降价！基于需求变动的加价法能够在某种程度解决这个问题。

19.2.2 成本应发挥的作用

成本加成定价是确定价格的一种懒惰的方法。但是我们不能低估成本在定价过程中发挥的作用。成本在三个方面都有重要作用。

生产控制

成本对新产品导入有着特别重要的作用。典型的，一个新产品必须达到或者超过企业的财务标准——新投资的最低回报（往往与资本成本相关），才能够获得批准生产。企业根据现金流估计目标价格、数量和成本。相关成本是全部成本，意味着包括所有和新产品相关而增加的成本，包括增加的管理费用。

> **要点**
> 成本在生产控制、放弃控制和利润规划上都发挥着重要的作用。

放弃控制

当企业决定放弃一个产品，成本也同样发挥着重要的作用。相关的成本是边际成本——制造和销售一个额外单位产品所花费的成本。边际成本包括所有的变动成本加上部分增加的固定成本，但是不包含所有分摊的间接费用。边际成本是最低价。

利润规划

生产和放弃控制都是特殊情况。成本的主要作用是利润规划。企业列出各种可能的价格点估算单位数量和单位成本。利用这些数据预测采用不同价格时的销售收入和利润，从而选择利润最大化时的价格。

营销思考

如果苹果和电信公司分别基于iPod和手机服务定价，它们的启示是什么？如果它们分别基于成本定价呢？

19.3　竞争

企业需要经常考虑竞争的意义。基于竞争者价格的企业定价是合理的，而且能够保证价格平衡。但是过多关注竞争对手的价格战略有明显的缺陷：

·和竞争对手的价格平衡贬低了产品特色和优势，并且有产品商品化趋势。这将导致顾客的购买决策关注点为价格。

·过度的价格关注对每个人都是损失，无论是企业自身还是其竞争对手。

一般地，企业不应该致力于打击竞争对手价格，相反地，企业应该击败竞争对手的提供物——产品、服务以及其他营销组合元素。企业应该努力比竞争对手在每单位价格产品上提供更多的价值。重要的是提供卓越的产品服务，而不是优越的价格。当然，价格也发挥了重要的平衡的作用。

要点

企业应该提供卓越的产品服务，而不是优越的价格。

19.3.1　竞争对手将如何回应企业价格变动？

当价格变动时，企业应当考虑竞争对手可能的反应。虽然价格战术可能十分复杂，但是基本上竞争对手仅有三种价格反应：**提价**、**保持不变**、**降价**。企业的价格变动成功与否取决于这些反应。

评估竞争对手可能的反应通常是重要的。在仅有少数的几个竞争对手、固定成本十分高昂、变动成本十分低的垄断市场，例如航空和许多其他资本密集型行业，这一点至关重要。当几个竞争对手的利润很低，有时其中一个通过降价就会获得销售额；其他的追随在后，价格螺旋下降。有时企业释放风向标（参见第5章），战略性地提前公布价格意图，以了解竞争对手可能的反应。警告和其他信号会抢先于竞争对手行动，但可能会引发反垄断问题。成功和不成功的价格领导者例子有：

垄断定价

成功的价格领导者

可口可乐将其浓缩液价格提高了 7%，两倍于其通常的比率。两周后，百事可乐宣布了相近的提价策略。

英国铝业公司（BACO）在增长缓慢、利润微薄的英国铝业寡头垄断中与美国铝业公司和加拿大铝业公司展开激烈竞争。BACO 将市场分为三个领域：BACO 的长期合同的客户——我们的；竞争对手的长期合同的客户——他们的；转换者——上升或争夺。BACO 决心不因价格输掉业务。如果它确实输掉了一些，BACO 会通过调低某个"他们的"客户的价格来惩罚竞争对手。BACO 有效地执行这种针锋相对的战略。美国铝业和加拿大铝业公司对此也很知趣。

失败的价格领导者

美国航空公司（AA）试图改变美国航空业内的定价结构，美国西方航空公司、美国大陆航空公司、达美航空、西北航空公司、联合航空公司、美国在线航空公司迅速跟进了美国航空公司的领导。但是环球航空公司（TWA）比美国航空公司的价格低了 10% ～ 20%，这次尝试以失败告终。

19.3.2　面对竞争者降价，企业应该如何反应？

面对竞争者的降价，企业的反应取决于其市场地位。一般地，强势的企业只有在用尽其他方法后，才会相应的降价。但是只有微弱优势的弱势企业不得不立即做出反应。一般来说，当降价猖獗时，只有拥有成本优势的生产者才能获胜。它利用它的低成本优势来决定其他竞争对手的命运。当然，企业也必须决定如何应对竞争对手的价格上涨的情况。

占据主要市场份额的企业常常面对许多价格竞争，从小的竞争对手到新进入者。这些竞争对手相信市场领袖：

· 没有精心管理其成本，而且认为其本身的成本较低。

· 由于在分摊间接费用上的困难，它不清楚单个产品的成本。

· 由于将牺牲其更大销售量带来的利润，所以不会直接采取报复行动。

除非需求具有价格弹性，否则公司应尽量减少直接降价反应。竞争性降价的性质决定了价格和非价格选择。

价格选择包括在不同细分市场的价格报复，有选择地降低价格、引进价格较低的竞争品牌，最终全面地降低价格。非价格选择包括向竞争对手发出信号，投资于固定成本支出以巩固企业的地位。阐明和巩固价格/质量关系，改变竞争的基础（例如，通过捆绑）。通过不透明定价来降低顾客的议价能力。如果这些活动失败了，企业可能会部分或全部的撤出。

19.4 战略目标

战略目标选择是制定营销战略的一个主要内容。企业追求最优绩效的三个选择是：销售量和市场份额、利润和现金流。一般而言，每一个战略目标都有其特定的定价战略。

19.4.1 扩大销售量和市场份额

企业必须提供高顾客价值——优于竞争者的价值和价格（V/P）的比率。高V/P战略的条件有：

· 财力雄厚，以吸收最初的低利润率；

· 阻止竞争对手的愿望；

· 良好的在未来降低成本的能力；

· 有价格弹性的市场；

· 有效的满足增长需求的能力。

19.4.2 利润

当企业最主要的目标是利润最大化时，它向顾客提供了较少的价值，自己则保留了更多。企业使用撇脂定价方法，包括那些有专利保护的产品，例如药品、开拓性的高科技产品。苹果对 iPhone 采取撇脂定价方法。产品新上市时售价 599 美元，两个月后降至 399 美元，一年之后再降为 199 美元。

渗透定价和撇脂定价

这里回顾一下第 10 章介绍的渗透定价和撇脂定价。这些定价策略对应不同的战略目标：最大限度地提高增长率和市场份额，实现利润最大化。

渗透定价。企业通过让价格接近成本，提供明显的顾客价值。销量增长，单位成本下降，企业降低价格，销量继续增加……形成一个良性循环。企业现在放弃了高额的利润，认同先获得高销量，最终从高的单位销量、低利润率来赚取利润。

撇脂定价。企业通过高定价来保证价值。它赚取高利润率，但是向其相对少数的顾客提供较少的价值。通过周期性的降价——连续撇脂——来吸引不断增加的顾客。

> **要点**
>
> 企业追求最优绩效的主要选择有三种：销售量和市场份额增长、利润和现金流。

19.4.3　现金流

如果企业计划退出市场，最大化现金流通常是一个很好的短期战略目标。在第 10 章，我们讨论了收割策略是一种最大化短期现金流的方法。

─────── **本章要点** ───────

1. 定价很重要。定价决策对利润有重要影响。

2. 企业制定定价决策时需要考虑的四个因素：

   · 顾客感知价值。企业必须围绕创造、测量和获取价值制定关键性策略。企业也要理解顾客价格敏感度。

   · 成本。很多企业不恰当地使用成本加成法设定价格。成本有三方面合理的作用：生产控制、放弃控制和利润规划。

   · 竞争。关键问题有：企业预测到竞争对手如何应对本企业的价格调整行为，并决定如何回应竞争对手的降价（提价）。企业有若干价格或非价格的选择。

   · 战略目标。就最优绩效，企业有三个选择：销售量/市场份额增长，利润和现金流。

第20章 定价决策和价格策略

学习目标

学习完本章后，你应当能够：

· 设定新产品价格

· 已有产品的价格调整

· 管理和调整价格战术

· 使用定价工具包和价格瀑布概念定价

· 评价几种定价方法

· 解决定价时的难题

· 设计价格管理系统

· 整合价格和其他营销执行因素

开篇案例 甲骨文

在激进的首席执行官拉里·埃里的带领下，甲骨文是企业软件领域的世界领先者，是第二大云 SaaS（软件即时服务）和 PaaS（平台即时服务）公司。甲骨文在全球开发、制造、分销并支持数据库和中间件软件、应用软件以及云系统。甲骨文 2014 年营业收入将近 400 亿美元，连续数年超过 20% 的净利润率比 10 年前有了显著提高。

在 21 世纪初，甲骨文与微软和 IBM 在中小企业（SMB）软件市场激烈竞争。它追求的是明确的定价策略，产品价格都在网上列出，这意味着对所有顾客来说价格是一致和公平的。但是后来，IBM 和微软为中小企业客户调低了企业数据库的价格。甲骨文通过提供大量折扣优惠以达成交易强力反击。许多客户将购买承诺推迟到了季度末，从甲骨文的销售人员处拿到了很高的折扣。随着 IBM、微软和甲骨文之间的竞争加剧，甲骨文将价格竞争作为战略武器。甲骨文的定价行为导致利润率显著下降，但是并没有阻止 IBM 和微软为销售额战斗的决心。

为了解决利润降低的问题，甲骨文奉行积极的收购策略，从而为客户提供更具吸引力的价值主张。2005—2009 年，甲骨文收购了超过 50 家软件公司，在这些方面投入了超过 300 亿美元。

在并购中追求对客户需求更深刻的理解，甲骨文可以为客户提供非常有吸引力的捆绑产品，并激励购买与数据库软件整合的额外软件。这些收购也扩大了甲骨文的客户基础，因为它提供集成的解决方案。甲骨文保证了创新和收入增加，并构建了一个各组成产品合作良好的软件生态系统。

除了提供集成的解决方案，甲骨文的生态系统创造了较高的客户转换成本，并使它免于与 IBM 和微软的价格战。甲骨文的新战略在 2009 年经济增速放缓的时候，甚至使得产品价格上涨 20%。甲骨文成为众多客户的一站式服务商店，竭力避免高昂的财务和组织成本，以及在软件供应商之间转移数据库的风险。

甲骨文的财务业绩表明其策略的成功：营业收入从 2000 年不足 100 亿美元到 2014 年增加至 380 亿美元；净收入达到 100 亿美元，其股票价格从 2003 年的 11 美元增加至 2023 年 7 月中旬的 114 美元。

> **案例问题**
>
> 你如何评价甲骨文公司的战略和绩效？在 2000 年左右，甲骨文还有哪些其他的选择？作为甲骨文的顾客，你对它的战略如何评价？这一战略是可持续的吗？

第 20 章属于"要务四：设计营销组合策略"里"D 获取顾客价值"部分的第二个章节，本章围绕定价决策展开。

在第 19 章的基础上，本章拟揭示定价机制。企业应该利用第 19 章讨论过的四个因素——感知顾客价值、成本、竞争对手、战略目标——来规划价格设定。企业应从感知顾客价值和成本考量着手，然后是考虑竞争对手因素及其战略目标。

20.1　新产品定价

Ace（虚拟）正在为新出熔炉的产品设置价格。企业认为该熔炉比竞争对手 Beta 能提供更卓越的价值。表 20.1 显示了 Ace 收集的数据。ACE 和 Beta 两家公司的顾客启动成本和购买后成本相同。为了给出正确的定价方法，我们首先利用成本加成和竞争等价方法，然后介绍正确的方法。

表 20.1　Ace 收集的价格数据

Beta	熔炉价格	26 万美元
Ace	顾客经济价值	36 万美元
Ace	直接支付成本：可变和固定	10 万美元
Ace	全部成本，包括制造费用分摊	16 万美元

20.1.1　不适宜的方法

成本加成定价法　由于这是新产品定价，Ace 必须考虑完全的安装成本——16 万美元。熔炉行业常用的加成是 75% 和 50%。可能的价格选择则为：

75% 标准：价格 = 16 万美元 × 1.75 = 28 万美元

50% 标准：价格 = 16 万美元 × 1.5 = 24 万美元

注：75% 标准时，Ace 的价格高于 Beta——28 万美元 vs 26 万美元

50% 标准时，Ace 的价格低于 Beta——24 万美元 vs 26 万美元

至此，我们并不知道哪一个价格对 Ace 更好。

竞争等价　严格的竞争等价是指 Ace 设立与 Beta 同样的价格——26 万美元。但是，Ace 提供可观的额外价值。如果 Ace 的价格定为 26 万美元，它应该可以卖出很多熔炉。但是，是否这 26 万美元价格能够恰当地表明 Ace 与顾客的共享价值？（注：该方法没有考虑 Beta 的反击。）

20.1.2　正确的定价方法

图 20.1 绘出了推荐的三步走方法。

第一步：决定最高价格

最高价格是 Ace 的顾客经济价值—— 36 万美元。在该价格上，理性的顾客会认为 Ace 和 Beta 的熔炉无差别。（当然，顾客可能认为 Ace 的熔炉会有更大的风险，因为新产品没有跟踪记录——在举例中我们忽略了这个因素）。

第二步：决定最低价格

最低价格是 Ace 的总成本——16 万美元。（任何在直接支付成本——10 万

美元上的定价，Ace 均能获得利润，但是这种新产品最低价格的数值是不正确的。）

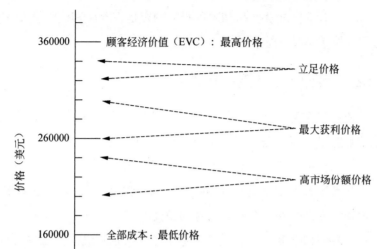

图20.1 新的资本设备项目的定价分析

第三步：基于 Ace 的战略目标和 Beta 可能的竞争反应定价

从第一步和第二步来看，Ace 的定价应该介于 36 万美元和 16 万美元之间——关键问题出现了，Ace 应该考虑其战略目标和它预测到的 Beta 的可能反应——这些变量都可能相关。可能的战略目标有：

· **立足**。Ace 想在市场有一席之地，几乎没有其他的野心。也许它找到了一个小的高价格细分市场。它将价格定在 32 万美元左右。销售量可能会很低，但是利润率会很高，Beta 不太可能反击。

· **短期利润**。Ace 的野心已经超过了立足阶段。所以它的价格接近 Beta 的 26 万美元。因为 Ace 提供给顾客更大的价值，它可能将价格定在 26 万美元和 28 万美元之间。Ace 可能从 Beta 那里抢来一些销售量——Ace 的价格越接近 26 万美元，Beta 越有可能降价。价格显著高于 Beta 的 26 万美元，意味着 Ace 希望避免价格竞争。

· **市场份额**。Ace 准备好和 Beta 争抢市场份额。在 26 万美元甚至更低的价格，Ace 为顾客提供了更多的价值。在 22 万美元和 24 万美元之间，Ace 可以以良好的利润率销售许多熔炉。但是这些价格促使 Beta 作出强烈反击。Ace 必须计划好如何处理 Beta 可能的反应。

在定价时，Ace 也需要考虑顾客终身价值。它应该思考一些问题：这是一次性购买，还是顾客会购买更多的熔炉？ Ace 能够销售熔炉零配件，提供常年服务合同吗？ Ace能够销售配套产品和服务吗？顾客是否会向其他人推荐Ace?这些问题的答案会影响 Ace 的定价决策。

20.2 已有产品的价格调整

企业有很多调整价格的原因。有时是迫于外部竞争压力，有时压力来源于内部。财务经理可能希望通过提高价格来增加利润。销售人员可能争取降低价格来获得销售量的增长。对企业来说的关键问题是：

·企业能否在不显著损失销售量的前提下提高价格？它将损失多少销售量？增加的利润率能否弥补销售量的损失？

·如果企业降价，是否能够获得显著的销售量提升？能够获得多少？额外的销售量能否弥补降低的利润率？

图 20.2 给出了考虑调整价格的五个步骤。

图20.2 价格调整决策过程

要点

调整已有产品的价格，企业必须计算新价格下的为保持现有销售额水平所需要的销量。

第一步：重新配置传统的损益表

如表 20.2 所示，我们将成本分为两类：可变成本和固定成本。

表 20.2 产品损益表示实例（单位：百万美元）

销售收入（SR）（注：400万磅，单价0.5美元/磅）	20
可变成本（VC）	12
边际贡献（CM）	8
固定成本（FC）	6.6
税前净利润（NP）	1.4

第二步：计算每单位现在的边际贡献

边际贡献（CM）是一个重要的概念。边际贡献必须涵盖固定成本，任何剩余都是利润。边际贡献等于销售收入（SR）减去可变成本（VC），因此，可变成本不计入之后使用边际贡献的计算之中，如表20.3所示。

表 20.3　计算每单位的边际贡献（CMU）

	总收入 （千美元）	销售数量 （千）*	每单位（磅）	单位（美分）
销售收入（SR）减去	20000	40000	单位价格（SP）	50
可变成本（VC）等于	12000	40000	单位可变成本（VCU）	30
边际贡献（CM）	8000	40000	单位边际贡献（CMU）	20

注：CM=SR-VC　　　　　　　　每单位为基础：SP-VCU=CMU
　　SR=CM+VC　　　　　　　　每单位为基础：SP=CMU+VCU

第三步：提议价格调整：计算每单位新的边际贡献

假设企业有两种选择：提价 5 美分，或降价 5 美分。单位可变成本（VCU）并没有改变，但是

- **降价**。价格从 50 美分降到 45 美分，单位边际贡献（CMU）降低了：

  SP = VCU + CMU

  因此：

  45 = 30 + 15

  因此，新的 CMU = 15 美分 / 磅

- **提价**：价格从 50 美分提到 55 美分，单位边际贡献（CMU）提高了：

  55 = 30 + 25

  因此，新的 CMU = 25 美分 / 磅

第四步：确立新的销售目标

为了获得与原有 50 美分售价赚的 1400000 美元的同额利润，企业需要决定在新价格上的必要销售量——45 美分 / 磅和 55 美分 / 磅。以下是最低销量要求：

- **降价**。当价格为 45 美分 / 磅时，要赚得 1400000 美元的利润：

  目标销售量 =（固定成本 + 目标利润）/CMU

  　　　　　 =（6600000+1400000）/0.15

  　　　　　 = 8000000/0.15

  　　　　　 = 53300000 磅

$$销量增加百分比 = (53300000 - 40000000) \times 100 / 40000000$$

$$= 33.25\%$$

$$目标销售收入（美元）= 53300000 磅 \times 0.45 美元$$

$$= 24000000 美元$$

当价格降至45美分/磅时，企业至少需要销售53300000磅（33.25%增量）——实现24000000美元收入——才能获得同样的利润。

· **提价**。当价格为55美分时，要赚得1400000美元的利润：

$$目标销售量 = (固定成本 + 目标利润)/CMU$$

$$= (6600000+1400000)/0.25$$

$$= 8000000/0.25$$

$$= 32000000 磅$$

$$销量增加百分比 = (32000000 - 40000000) \times 100 / 40000000$$

$$= 20\%$$

$$目标销售收入（美元）= 3200000 磅 \times 0.55 美元$$

$$= 17600000 美元$$

当价格提至55美分/磅时，企业至少需要销售32000000磅（减少20%）——实现17600000美元收入——才能获得同样的利润。

我们将这些结果归纳在表20.4中。

表20.4 定价计算总结

价格 （美分）	CMU （美分）	目标销售量 （百万磅）	销售量变化 百分比	目标收入 （千万美元）
50	20	40	—	2
45	15	53.3	+32.5%	2.4
55	25	32	-20%	1.76

第五步：评估风险收益平衡

第四步的结果并不能决定定价。企业必须评估它可能达到或超出新销售量目标的可能性：5330万磅（2400万美元），45美分/磅；或3200万磅（1760万美元），55美分/磅。问题的答案部分依赖于竞争者的反应。考虑了全部因素之后，企业必须决定是否调整价格获得符合或是超过销售目标的机会。

营 销 思 考

销售人员迫使你降价，以方便他们提高销售量。财务推动提价来提高利润，在回应前你将如何计算？

要 点

很多公司提供固定的产品或服务，当面临压力的时候，会调整价格。企业可以通过制定价格单——固定价格的可变报价。

Isos 是一家欧洲小型的电脑服务公司，其价格为 75 欧 / 小时。Isos 决定提高价格但同时也担心会引发顾客的消极反应。为此，它告知顾客价格将在 30 天后上涨为 85 欧 / 小时，但是提前支付的顾客仍然享受 75 欧 / 小时的待遇。

20.3　战术定价

战术定价是企业每日不间断的价格决策。一般情况下，稳健的战略定价会带来好的战术定价，但是战术定价对企业绩效有重要影响。一个常见的误解是一个产品一个价格，事实上，单一的价格是罕见的。表 20.5 显示了定价工具箱，其中是企业可以用于调整价格的各种工具，尤其是面向个体消费者时。不规范地使用工具箱则会导致价格瀑布问题。

要点
现实世界中单一产品价格是很罕见的。价格行为在高度可见性和不透明之间变化。

表 20.5　定价工具箱

能接受的货币	公司股份	保证和担保	价格稳定性
补贴	信贷	库存持有成本	退货
物物交换	信贷条款	租赁	展示费[**]
捆绑及拆分	折扣	标价	
购回	运费	返回折扣 [*]	

注：[*] 制造商提出的协议。如果零售商提供折扣给消费者，制造商将所打折扣返回给零售商。
[**] 制造商支付给零售商的店内空间使用费用。

营销思考
指出你观察到的六种具体的定价工具？为什么你认为它们有用。

20.3.1　定价工具箱

有时，企业希望顾客和竞争对手能够轻易发现价格的变化。而有时，企业希望价格变化是个秘密。企业往往设置明显可见的标价（或是价目表），但难以实现销售。随后以标价作为打折和回扣的标准；实际价格可能是标价的八折或七折。企业的折扣可以由很多因素决定，例如质量、企业 / 顾客关系、存货、推销、适应竞争对手价格、数量、销售活动和时机。

其他调整价格不太明显的方法包括补贴——广告、推销、以旧换新和退

401

货。信贷和信贷条款（返还期和利率）是强有力的工具，特别是在通货膨胀时期。这一工具被快速消费品行业的企业广为接受。运费是重要的价格变化机制。C.I.F.（成本、保险费、运费）由供应商支付；F.O.B（离岸）费用由顾客支付。企业可以通过调整库存来调整价格。在 JIT（实时）系统降低库存持有成本，以寄售方式（使用时付费）销售将库存成本减少至零。

租赁与购买为顾客提供了降低其资本利用的能力；产品担保和保证通过维护顾客的维修成本降低价格。企业应该认识到工具箱对顾客不同性并不一致。相对于一定程度的降价，某一个顾客可能更喜欢更大的折扣，另一个顾客可能想要广告补贴。B2B 企业中采购人员的奖励制度可能非常重要：有些客户以发票价格为基础降价激励员工。当企业获得的订单非常有吸引力时，会应用现金折扣。有时，企业和顾客相对于现金交易，更喜欢物物交换和回购。确实，有些向创业公司提供服务的企业接受企业股票作为支付手段。

> **要点**
>
> 定价工具元素对顾客的重要性并不一致。

物 物 交 换

· 英国航空航天公司卖给沙特阿拉伯旋风式战斗机、霍克培训和备援服务获得 200 亿美元收入，货款大多数是用石油支付。

· 21 世纪初，阿根廷深度衰退期间，顾客获得食物和衣物，心理辅导、牙医服务都是通过物物交换。

· 在西伯利亚阿尔泰地区，超过 50% 的经济交易都是物物交换，一些大企业 90% 的业务都是经由物物交换。

· 一个波兰组织与诺顿签订合约，承包一个交钥匙砂轮工厂，诺顿的部分支付是通过回购工厂中制造的产品。

最后，企业的价格调整可以在拆分——单品分别定价（特别是点菜餐厅用餐的定价项目）和捆绑——每套产品只有一个价格（像午饭套餐）中轮换。混合捆绑包括捆绑和非捆绑价格（见第 12 章）。

20.3.2 落袋价格和价格瀑布

有时企业使用适当的工具箱项目，但也有许多企业缺乏追踪使用的效果系统。标价和发票价格是透明的，但是其他价格元素通常被大量财务账目掩埋。早期付款折扣在利息费用账户中；合作推广津贴在促销和广告账户。因此，这些企业不知道它们的实际支付价格——它们实际收到（它们的口袋）的钱。在分析时，企业往往会惊讶地发现价格范围很广，而且极少是合理的。少部分顾客可能获得大量的折扣，但是更多的顾客得不到。最积极、聪明或执着的顾客得到了最好的价格，又称为"吱吱叫的轮子"症状。这些顾客为了额外的折扣操纵供应商管理系统。企业销售员常常进行协作：

> 了解到甲骨文关注季度末业绩，顾客总是等到销售员提供更大的折扣时才购买。甲骨文大部分的销售订单都在季度末。为了解决这个问题，甲骨文开始拒绝最后一刻的大折扣交易。

图 20.3 中的**价格瀑布图**说明了定价工具元素如何积累产生落袋价格的。顾客利用四种不同的折扣（①到④）获得降价 27.6%，使发票价格为标准定价的 72.4%。他们从七个其他的工具赚得 15.3%（⑤到⑪）使落袋价格为标价的 57.1%。

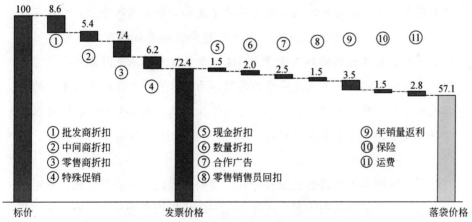

图20.3 耐用消费品制造商的假设价格瀑布图
针对所有客户平均折扣源于市场标价（百分比）

为了优化定价，企业必须了解每个顾客的实际支付价格以及价格的产生方式。这个任务并不简单，企业可能需要修改会计系统。一家企业可以采取多项措施来解决价格瀑布问题：

- 采取积极行动使过度优惠的顾客回归到其他顾客的行列中。
- 提供特殊的利益给有利可图的顾客使其增加购买量。
- 通过提升会计系统来控制住价格。
- 加强对折扣和销售人员在实际支付价格上的补偿。

20.4　定价方法

可供负责定价的经理们选择的定价方法有如下几种。

20.4.1　价格歧视——可变价格

企业可以优化利润，通过为不同的细分市场或顾客设立不同的价格——有的支付得较多，有的支付得较少。企业可以通过设计多种不同价值的产品来扩大这种影响：美国大通银行提供多款个人信用卡——绿卡、金卡、白金卡、黑金卡——成功地递增定价。核心获益——收费是一致的，但额外服务会存在差异。

> 18 世纪的一名经济学家这样解释价格歧视的原因："不是因为几千法郎要花在三等车厢的屋顶上，或者是为了装饰三等车厢的座位，所以有些公司的露天车厢里有木长椅……本企业想要做的是试图阻止那些能够支付头等座位的旅客转移到三等座上；这打击了穷人，不是因为想要伤害他们，而是吓唬富人……也是同样的原因，为什么有些企业对于三等座的乘客是残酷的，对二等座是吝啬的，对头等座的旅客是慷慨的。拒绝穷人的必要的要求，却给予富人过剩的。"

然而，价格不灵活对企业也有好处。当销售员没有价格裁定权，咄咄逼人的顾客便不能商量折扣的问题。此外，单一的价格便于理解和核算，并提供了多重价格无法提供的公平性的感知，例如 CarMax 的汽车无议价价格政策。

20.4.2　动态定价

动态定价是当需求随时间波动的时候，价格歧视的一种特殊表现形式。一些价格变化是可以预期的，例如城市设立道路桥梁通行费，高峰时间和周末比平时定价高。电费、电影院和通信公司根据每天的时间定价，酒店根据日期和季节定价。航空公司使用收益管理系统持续实行动态定价——算法会根据需求和座位容量不断地调整票价。欧洲廉价航空公司如易捷航空和瑞安航空在起飞前数周降低票价，随着座位减少和航期的迫近提高价格。其他服务，如酒店和百老汇的演出也采用类似的流程来优化销售收入，然而以相反的方向——起始于高价，价格随着日期的临近而降低。近年来，电子商务企业也为实体商品采取动态定价，经常在一日之内改变价格数次以回应竞争对手。

> **营销思考**
>
> 下一次乘坐飞机时，请问一下旁边的乘客他们的票价是多少，价格差异的基础是什么？他们或者你是否有不满？

20.4.3　浮动费率定价和固定费率定价

企业可以通过浮动费率定价销售服务，或者按照时间段——固定费率定价。浮动费率定价能获得更多销售收入，但固定费率定价更容易管理（管理成本也更低）。在过去，滑雪场通过乘坐缆车的次数收费；现在，大多数通过统一的费用收费——按天、按周或按季。乘坐火车的旅客或观看体育文化活动的季票持有者都是按季度支付一次性付费，其他人则需要根据旅程或赛事付费。一些公司将浮动价格和使用费捆绑，例如智能手机服务商。

> **营销思考**
>
> 在美式教育系统中，最受学生欢迎的课程总是一席难求，导致一些学生选不上这些课程。某大学为了尝试解决这一问题，引入双维定价系统：课程越受学生欢迎，价格则越高。对此，你怎么看？

20.4.4　买方定价

很多市场中都是卖方定价，买方决定接受或拒绝。在买方定价中则是顾客负责出价，企业决定是否接受。Priceline 网站的顾客都是自己对汽车、酒店预订、贷款和机票进行标价。如果企业可以提供产品/服务的话，顾客就必须购买。买方定价在无法存储的服务业有着巨大的潜力。

20.4.5　拍卖定价

拍卖定价是顾客之间相互竞争出价购买产品的一种买方定价形式。

·**英式拍卖法**。主要用于二手物品。起始价很低，潜在买方竞价购买。拍卖师寻求竞价最高者。易趣和亚马逊采用英式拍卖法。

·**威客瑞拍卖法**。这是一种封闭式投标的英式拍卖形式。竞标胜利者支付第二高的价格为竞价。谷歌的在线广告业务采用威客瑞拍卖法。

·**荷兰式拍卖法**。起始价高，卖方不断降价直到有买方出价购买。

· **网络拍卖法**。网络拍卖法一般采用英式拍卖法或威客瑞拍卖法。但是与传统的拍卖——单一拍卖场所和一小时内结束拍卖——不同的是，参与网络拍卖的竞价者在地理区域上分布甚广。此外，网络拍卖可能会持续数天，因此添加大量的监督成本。

· **反向拍卖法**。这类拍卖是针对供应商的。顾客陈述要求，供应商竞标提供产品。价格下行并且出价最低的竞标者赢得业务。

20.5 确定最终价格

确定实际价格时会引发一些重要的问题。

20.5.1 费用及附加费

很多企业收取额外费用和附加费以提高顾客的实际支付价格，尤其是在经济紧张时期。银行对 ATM 的使用和空头支票收取费用，航空公司对托运行李、航班签转、燃油、枕头和升舱收取额外费用。虽然销售收入和利润增加了，但是过高的附加费会促使顾客转向竞争对手。

20.5.2 促销定价与稳定定价

许多案例说明销售量对短期价格促销非常敏感。企业常常通过对比销售价格和正常(参考价)价格进行价格促销活动。在损失领先定价中，零售商故意承担一些产品的损失，以建立顾客流量并销售其他产品。尽管销售实现增长，但是促销活动会产生长期的负面影响:

· **品牌形象**。促销负向影响品牌形象，尤其对高档和奢侈品牌而言。

· **窜货**。零售商或分销商可能将产品转移到非竞争的网点，通常是其他地理区域。

· **隐性成本**。频繁的价格促销不容易，而且管理费用高昂。与之相关的是，作为回应竞争对手价格促销的手段，价格匹配保证很难持续地跨销售网点实施，从而导致顾客不满意。

· **预测力弱化**。产品供不应求会导致顾客不开心。香港迪士尼的单日折扣门票在特殊假期无效。例如中国的春节。香港的春节假期是四天，但是内地假期更长。当香港的春节假期结束后，内地却还在放假期间，大量内地游客涌入香港，最终香港迪士尼不得不关闭。

·**时间转移**。消费者购买存货，避免以后付出全额价款。

20.5.3 心理定价

对许多顾客来说，从 9.9 元到 10 元的心理差距要远远大于从 10 元到 10.05 元，因此企业常常以 0.95 元作为定价的尾数。

路易·威登推出高价格、限量版的年度产品。路易·威登的西达包售价高达 5500 美元。工厂总监史蒂夫·佛伦说："时尚包包的目标不是赚取金钱，而是赚取嫉妒。"跟年度产品相比，路易·威登的其他产品一点都不贵，都像廉价品。

20.5.4 定价基础

大多数行业在定价时都有能被接受的基础价格，尤其针对单个产品。变换定价基础可能带来优势。一些公司销售个人医疗诊断结果而不是诊断仪器；有的软件公司按用户收费而不是按软件包。日本的连锁自助餐厅按分钟收费来提高顾客流转率；与大多数租车公司按天或周计价不同，Zipcar 公司收取年费同时按小时计费。类似的，亚马逊会员的年费是 99 美元，享受无限制的免费两天内到货及其他优惠。在非洲、亚洲和拉丁美洲，快速发展的 Millicom 国际通信公司按秒计费（而不是按分钟）。有的 B2B 企业会以收益共享的方式和顾客共担风险——对顾客使用其产品获得的利润收取部分费用。大部分广告主根据广告效果支付广告费用，而不是根据账单的百分比（传统方式）。拍卖公司佳士得为拍卖艺术品提供最低价格保证，但是要分享超出最低价格保证的部分（再加销售佣金）。

20.6 一些特殊的定价

20.6.1 互补产品定价

互补品是指一并被使用的产品——热狗和面包，汽车和备用件，吸尘器和储尘袋，打印机和墨盒，电影票和爆米花。企业必须制定两部分的定价决策。吉列广为人知的一点是剃须刀的定价低而刀片价格高，然而，由于近来的创新产生的高差异化优势使得吉列的两部分产品价格都高了起来。

20.6.2 灰色市场定价

灰色市场影响企业的战略。灰色市场产生于当企业将相似的产品以不同的价格销售给不同的市场时。顾客在低价格的市场购买产品，然后转运到高价格的市场售卖——窜货。供应商可以通过降低价格差异来避免灰色市场。当然，当产品处于短缺状态时，再售者们可以设定比原价还高的价格。

20.6.3 "随你付"定价

在一次定价创新中，英国摇滚乐队 Radiohead（电台司令）在发布专辑《In Rainbows》的网络下载权时，提出顾客可以随意支付。Wessex 出版社出版本书英文版和其他教材的出版社，曾推出过在线阅读的版本，但后来停止了这种做法。

20.6.4 转移定价

企业会在业务单元和地理分公司间转移定价，例如位于澳大利亚的公司出售给意大利的子公司。诚然，转移定价影响子公司利润，以及企业关税和课税额。

20.7 定价管理

此时，你可能有几个疑问：企业如何创建价格管理结构？企业如何定价？谁应该对此负责？一般来说，集中定价拥有更大的控制权，分散定价法则保有更大的市场敏感度。但是，分散定价可能会给长期运营带来负面影响：

·**信息共享**。顾客互相告知价格；那些支付高价的顾客给企业施加降价压力。

·**有限感知**。像销售员这样的一线人员，不太可能考虑到降价会给整个企业的顾客群带来潜在的长期影响。

营 销 思 考

如何评价本书英文版曾经采用过的付你认为值的价格（随你付）的定价方法？你觉得为什么该方法被终止了？作为新任营销总监，你会为本书英文版的纸质版和电子版如何定价？为什么？二手市场会如何影响你的决策？

·**谈判**。顾客通常会通过不同平台的比价，或同一个平台的不同商家之间的价格对比，与商家进行适时的价格谈判，以获取最优价格。

由于这些原因，许多企业通过一个关注长期战略问题如新产品定价，以及短期战术决策的共同管理流程，来制定定价政策。这些定价政策为解决多人购买决策，例如采购代理（往往只关注价格）、工程师、运营和营销人员的参与（及其他问题）提供了指引方向。

一些专家认为，价格制定是一项战略性能力，等同于新产品的开发和广告；大部分企业具备良好的能力创造顾客价值，但是在衡量和获取价值上不专业。司空见惯的是，负责定价的管理者不明白如何实现价格—销售量—利润的平衡。他们缺乏良好的分析能力，仅依靠直觉、道听途说、竞争对手的反应以及经验法则。

> **要 点**
>
> 企业应该由高层制定价格政策。因为价格制定是一项战略性能力。

制药巨头罗氏公司的"营销大学"创建定价知识并教授定价能力的三个方面：

·**人力资本**。决策者需要拥有大量的定价知识。

·**社交资本**。有能力与企业决策者们协商价格。

·**系统资本**。通过以下方面支持价格决策：

·准确汇集顾客的历史购买信息，包括实际支付价格等；

·管理价格调整；

·提供产品和顾客盈利能力；

·跟踪竞争对手的价格和折扣；

·测试不同的价格；

·跟踪企业价格、折扣及向不同顾客折扣的原因。

———— **本章要点** ————

1. 定价是一件大事。定价决策对盈利有重要影响。

2. 为新产品定价时，企业需要考虑：感知顾客价值、成本、竞争者因素及战略目标。

3. 当为既有产品调整价格时，企业应该使用边际贡献的方法计算满足预期利润的销售量，进而权衡各价格水平上的风险／回报。

4. 企业通过实施价格菜单系统可能规避常见的价格调整。

5. 非规范化的使用定价工具包可能导致价格瀑布问题。合适的系统和定价方法可以解决这些问题。

6. 企业应该考虑在设计定价方法和设定实际价格上的一些问题。

7. 为了设计好的价格，企业必须在人力，系统和社交资本上进行投资。

8. 制定更佳定价决策的 10 个总结性问题：

（1）基于市场战略，定价的目标是什么？

（2）顾客对企业的产品/服务期望收到的价值的什么？

（3）顾客感知价值有什么变化吗？寻找细分市场。

（4）顾客对价格有多敏感？

（5）竞争对手可能怎么反击企业的价格？

（6）什么是定价的最优方法——可变定价，动态定价，浮动费率定价，固定费率定价，买方定价，还是拍卖定价？

（7）企业收到的实际支付价格是多少？

（8）顾客情感上的反应如何？

（9）品牌偏好、需求变化、季节性等因素如何影响价格？

（10）哪些顾客能带来盈利？

第21章 确保营销计划的实施

若能不计较功劳归属于谁，你将能获得更多成就。

——哈里·S. 杜鲁门，美国前总统

学习目标

学习完本章后，你应当能够：

· 理解一些外部导向的公司如何通过职能部门的卓越表现而获得成功
· 考察优秀职能部门如何创造企业的差异化优势
· 意识到创立一个外部导向公司面临的挑战
· 利用组织发展模型来实现外部导向
· 解释传统的和新的营销组织的优势和劣势
· 体会系统流程和人力资源在开发和实施市场战略中的关键作用
· 从哲学系统的角度认识到其他部门对营销的重要作用
· 理解多个职能部门与业务单元整合的重要性
· 采取措施来确保公司能够维持外部导向

开篇案例 百时美施贵宝公司

百时美施贵宝公司的高级执行官认为百时美施贵宝在营销流程和执行方面以及企业跨部门合作方面需要更高的市场聚焦和一致性。高级市场主管制定并实施一个包含两个关键要素的卓越营销计划：营销系统——系统性、分析性地进行营销活动的方案；人才系统——一个针对所有市场人员的职业生涯和才能发展的系统。百时美施贵宝还实施了一个教育和训练全球市场营销人员的正式项目，以便把卓越营销嵌入到企业文化中。

新的营销导向

卓越营销计划的第一个重要影响是在百时美施贵宝实施了一系列特定的营销流程。以前，品牌经理是以一种特别的方式计划的；高级管理人员的陈述反映了这种个性。卓越营销计划为百时美施贵宝提供了一个严谨的、系统的和分析性的导向，为百时美施贵宝提供了一个哲学化、一致化的框架以及一系列应用性工具来发展市场营销人员能力，并充分授权营销人员。这种新的方法更好地促进了绩效测量和跨品牌对比。

· 营销准则。百时美施贵宝关注的焦点区域是：关注顾客，价值和品牌创造、集体战略的实现。例如，准则1——营销人员要对顾客和顾客互动有深刻洞察，准则3——百时美施贵宝应该预测竞争者行为，并且超越竞争者。

· 品牌管理决策。百时美施贵宝将决策分为三类：战略、计划和执行。战略决策包括：现在和将来的市场分别是什么；百时美施贵宝如何使品牌差异化。计划和执行决策包括：如何通过顾客细分和信息传递来执行品牌战略；特定的品牌战术。

· 营销应用工具。百时美施贵宝开发了一系列特定的工具、引导性问题和工作表来协助百时美施贵宝营销人员进行思考。

提高营销能力

为了使卓越营销计划全球化，百时美施贵宝各层级的营销主管都到哥伦比亚商学院学习。百时美施贵宝的营销人员从营销准则和品牌管理决策中获取经验；百时美施贵宝开发了一个独特、创新且可持续的训练项目。

结果

卓越营销使百时美施贵宝在三个重要领域受益：

· 跨职能部门整合。新方法鼓励跨部门团队合作并且强烈建议营销人员了解研发、市场调研和医务部等职能部门，向他们请教经验并一起合作。

· 国际运营。百时美施贵宝改变了其国际化运营方式，确定了由百时美施贵宝总部决定新上市药品的核心定位，当地主管不能改变总部确定的定位。

· 营销文化。卓越营销计划在百时美施贵宝内部培养了一种强大的营销文化。世界各地的品牌经理使用同样的营销流程。

卓越营销已经将可持续的、系统的营销哲学融入百时美施贵宝的文化中，其连续三次推出的产品都被行业专家评为制药行业前十名。

案 例 问 题

你如何评估百时美施贵宝公司卓越营销的倡议？你认为这个设计适合其他行业的公司吗？

在之前的章节里，我们关注获得对市场、顾客、竞争者、补充者以及公司的洞察力；发展市场战略、设计产品、服务、促销、分销和价格的执行计划。营销精英渴望做更多。执行营销计划需要公司职能部门的其他员工参与。

为了更好地运行，公司必须践行一体化准则，并且无缝地将各种各样的实施项目与其营销战略结合起来。所有的员工必须认识到顾客是公司成功的核心并且践行之。愿景、使命、战略是员工工作的基础；公司价值观是公司文化的基础。执行不力往往与组织机构、系统流程以及人力资源有关。不幸的是，这些要素很难变化，常常滞后于环境的变化和公司的营销战略。

在第 1 章中，我们发现以顾客为中心的企业更容易实现真正的外部导向。本章展示了一个创立并维持外部导向公司的模型，包括特定的行动步骤。首先，我们将展示一些外部导向公司是如何通过职能部门的卓越表现来获得成功的。我们试图还原这些榜样的成功之道。

营(销)(思)(考)
当你在网上下订单时，很多供应商都会参与到为你提供产品的活动中去。画出供应商的流程图。

21.1　外部导向型企业的职能优化

怎样做才能传递顾客价值并且获得差异化的优势呢？成功的公司开发多样化的资源和专业技能来构建核心竞争力。这些职能部门包括顾客服务、金融、人力资源、运营和供应链、研发和销售。表 21.1 展示了公司如何利用这些特长取得成功。

表 21.1　通过职能部门的卓越表现来传递顾客价值并获得差异化优势

职能部门	公司	能力	顾客利益
顾客服务	亚马逊	协同过滤 一键式	便于购买
	富达	365 天全天候营业	便捷
	诺德斯特姆公司	贡献和奖励制度	体贴的个性化服务
金融	孟山都	接受易货支付	非现金购买
	普莱克斯	灵活的账单系统	促进项目管理的现场账单
	COMPLYFirst	应收账款职能	消除冗长的活动
人力资源	谷歌	员工生活质量	创新性的产品 / 服务
	美国地道汉堡	训练和收益	优越的服务
	丽兹卡尔顿酒店 新加坡航空	选拔和训练	优越的服务
运营和 供应链	美国铝业	联合运营和供应链	及时传递
	联邦快递	所有权制度	可靠性
	沃尔玛	物流和库存管理	低价

营(销)(思)(考)
从表21.1中选择三个公司。为了获得差异化优势，它们都需要投入什么资源？

续表

职能部门	公司	能力	顾客利益
研发	3M	很多新技术	创新性的产品
	苹果 三星	设计技巧	美观、功能性、时尚
	杜邦 孟山都	化学研发能力	生产力提高
销售	雅芳	雅芳女士销售力量	买家和卖家更近的私人关系
	直线保险集团	保险直销	低价
	IBM	全球账户管理项目	与先进科技公司的合作关系

21.1.1　顾客服务

竞争的加剧使顾客服务在传递顾客价值、获得差异化优势、吸引顾客、保留顾客并增加顾客方面具有重要的战略性意义。但是，在很多公司，顾客服务并不归营销部门管理。公司何时实施外部导向战略以及每个人是否都站在同一条战线也许并不重要。但是不良的顾客服务会导致顾客极端不满，尤其是当顾客期望值过高时，劣质的顾客服务可能会摧毁其他原本有效的市场战略。

共同基金领导者富达（Fidelity）是优秀顾客服务的典范。富达的关键洞察是投资者更喜欢在自己时间方便的时候与经纪人进行互动，而不仅仅是上班时间或者证券市场开放的时间。富达的创新在于成为第一个全年365天全天营业的金融服务公司。也许有许多其他因素促成了富达的领袖地位，但是顾客对富达品牌的信心信任和其提供的顾客服务在其成功之路上发挥了至关重要的作用。而如今，在线经纪业务竞争对手提供相似的便利和交易资源，导致富达地位有所下降。

一些外部导向的公司通过卓越的顾客服务与强硬的竞争对手区分开来。诺德斯特姆公司（Nordstrom 零售商店）因员工服务热情而著名。细致的员工选拔、开明的管理以及支持性的激励机制鼓励着这些正确的行为。诺德斯特姆公司支持无条件退货，即使有时是来自竞争对手的商店！但是请回顾我们前面的信息：竞争者最终几乎将消除所有的优势。差异化优势的追求必须是核心的而且是持续的。

21.1.2　财务

显然，技术性的财务技能是财务部门取得成功的关键，但是财务决策和控制对任何一家成功企业的广义运营都发挥着重要作用。财务工程对销售资本密集型商品和服务特别重要，如飞机、挖土设备、商业系统。外部导向的公司激励它们的财务和会计部门；这些部门在很多方面都为市场营销工作做出了贡献，比如帮助评定和量化市场机会。

支付方式也是任何一个公司商业模式的关键组成部分，但是有时公司必须创新。孟山都公司为很多国家的农民提供转基因种子。当种植者在付款上遇到困难时，孟山都公司接受以收获的农作物来支付（以物易物）；之后，孟山都公司以市场价格出售这些农作物。

发票和账单系统也可能成为一个重要的难题，但也是一个获取差异化优势的好机会。毕竟，账单是供应商与顾客交流时通常都会看的东西。普莱克斯（Praxair，工业气体）的客户在不同工地上有同时展开的项目；他们必须以工地或项目计算成本。普莱克斯创造了灵活账单系统为顾客提供服务。

21.1.3 人力资源

人力资源对任何一家公司来说都是重要的职能部门；一些公司通过激发员工的积极性来创造差异化优势。

许多咨询公司声称人力资源优势是最可持续的，员工招聘、员工选拔、新员工培训以及人才管理的优势都是很难复制的。通用电气和IBM都因培育了成功优秀的商业领袖而著名；很多通用电气的前任管理层人员变成了一些大公司的首席执行官。

人力资源管理在服务企业尤其重要，在那里员工和顾客的互动是经常且持续性的。像万豪酒店、丽兹卡尔顿酒店等世界连锁酒店在每一个组织层级都强调员工的重要性。新加坡航空40多年的领导地位建立在新加坡空姐的卓越服务基础之上。

21.1.4 运营和供应链

内部运营和供应链管理也是提升外部导向的焦点，尤其在顾客和公司互动无处不在的服务业。企业常常通过提升运营系统获得差异化优势。美国铝业公司不断引进创新的运营流程，如预测顾客需求创造优势。联邦快递建立自己的

营·销·思·考

哪个公司的财务运营使自身的业务运营更加顺畅？它们的特殊之处是什么？它们如何改善？

营·销·思·考

人力资源管理做得最好的公司是哪家？它是如何转化为市场成功的条件的？为人力资源的关键目标和成功条件下定义。

航线投递加急包裹，并在孟菲斯创建了一个巨大的物流分拣基地。沃尔玛的成功在于建立了高效的运营系统和供应链管理。

21.1.5　研发

研发创新已经催生了很多伟大的公司。3M、苹果、杜邦、葛兰素史克、惠普、华为、孟山都、施乐都是基于技术进步而实现并维持竞争优势的公司。当公司能使研发部门与市场营销部门之间高效互动时，这将对公司产生巨大影响。3M研发创新与成功营销有密切关系。苹果是世界上基于持续创新文化最有价值的品牌，Mac电脑一直提供简洁的设计和功能。

21.1.6　销售

前面我们已经讨论了很多销售部门的功能并且展示了销售创新在取胜上发挥的关键作用。在B2C市场，一些公司已经通过创新性的销售活动或者销售渠道取得了差异化优势。雅芳公司的化妆品销售有别于其他公司。对顾客来说，雅芳女士与顾客拥有亲密的私人关系，这些女士为化妆品相关问题提供咨询，帮助顾客选择最合适的产品，并且亲自交付订单。在英国，直线保险集团在网上直销汽车、商业、家庭以及宠物保险，使它占有巨大的市场份额。就B2B而言，我们了解到，像IBM和敦豪这样的公司通过关键性、战略性、全球化的项目取得成功。思爱普公司和Salesforce.com拥有更快和更好的顾客关系管理数据系统，让销售人员能为顾客提供更大价值来发展差异化优势。

要点

任何发展外部导向的模式/框架都应该以顾客为中心。

21.1.7　整合系统

职能部门的卓越表现能够为外部导向的公司带来成功。这些公司的成功，不是因为某一个强大的部门，而是因为各个职能部门相互协调的努力。丰田汽车是一个典型的例子，其成功基于三个部门的协同发展。

·**研发**。丰田汽车的生产过程基于大量研究顾客的人口统计学数据和生活方式的趋势之上。上述数据进入日本、美国（两个）和欧洲的四个研究和设计工作室，这些实验室为目标市场设计出最佳产品参与市场竞争。

·**制造**。丰田汽车的生产流程应该是世界上最著名、最受热评且行业评价最高的运作流程。其生产系统是一个全面质量管理的典范，波音和空客的生产系统都效仿了丰田。

·**经销商管理和顾客服务**。丰田在经销商管理和顾客服务上投入了很多。所有的特约经销商必须坚持一套严格的准则，否则，丰田将不会续签协议。

丰田引进雷克萨斯时，配备了一个完整且独立的经销商系统。第一辆雷克萨斯汽车有一个细微的质量问题；丰田解决了这个问题，把油箱加满，归还给消费者一辆安全的汽车。第一个10年期间，每一个管理部门的员工每月都会与顾客通四次电话，来获得有关汽车和经销商的真实有效的数据。

21.2　将组织转变为外部导向型

为了在日益竞争激烈的市场取得成功，公司必须集中资源传递顾客价值以及获得差异化优势。根据变化的环境进行持续整合是困难却必要的，最成功的公司都发展了外部导向的文化。

第1章我们就引入了外部导向的观点。我们介绍了外部导向和各种内部导向。内部导向的公司关注各种内部职能的需求，而且通常过于强调规则，教条主义氛围浓厚。外部导向的公司看起来更开放，关注顾客、竞争者、补充者和广泛的环境变化。这些公司知道现在的产品和流程是未来取得成功的关键。同时，它们也知道外部环境在不断变化，它们必须足够灵活，要通过改变内部——组织结构、系统、流程和人力资源——来适应新的市场环境。外部导向的公司知道改变是不可避免的，因而并不害怕改变；它们欢迎改变并将其视为挑战，并且懂得新的机会是公司的生命线。

认识到外部导向的重要性是一回事，改变现状是另一回事。一些成功的公司领导人认为慢慢灌输外部导向是他们工作中的重要部分。他们建立改变管理的流程来实现外部导向。英特尔将其成功归功于应对环境的波动，比如法律和监管问题，以及竞争挑战。当问及英特尔前首席执行官安迪·格鲁夫（Andy Grove）最重要的成就时，他回答道："我在工作环境和文化发展方面发挥了重要作用。"

我们将展示企业如何发展外部导向。图21.1展示了外部导向型公司SAS（赛仕软件）和诺德斯特姆使用过的标准倒金字塔模式。在这个框架中，这些公司把顾客放在金字塔的顶端，再次强化了顾客在公司成功中的关键作用。

要点

外部导向的框架包括：价值观，愿景，使命，战略
↓
组织公司的市场营销工作
↓
系统和流程
↓
人力资源管理

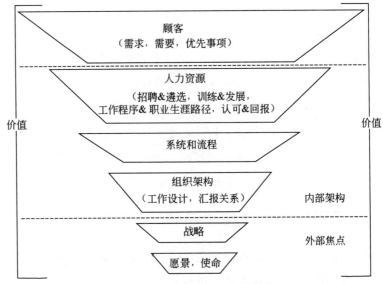

图21.1　发展外部导向的框架

21.2.1　价值观，愿景，使命，战略

许多公司用价值观来强调以顾客为中心的文化，强调顾客在金字塔的顶端。价值观是一系列共同的信念，能够引领所有职能部门的全体成员的行为。一些价值观是硬性的——容易测量的盈利性和市场份额，另一些价值观是软性的——顾客至上、诚实正直、尊重他人、信任。

基于强调顾客至上的价值观，所有的框架要素必须反映和强化公司外部导向的承诺。许多组织变革从金字塔底部开始，发展或修正第 7 章中讨论的外部因素：

· **愿景**。愿景是对企业未来理想状态的描述，对未来蓝图的描绘，不会过于宽泛，也不会太具体。企业愿景把企业当作一个整体来看，而业务单元的愿景则集中在个别业务单元。愿景应该能从长远鼓舞企业员工。

· **使命**。使命则更直接地引导企业寻找市场机会。优秀使命使企业集中精力于成功概率更高的有限领域。

· **战略**。公司的市场计划指引着公司的行动。市场战略应明确阐明目标、目标细分市场和定位。

21.2.2 组织公司的市场营销工作

传统的营销组织模式

职能型营销 公司将广告、促销、分销、市场调研以及新产品研发这样的活动放在了一个部门。传统的营销部门通常是从销售部门和会计、人力资源、产品和研发等职能部门分离出来的。

汇报关系因企业和行业不同而不同。一般来讲，销售和营销主管向销售和营销高级副总裁（SVP）汇报。有时，销售副总裁和营销副总裁分别独立向更高级别的上司汇报。但长期导向的营销与短期导向的销售之间经常产生冲突，只能在总裁级别才能调和。一个首席执行官曾说过："这个公司的麻烦是职能电梯直到 20 楼才停下来，我想让他们在更低的位置停下来！"

当市场和产品一致时（就像很多小公司），职能部门能协调得很好。有时，职能型组织在成长中的公司中持续太久。随着公司变得更加复杂，需要专人对每一个产品和市场负责。产品/品牌管理和市场细分才会尝试去解决这个问题。

产品/品牌管理 宝洁是第一家提出产品/品牌管理的企业，通过这个组织实现产品/品牌聚焦。品牌经理为产品/品牌提出营销计划，他们对销量、市场份额以及利润负责，但不能控制资源的投入。在很多快速消费品公司，品牌经理为促销费用和销售时间等资源而竞争。内部品牌经理的竞争激发了额外的努力，但品牌经理较高的流动率可能对产品线战略的一致性产生影响。尽管如此，这种管理导向为品牌经理提供了一条清晰的事业发展路径。

品类管理 这个方法尝试着解决上文提及的产品/品牌管理出现的竞争问题，在某种程度上用强势品牌背书弱势品牌来取得成功。品类管理用来应对公司的多品牌战略。例如，宝洁的清洁品类经理负责管理如下品牌：Bounce、Cheer、Downy、Dryel、Febreze、Gain、Ivory、汰渍。

市场细分 这种组织模式比前面描述的组织模式更重视外部导向；经理负责单个细分市场，市场细分可能置于市场和销售职能之上。

产品/品牌管理和市场细分的结合 产品/品牌和市场细分都忽视了一个关键因素。在产品/品牌管理中，没有一个人是专门为市场细分负责的；在市场细分里，没有一个人是专门为个别产品/品牌负责的。将二者结合起来，例如下面这家人造纤维公司就包含了上述两个维度，如图 21.2 所示。市场细分经理对

要点

传统营销组织包括：
· 职能型营销
· 产品/品牌管理
· 品类管理
· 市场细分
· 产品/品牌管理与市场细分的结合

家庭纺织品、服饰、工业制品等终端市场负责，产品经理对像尼龙、聚酯纤维、新型纤维等单一产品线负责。

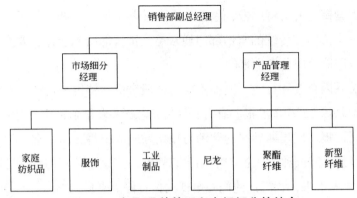

图21.2　产品/品牌管理和市场细分的结合

新时代的营销组织模式

包含型　在包含型营销组织，公司将很多活动放在营销组织下面（图21.3）。英国航空公司就应用了这种组织模式。英国航空公司认为，运营控制了两个关键的顾客需求：安全和准时。英国航空公司重组结构——营运部负责向营销部汇报，因此，公司80%的员工都需要向营销部汇报。包含型营销组织在服务业能很好地发挥作用，因为市场和运营很难区分；但该组织类型并不适用于所有公司。

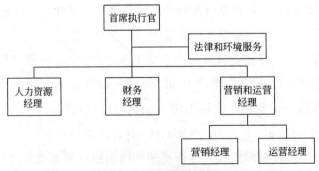

图21.3　包含型组织

业务流程型　业务重组激励一些公司尝试围绕业务流程设立组织。公司保留经典的职能架构，但是很多组织输出都是基于跨职能团队来实现的。联合利华的子公司就应用了这种组织类型（图21.4）。营销部门的主要职责是品牌发展、创新以及与此相关的战略任务。销售部门则负责运营方面的营销如促销。这种组织类型的核心是能较好地应对顾客需求改变。跨职能团队促使组织高度外部导向。

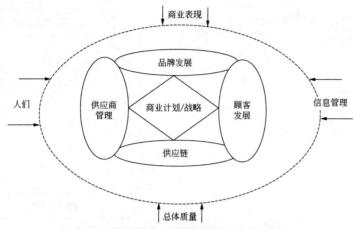

图21.4　联合利华子公司的业务流程型组织

顾客管理　这种组织将注意力集中在顾客身上。我们期待随着顾客终身价值概念的流行以及顾客保留的战略重要性的普及，顾客管理组织也越来越受欢迎。客户关系管理系统使公司可以通过名字、购买方式和购买历史来识别顾客。

如图 21.5 所示，顾客管理组织（Customer-management organization, CMO）与产品 / 品牌管理组织（product/brand management organization, PBMO）相反。在产品 / 品牌管理组织中，品牌是支柱；其他所有部门的活动都为品牌服务。在顾客管理组织中，顾客业务是支柱，品牌和其他职能如顾客服务、市场营销、研发都为顾客业务服务。顾客经理向顾客总裁汇报，并且有责任和权限对顾客业务负责；产品 / 品牌经理继续管理品牌资产，而且通过发展产品 / 品牌来提高顾客终身价值进而支持顾客经理。

顾客管理组织的一个优势是增进了与顾客的接触。因此，顾客经理获得了对重要客户的洞察力，但是贯彻执行顾客管理组织需要重要的组织变革。

由于开始识别并理解个别的顾客，更多的 B2C 公司将采取顾客管理组织模式。大部分的 B2B 公司已经确定了目标顾客。因此，顾客管理正通过关键 / 战略客户管理项目变得普及起来。面向全球顾客的公司正在发展全球关键客户项目。

公司可以在公司层次上或者单个业务单元上贯彻顾客管理组织模式，但还是需要权衡利弊。在公司层次上，顾客管理也许是无效的，因为客户经理不具备对整个公司业务组合的深入了解；仅仅聚焦在单个事业部，很难开发出基于

要点

组织架构应该支持整合营销方案。

公司层面的产品。

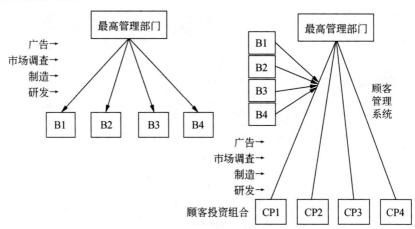

图21.5　从品牌管理到顾客管理的转变

21.2.3　系统和流程

所有的公司都通过系统和流程来实现组织的产出，可以分为硬件系统和软件系统。硬件系统通常需要资本设备，通常是基于计算机的，如自动取款机、互联网门户、拍卖网站。软件设备是密集型人力资源，如零售顾客服务台。顾客互动都会涉及软硬件系统的结合。尽管面对顾客的系统正变得越来越好，但仍然有很多可改善的选择。

硬件系统

硬件系统提高运行效率并降低成本，也有助于创造外部导向，提高营销效率，充分利用销售力量，并且帮助获得差异化优势。一些大公司最流行的硬件系统是 ERP（企业资源规划系统）。ERP 试图整合公司不同职能部门的数据，使用一个单独的电脑平台来为单独的部门服务，并且使信息可以共享给其他部门。硬件系统也是供应链管理的核心，它能够提供更好的供应/需求匹配，降低库存，减少缺货，同时减少顾客的不满。硬件系统的好处如下：

·**顾客信息**。顾客信息随手可得，因此员工能够更好地了解顾客需求。在美国联合保险公司（USAA），硬件系统是成功必不可少的。USAA 服务员能够得到充分的顾客记录信息，并且会被提示去询问顾客是否需要其他的金融服务。一个关于新房子的房主保险的客户电话会触发汽车保险地址的更改和档案更新。

· **顾客关系**。顾客关系管理系统提供了大量的顾客信息，包括购买历史、购买模式以及与公司的互动。这些数据资源降低了市场交易中匿名带给企业的阻碍。大公司能够模仿小公司提供的高接触性服务，就像当地了解顾客的杂货店，在此基础上通过顾客的名字来建立生意关系。

· **顾客投入**。用户友好型的电脑系统不仅仅是为员工服务的。许多公司使用面向顾客的系统来帮助顾客获得产品信息和在线下单，顾客节约了购买的时间、精力并降低了风险。这些系统帮助公司更近距离地接触顾客并且强化品牌。像联邦快递、联合包裹公司为很多航空公司跟踪包裹、旅客的随身携带物品等。

软件系统

以人为基础的软件系统能使公司变得更加具有外部导向性。这里以计划流程为例展开讨论。好的计划是靠外部驱动的：计划开始于对市场、顾客、竞争对手、补充者以及整体环境的洞察。

良好的计划是协作的、参与的，它涉及各级管理层的跨职能部门的参与。计划使各个职能部门的员工能够面对外部实际情况。市场计划为公司指明方向，它在通过监控程序来驱动外部导向的过程中发挥着关键作用。一个良好的计划系统能够有所行动，鼓励组织成员跳出自己狭窄的视野。

最优化公司系统和流程

比任何个人系统/流程更重要的是发展和整合那些能够驱动外部导向的系统和流程的方法：

· **最佳实践迁移**。对于任何一个流程，一些事业单元、部门或者职能部门总比其他的更高效。公司内的沟通往往非常缺乏：表现不佳的单位对高效的同伴们了解非常少。最佳实践迁移系统帮助公司识别和沟通最优秀的专业技能、知识和流程。三星的系统中有数以百计的公司层面的最佳实践典范，每年一度的评估更是能优中选优；优胜者个人能够获得三星首席执行官的荣誉奖励。

一些公司指定特殊的员工作为意见领袖来识别和沟通组织的最佳实践。在英特尔，"数据沙皇"（data Zar）识别最有效的方法并且将它们放在一个知识库里。贝恩员工把咨询项目作为知识模型详细写成论文——以电子化方法储存起来，当面对相似的项目时可以避免重复劳动。每个市场的成功/失败都是最佳实践。

在公司传播最佳实践、专业技能以及知识是一个大挑战。现代化的方法包括专门为方便研究而建立的有标识的数据库以及专家分享信息的最佳实践社区或论坛。其他的方法包括常规的电子邮件交流、知识分享视频会议。鼓励内部沟通的其他方法还有工作空间安排和频繁的部门间人员调动。

· **标杆管理**。最佳实践经常出现在其他公司。对竞争对手、客户、供应商和其他行业的公司进行基准测试，例如施乐的同类最佳概念，可以改进公司流程。全球快餐公司品牌"Yum"（肯德基、必胜客、塔科贝尔）识别出内部的最佳实践并且把它的竞争对手麦当劳作为标杆。三个要提高的领域是更健康的食物、更多的饮料品种以及每天的菜单搭配。成员定期见面来分享最佳和最坏的实践，高级经理常会问他们："针对这个问题，你从其他公司那里发现了什么？"他们必须回答这些问题！哥伦比亚倡议全球关键客户管理，使3M、花旗银行、德勤、惠普、朗讯、美利肯、盛世广告、施耐德电气这些大公司之间相互学习彼此的方案。

· **流程再造**。流程再造方法考验公司关于系统和流程的基本假设，然后寻找新的、提高的可替代方法。许多组织流程有悠久的历史，但是顾客、竞争者、补充者以及环境因素的变化使其变得过时。问题的关键是：一个新的流程是否能够削减成本或增加顾客价值呢？互联网已经驱动很多业务流程进行改革，如顾客关系和供应商关系——对于采购订单、发票等方面来说，在线交流已经取代了打电话/传真。大部分成功的公司已经实现了流程再造。

21.2.4 人力资源管理

要 点

如果公司雇用了正确的人员并且适当地培训和管理，随后就会建立一种外部导向。

很多外部导向性的公司信奉一条箴言：快乐的顾客来自快乐的员工。人力资源管理的活动包括招聘、选拔、培训、评估和报酬、职业规划以及人才管理。人力资源流程为加强外部导向提供很多机会。只有雇用正确的人员，并有效地支持高绩效发展，有效地开发和管理员工的职业生涯转型，才能使公司成功实现外部导向。

21.2.5 支持外部导向

很多业界领导者都已经陷入糟糕的处境并失去了领导者地位。为什么？故事惊人地相似：公司依靠传递顾客价值获得差异化优势，取得了行业领先优势。公司聚焦资源发展核心竞争力，发展有利于实现优势的专业技能，进而成为外部导向型的公司。但是接下来事情改变了。过去的成就使公司裹足不前，不能再坚持外部导向，不能再适应新的变化。最初的领先者或具有领先的技术，或实现了规模经济，或者拥有巨大的购买力，或者建立起牢固的品牌。但是新的领先者改变了规则——新的商业模式、产品设计和技术。

让每一件事情进展顺利是困难的：一条链锁的强度取决于它最脆弱的那一环。为了实现整个链条的顺畅，公司应该完美地应对每一个关键时刻——不仅仅是实现顾客满意，而且要让顾客感到高兴。某个维度的劣质表现可能会使世界级的企业坍塌。

当一个公司能理解下面这些挑战时，维持外部导向就会变得更容易。

· **会计制度。**公司所产生的数据必须是基于外部视角的。虽然商业智能和商业分析有了长足的进步，但很多公司依然只通过产品来评估利润，它们也应该通过顾客和顾客群来评估利润。

· **官僚主义。**随着公司的发展，部门化和任务专业化对完成重复性的任务是有效的。但被日常工作压力所强化的规则和行为同时也嵌入到了组织里。作为顾客，我们都会遇到员工对我们说"这不属于我部门的职责"或者"这个问题你必须跟 XYZ 部门谈"。公司必须完成每天的任务，但它们也必须有更大的灵活性来服务顾客，同时引进识别市场机会和应对市场机会的传感机制。

· **集权与分权。**集权和标准化具有巨大的价值，尤其从降低成本的角度来说更重要。但是过度集权会导致标准化，而不是个性化的顾客响应。关键的决策者远离顾客，但熟悉具体市场、顾客、竞争者以及补充者的员工却在决策制定中无足轻重。反之，过度分权会使公司缺乏明确的聚焦。决定哪些活动能集权以及哪些能分权（更加近距离接触顾客）是公司面临的重要挑战。

· **过度关注组织效率。**很多公司通过努力提高组织效率来降低成本。它们使用像六西格玛的方法来实现运营和顾客服务流程的不断改进。六西格玛主导的组织文化能够使公司更加关注内部，降低创新性，进而排除外部导向的行为。

· **职能分工。**公司形成职能部门以提高在关键领域的专业技能，但专业化会导致孤立思维模式和部门之间在专业问题上的分歧。职能部门的领导必须认识到跨职能部门合作的重要性。

· **营销的功能观。**公司必须区分哲学意义上的营销和职能部门意义上的营销。公司把所有的营销问题委托给一个营销部门，既不能够创造也不能传递完美协同的产品，协同需要很多不同职能部门之间的合作。

·**内部政治**。公司的首席执行官或商业领袖必须积极支持外部导向，并且经常传递支持外部导向的相关信号；如果不这样做，一些职能部门可能会质疑以顾客为中心的导向。争权夺利在很多公司经常发生，领导者应坚决制止将政治凌驾于顾客之上。

·**错位的激励措施**。正如前面提到的，"组织的员工只做那些你检查的事情，而不会做你期望的！"人们的行为方式以赚取报酬为出发点。部门之间业绩目标的冲突使职能部门之间的协同整合变得非常困难。

营 销 思 考

你如何评价你的社团/学院/学校的外部导向程度？是否有一些部门比其他的更加关注外部？如果是，什么能够证明这些区别？

为了取得长期的成功，公司必须具有响应性和动态性，学习但不忘记，理解顾客行为以及要求高绩效，对客户敏感但具有竞争力，创造股东价值但不目光短浅。作为通用电气的首席执行官，杰克·韦尔奇把已经受到高度评价的通用电气的业绩提升到一个全新的层次上。他在一次非常著名的演讲中曾说道："我想让经理面对顾客，背对首席执行官！"亚马逊的创始人贝索斯把他自己和亚马逊描述为"为顾客着迷！"在 IBM，同样坚持顾客导向的路易·郭士纳，把倒下的计算机巨人用服务的愿景恢复了昔日辉煌。领袖是举足轻重的，领袖必须在全公司贯穿外部导向的思想。

―――― 本章要点 ――――

1. 从长远的成功来看，公司必须发展并维持外部导向。

2. 外部导向公司的成功通常建立在卓越的职能部门的基础上——顾客服务、财务、人力资源、运营和供应链、研发和销售。

3. 发展外部导向的模式包括一些外部要素——愿景、使命、战略和内部构成要素——组织架构、系统和流程、人力资源实践。

4. 只有当所有员工都深刻理解顾客对成功的关键作用时，公司才能实现外部导向。

5. 形成外部导向的大部分行动在于公司的内部结构。

6. 维持外部导向是有难度的，过去和现在的成功隐含着未来的失败，不能适应环境变化导致很多已经成功的公司最终失败。

7. 公司必须警惕一些维持外部导向的障碍：会计系统、官僚主义、集权与分权、过度关注组织效率、职能分工、营销的功能观、内部政治和错位的激励措施。

第22章 企业绩效监控

学习完本章后，你应当能够：

· 描述监控流程的关键要素

· 应用监控的关键性原则

· 测量投入变量、中间变量和产出变量

· 根据目标监控企业绩效

· 监控企业运行

· 理解并识别组织的成功因素

开篇案例 索尼

索尼电子销售公司总裁罗恩·博埃尔（Ron Boire），在谈到索尼用心专注于精心挑选的测量指标以及索尼是如何用这些指标获得它想要的行为时，说："索尼是真正贯彻了'如果无法衡量，就无法实施'这句话。做到这一点有时候很容易，有时候却非常复杂"。索尼的销售人员与我们的零售交易渠道客户之间的互动就是一个很好的例子。

"对于百思买、西尔斯、塔吉特和沃尔玛这样的全国性客户，我们习惯采用古典销售报酬。每个销售人员有一个销售预算，我们根据预算测量销售人员的绩效。如果一个品类你的预算目标是100万美元，然后你销售了110万美元，就可以说你的工作完成得很好，可以拿到许多奖金。不考虑到月底或者年末仓库里到底还剩下什么，不考虑客户会不会付款，也不考虑销售人员能不能够及时把货送给客户。

"今天，我们有70%的库存管理或资产管理组的报酬、50%的销售人员报酬是根据客户记分卡来支付的。我们与每个全国性客户和战略客户达成个别的指标协议，大部分协议都是针对及时送达、库存比例、预测准确性、库存毛利率回报（GMROI）等关键性零售绩效指标。为了确定这些指标，我们会问每一位客户：'对你而言，什么是重要的？你的目标是什么？你的战略意图是什么？'根据它们的规模，我们按月或周追踪零售商。另外，对我们的销售人员，根据他们的客户记分卡，每年发两次奖金。

"当人们的计酬方式被改变之后，他们的行为改变真的是天翻地覆。我们已经看到在组织行为上的巨大转变，以及来自市场的积极反应。这在消费类电子产品中是革命性的，一位销售人员说'不，我不再接受你的采购订单了，因为你的库存太多。'每个人都在说与客户结盟，但是如果你花钱让销售人员把结盟的路堵死了，你就不可能跟你的客户结盟。"

索尼希望了解客户的盈利能力。博埃尔继续说道："我们从边际贡献的角度测算了客户的盈利能力。一旦你从卖空的心态中走出来，你就可以专注于边际贡献这类简单的度量指标，而增量边际贡献是对我们与交易渠道客户的营销关系进行持续测量的最佳指标。营销部门掌握着这些大客户账户上的损益情况，而我们要负担的唯一一样东西就是由那些客户造成的直接成本；我们将销售团队及其所有资金都拿来用了，但是我们没有从总部拿走一分钱。我们会审视每一个客户以美元计算的边际贡献，我们在几年前规划中期贡献，然后根据一个保守的终止价值计算净现值（NPV）。"

"有时候，遇上一个或两个客户陷入财务危机，我们就会问，这个客户的边际贡献是多少？如果这个客户走了，总部的固定成本并不会减少，却可能有 3000 万美元的边际贡献也跟着一起没了。这时，它所贡献的美元和净现值就会给你一个衡量标准：'我们是否应该投资这个客户，帮助它保持健康？'为了帮助一个客户，我们曾聘请外面的顾问作为危机管理小组参与进来，当时我们脑海里所想的风险就是这一年的边际贡献。如果我们在那个节点做了投资，让那个客户渡过难关，我们不会为此而居功，但是我们也并没有看着它垮掉，不是吗？日复一日，长此以往，边际贡献就成了每一位客户的相对价值，为管理打下了基础。因为我们可以说，'你知道什么？这个客户的净现值是 6 亿美元。这就是这个客户关系的价值。'"

22.1 监控流程的关键原则

管理上有一句名言，"无法测量，就无法管理。"人们在组织中总是倾向于去做那些受到监督的工作，而不是受到期待的工作。因此，好的监测与控制流程（以下简称"监控流程"）至关重要，能够确保人们去做他们应该做的事，进而正确的行为带来正确的结果。监测专注于测量企业在业务的各个方面做得好坏程度；控制则考虑做出变动或者调整，使企业提高绩效。监控流程是改变个人行为和增进长期成果的最有效工具。在本章我们将重点探讨两大互补领域：企业绩效和企业运行：

- **企业绩效**。企业是否达成了它的预期结果？我们将预期结果定为**标准**，这是相对于企业测量到的真实结果而言的。如果真实结果达到或者超过了标准，则绩效是令人满意的，企业也会继续实施原计划；如果真实结果低于标准，企业就应该调整它的行为。

- **企业运行**。为了达到理想结果，企业分配资源并采取行动。企业是否运行良好？为了更好地理解这个问题，我们从三个方面进行探讨：

- **实施**。企业是否实施了它计划的行动？

- **战略**。企业的市场战略是否完美、是否对准了目标？

- **管理流程**。企业的管理过程是否做到了最佳？

监测和控制不应该成为管理层一时心血来潮的策略，企业应当在它的基因中建立一套监测和控制的理念。这不是一项简单的工作，它需要花费大量时间和努力来为一个有效系统的形成奠定基础。其中，测量是关键，在本章我们会讨论许多类型的测量工具。但是，测量工具设计得再好，也只有当企业开始实施标准制定流程并以这些标准评价运行结果的时候才会发挥效果。有效的监控流程有五个关键性原则：

- 专注市场杠杆和发展备选方案。
- 实施过程引导控制而非事后控制。
- 设定适合组织水平的绩效考核指标。
- 模型中的输入、运行和输出间的关系。
- 将薪酬与绩效挂钩。

21.1.1　专注市场杠杆和发展备选方案

市场杠杆来自企业的市场战略及其实施计划，它包括引入新产品、增加或减少广告、增加或替换销售人员、加强培训等活动。企业分配资源并采取行动

要　点

监测与控制流程是企业中改变个人行为的最有力工具。

监测与控制流程专注于两大互补领域：
- 企业是否达成了预期结果？
- 企业是否运行良好？

营　销　思　考

想一想你自己的目标和战略：你有没有很严谨地考虑过这些？你有没有达成你的计划目标？在努力实现目标的过程中，你的各项活动是否运行良好？

以便达到它的预期绩效，而企业的实际绩效与绩效标准之间的对比结果则说明它的资源配置和行动是否成功。监控工作应当专注于市场杠杆。如果实际结果达不到标准，企业就应当准备好提高绩效的备选方案。

22.1.2　实施过程引导控制而非事后控制

引导控制和事后控制是不同的监控方式。进行事后控制的企业会等待预设的一段时间，然后对实际结果和标准进行比较。如果结果不令人满意，它们就会采取纠正行为。实施事后控制的企业通常会建立年度市场计划并设定季度标准。与此相反，引导控制则是动态的、持续的、预见性的。进行引导控制的企业设定测量标准，例如销售额、市场份额、利润，然后按月、按周，甚至按日进行统计。这些企业设定绩效的控制范围，并持续不断地将实际结果与标准进行比较。因为它们也会对领先指标进行追踪，所以它们对市场的反应更加灵敏。

历史上，吉列每个季度都要统计它的销售额，现在这些数字每天都有。通过在一个单独的全球系统下转换50个不同的分类账簿，思科能够在一天的时间内关注到它的所有账户。它的管理者每天都可以看到按区域、业务单元、渠道和客户经理显示的收入、利润率、存货、费用等数据，进而采取适当的行动措施。在Zara的西班牙总部，销售经理坐在终端设备前监测全世界每一家店铺的销售额，因而可以做到每周两次补货。

22.1.3　设定适合组织水平的绩效考核指标

如果可能，企业应当在它的监控流程中使用客观的测量变量，例如销售量、市场份额和利润等。当一些不太具体的测量变量也适用的时候，如顾客满意度，企业应使用经过验证的量表。总之，企业一定要使用"正确的"测量变量。

企业应当从多个组织层面测量绩效，例如公司层面、地理区域、业务单元、细分市场、营销职能、客户，以及不同级别的销售区域。在测量飞机项目的盈利情况时，美国铝业公司分别从市场部门、业务单元、客户以及航空航天事业部层面进行了测量。在组织中的地位，很大程度上决定了员工接触到的信息。高管们一般不需要了解销售人员的绩效差异，但他们需要有深入挖掘的能力；同样，销售人员也不需要知道其他销售区同行的绩效差异。但是根据**冰山原则**（如图22.1

所示），许多问题可能都潜藏在水面之下。一个单元或子单元的好的绩效表现可以隐藏其他单元的差绩效。为了提高整体绩效，企业必须分离有问题的部分。

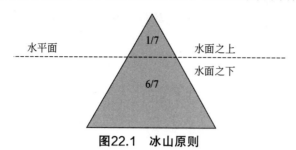

图22.1　冰山原则

22.1.4　模型中的输入、运行和输出间的关系

监控系统必须厘清原因和结果，才能认清真相。假定我们发现，广告支出增加的同时销售量也在增加。对此，一个解释是：广告是有效的，即增加的广告支出使得销售量增加。另一个解释是：增加的销售量导致广告支出增加，因为广告预算总是按照销售量的一个固定比例来计算。为了确保得出正确的推论，企业必须从中辨别：

- **投入变量**。企业采取的行动。
- **中间变量**。顾客的行为或心理状态的变化。
- **产出变量**。例如销售量和利润等绩效变量。

如图 22.2 所示，投入变量引发中间变量，进而，中间变量又在一组因果关系中引发产出变量。市场杠杆提供了投入变量，投入影响了顾客购买产品之前必然发生的中间步骤，而中间步骤又给企业带来了产出。一般而言，对投入变量和产出变量的数据收集相对简单，对中间变量的数据获取则常常需要更多资源。

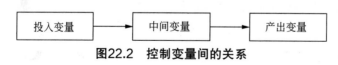

图22.2　控制变量间的关系

企业必须对投入变量和中间变量以及中间变量和产出变量之间的关系十分确定。举例说明，当企业进行广告宣传和促销活动时，它的投入、中间和产出变量分别是：

- **投入变量**：每天花费在广告上的资金，拨打的销售电话的数量。

- 中间变量：
  - **顾客行为**：同意进行产品试用的顾客数量，为购买准备存款的顾客数量。
  - **顾客的心理状态**：产品认知、联想、态度、对产品的兴趣、购买意向。
  - **产出变量**：销售量、市场份额、利润。

产出变量是**滞后指标**（后视镜），反映已经发生的事；中间变量和投入变量是**先行指标**（仪表盘），反映将要发生的事。

22.1.5　将薪酬与绩效挂钩

绩效与薪酬的联系是监控难题的最后一环，同时也是最关键的一环。建立绩效与薪酬的联系并不容易。当薪酬设计很糟糕时，员工会优化个人绩效并获得薪酬，结果却可能造成企业的损失，如开篇案例。

22.2　监控流程的关键要素

图 22.3 所示是监控流程的九个不同的循环步骤：

1. **识别流程并加以控制。**明确控制系统的重点。

2. **确定并界定测量变量。**包括投入变量、中间变量和产出变量。

3. **建立测量体系。**考虑好收集、整合、分析相关数据并发布结果的整个体系。

4. **设定标准。**确定每个测量变量使用哪个标准。一般来说，标准来自与市场战略相关的行动计划。

5. **测量结果。**根据步骤 3 中的测量体系，进行收集、整合、分析并发布结果。

6. **参照标准比较结果，发现差距和差异。**比较结果（步骤 5）——参照标准（步骤 4）——识别绩效差距和差异。

7. **理解并传达绩效差距。**向承担行动责任的负责人传达测量数据和对绩效差距的解释说明。有些差距是正的，结果高于标准；有些差距是负的，即结果不达标。

8. **制订并评价替代计划。**负责人要能发现并能调整行为，制定缩小负差距的替代方案。另外，就正的差距而言，如果差距很大，可能是需要调高绩效标准。

9. **选择替代计划并实施。**负责人选择行动路线，然后制订和实施行动计划。

监控流程不是一次性的。九个步骤完成后，企业应当进一步确认步骤 1、2、3 是否设计完善，然后，实施完成的步骤 9 又会直接导向步骤 4，即确认和重设标准。当标准具有一定挑战性时，企业行为会得到优化激励；如果标准过于简单，就会失去激励效果。

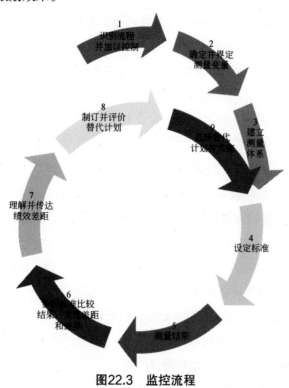

图22.3 监控流程

22.3 监控企业绩效

企业应该对哪些绩效进行监控？图 22.2 的框架可以帮助回答这个问题。下面我们按照相反的顺序进行讨论。

22.3.1 产出指标

产出变量是企业希望达成的最后结果。这类指标既可以是硬性的，即客观评价，也可以是软性的，例如要求进一步解释说明的评定量表。下面进一步讨论企业可以采用的各种类型的测量指标。

内部硬指标——销售量和销售收入

销售数量包括销售量和销售收入，还有它们的增长率。整体测量虽然重要，但分开来看各个部分的绩效可以更好地掌握情况。销售收入的两个细化指标是：

要 点

重要的内部硬指标有：
· 销售量和销售收入
· 产品的盈利能力
· 顾客盈利

销售收入的可预测性　我们可以有三种方法对销售收入进行分类：

· **连续性**。企业预计可以按周或月为周期，获得收入。

· **阶段性**。销售可以分阶段预测，如资产设备销售、季节性商品等。

· **偶发性**。由无法预料的事情带来的销售不可预测，例如飓风过后的建筑材料销售。

渗透与成长　许多企业希望对现有业务的销售（渗透）与新业务的销售（成长）加以区分。零售组织通过将销售分为同店销售（渗透）和新店销售（成长），对销售指标有了更加深入的理解。

要 点

企业应当同时对销售量和销售收入进行测量。

企业必须确保销售测量指标的信度和效度。

与销售指标相关问题如下：

· **不同销售数量的测量指标**。企业应当至少对销售量和销售收入同时进行测量。要区分收入增长是由销售量增加还是价格调高引起的，两种测量指标都是必要的。

· **销售质量**。有些企业专注于特定类型的销售。例如，通用磨坊对具有特定营养成分的产品的销售进行测量，并在此基础上设定目标。

· **销售数量测量指标的信度和效度**。企业必须确保销售量和销售收入的测量指标是准确的，而且在不同期间具有一致性。

内部硬指标——产品的盈利能力

营 销 思 考

什么是间接费用分摊问题？企业为什么会面临这种问题？

虽然实现良好的销售绩效很重要，但是管理层对利润更感兴趣。遗憾的是，最常用的利润测量指标——净利润，可能对营销绩效的评价不是那么有效。没能实现利润目标的原因可能是缺少应有的资源或者不公平的**间接费用分摊**。企业应当专注于测量分摊费用以外的部分，例如利润贡献和直接产品利润。

利润贡献等于销售收入减去变动成本。为了获得正的净利润，利润贡献必须高于固定成本。

直接产品利润是加上固定成本后评价利润绩效。企业将固定成本分为两部分：与产品直接相关的成本，即直接固定成本（产品撤销，该成本就会消失）；分摊成本，即间接固定成本（产品撤销也依然存在）。直接产品利润等于利润贡献减去直接固定成本。

要 点

大部分企业都会测量产品盈利，却只有少数企业会测量顾客盈利。

利润回报测量指标　相对于绝对测量指标，有些企业更喜欢用利润回报测量指标。两种常见的测量指标是销售回报率（ROS）和投资回报率。

内部硬指标——顾客盈利

大部分企业都有测量产品盈利的系统，有些是初级的，有些是高级的。与此相反，却少有企业根据顾客测量它们的利润。由于顾客为企业带来了收入，并且是企业的核心资产（见第 1 章），因此，企业应当理解单个顾客、细分市场和分销渠道的动态盈利情况。

总的来说，虽然销售和利润指标提供了有关企业绩效的良好数据，却缺少一个外部基准。市场测量指标可以解决这个问题。

要点

销售和利润测量指标有明显的缺陷，它们无法显示企业相对于竞争对手的营销绩效。

外部硬指标——市场份额

市场份额将企业的绩效与竞争对手进行直接比较，是最常见的市场测量指标。企业应当同时根据销售量和销售收入测量市场份额。当企业的价格高于市场平均价格时，销售收入的份额会高于销售量的份额（反之亦然）。**相对市场份额**是对企业相对于竞争对手的市场份额进行评价（波士顿矩阵）。**市场占有率**测量的是企业市场活动的范围。表 22.1 说明了几种市场测量指标。

要点

重要的外部硬性测量指标有：
· 市场份额
· 相对市场份额
· 市场占有率

表 22.1 企业绩效的外部测量指标

测量指标	计算方法	提供的信息
市场份额（%）	企业销售量（收入）/ 所有竞争对手的销售量（收入）	相对所有竞争对手的企业地位
相对市场份额(%)	企业销售量（收入）/ 主要竞争对手的销售量（收入）	相对主要竞争对手的市场地位
市场占有率（%）	企业顾客的数量 / 所有顾客的数量	企业可以开展业务的潜在顾客的比例

软性指标

企业应当定期了解客户意向。客户满意和客户态度是广泛应用的**软性**产出指标。软性指标可以帮助企业追踪顾客对企业及其竞争对手的反应。因为许多软性指标与硬性指标是相关联的，例如顾客满意与销量，因此软性指标可以作为有价值的中间测量变量。

净推荐值（NPS）是一个广泛使用的软性测量指标，采用 0 ～ 10 的量表用一个单独的问题进行测量：

"你有多大可能性向你的朋友或同事推荐 ××××？"

0 = 完全不可能；5 = 中立；10 = 非常有可能

要点

顾客满意和顾客态度是广泛应用的软性测量指标。

营销思考

净推荐值为什么这么流行？这种绩效测量指标的优点和缺点是什么？

净推荐值 = 给 9 或 10 分（会推荐的人）的客户所占份额 - 给 0 ～ 6 分（不推荐的人）的客户所占份额。

使用净推荐值的企业也会探究评分背后的原因。

22.3.2　中间指标

从企业实施行动，即投入，到提高产出，中间变量处在投入和产出之间。中间变量的测量结果好并不能保证产出绩效也好。但是，企业只有获得好的中间绩效，才能最终实现好的产出绩效。中间指标有两个核心特征：

· **投入效果**。企业的营销工作必须影响中间指标。

· **产出效果**。这个中间指标必须影响另一个中间指标或一个（或多个）重要的产出指标。

最好的中间指标是产出绩效的先行指标，它们应当来自经过检验的顾客购买模型：投入 → 中间 → 产出。中间指标在长周期的销售过程中格外重要，例如大型资本商品的销售。也有一些企业使用中间指标测量来管理销售渠道。

22.3.3　监控企业运行——投入指标

在建设良好的监控流程系统下，投入指标与中间指标是紧密相连的，中间指标和产出指标也密切相关。

投入指标

投入指标的绩效依靠企业运行的三个方面：

· **执行控制**。企业有没有实施计划的行动？

· **战略控制**。市场战略是否制定得当而且切中要害？

· **管理过程控制**。企业流程是否做到了最好？

执行控制

企业的市场战略派生出了许多实施项目，这些项目又在营销组合方面产生了许多行动计划，例如产品、服务、促销、分销和定价等。市场战略也可能在职能部门生成一些行动计划，例如工程、营运、研发、技术服务等职能部门。营销和其他职能部门的管理者通常要负责确保企业实施这些行动计划。表 22.2 给出了一些销售团队的投入测量指标。

表 22.2 投入测量指标——销售团队

测量指标	测量重点
销售计划体系的实施	确保销售团队对时间分配的合理规划
新产品知识的培训	确保销售团队有能力销售新产品
每天的推销电话	确保销售团队在努力工作
对新客户的推销电话	确保销售团队有在目标客户上花时间
销售区域空置	确保销售经理有对消耗进行规划
总费用	管理销售团队的任意成本

战略控制

战略控制回答了这个问题：企业的市场战略是否设计得当并且切中要害？企业的战略通常是为中、长期设立的，不应当为了产出绩效不佳而作仓促改变。就战略控制而言，事后控制要好于引导控制。

图 22.4 所示的是怎样将战略控制与执行控制结合起来，找出造成企业各种产出绩效的原因。图中，除了象限 A 的绩效是好的，其他象限的绩效都有不足。

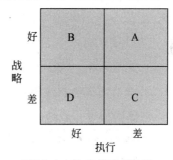

图22.4 整合战略控制与执行控制

> **要点**
>
> 战略控制：企业的市场战略是否设计得当并且切中要害？
>
> 战略控制采用事后控制的方法比较好。

市场战略好且执行好（象限 A） 这应当会带来好的产出绩效。企业必须对顾客、竞争者和总体环境进行监测，确保战略保持在正确的轨道上。

市场战略好但执行差（象限 B） 一个好的战略却实施不利，可能会导致产出绩效不佳。有时候一个特别稳健有力的战略也许可以弥补实施上的不足，却非常罕见。科尔国际瞄准了钥匙生产机和钥匙坯的硬件商和其他一些小店铺，在销售团队的表现很差的情况下科尔国际获得了成功。该公司应当专注于提高执行力。

> **要点**
>
> 区分战略和实施的问题十分重要。

市场战略差但执行好（象限 C） 很少有好的战略实施能够克服战略上的不足。如果企业无法提供顾客价值，即使在其他营销要素上做得再好也无济于事。几年前，菲多利食品在一款新曲奇上的失败就是一个例子。尽管菲多利拥有极强的销售执行力，但也不能避免失败。

市场战略差且执行差（象限 D） 这种情况下，产出绩效可能非常惨淡。难

营 销 思 考

考虑一下你个人的工作经验。图22.4中的象限哪个最能够表达你所处组织的情况？为什么？

的是找出原因——究竟是战略不足还是实施不佳？

这个框架明确说明，好的产出绩效既要有好的战略也要有好的执行。产出绩效不佳可能有许多原因，管理的挑战就是找出这个原因。企业应当从许多业务方面进行深入分析。不管企业从哪个方面分析问题，战略或是执行，有些事情必须改变。广告相对容易调整，相反，分销安排就难以改变得多，因为它的调整会涉及物流、合同契约以及人际关系。

管理过程控制

企业的流程已经做到了最好吗？我们在第21章已经解决了这个问题。这里，我们重点关注提升营销的运行效果，即营销审计。

要 点

管理过程控制：企业的流程已经做到了最好吗？

营销审计是一个评价营销活动的综合流程，包括市场战略、体系和流程、活动、组织。为了保证可信度和公正性，营销审计一般由外部人员实施。一个有效的审计构架有六个部分，每个部分都会派生出许多问题：

要 点

营销审计是一个评价营销活动的综合流程。

· **营销环境**。顾客、竞争对手、合作者和供应商正在发生哪些变化？PESTLE趋势对行业有何影响？这些变化或趋势会怎样影响到企业？对绩效有什么影响？

· **营销目标和战略**。考虑到环境和企业实力，企业的市场目标和战略是否具有现实性？管理者是否理解企业的目标和战略？

· **营销实施**。相对竞争对手而言，企业的供给，即产品、服务、促销、分销、价格，有没有优势？企业的营销组合是否贯彻落实了市场战略？它们相互一致吗？

· **营销组织**。工作角色和职责是否明确而统一？招聘、雇用、培训和发展是否在正轨上？高层管理者会不会与大客户进行互动？测量和奖励体系对绩效有没有激励作用？

· **营销体系**。企业营销体系的有效程度如何？营销体系包括品牌监测、竞争对手的情报、客户数据库的设计、渠道管理、利用社交媒体等。

· **营销生产力**。企业的产品、客户和细分市场的盈利如何？资源的配置需要调整吗？

作为一种诊断工具，营销审计非常有效。

22.3.4　平衡计分卡

平衡计分卡是一种传播越来越广的监控企业绩效和企业运行的方法。它在使用过少和过多测量指标之间找到了一个中间地带。变量过少或过多都会带来问题。

测量变量过少

管理者也许只能"赌"这个系统能够根据哪些变量实现绩效的优化，至于这个测量系统究竟有没有效果更是无法了解。这样的行为很可能导致意外后果。当短期利润是唯一的绩效标准时，要想绩效好就会很容易：只需要削减几个季度的广告和研发经费即可。这自然会损害企业的长期发展。过去，美国的航空公司曾在缩短飞行时间上进行竞争，但是当准点的绩效数据被广泛使用时，航空公司们却延长了公布的飞行时间，从而提高准点率。

测量变量过多

多个测量变量如果不清晰或者相互冲突，也会带来问题。员工会不明白企业对自己的行为要求，他们可能会专注于那些阻碍企业实现目标的工作。许多企业通过平衡计分卡来解决这个问题。好的平衡计分卡通过平衡投入、中间和产出指标，体现了引导控制的理念。最经常被使用的平衡计分卡的变量有：

· **市场份额**——外部硬性产出指标

· **相对竞争者的顾客满意度**——外部软产出指标

· **参照行业均值的顾客保留**——外部硬性产出指标

· **投资占销售额的百分比**——硬性投入指标

· **员工的态度和保留**（特别是面向顾客的员工）——软性和硬性投入指标

许多平衡计分卡关注四类测量内容：财务、顾客、内部业务流程、学习和成长。表 22.3 给出了一个企业的全球客户管理项目的备选指标。

表 22.3 平衡计分卡的备选指标：全球客户项目的测量

财务	内部业务流程
· 同期收入和利润增长率 · 销售费用占收入的百分比	· 长期合同客户的百分比 · 解决方案合同客户的百分比 · 协作过程改进——累计记账、产品开发
顾客	**学习和成长**
· 顾客满意和忠诚 · 高层接近顾客——CIO、CEO、COO 和 CFO	· 最佳实践采纳者的数量 · 改进的管理实践

企业应当从不同职能领域和管理层面上密切配合平衡计分卡，包括品牌、品类经理，地区、区域以及全国范围的销售经理。一个设计周到并且相互配合的测量指标组提高了企业实现高绩效的可能性。

—— 本章要点 ——

1. 监控流程的目的是提高企业绩效。它的四个关键性原则是：
   - 关注市场杠杆和发展备选方案；
   - 实施过程指导控制而非事后控制；
   - 设定适合组织水平的绩效考核指标；
   - 模型中的输入、运行和输出间的关系。

2. 建立一个监控流程的关键步骤包括：
   - 识别流程并加以控制
   - 确定并界定测量变量
   - 建立测量体系
   - 设定标准
   - 测量结果
   - 参照标准比较结果，识别差距和差异
   - 理解并传达绩效差距
   - 制订并评价替代计划
   - 选择替代计划并实施

3. 企业应当监测和控制三种指标：
   - 产出指标——企业希望得到的最终结果，可以是硬性的，也可以是软性的。
   - 中间指标——介于投入和产出指标之间，影响其他中间指标或产出指标。
   - 投入指标——考虑企业的运行，与中间指标紧密相关。投入指标要考虑三种控制：
     - 执行控制
     - 战略控制
     - 管理过程控制

4. 营销审计是评价营销体系和流程的有效工具。

5. 平衡计分卡通常包括投入、中间和产出指标。

联合出版人

《营销的四大原则与六大要务》一书能够顺利出版，要特别感谢以下每一位联合出版人的支持。首批联合出版人名单如下（按加入时间顺序排名）：

1　王楠，心外传媒公司 & 艺术留学创始人

2　闫洪云，山东鲁西兽药股份有限公司

3　李亚辉【宝典哥】，北京信立方科技发展股份有限公司工会主席

4　林庆阳，京城皮肤医院集团河南京城分院院长

5　聂荣芳，京城皮肤医院集团河南京城分院院长

6　朱冬林，航业同道（HyTd）管理咨询合伙人

7　王淦，四川省建筑设计研究院有限公司正高级工程师

8　李健，上海虹口全科医生

9　柴俊杰，大都会人寿寿险规划师

10　向军，中国石油大学校友

11　王子诚，河南师范大学校友，CDPF 青年志愿者，子诚公益发起人，长期从事公益事业

12　唐艳军，中国人民大学继续教育学院市场营销校友

13　徐忠辉，华住集团高级合伙人

14　齐彬博士，资深学业职业规划专家

15　吴欣洋，金伊大健康产业供应链

16　冯金益，Deckers Brands | 中国事业部营运总监

17　王玉秀，科技局人才与技术专员

18　景文山，深圳市和运机械有限公司 总经理

19　范桂文，库迈拉（中国）有限公司总经理

20　林琳琳，百家姓酒 CEO

21　修占欣，老爸馨蒸饺创始人

22 罗振萍，晶展光电（惠州）有限公司总经理

23 袁芳芳，深圳市壳子塑胶制品有限公司总经理

24 曾永志，晶展光电（惠州）有限公司董事长

25 柳冠维，今为投资创始合伙人

26 周海华，清华大学校友，江苏海盾工程科技有限公司总经理

27 黎紫翔，三才科技 CEO

28 李克春，肆拾玖坊联合创始人

29 冯天元，谦言文化传媒创始人，原央视证券资讯频道专职评论员

30 李凤玲，香港大班廊洋服有限公司董事长

31 王甲君，延边大学 & 辽宁师范大学校友，大厂营销 AI 算法工程师

32 杨思原，康桥国际学校三好学生，华东台校模范生

33 梁耀胜，中新宝新会陈皮董事长，广东省乡村工匠工程师

34 胡丽家

35 胡海峰，瑞士酒店管理大学 MBA 项目中方负责人

36 秦媛，炎黄国芯合伙人

37 Wendy Liu，POP Education CEO

38 许杨（白玛），HR

39 黄志生，三棵树涂料股份有限公司全员营销总监

40 李翠珍，安徽尚赢人力资源管理有限公司创始人

41 王永亮，金徽酒北方（内蒙古）品牌运营有限公司总经理

42 熊金枝，高级营销策划师，澄未咨询总经理

43 梁福强，飞羽文化传播（海南）有限公司总经理

44 沙宗志，上海尚善精密机械有限公司

45 王李中馨，人工智能中医 & 健康管理专家，奥莱福系统公司创始人董事长

46 陈欣章，福建一壶水农业科技有限公司

47 韩立平，东营吉星能源科技开发有限公司、上海当景盛科学仪器有限公司 CEO

48 宋哲，中国市政工程东北设计研究总院有限公司副总建筑师

49 万里虹，京沪滇 985/211 大学校外硕导

50 王文强，Innopac 新耀湃科 & Bravo 倍莱弗市场总监

51 吴国伟，炎黄国芯合伙人，清华 MBA 创业俱乐部创始主席，16 年高报公益践行者

52 李彬，南阳利宾信息咨询服务创始人

53 林九红，九儿快乐工作坊创始人

54 张凯峰，哈尔滨工业大学校友

55 杨建强，清华大学

56 付荣坤，南京福福智能科技有限公司总经理

57 刘培玺，清华大学公共管理学院学员

58 唐晓玲，令牌云科技（上海）有限公司董事长

59 匡双礼，北京市圣大律师事务所主任

60 骆晓霞，躬行学堂创始人

欢迎更多读者加入《营销的四大原则与六大要务》联合出版人！关注微信公众号"郑毓煌"，即可加入书友群与作者郑毓煌教授交流，并向助教了解联合出版人详情。